말씀과 기도가 있는 구역 만들기 **16**

하나님께서 택하신 사람들

| 정명철 지음 |

쿰란출판사

머리말

 코로나 팬데믹 이후 사회적으로 교회적으로 많은 변화가 있었습니다. 5G, AI, 챗봇 등 이전에 상상할 수 없었던 일들이 현실이 되고 있습니다. 교회는 이 변화에 대응하기 위해 힘들어하고 있습니다. 세상이 힘들수록 우리는 더욱더 하나님을 바라보아야 합니다. 초대교회는 박해를 받으면서도 하나님을 바라보았고 복음 전하는 일을 멈추지 않았습니다. 눈물로 뿌린 씨앗들이 열매로 되돌아왔습니다.
 말씀에 은혜 받고 기도하기를 쉬지 않고 복음 전하기를 힘쓸 때 하나님은 우리에게 새 길을 열어주실 것입니다. 신앙은 항상 긍정적입니다. 세상에서도 긍정적인 사고를 가진 사람들이 성공합니다. 신앙의 긍정은 하나님을 믿는다는 삶의 고백입니다. 하나님은 이런 사람을 기뻐하시고 도와주십니다.
 이 책은 고난 중에도 하나님을 바라보고 승리하기를 원하는 마음으로 일 년 동안 설교한 것을 묶은 글입니다. 일 년 동안 모든 구역

에서 이 말씀을 다시 되새김하고 은혜받기를 바랍니다. 이 책을 출판할 수 있도록 도와주신 쿰란출판사와 수고해 주신 모든 분들께 감사를 드립니다.

2024년 12월
정명철 목사

차례

| 머리말 | … 2

1 교회여 다시 일어나라 【요 16:33】   9
2 우리를 도우라 【행 16:6-10】   19
3 긍정의 말을 하겠습니다 【막 9:23-27】   28
4 좋은 습관을 갖겠습니다 【눅 22:39】   38
5 돌아갈 내 고향 하늘나라 【히 11:13-16】   47
6 눈을 들어 바라보라 【창 13:14-17】   56
7 신앙의 리모델링 【시 51:10-12】   65
8 곡식과 가라지 【마 13:24-30】   74
9 화평케 하는 자 【마 5:9】   84
10 때를 얻든지 못 얻든지 【딤후 4:1-5】   94
11 아버지의 마음 【눅 15:22-24】   102
12 영생의 샘물 【요 4:13-15】   111

13	죄인을 부르러 오신 예수 【막 2:14-17】	120
14	나는 양을 위하여 목숨을 버리노라 【요 10:11-15】	130
15	모퉁잇돌 【엡 2:20-22】	139
16	제자로 삼고 세례를 베풀고 【마 28:18-20】	145
17	믿고 세례를 받은 사람은 【막 16:9-16】	152
18	복된 만남 【룻 2:8-12】	160
19	자녀들아, 아비들아 I 【엡 6:1-4】	169
20	자녀들아, 아비들아 II 【엡 6:1-4】	178
21	아내들아, 남편들아 【엡 5:22-28】	187
22	긍정의 믿음으로 승리한 사람 【수 14:12】	196
23	감사하는 사람 【골 3:15-17】	205
24	성령을 소멸하지 말라 【살전 5:19-23】	214

25	기도하라 【빌 4:6-7】	223
26	은혜로 사는 사람 【고전 15:9-11】	232
27	다음 세대여 지키고 지키라 【딤후 1:13-14】	241
28	예수님이 하신 일 【마 4:23-25】	252
29	구원에 이르도록 자라라 【벧전 2:1-3】	262
30	세상을 이기는 믿음 【요일 5:1-4】	271
31	형통한 날과 곤고한 날 【전 7:14】	280
32	장성한 성도가 되십시오 【히 5:12-14】	289
33	인생의 광풍 【행 27:13-26】	298
34	영원한 언약 【출 31:12-17】	308
35	돌아옴의 법칙 I 【눅 6:37-38】	317
36	돌아옴의 법칙 II 【눅 6:37-38】	326

37	성령의 세례 【행 19:1-7】	335
38	너희는 믿음 안에 있는가? 【고후 13:5-7】	342
39	그 아홉은 어디 있느냐? 【눅 17:11-19】	350
40	마음의 병을 고치라 【잠 4:23】	359
41	모이기를 힘쓰는 영적 습관 【히 10:23-25】	368
42	거룩한 것을 지키라 【마 7:6】	377
43	순종은 희생입니다 【눅 1:34-38】	386
44	끝까지 견디는 자 【마 24:1-14】	394
45	성령이 그 위에 계시더라 【눅 2:25-33】	403
46	하나님께 영광, 땅에는 평화 【눅 2:8-14】	411
47	응답과 도우심 그리고 언약 【사 49:5-8】	420

교회여 다시 일어나라

- 본 문: 요한복음 16:33(신 175쪽)
- 찬 송: 355장 (다 같이 일어나, 통 386장)
- 요 절: "이것을 너희에게 이르는 것은 너희로 내 안에서 평안을 누리게 하려 함이라 세상에서는 너희가 환난을 당하나 담대하라 내가 세상을 이기었노라"(요 16:33)

오늘은 새해 첫 주일입니다. 새해의 첫 주일에 하나님께 찬양하며 경배하는 여러분을 주님의 이름으로 축복합니다. 지금 우리는 운동장에서 경주하는 사람들처럼 한 해를 시작하는 출발선상에 서 있습니다.

저는 원래 달리기를 할 때 그렇게 잘 뛰지 못했습니다. 마라톤은 잘 뛰었는데 단거리는 그렇지 않았습니다. 그런데 군에 입대하여 이등병들끼리 달리기를 뛰니 신기하게도 제가 일등인 것입니다. 그래서 대표로 나가서 뛰니 또 일등입니다. 대표가 되어 뛰었다 하면 이상하게도 내 앞에 사람이 없는 것입니다. 그래서 부대의 대표까지 되었습니다. 부대별 시합이 있으면 한 달간 합숙을 하며 훈련합니다. 매일 같이 높은 산을 전속력으로 수차례 뛰어 올라갔다가 내려오는데, 잘 먹어야 한다고 부대원들이 개구리를 잡아다 먹입니다. 당시에 부대별 운동경기는 단체로 럭비공을 가지고 하는 경기와 달리기밖에는 없었습니다. 이렇게 매일 같이 뛰는 것인데도 출발선상에 서면 긴장이 됩니다. 더구나 시합 때에는 온몸의 세포가 다 서 있는 느낌을 받습니다.

　100m 달리기 시합을 뛰는 데도 그렇게 긴장하는데 지금 우리는 365일을 매일 같이 달리는 운동장의 출발선상에 서 있습니다. 긴장을 하는 사람과 긴장을 하지 않는 사람은 출발부터가 다를 수밖에 없습니다. 내가 '새해에는 하나님의 말씀대로 살겠다. 하나님을 기쁘시게 하는 자가 되겠다' 하는 마음으로 목표를 세우고 출발하는 사람은 분명히 한 해가 다를 것입니다. 공부하는 학생도 계획이 있고, 운동을 하는 사람도 계획을 세웁니다. 목표와 계획이 분명할 때 의욕을 가지고 살아가게 되는 것입니다. 여러분 모두가 새해의 목표와 계획이 있을 것입니다. 그 계획과 목표가 하나님이 기뻐하시는 가운데 이루어지는 축복이 있기를 바랍니다.

　그동안 코로나로 인해 멈추어 선 것들이 많이 있었습니다. 그런데 이제 코로나에 대한 두려움도 거의 사라졌습니다. 새해에는 우리의 믿음 생활이 다시 일어나고, 여러분의 어두웠던 마음도 다시 일어나고, 일터도 경제도 다시 일어나는 한 해가 되기를 원합니다. 하나님은 부르짖는 자에게 응답해 주신다고 하셨습니다. 이 말은 부르짖지 않으면 응답도 없다는 말입니다. 어떤 사람이 부르짖습니까? 안타까운 상황에 있는 사람이 부르짖습니다. 내 힘으로 할 수 없는 사람이 도움을 요청하며 부르짖습니다. 우리는 전능하신 하나님께 부르짖을 것이 많습니다. 우리 모두 믿음으로 부르짖어 응답받는 성도들이 되시기를 바랍니다.

　오늘 말씀은 주님께서 제자들에게 주신 말씀입니다. 예수님은 제자들에게 '너희가 세상에서 환난도 받을 것'이라 말씀하셨습니다. 예수님 말씀대로 제자들은 로마와 유대인들에게 극심한 박해를 받았습니다. 콜로세움에서 맹수들에게 던져졌습니다. 끓는 기름 속에도 던져졌습니다. 단지 예수 믿는다는 이유로 박해를 받고 성도들은 광야에 나가 동굴을 파고 숨어 예배를 드렸습니다. 그러나 예수님 말씀을 믿고 환난 가운데서도 근심하지 않았고 두려워하지 않았습니다. 그때 교회가 놀랍게 부흥했습니다. 삼백 년이 채 되지 않아 로마는 기독교를 국교로 정하게 되었습니다. 이것이 기독교의 비밀입니다. 하나님의 약속을 전적으로 믿고 나아가는 자에게 하나님은 승리의 깃발을 주십니다.

우리 인생은 바다를 항해하는 것과 같습니다. 때로는 푸른 바다 위를 순풍에 돛을 단 배처럼 미끄러지듯 나아갈 때도 있습니다. 때로는 바람이 불고 풍랑이 일기도 합니다. 배는 이리저리 흔들리고 죽음의 위기에서 두려워할 때도 있습니다. 인생이 그런 것입니다. 어떤 날은 우리 인생은 화창합니다. 늘 행복합니다. 모든 일들이 형통합니다. 자녀들도 하는 일마다 잘됩니다. 그러다가 인생에 먹구름이 갑자기 끼기 시작합니다. 질병이 찾아오고 문제가 생깁니다. 끼니를 걱정할 때도 있습니다. 예수님께서는 인생에 평안치 못한 이러한 일들이 일어나는 것을 다 알고 계십니다. 그래서 우리에게 말씀을 주셨습니다.

"평안을 너희에게 끼치노니 곧 나의 평안을 너희에게 주노라 내가 너희에게 주는 것은 세상이 주는 것과 같지 아니하니라 너희는 마음에 근심하지도 말고 두려워하지도 말라"(요 14:27).

세상이 주는 평안은 일시적입니다. 어떤 사람은 세상의 평안을 너무 좋아하지만, 그 평안은 영원하지 않습니다. 회사가 나에게 평안을 주는 줄 알았는데, 어느 날 근심을 주기도 합니다. 내 자식이 평안을 주는 것 같았는데, 어느 날 근심을 안겨 줍니다. 세상이 주는 것은 영원한 것이 없습니다. 또 세상이 주는 평안은 상대적입니다. A라는 나라에는 평안이지만, 똑같은 사건이 B라는 나라에는 두려움이 될 수 있습니다. 일본이 우리나라를 침략했을 때 일본은 우리나라 때문에 평안을 누렸지만, 우리는 일본 때문에 두려움과 공포 가운데 살아야 했습니다. 또 세상의 평안은 모두에게 주는 것이 아닙니다. 그런데 예수님이 주시는 평안은 받아들이는 자에게는 누구에게나 참 평안이 되는 것입니다.

오늘 말씀에도 "너희로 내 안에서 평안을 누리게 하려 함이라"고 말씀하셨습니다. 그런데 이상합니다. "세상에서는 너희가 환난을 당하나"라고 하셨습니다. 세상에서 환난을 당하는데 어떻게 평안할 수 있습니까? 또 뒤에 보면 "내가 세상을 이기었노라"고 하십니다. 세상을 이겼는데 왜 환난을 겪어야 합니까? 이겼으면 환난이 사라지고 장밋빛 세상이 펼쳐져야 합니다. 이 모든 말씀을 통전적으로 이해해야 합니다. 이단들은 어느 한 구절만 가지고 전체를 해석하려 합니다. 예를 들면 오늘 말씀에도 세 가지 내용이 복합적으로 나옵니다.

첫째, 평안을 누려야 한다고 하니 평안에만 초점을 맞춥니다. 평안만 하면 됩니다. 그래서 수도원에 들어가서 나만 평안을 누리려고 합니다. 초대교회 당시에도 '에세네파'는 예수님이 오실 날을 성결하게 준비해야 한다고 산속에 들어가 자기들끼리 살았습니다. 세상과 격리된 삶을 살았습니다. 자기들끼리는 평안했을지 모르나 예수님께서 세상의 빛으로, 소금으로 살라 하신 것과는 반대의 행위를 한 것입니다.

둘째, "너희가 세상에서 환난을 당하나"라고 말씀하셨으니 우리는 환난을 당하는 것이 당연하다고 주장할 수 있습니다. 그런데 세상으로 담대히 나아가지 못하고 동굴 안에서 숨어있습니다. 기독 청년들에게 늘 하고 싶은 말이 이것입니다. 당당히 세상에 나가라는 것입니다. 그래서 정치, 경제, 문화의 주역들이 되라는 것입니다. 우리는 환난을 당할 때도 있으나 세상을 이끌고 나가야 할 때도 있는 것입니다. 환난을 당하는 것이 당연하다고 그것을 받고만 있으면 어리석은 것입니다.

셋째, "내가 세상을 이기었노라"고 말씀하셨으니 세상을 힘으로 정복해야 한다고 생각합니다. 중세의 십자군 전쟁 같은 것이 그것입니다. 오늘날에도 번영신학, 성공신학이 이런 부류입니다. 무조건 성공해야 되고, 잘살아야 되고, 강해야 되는 것이 옳다고 생각합니다. 그러나 우리는 성경을 통전적으로 이해해야 합니다.

우리가 사는 세상에는 악한 자들이 있습니다. 우리 주변에는 마귀의 역사가 있습니다. 그래서 예수 믿는 데 어려움을 겪을 수 있습니다. 북한에서 예수 믿는 것이 다르고, 중동 이슬람국가에서 예수 믿는 것이 다릅니다. 이런 나라에서는 예수 믿으면 큰 환난을 당합니다. 불교국가에서도 다르고 대한민국에서 예수 믿는 것이 다릅니다. 어디에나 다 어려움이 있지만 예수 믿기 위해 받는 환난이 있습니다. 우리나라에서도 예수 믿으면 옛날에는 정직하다고 했는데 지금은 다른 눈으로 보는 사람들도 있습니다. 예수 믿는다고 하면 이기적이라고 보기도 하고 고지식하다고 보기도 합니다. 코로나를 옮긴 사람들이라고 보기도 합니다. 그래서 내가 예수를 믿는다고 나타내기가 눈치 보입니다. 주일날 교회 가겠다고 하면 뒤통수가 따갑게 느껴지는 때도 있었습니다. 노골적으로 교회 가지 말라고 하기도 했습니다. 백화점 가지 말라고 하지 않으면서, 전철 타지 말라고 하지 않으면서도 교회는 가지 말라고 태연하게 이야기했습니다. 모이는 것도 금하기도 했습니다.

   교회는 힘든 시간들을 보냈습니다. 환난이 있습니다. 또 사업을 하다가 예수 믿기 때문에 손해 볼 수 있습니다. 정직하게 하려다 보니 어려움을 겪기도 합니다. 이것이 세상에서 우리가 겪는 환난입니다. 그러나 예수님은 담대하라고 하셨습니다. 예수님을 위하여 담대히 결정하라는 것입니다. 이것이 어렵습니다. 우리는 코로나 상황 속에서도 경험하지 않았습니까? 여러분, 주님을 위해 손해 보면서도 주님을 확실히 믿는다면 우리의 심령은 환난 속에서도 평안할 수 있습니다.

> 내 평생에 가는 길 순탄하여 늘 잔잔한 강 같든지
> 큰 풍파로 무섭고 어렵든지 나의 영혼은 늘 편하다

   413장 찬송이 바로 이런 믿음을 고백한 찬송입니다. 이 평안함이 우리에게 있기를 원합니다. 주님을 믿으면, 주님의 평안함이 우리를 주장하면, 우리도 주님처럼 세상을 이길 수 있습니다. 때로는 고난이 와도 두려워하지 말고 담대히 말씀을 믿고 나가면 하나님께서 우리에게 평안을 주십니다. 그리고 마지막에 승리를 주십니다. 이 모든 것을 통전적으로 이해해야 하는 것입니다.

   올 한 해 무슨 일을 만나든지 예수님과 동행하며 평안을 누리는 성도들이 되시기 바랍니다. 무슨 일을 만나든지 담대히 행하는 성도들이 되시기 바랍니다. 무슨 일을 만나든지 예수님처럼 세상을 이기는 성도들이 되시기 바랍니다. '어노인팅'의 찬양사역자인 전은주 전도사님이 지은 "교회여 일어나라"는 찬양이 있습니다. 가사를 보면 "두려움과 실패 내려놓고 교회여 일어나라. 우릴 부르신 삶의 자리에서 교회여 일어나라"고 찬양합니다. 가사가 너무 은혜롭습니다.

조선 땅에 교회가 처음 들어왔을 때 기독교는 우리 민족의 희망이었습니다. 그 당시 도산 안창호나 월남 이상재, 남강 이승훈 같은 민족의 지도자들이 독실한 기독교인이었습니다. 3·1운동의 대표 33인 중 목사가 무려 열 명이요, 전도사가 하나, 장로가 둘입니다. 이런 사실을 잘 가르치지 않아서 모릅니다. 동학 접주(接主)였던 백범 김구도 성경을 읽고 스스로 예수를 믿었습니다. 심지어 우리가 잘 아는 여운형이나 임시정부에서 국무총리를 지낸 이동휘 장군 같은 공산주의자들도 예수를 믿었습니다. 여운형이나 이동휘는 신학교까지 갔습니다. 이들이 공산주의자들이 되었기에 우리의 역사에서는 가르치지 않았지만, 항일운동 가운데 이동휘 장군은 굉장한 사람이었습니다. 이들은 사상을 떠나서 예수만이 우리 민족의 구원자가 되심을 믿었고 예수를 철저하게 붙들었던 독실한 크리스천들이었습니다.

교회는 수많은 학교를 세웠고 병원을 세웠습니다. 당시 교회는 세상의 빛이었습니다. 삶의 자리에서 교회는 일어섰습니다. 그런데 시간이 흐르며 교회는 양적으로는 성장했지만 그 힘을 잃어버렸습니다. 교회는 부요해졌고 화려해졌지만 영적인 능력을 잃어버리고 있었습니다. 지난 코로나 팬데믹 기간 동안 교회는 어려움을 겪었습니다. 세상으로부터 공격을 받았습니다. 교회마다 출석 교인이 줄어들고 전도가 잘되지 않았습니다. 우리에게 두려움과 실패가 분명히 있었습니다. 그러나 내려놓고 다시 일어나자는 것입니다.

하나님은 우리를 "세상의 빛, 하나님의 편지"로 불러주셨습니다. 우리가 세상에서 빛이 되고, 하나님의 사랑의 편지가 될 때 세상은 우릴 통해 주님을 다시 보게 될 것입니다. 예수님께서 환난을 이기고 승리하셨듯이 우리도 담대하게 다시 일어나 세상을 이기자는 것입니다. 여러분, 새해에는 코로나가 다 끝났지만 또 다른 어려움이 우리를 찾아올지 모릅니다. 경제적 어려움도 예상됩니다. 그러나 이제 일어나야 합니다. 일어나면 우리 주님께서 걸을 힘도 주시는 줄 믿으시기 바랍니다.

엘리야가 바알과 아세라 선지자 850인과 갈멜산에서 대결하여 승리를 하였습니다. 당시는 바알과 아세라를 섬기는 우상 숭배자들이 득세하는 세상이었습니다. 하나님께 제사 드리는 제단은 다 무너졌습니다. 그런데 엘리야는 850대 1로 싸워 승리를 합니다. 그에게는 두려움이 없었습니다. 하나님께서는 홀로 싸우는 엘리야에게 능력을 주셔서 하늘의 불이 임하고 제물을 모두 불태워 버리는 기적도 주셨습니다. 비도 내려 주셨습니다. 엘리야는 용감하게 바알과 아세라 선지자들 한 사람도 도망가지 못하게 붙잡으라 명령하고 그들의 목을 쳤습니다. 그런데 불과 얼마 지나지 않아 아합 왕의 아내인 이세벨이 엘리야를 죽이겠다고 합니다. 850인의 우상을 섬기는 선지자들과도 두려워하지 않고 싸운 엘리야가 별거 아닌 한 여인의 위협에 주눅이 들었습니다. 그래서 도망을 칩니다. 하나님께 이제 내 생명을 거두어 가달라고 합니다. 왜 그렇게 되었습니까? 단 하나의 이유, 두려워하였기 때문입니다. 그토록 굉장했던 엘리야도 두려움 때문에 이렇게 약해져서 주저앉을 수 있습니다. 그런데 하나님께서 새 힘을 주시니 다시 일어나 사명을 감당할 수 있었습니다. 새 왕을 세우고 죽음을 보지 않고 병거 타고 하늘에 올라가는 자가 되었습니다.

우리는 새 힘을 주실 하나님께 도우심을 구해야 합니다. 사명을 잊지 않으면 하나님은 우리를 다시 세우십니다. 능력을 주십니다. 그리고 일하게 하십니다. 우리 교회는 한국교회의 희망이 될 사명이 있습니다. 세계 선교를 향한 사명이 있습니다. 그래서 금리가 오르고 어려운 상황 가운데서도 우리는 선교지를 확장했습니다. 사명 때문입니다. 사명을 잊지 않으면 하나님께서 도와주실 것입니다. 이제 새로운 한 해가 시작됩니다. 두려움과 실패를 내려놓고 함께 일어납시다. 일어나면 하나님께서 새 힘을 주십니다. 주일성수 열심히 하고, 말씀을 더 사모하고 하나님께 더 가까이 나옵시다. 그래서 주님이 주신 힘으로 다시 일어서는 교회와 성도들이 되시길 바랍니다.

📝 적용

ⓐ 오늘 말씀의 주제 파악하기:

ⓑ 오늘 말씀 중 은혜 받은 부분 나누기:

ⓒ 삶에 구체적으로 적용하기:

🙌 함께 드리는 기도제목

1. 예수님께서 주시는 평안이 가득한 한 해가 되게 하옵소서.
2. 말씀을 믿고 담대하게 살아가는 한 해가 되게 하옵소서.
3. 예수님께서 주시는 새 힘을 받아 가정과 교회를 일으키는 한 해가 되게 하옵소서.

2

우리를 도우라

❉ **본 문:** 사도행전 16:6-10 (신 214쪽)
❉ **찬 송:** 507장(저 북방 얼음 산과, 통 273장)
❉ **요 절:** "밤에 환상이 바울에게 보이니 마게도냐 사람 하나가 서서 그에게 청하여 이르되 마게도냐로 건너와서 우리를 도우라 하거늘" (행 16:9)

오늘은 선교주일입니다. 우리 교회는 지금까지 다른 헌금은 작정해 본 적이 없습니다. 건축할 때도 건축헌금을 작정하지 않았습니다. 매 주일 헌금을 작정하여 드리는 교회도 많지만, 우리 교회는 매 주일의 감사가 다르고 감동이 다르기 때문에 그때그때 마음의 감동에 따라 주일헌금을 드리라고 헌금을 작정하지 않습니다. 그런데 일 년에 단 한 차례 선교헌금을 작정합니다. 선교는 주님의 지상명령이기 때문입니다. 우리 모두 한 사람도 빠짐없이 이 주님의 명령에 동참해야 하기 때문입니다. 우리 교회는 감사하게도 매년 선교헌금이 늘어났습니다. 단 한 번도 지난해보다 줄어든 적이 없습니다. 그것은 선교하는 우리 교회에 주신 하나님의 축복이라 믿습니다. 하나님께서 선교하는 우리 교회를 매년 부흥시켜 주셨습니다.

우리 교회는 코로나 시기임에도 불구하고 매년 천 명 가까이 성도들이 늘어났습니다. 여러분의 가정을, 일터를 지켜주셨습니다. 우리의 믿음을 지켜주셨습니다. 이것이 선교하는 우리 교회에 주신 축복인 줄로 믿습니다. 지난해에도 오늘과 똑같은 본문과 제목을 가지고 말씀을 전했습니다. 이 어려운 시기에 많은 나라에서, 또 시골교회에서 선교단체에서 우리를 도우라고 여전히 손짓하고 있기 때문입니다.

오늘 성경을 보면 사도 바울은 아시아에서 복음을 전하고 있었습니다. 지금의 튀르키예 지방입니다. 지금의 튀르키예는 중동의 맨 위쪽에서 유럽과 맞붙어 있는 지역입니다. 축구 경기도 유럽과 함께 하고 정서적으로도 자신들이 유럽과 가깝다 생각하지만 실제로 땅은 대부분이 아시아입니다. 이곳에서 사도 바울이 복음을 전했습니다. 그런데 복음을 전할 때마다 성령이 말씀을 전하지 못하게 막으셨습니다. 여기서 말씀을 전하지 말라는 것입니다. 그래서 브루기아로, 갈라디아로 해서 무시아로 갔습니다. 성령님께서 복음 전하는 것을 막으시면 또 옆의 지역으로 옮겨가며 쉬지 않고 복음을 전했다는 말입니다. 무시아는 유럽과 지중해를 사이에 두고 있는 지역입니다. 무시아에서 위쪽 비두니아로 올라가려고 계획을 했습니다. 그런데 또 성령이 허락하지 않았습니다. 우리가 하나님의 일을 할 때에 하나님께서 허락하시지 않는 때가 종종 있습니다. 지금 그 일을 할 때가 아니라는 뜻입니다.

지난 목회의 길을 돌이켜 보면 성령님께서 감동으로 길을 막으시는 때가 종종 있었습니다. 나는 하고 싶은데, 해야 되는데 기도해도 답답한 것입니다. 감동이 없는 것입니다. 응답이 없는 것입니다. 한번은 지방에서 목회할 때 미국에 가게 되었습니다. 일정이 아직 남아 있는데 자꾸 한국에 돌아가고 싶은 마음이 듭니다. 도저히 미국에 있을 수가 없었습니다. 그래서 도중에 돌아왔는데 그때 교회에 큰 사고가 있었습니다. 제가 자리를 지키지 못했더라면 교회가 큰 시험이 들었을 것입니다. 나중에 생각하니 '아, 그때 하나님께서 나로 하여금 돌아가게 하셨구나' 하는 것을 깨닫게 되었습니다. 질병 가운데 고통을 겪는 성도들에게 가 보아야 되겠다는 마음의 감동이 오면 즉시 일어서야 합니다. '오늘은 너무 피곤하니 내일 가보자' 하면 영락없이 그날 세상을 떠나는 경험들을 목회 초기에 여러 번 했습니다. 그래서 '아, 이것은 성령님이 주시는 감동이구나' 하는 마음이 들면 즉시 일어나 가곤 했습니다. 그리고 기도하고 돌아오면 하나님 나라로 가셨다는 소식을 듣곤 했습니다.

우리 인생을 돌이켜 보면 성령님께서 막으신 것들이 많습니다. 우리에게 더 나은 길을 주시기 위해서입니다. 그렇게 보면 그때 대학에 떨어진 것도, 직장에 취업이 안 된 것도, 사랑하는 사람과 헤어진 것도 다 하나님께서 나를 사랑하셔서, 나에게 더 좋은 길을 주시기 위해서임을 깨닫게 되는 것입니다. 그러므로 인생의 무슨 일을 계획하고 행하더라도 항상 기도하며 성령님의 도우심을 구하면서 나아가야 하는 것입니다.

사도 바울은 위로 올라가 복음을 전하는 일을 포기하고 바로 옆 항구도시인 드로아로 가서 또 복음을 전합니다. 드로아는 역사적으로 유명한 도시인 트로이입니다. '트로이의 목마'를 들어보셨을 것입니다. 성경에서는 이 트로이를 드로아로 번역했습니다. 이곳에서 밤에 환상을 봅니다.

"밤에 환상이 바울에게 보이니 마게도냐 사람 하나가 서서 그에게 청하여 이르되 마게도냐로 건너와서 우리를 도우라 하거늘."

하나님께서 바울로 하여금 아시아 선교를 막으신 이유가 여기에 있습니다. 아시아에서 복음을 전하지 말라는 뜻이 아닙니다. 이후에 하나님께서는 또다시 아시아에서 복음을 전하게 하셨고 놀라운 기적들을 일으켜 주셨습니다. 그러나 지금은 아시아에 있을 때가 아니라는 뜻입니다. 여러분, 지금 내가 원하는 일들이 다 막혀버릴 수가 있습니다. 그러나 낙심하지 마십시오. 내가 원하는 길이 나에게 맞지 않는 길일 수도 있고 지금보다 나중에 가는 것이 더 좋을 수도 있습니다. 문제는 하나님의 뜻을 믿고 하나님께서 인도하시는 그 길에 순종하는 것입니다.

성경에 나오는 위대한 인물들은 지금 자신의 길이 막혀도 하나님을 원망하거나 불평하지 않았습니다. 믿음이 절대로 약해지지 않았습니다. 하나님께서 주시는 길이 나에게 유익한 길이 될 줄로 믿었기에 고난도 참아내고 묵묵히 인내했습니다. 요셉을 보십시오. 형들에게 버림받고 노예로 팔려 가고 누명을 쓰고 감옥에 들어가면서도 그 믿음이 절대로 약해지지 않았습니다. 나중에 애굽의 총리가 되어 형들을 만났을 때 "두려워하지 마소서. 하나님께서 그 일을 선으로 바꾸셔서 많은 생명을 살리기 위한 섭리였습니다"라고 고백합니다. 그것뿐이 아닙니다. 요셉은 그 연단의 과정을 통해서 마음이 바다와 같이 넓어진 큰 인물이 되었습니다. 요셉의 형들과 같이 양을 치는 일을 하며 자랐다면 그렇게 큰 인물이 될 수 없었을 것입니다. 정치적으로도 위대한 인물이 되었지만 신앙적으로도 거인이 되고, 인품으로도 거목이 되어 있었습니다. 믿음의 길을 묵묵히 가는 요셉을 하나님께서 연단과 훈련을 통하여 그렇게 세우신 것입니다.

바울은 마게도냐로 가서 복음을 전하는 것이 하나님께서 주신 뜻인 줄 깨닫고 순종하여 유럽으로 건너갑니다. 드디어 유럽의 전도가 시작된 것입니다. 그리스, 로마를 통해 유럽이 하나님을 믿게 되었고 이 복음이 전 세계로 전파된 것입니다. 사도 바울은 하나님께서 왜 복음 전하는 일을 막으시는지 그때는 몰랐지만 순종했을 때 전 세계 복음화의 길이 열린 것입니다. 하나님의 뜻은 놀랍습니다. 우리가 순종할 때 하나님은 놀라운 일들을 계획하고 계십니다. 우리가 순종이라는 말을 잘 사용하는데 사실은 순종이 어렵습니다. 사람들은 내 생각에 납득이 되고, 내 마음이 허락할 때 순종합니다. 그런 순종도 쉬운 것은 아닙니다. 그런데 내 생각이 허락하지 않아도, 내 상황이 문제가 되어도 "하나님께서 원하시면 하겠습니다. 하나님의 뜻이면 따라가겠습니다" 하는 것이 위대한 순종입니다.

선교사님들 중 어느 누가 고향 땅을 떠나 문화가 다르고 말이 다른 타국에 가서 살고 싶겠습니까? 저부터도 대한민국이 좋지, 외국에 사는 것은 싫습니다. 우리가 선교하는 지역의 한 선교사님은 젊을 때 외국에 선교사로 나갔는데 우리나라가 얼마나 그립던지 틈만 나면 바닷가에 나가 바다를 보면서 울면서 노래를 수백 번 불렀답니다. "저 멀리 동해 바다 외로운 섬. 독도야 잘 있느냐" 하는 그 노래입니다. 아니 선교사가 외로우면 기도하고 찬송을 불러야지 무슨 '독도야 잘 있느냐'라는 노래를 부르냐고 생각했지만 그 마음을 생각하는 순간 가슴이 찡했습니다. 지금은 도시를 떠나 빈민 지역에 함께 살면서 학교를 만들고 선교하고 있습니다. 그렇게 울면서 뿌린 씨앗들을 하나님께서 열매 맺어 주시는 것입니다.

주의 일을 하면서 다 기쁘고 감사하고 즐거우면 얼마나 좋겠습니까? 그러나 그렇지 않은 일도 많습니다. 그래서 울면서 씨를 뿌리고 견디는 것입니다. 우리나라에 와서 선교하다 죽은 선교사들이 수백 명입니다. 거의 다 병들어 죽었습니다. 그들이 조선 땅에 오고 싶어서 즐거움으로 왔겠습니까? 아닙니다. 성령님께서 마음에 감동을 주시니 복음을 전하기 위하여 순종한 것입니다. 그런데 그렇게 뿌린 씨앗들을 하나님께서 열매 맺게 하셨습니다. 지금 우리는 전 세계에 2만 명의 선교사를 보내는 나라가 되었습니다. 그 선교사님들의 죽음이 우리로 하여금 오늘 예수 믿게 했고, 복 받은 나라가 되게 했고, 전 세계에 복음을 전하는 나라가 되게 한 것입니다.

선교하는 일은 순종입니다. 예수님께서 이 세상에서 주신 마지막 말씀이 무엇입니까? "오직 성령이 너희에게 임하시면 너희가 권능을 받고 예루살렘과 온 유대와 사마리아와 땅끝까지 이르러 내 증인이 되리라"(행 1:8)는 말씀을 주시고 제자들이 보는 데서 하늘로 들려 올라가셨습니다. 예수님의 최후 지상명령입니다. 예수님께서 명령하셨기에 우리는 복음을 전할 사명이 있는 것입니다. 예수님께서 말씀하신 예루살렘과 온 유대, 그리고 사마리아와 땅끝은 어디입니까?

첫째, 예루살렘은 우리가 사는 곳입니다. 올해는 우리가 전도하기에 힘써야 할 때입니다. 누가 전도합니까? 내가, 구원받은 감동이 있는 사람이 전도합니다. 하나님께서는 내가 전도하겠다고 믿음으로 고백하고 기도하는 사람에게 전도의 기회를 주십니다. 전도하는 사람은 이미 축복을 받은 것입니다. 하나님께서 복음의 도구로 사용하시기 때문입니다. 이런 사람을 지켜주시지 않을 수가 없는 것입니다.

둘째, 온 유대는 우리가 살고 있는 나라입니다. 올해 우리는 전국 방방곡곡 많은 교회들을 지원합니다. 시골에도, 어촌에도, 노숙인들에게도, 어려운 개척교회에도 지원합니다. 이 복음의 지경이 날마다 넓어지기를 기도합시다.

셋째, 사마리아는 우리에게 있어서 북한입니다. 북한은 복음이 막혀 있는 땅입니다. 정치적인 자유도, 종교의 자유도 없습니다. 기독교 인권단체들은 북한에 약 40만 명의 기독교인이 있다고 보고 있습니다. 서울대 통일평화연구원 김병로 교수는 7만 명의 기독교인이 있다고 보고했습니다. 북한의 기독교인들은 오늘도 숨어서 예배드리고 숨죽여 기도하고 있습니다. 밝혀지는 순간 수용소로 끌려가기 때문입니다. 북한 선교를 위하여 힘쓰는 단체들에게 북한 지하교인들이 보낸 편지를 읽어보면 눈물이 납니다. 우리 교회는 북한 선교단체로, 라디오방송으로, 이주민교회로, 또한 선교사를 통하여 여러 통로로 북한 선교를 지원하고 있습니다. 우리는 더 많이 기도하고 통일 이후를 바라보며 준비해야 합니다.

넷째, 땅끝은 말 그대로 전 세계입니다. 예수님께서는 땅끝까지 복음이 전파될 때 다시 오시겠다고 분명히 약속하셨습니다. 아직 복음이 한 번도 들어가지 않은 미전도 종족이 4,800개쯤 됩니다. 올해는 우리 교회가 대한성서공회와 함께 진행한 미전도 종족 성경 번역 프로젝트가 아마 완성될 것입니다. 성경을 자기 말로 갖지 못했던 지구상의 한 종족이 우리 교회를 통하여 자기 말로 자신의 성경을 갖게 될 것입니다. 계속해서 이 고귀한 일이 진행되어야 할 것입니다.

얼마 전 한 권사님이 선교지에 교회를 건축하고 싶다고 평생 모은 헌금을 제게 가져왔습니다. 사실 우리 교인이 아닙니다. 우리 교회 예배에 참석하다가 도림교회라면 일을 제대로 해줄 것 같아서 가지고 왔다고 했습니다. 폐지도 주워 팔고 어렵게 모은 돈입니다. 많은 돈이지만 사실 그 돈으로는 지금 아프리카나 동남아 지역에 교회를 세우기에 부족합니다.

또 교회를 세워도 실제로 유지할 수 있는 교회를 세워야 합니다. 그렇지 않으면 금방 놀이터가 되고 폐허가 되고 맙니다. 그래서 선교사님들에게 건축할 교회, 복음으로 세워져 나갈 수 있는 교회를 찾는 편지를 보냈고 기도 중에 있습니다. 선교는 눈물 나는 일이지만 반드시 열매가 있습니다. 하나님께서는 그 눈물의 씨앗을 절대로 썩게 두시지 않습니다. 반드시 열매 맺게 하시고 큰 구원의 기적을 베푸십니다.

오늘도 우리에게 도움을 원하는 이들이 손짓하고 있습니다. 마게도냐로 건너와서 우리를 도우라고 손짓하는 그 모습을, 수많은 사람들이 우리 도림교회 성도들을 향하여 우리를 도우라고 손짓하는 그 모습을 영의 눈으로 바라볼 수 있기를 바랍니다.

📝 **적 용**

ⓐ 오늘 말씀의 주제 파악하기:
_____
_____

ⓑ 오늘 말씀 중 은혜 받은 부분 나누기:
_____
_____

ⓒ 삶에 구체적으로 적용하기:
_____
_____

🙌 **함께 드리는 기도제목**

1. 하나님의 선한 계획을 믿고 그 뜻에 순종하게 하소서.
2. 예수님의 명령을 기억하고 전도와 선교에 힘쓰게 하소서.
3. 더 많은 선교사역을 감당하는 우리 교회가 되게 하소서.

3

긍정의 말을 하겠습니다

❋ 본 문: 마가복음 9:23-27 (신 68쪽)
❋ 찬 송: 401장(주의 곁에 있을 때, 통 457장)
❋ 요 절: "예수께서 이르시되 할 수 있거든이 무슨 말이냐 믿는 자에게는 능히 하지 못할 일이 없느니라 하시니 곧 그 아이의 아버지가 소리를 질러 이르되 내가 믿나이다 나의 믿음 없는 것을 도와주소서 하더라"(막 9:23-24)

　하나님께서 인간을 창조하실 때 두 개의 눈, 두 개의 귀, 두 개의 콧구멍을 만드시고 한 개의 입을 만드신 이유가 있습니다. 두 눈으로 잘 보고, 두 귀로 잘 듣고, 두 개의 콧구멍으로 숨 쉬며 여유를 갖고 말할 때는 한 입으로 같은 말을 하라는 뜻입니다. 그리고 두 개의 손과 발로 열심히 일하고 봉사하라는 뜻입니다. 야고보 사도는 "한 입에서 찬송과 저주가 나오는도다 내 형제들아 이것이 마땅하지 아니하니라 샘이 한 구멍으로 어찌 단 물과 쓴 물을 내겠느냐"(약 3:10-11)라고 하셨습니다. 야고보 사도는 혀에 대하여 말씀하며 우리의 입으로 무엇을 해야 하는지를 알려줍니다.
　학생 시절에 다니던 교회에 참 지적이고 아름다운 여 집사님이 계셨는데 늘 "할렐루야"라고 하며 다녔습니다. '참 대단하다, 나도 나중에 저런 아내를 만났으면 좋겠다' 하고 생각했습니다. 그런데 하루는 길에서 제가 뒤에 서 있는데 초등학교 다니는 아들이 횡단보도에서 좀 지체하자 느닷없이 쌍욕을 하는 것을 보고 깜짝 놀랐습니다. 차마 입에 담기 어려운 욕이 피스톤처럼 빠르게 나오는 것입니다. 그래서 충격을 받고 나중에 그 집사님이 교회에서 아무리 "할렐루야"라고 해도 더 이상 지적으로 보이지도 않고 할렐루야로 들리지도 않았습니다.

야고보 사도는 또한 "또 배를 보라 그렇게 크고 광풍에 밀려가는 것들을 지극히 작은 키로써 사공의 뜻대로 운행하나니 이와 같이 혀도 작은 지체로되 큰 것을 자랑하도다 보라 얼마나 작은 불이 얼마나 많은 나무를 태우는가"(약 3:4-5)라고 하셨습니다. 광풍 속에서도 큰 배의 방향을 움직이는 것이 작은 키입니다. 거대한 항공모함의 방향키도 크지 않습니다. 혀가 그렇다는 것입니다. 나라에 일어나는 여러 가지 일들도 말, 말, 말에서 비롯되는 것이 너무 많습니다. 성경에서 말하듯이 우리의 혀가 작지만 수많은 문제들을 만들어 냅니다. 가정을 행복하게 만들기도 하고 불행하게 만드는 것도 다른 것이 아니라 혀에 있습니다. 아무리 부유한 가정이라도 말 때문에 불행한 가정이 있고, 아무리 힘든 가정이라도 말 때문에 서로 행복하게 꿈을 가지고 살아가는 가정이 있습니다.

지구상의 동물들은 소리로 간단한 표현을 합니다. 위험신호일 때와 기분이 좋을 때 내는 소리가 다릅니다. 그런데 인간만이 다양한 언어로 자기의 의사를 표현하고 사람을 이끌어 갑니다. 말을 글로 표현합니다. 침팬지가 글을 배워 자기 생각을 표현하는 법은 없습니다. 침팬지가 쓴 소설 보셨습니까? 넓은 초원에서 들소 떼가 회의를 하는 법은 없습니다. 만약 인간 외에 그런 존재가 있다면 자연 세계의 법칙이 바뀔 것입니다.

　하나님께서 오직 우리 인간에게만 말을 주신 것은 축복입니다. 모든 사람에게 말이라고 하는 선물을 주셨습니다. 그래서 말을 선하게 잘 사용해야 하는 것입니다. 말을 바꾸면 인생이 바뀌고 세상이 바뀝니다. 그런데 이 말을 복되게 사용하는 사람이 있고, 말로 화를 부르는 사람이 있습니다. 우리는 예수 믿고 입술이 변해야 합니다. 예수 믿고 찬송하는 입술로, 기도하는 입술로, 감사하는 입술로, 복음을 전하는 입술로, 하나님을 찬양하는 입술로, 만나는 사람에게 행복과 기쁨을 주는 입술로 변화되시기를 바랍니다.

　한 연구기관에서 남자들에게 설문조사를 했는데 "어떤 여자가 제일 싫은가?"라는 항목에 제1위가 "말을 기분 나쁘게 하는 여자가 제일 싫다"라는 답변이었습니다. 부부로 살면 대개 다 적응이 되고 거기서 거기가 됩니다. 얼굴 예쁜 것도 처음에는 눈이 확 떠지지만 시간이 지나면 다 거기서 거깁니다. 예쁜 것도 적응이 되어서 10년 살면 '야, 예쁘다'라고 느끼지 못한다는 말입니다. 얼굴 예쁘고 잘난 것으로 하면 탤런트들이 잘 살아야 할 것입니다. 그런데 대개 그렇지를 못합니다. 공부 잘한 것도 사는 데 별 상관이 없습니다. 그런데 말이 예쁘면 모든 것이 다 예쁘게 보여집니다.

　아내를 선택할 때 "얼굴 예쁜 사람이 아니라, 말이 예쁜 사람을 구하면 평생 행복하다"는 말이 있습니다. 정말 맞는 말입니다. 남편이 직장의 누가 못됐다고 이야기하면 지혜로운 아내들은 일단 같이 남편의 편을 듭니다. "맞아. 그런 놈 하고 함께 일하는 당신이 대단해. 잘 참고 와서 우리 가족을 대표해서 고마워"라고 합니다. 그런데 어리석은 아내들은 다른 사람의 편을 듭니다. "그게 아니잖아. 당신이 틀렸어. 왜 그랬어?" 하고 남편의 자존감을 다 무너뜨립니다. 남자나 아이들의 자존감이 무너지면 인생이 끝나는 것입니다. 그래서 아이들을 키울 때 무슨 일이 있어도 자존감이 무너지지 않도록 격려해 주어야 합니다. "넌 할 수 있어", "넌 가장 사랑스러운 존재야", "하나님이 널 사랑하셔"라고 늘 격려해 주면 아이들은 자존감을 가지고 살아가게 됩니다.

남편도 그렇습니다. 그래서 결혼 주례 전에 인사 오는 신랑과 신부에게 꼭 당부하는 말이 남편은 "아내에게 무조건 져라. 그리고 아내는 무슨 일이 있어도 남편 자존감을 건드리지 마라" 합니다. 남자와 여자가 너무 다르기 때문입니다. 자존감이 무너지면 남편은 '이 여자랑 계속 살아야 하나'라는 생각까지 듭니다. 출발은 별것이 아닙니다. 그저 말로 남편 편을 들어주면 행복할 텐데, 옆집 남자 편을 들어주니 수류탄이 있으면 터트리고 싶은 심정까지 드는 것입니다. 행복한 가정이 되려면 남편의 언어와 아내의 언어, 아이들의 언어를 서로 이해할 줄 알아야 합니다.

아내가 아프다고 하면 대개 남편들은 "병원 갔어? 약은 사 먹었어?", "그러게, 평소에 운동하라고 했잖아" 합니다. 더 심한 경우에는 "살 좀 빼라, 살 좀. 안 아플 수가 있겠냐"라고 합니다. 아내들이 남편에게 아프다고 할 때 듣고 싶은 언어는 "얼마나 아팠어. 힘들었겠구나. 미안하다. 내가 있었어야 하는데…" 이런 말입니다. 그런데 남편들은 진단부터 하고 처방을 합니다. 그래서 대화가 빗나갑니다.

사람들과의 관계에서도 그렇습니다. 말로 자기의 주장을 늘 관철시키려 하는 사람이 있습니다. 별것 아닌데도 늘 강하게 주장하니 다른 사람들이 피해 버립니다. 그래서 이것이 습관이 됩니다. '내가 강하게 하니 되는구나' 하고 인생의 습관이 됩니다. 상담심리학자들은 이것을 그 사람의 어릴 때 모습이 투영되는 것이라고 진단합니다. 어릴 때 부모로부터 늘 억압받고 자존감이 늘 상처를 입고 억압된 마음이 성인이 되어 표출되는 것이라고 말합니다. 이것을 빨리 깨트려 버려야 인생이 행복하게 되는 것입니다. 기도하면서 성령의 불로 다 소멸시켜 버려야 행복한 인생으로 살아갈 수가 있습니다. 그렇지 못하니 주변에서 그 사람을 속으로 사랑하는 사람들이 다 떠나고 없는 것입니다. 우리는 말을 잘해야 합니다.

부정적인 삶을 살던 사람이 긍정의 삶으로 변하게 되는 것이 결코 쉬운 일이 아닙니다. 교회에서 온갖 봉사는 다 하고 수고하면서 말로 다 까먹는 사람이 있습니다. 긍정의 말, 축복의 말, 행복한 말을 하는 습관이 되지 못했기 때문입니다. 새해에는 무슨 일이 있어도 긍정적인 생각을 하고 긍정의 말을 훈련하는 한 해가 되시기를 바랍니다. 그러면 여러분의 인생이 긍정으로 환하게 변할 것입니다.

오늘 성경 말씀은 예수님께서 세 제자를 데리고 변화산에 올라가시자 남아 있던 제자들이 귀신 들린 아이 하나를 데리고 씨름하는 내용입니다. 제자들은 이 귀신 들린 아이를 고치지 못했습니다. 예수님께서 내려오셨을 때 이 아이의 아버지는 아들을 예수님께 데리고 왔습니다. 귀신이 이 아이를 물에 던지고 불에 던져 죽이려고 합니다. 길에서 거꾸러져 거품을 흘리고 이를 갈고 파리해져 갑니다. 그래서 "선생님, 무엇을 하실 수 있거든 우리를 불쌍히 여기사 도와주옵소서"라고 간청을 했습니다. "무엇을 하실 수 있거든"이라는 말이 예수님의 마음에 탁 걸렸습니다. '하실 수 있거든'이라는 말은 할 수도 있고 할 수 없을 수도 있다는 말입니다. 예수님께서는 "할 수 있거든이 무슨 말이냐 믿는 자에게는 능히 하지 못할 일이 없느니라" (막 9:23)고 말씀하십니다. 예수님은 지금 다른 것이 아니라 믿음을 요구하고 계신 것입니다. 예수님은 "능히 하실 수 있습니다. 더한 일도 하실 수 있습니다" 하는 믿음을 바라고 계신 것입니다.

오늘 말씀 앞에 보면 귀신 들린 딸을 둔 수로보니게 여인이 예수님께 나아와 딸의 병을 고쳐 달라고 간청합니다. 이에 예수님께서는 "자녀의 떡을 취하여 개들에게 던짐이 마땅치 아니하니라"고 말씀하십니다. 그러자 이 여인은 "개들도 제 주인의 상에서 떨어지는 부스러기는 먹습니다" 이렇게 대답합니다. '부스러기만 주셔도 내 딸은 나을 것입니다'라는 믿음을 보였습니다. 이때 예수님은 그 말을 칭찬하셨습니다. "이 말을 하였으니 돌아가라. 귀신이 네 딸에게서 나갔느니라" 하고 말씀하셨습니다.

오늘 성경에 나오는 아이의 아버지가 정신이 번쩍 들었습니다. 그래서 소리를 지릅니다. "내가 믿나이다. 나의 믿음 없는 것을 도와주소서." 이 말이 정말 안타깝습니다. 그는 "내가 믿나이다"라고 자신의 입술로 먼저 고백합니다. 그리고 이어서 "나의 믿음이 없는 것을 도와주소서"라고 합니다. 이 말은 '예수님은 나의 믿음 없는 것도 도와주시는 분이심을 내가 믿습니다'라는 강한 긍정의 말입니다. 그러자 예수님은 그 말을 들으시고 이 아이의 병을 고쳐주셨습니다. 아이의 아버지는 예수님의 말씀을 들으며 믿음이 들어갔습니다. 믿음은 들음에서 나는 것입니다. 성경의 말씀을 듣고 믿으면 믿음이 들어가는 것입니다.

믿음은 하나님을 향한 무조건적인 긍정입니다. 하나님은 믿음 위에 역사하십니다. 우리 교회가 꿈꾸는 것들이 우리의 의지가 되어서는 안 됩니다. 사람의 의지가 아닙니다. 가능성이 아닙니다. '하나님께서 하실 것입니다. 우리는 순종합니다'라는 강한 믿음으로 해야 하는 것입니다. 예수님께서는 먼저 내 마음의 싸움에서 승리하기를 원하십니다. 내가 해야 합니다. 내 마음이 온전히 하나님께로 향해야 합니다. 자기 자신과의 싸움에서 먼저 내 마음에 예수님의 승리의 깃발을 꽂아야 합니다. 나 자신과 관계가 잘못되어 있으면 다른 사람과도 관계가 좋을 수 없습니다. 나 자신의 문제를 먼저 해결해야 됩니다.

소시오패스가 그런 것입니다. 요즘 사회적으로 문제가 되고 있는 소시오패스는 자신과의 관계가 좋지 않습니다. 그래서 타인을 가해하여 내 행복을 찾으려 합니다. 심리학자들은 사이코패스보다 소시오패스가 더 무섭다고 이야기를 합니다. 사이코패스는 두려움이 없습니다. 남을 죽이면서도 감정의 변화가 없습니다. 그런데 소시오패스는 다 압니다. 상대방이 아파하는 것도 압니다. 그러면서 상대방을 학대하고 거기서 자기만족을 느끼니 참으로 무서운 것입니다. 학폭 가해자들이 소시오패스 성향이 있습니다. 우리 주변에는 소시오패스가 많다고 합니다. 다른 사람의 약점으로 내 이익을 가지려고 하는 사람들, 다른 사람의 아픔에 잘 공감하지 못하는 사람들이 소시오패스의 성향이 있습니다. 소시오패스 성향을 고치지 못하면 말을 해도 함부로 합니다. 내 말 때문에 상대방이 아파할 것을 알면서 자기 성취감을 누립니다. 내가 이겼다고 생각합니다. 이것이 점차 자신의 인생으로 고정되어 갑니다.

우리는 내 안에 있는 선과 악과의 싸움, 하나님의 영과 사탄의 영과의 싸움에서 먼저 승리해야 내 안에 평화가 찾아오고 이어서 다른 사람과도 평화의 관계가 임하게 되고 행복한 인생이 열리게 되는 것을 깨달아야 합니다. 나와의 싸움이 얼마나 어렵습니까? 사도 바울 같은 위대한 사람도 "오호라, 나는 곤고한 사람이로다 이 사망의 몸에서 누가 나를 건져내랴" 하면서 내 안에 선과 악이 싸운다고 고통을 호소했습니다. 다윗도 자신과 싸웠습니다. 요셉도 싸웠을 것입니다. 그리고 승리한 것입니다. 승리했기에 형들을 용서할 수 있었던 것입니다.

그런데 우리 인생은 내가 노력해도 안 되는 일이 있기 때문에 하나님께서 우리에게 기도하라고 하신 것입니다. 기도하면 전능하신 하나님은 반드시 우리를 도와주십니다. 먼저 여러분 안에 있는 자신과의 믿음의 싸움에서 승리하는 성도들이 되시기를 바랍니다. 아침에 일어나면 "오늘도 주님이 나와 함께 계셔", "나는 하나님이 사랑하시는 아름다운 사람이야", "나는 행복한 하루를 살 거야"라고 스스로 외쳐보십시오. 그리고 기도하십시오. "하나님, 믿습니다. 이렇게 도와주실 줄로 믿습니다." 기도하고 하루를 출발하십시오. 그러면 하루가 달라질 것입니다.

> "너희는 이전 일을 기억하지 말며 옛날 일을 생각하지 말라 보라 내가 새 일을 행하리니 이제 나타낼 것이라 너희가 그것을 알지 못하겠느냐 반드시 내가 광야에 길을 사막에 강을 내리니 장차 들짐승 곧 승냥이와 타조도 나를 존경할 것은 내가 광야에 물을, 사막에 강들을 내어 내 백성, 내가 택한 자에게 마시게 할 것임이라 이 백성은 내가 나를 위하여 지었나니 나를 찬송하게 하려 함이니라"(사 43:18-21).

이 말씀은 바벨론에서 노예 생활하는 이스라엘 백성들에게 주신 약속의 말씀입니다. 노예는 꿈이 없습니다. 희망이 없습니다. 그러나 하나님은 "내가 새 일을 행하겠다. 이제 나타낼 것이다"라고 약속하셨습니다. 그리고 그 말씀대로 페르시아의 고레스 왕의 칙령으로 이스라엘 백성들은 고향 땅에 돌아오게 되는 놀라운 일이 일어나게 되었습니다. 우리 하나님은 놀라우신 하나님입니다. 못하실 것이 없는 하나님이십니다. 중병에 걸렸습니까? 이제 병이 낫는 것밖에 없다고 선포하고 나아가셔야 합니다. 내 인생을 망가뜨리는 나쁜 습관이 있습니까? 이제 입으로 그 습관이 끝났다고 선포하고 일어나셔야 합니다. 그리고 하나님께 "나는 부족하니 도와주십시오" 하고 도움을 요청하면 하나님께서 함께해주십니다. 코로나가 우리를 힘들게 했습니다. "이제는 회복되는 것만 남았다"라고 담대하게 일어나야 합니다.

　여러분, 이제 2025년 한 해 동안 긍정의 믿음으로 긍정의 생각을 하고 긍정의 말을 하여 우리의 인생이 긍정으로 변화되는 축복이 있기를 바랍니다.

📝 적용

ⓐ 오늘 말씀의 주제 파악하기:

_____

ⓑ 오늘 말씀 중 은혜 받은 부분 나누기:

_____

ⓒ 삶에 구체적으로 적용하기:

_____

🙌 함께 드리는 기도제목

1. 내 입술이 사랑과 축복의 말을 전하는 입술이 되게 하소서.
2. 내 마음속에서 일어나는 믿음의 싸움에서 승리하게 하소서.
3. 나를 도우시는 하나님을 온전히 신뢰하고 기도하게 하소서.

좋은 습관을 갖겠습니다

* **본 문:** 누가복음 22:39 (신 135쪽)
* **찬 송:** 449장(예수 따라가며, 통 377장)
* **요 절:** "예수께서 나가사 습관을 따라 감람 산에 가시매 제자들도 따라갔더니"(눅 22:39)

　사람의 습관은 그 사람의 인생을 만듭니다. 아침에 일찍 일어나 운동을 하는 사람은 건강한 육체의 소유자가 되어 있을 것입니다. 아침에 일찍 일어나 책을 읽는 사람은 많은 지식을 소유한 사람이 되어 있을 것입니다. 아침에 일찍 일어나 말씀을 읽고 기도하는 사람은 깊은 영성을 소유한 사람이 되어 있을 것입니다. 꼭 아침만이 아닙니다. 점심에 가지는 습관, 잠들기 전 가지는 습관이 있습니다. 또 습관도 종류가 너무 많습니다. 웃는 습관, 긍정의 말을 하는 습관, 부지런한 습관처럼 좋은 습관이 있고, 찌푸린 얼굴의 습관, 부정의 말을 하는 습관, 게으른 습관처럼 나쁜 습관도 있습니다. 습관은 무한한 반복을 통해 만들어집니다. 내가 좋은 습관을 갖기를 원한다면 힘들고 어색하더라도 계속해서 반복해야 합니다. 그러면 그 습관이 어느 순간 내 생활 속에 스며들어와 있게 되고 나는 내가 꿈꾸던 사람이 되는 것입니다.

'21일의 법칙'이란 말이 있습니다. 3주간만 같은 행동을 반복하게 되면 우리의 뇌가 그것을 기억한다는 것입니다. 그래서 조금씩 습관을 바꿀 수 있다는 것입니다. 습관을 바꾸려면 먼저 긍정의 언어를 사용하라고 말합니다. '밤에 음식을 먹지 않겠다'는 부정적인 표현입니다. '7시 이전에만 먹는다'라는 긍정의 표현으로 바꾸라고 합니다. '예배 시간에 늦지 않기'라는 부정적인 표현의 목표보다는 '예배 20분 전에 도착하여 성경 읽기'처럼 긍정적인 표현으로 목표를 세우는 것이 습관을 바꾸는 데 훨씬 더 효과적입니다.

습관에 대한 책들이 많이 나왔습니다. 무려 2,500만 부 이상이 팔렸고 우리나라에서도 130만 부 이상 팔린 스티븐 코비의 《성공하는 사람들의 7가지 습관》, 아마존 베스트셀러 1위에 오른 《미라클 모닝》 등 많은 책들이 있습니다. 그것은 습관이 우리 생활에 많은 영향을 미친다는 이유일 것입니다. 아침에 30분만 일찍 일어나는 습관을 가져도 우리 생활은 많은 변화를 가져올 것입니다.

과거의 습관은 오늘의 여러분을 만들었습니다. 오늘 나에게 문제가 있다면 그것은 나의 과거의 습관으로부터 온 것입니다. 이 사실을 깨달았으면 지금 오늘의 습관을 바꾸어야 합니다. 그러면 오늘의 습관은 내일의 여러분을 만들 것입니다. 내가 중병에 걸렸다면 분명히 과거의 나의 습관이 작용했을 것입니다. 식사 습관에 문제가 있든지, 운동하는 습관을 가지지 않았든지, 마음을 긍정적으로 사용하고 즐겁게 살지 못했든지 분명히 문제가 있습니다. 내가 노년에 더 힘들게 살지 않으려면 지금 습관을 바꾸어야 합니다. 건강의 습관, 사람을 만나는 대인관계의 습관, 음식의 습관, 책을 읽고 나를 정리하는 습관 등 많은 습관이 있는데 오늘은 영적인 습관에 대해서 말씀을 전하려고 합니다.

오늘 말씀을 보면 예수님께서 "습관을 따라 감람산에 가시매"라고 했습니다. 예수님께도 습관이 있었습니다. 산에 오르신 것은 무슨 습관이었을까요? 등산을 하는 습관이었을까요? 예수님은 감람산에 올라가 기도하는 습관을 가지고 계셨습니다. 산상 기도의 원조가 예수님이십니다. 예수님께서 얼마나 바쁘셨겠습니까? 쉴 틈이 없었습니다. 그런데도 꾸준한 습관을 가지고 계셨습니다. 기도하는 습관입니다. 기도는 하나님과의 대화입니다. 이 대화를 통해 하나님의 뜻을 늘 깨달으셨습니다. 이 기도를 통해 항상 깨어 계셨습니다. 오늘 말씀에도 예수님께서 습관처럼 감람산에 기도하러 올라가셨을 때 제자들이 따라왔다고 했습니다. 이때 예수님은 제자들에게 시험에 들지 않기를 기도하라 하시고 좀 떨어진 곳에 가셔서 기도하셨습니다. 기도하지 않으면 시험에 든다는 말입니다.

예수님은 지금 최후의 결전의 기도를 하고 계십니다. 땀이 피같이 되어 흐르는 결사적인 기도를 하셨다고 했습니다. 이 기도에 승리하셨기에 예수님은 이후 십자가로 담대히 나아가시게 됩니다. 그런데 제자들은 기도하지 않고 잠들었습니다. 예수님께서 몇 번씩 깨우셨지만 계속 잠들었습니다. 제자들은 기도에 실패했기에 로마 병사들이 예수님을 잡으러 왔을 때 모두가 두려워 떨며 도망칠 수밖에 없었습니다. 성경을 읽으며 그 많은 제자 중에 하나라도 기도하는 습관을 가졌더라면 성경의 이야기가 바뀌었을텐데 하는 아쉬운 마음이 듭니다. 그러므로 새해에는 예수님처럼 좋은 습관들을 만들어 나갈 수 있기를 바랍니다.

첫째로 기도의 습관을 새롭게 가지시기를 바랍니다.

기도는 해도 되고 안 해도 되는 것이 아닙니다. 하나님의 자녀라면 반드시 해야 하는 것이 기도입니다. 성경의 위대한 인물들은 모두 기도의 사람들이었습니다. 기도 없이 신앙의 인물이 될 수 있다는 것은 거짓말입니다. 예수님도 기도하셨고 우리에게 기도하기를 명령하셨습니다. 친히 우리에게 기도의 모범을 가르쳐주셨습니다. 기도는 하나님과의 대화입니다. 사랑하는 사람이 늘 내 옆에 있는데 말도 꺼내지 않는다면 그것은 사랑하지 않거나 더 나아가서 관심이 없는 것입니다. 하나님은 늘 우리의 곁에 계십니다. 우리의 마음 문을 노크하고 계십니다. 대화하고 싶으시다는 것입니다. 그런데도 기도하지 않는 것은 우리 마음에 하나님을 두기를 좋아하지 않기 때문입니다. 내가 하나님과 대화하는 것보다 더 좋아하는 것들이 너무 많아서 하나님을 만날 시간이 없다는 말입니다. 휴대폰을 보면서, 텔레비전 드라마를 보면서, 여러 가지 내가 좋아하는 일에 시간을 할애하면서 하나님 만나는 시간에는 인색합니다.

그러므로 습관을 바꾸어야 합니다. 기도는 습관입니다. 영적인 습관입니다. 다니엘도 시간을 정하여 기도하였고 사무엘도 엘리야도 기도의 습관을 가졌던 사람들이었습니다. 경건한 믿음의 사람들은 시간을 정해놓고 기도했습니다. 베드로와 요한도 시간을 정해놓고 기도했습니다.

기도는 영적인 호흡이라고 했습니다. 모든 살아있는 것들은 호흡을 멈추는 순간 죽습니다. 그러므로 기도는 해도 되고 안 해도 되는 것이 아니라 죽느냐 사느냐의 문제입니다. 그래서 성경에서 쉬지 말고 기도하라 하신 것입니다. 다른 종교의 기도는 내 소원을 비는 것입니다. 그러나 성경이 말씀하는 기도는 내 소원을 비는 것이 아닙니다. 하나님과 대화하는 것이 기도입니다. 하나님과 대화하면 하나님과 가까워집니다. 하나님의 뜻을 깨달아 알게 됩니다. 기도하는 사람에게 하나님은 세상을 이길 능력을 주십니다. 하나님께서는 우리가 기도하지 않으면 안 된다는 것을 아시기 때문에 우리로 하여금 기도하게 하십니다. 어떤 이에게는 기도해야 하는데 하도 안 하니까 기도할 만한 상황을 주시기도 하십니다. 건강의 문제를 통해서, 가정의 어려움을 통해서 기도하라는 사인을 주십니다. 그런데도 깨닫지 못하는 어리석은 사람들이 있습니다.

반면에 어려운 일을 만나 기도하면서 새롭게 태어난 분들이 있습니다. 우리 교회에서도 그런 분들이 많습니다. 그렇게라도 기도하는 사람이 되면 감사한 일이지만 기도는 미리미리 하는 것이 좋습니다. 문제를 만나기 전에 미리 기도하는 것이 현명한 것입니다. 미리 기도하면서 울면 진짜 울 일이 없어진다는 말이 있습니다. 어떤 분은 핸드폰에 알람을 고정적으로 정해놓고 알람이 울리면 기도합니다. 새벽에 맞추어 놓고, 낮에 맞추어 놓고, 밤중에 맞추어 놓습니다. 알람이 울리면 '이 시간은 기도하는 시간이다' 하고 기도한다는 것입니다. 이분은 예수님처럼 기도하는 습관이 된 것입니다. 우리 교회의 로고가 "예수님 따라 사는 사람들"입니다. 예수님의 성품, 예수님이 사랑하신 일, 예수님의 습관을 우리도 따라가자는 것입니다. 2025년 한 해 동안 예수님께서 기도하는 습관을 가지고 사셨듯이 우리도 시간을 정해놓고 늘 기도하는 성도들이 되어 기도의 거룩한 습관을 갖게 되길 바랍니다.

둘째로, 말씀을 읽고, 듣는 습관을 가지시기 바랍니다.

우리 교회는 매일 같이 성도들에게 매일 성경 말씀과 묵상을 휴대폰을 통하여 보내드리고 있습니다. 하루를 정신없이 살다가도 휴대폰을 통해 보내드린 성경 말씀을 읽고 잠시 묵상의 시간을 가지라는 뜻입니다. 코로나 팬데믹으로 성도들이 교회에도 오지 못하는 어려운 시기를 겪으면서 '어떻게 하나님의 말씀을 매일 대할 수 있게 할까?' 생각하다가 매일 성구와 묵상의 말씀을 보내게 된 것입니다.

코로나 팬데믹이 우리 신앙에 부정적인 영향을 준 것만은 아닙니다. 말씀을 사모하는 성도들은 예배를 통해 말씀을 듣고, 평소에 습관이 되어 있지 않던 온라인을 통해 말씀을 또다시 듣는 습관을 많은 분들이 가지게 되었습니다. 하나님의 말씀을 자꾸 들으면 내게 놀라운 일이 일어납니다. 믿음이 자라는 것입니다. 믿음은 오직 말씀을 통해서만 자라납니다. 말씀을 듣고 또 들으면 말씀이 내 속에서 역사하시는 놀라운 일들이 나도 모르게 일어납니다. 그래서 평소보다 더 말씀을 듣고 읽고 하다 보면 코로나 이전보다 더 큰 믿음으로 성장하게 될 줄로 믿습니다.

건강한 사람은 매일 같이 운동하는 사람입니다. 현대인에게 찾아오는 암이나 고혈압, 당뇨 등 많은 질병들은 사실 치료보다 예방이 중요합니다. 병에 걸린 다음에는 운동하기도 힘이 듭니다. 신앙생활도 그렇습니다. 평소에 미리미리 예방하는 것이 중요합니다. 미리 기도하고 미리 성경 읽고, 말씀을 들을 때 영적으로 점점 더 건강하게 되는 것입니다. 이것보다 더 좋은 습관은 없습니다. 자녀 교육에 성공하는 비결도 성경에 다 나와 있습니다. 자녀에게 새벽부터 기도하는 습관, 매일 성경 읽는 습관을 가르치면 자녀 교육은 끝난 것입니다. 다른 것을 가르치지 않아도 자녀들이 알아서 잘합니다.

우리 성도들을 만나다 보면 가족들이 함께 찾아와 기도 받고 가는 경우들이 있는데 자녀들이 믿음으로 잘 자란 것을 보면 참 아름답습니다. 분명한 것은 믿음으로 살려고 하는 자녀들이 어쩌면 그렇게 잘되는지 모릅니다. 이것은 정말입니다. 부모가 힘들게 살았어도 자녀들이 하나님의 말씀을 붙들고 믿음으로 살 때 그 자녀들이 축복의 길을 가는 것을 수없이 봅니다. 그 부모가 자녀들에게 고액 과

외를 시킨 것이 아닙니다. 다른 무엇을 유산으로 준 것이 아닙니다. 신앙으로 자라게 했더니 자녀들이 잘되는 길로 간 것입니다. 우리 교회는 설교 말씀을 일 년에 한 번씩 책으로 펴내는데 자녀들에게도 이 책을 선물로 주라고 했습니다. 그것을 보며 '우리 성도들이 새해에는 말씀을 열심히 읽고 믿음이 자라겠구나' 하고 감사했습니다.

현대인들은 휴대폰을 보고, 귀로 듣는 일에는 익숙해 있지만 책을 읽고 묵상하는 일에는 점점 멀어지고 있습니다. 학자들은 인터넷으로 보는 것은 책을 읽는 것과는 전혀 다른 형태의 뇌 활동이 일어난다고 보고하고 있습니다. 인터넷으로 웹서핑을 하는 것과 책을 읽으며 사색하는 것은 전혀 다른 결과를 가져온다는 것입니다. 요즘 젊은이들은 웹서핑에는 익숙하지만, 천천히 책을 읽는 일에는 잘 적응하지 못합니다. 인간의 뇌는 사고하는 대로 바뀐다고 합니다. 책을 읽는 사람과 인터넷만을 하는 사람의 뇌는 같을 수가 없다는 말입니다. 책을 읽고 사색하는 습관을 가진 뇌는 깊은 생각을 할 줄 압니다. 유대인의 교육이 이런 원리에 입각한 것입니다. 그래서 21세기에도 유대인들은 수천 년 동안 내려오는 그 방법대로 아이들에게 율법서를 암송하게 하고, 날마다 아침저녁으로 읽고 묵상하게 하는 것입니다. 그래서 자녀들을 최고의 자녀들로 키워냈습니다.

디모데전서 4장 7-9절에 "망령되고 허탄한 신화를 버리고 경건에 이르도록 네 자신을 연단하라 육체의 연단은 약간의 유익이 있으나 경건은 범사에 유익하니 금생과 내생에 약속이 있느니라 미쁘다 이 말이여 모든 사람들이 받을 만하도다"라고 하셨습니다. 우리 성도들은 한 해 동안 천천히 말씀을 읽고 묵상하며 하나님의 뜻을 묻고 말씀의 인도하심에 따라가는 거룩한 습관을 가지시기를 바랍니다.

셋째로, 신앙이 잘되는 습관을 갖는 한 해가 되시기 바랍니다.

〈성공하는 사람 상위 1%가 가지고 있는 습관〉이란 글을 읽은 적이 있는데 이들은 공통적으로 아침에 일어나면 휴대폰을 보지 않는다고 했습니다. 휴대폰을 보는 순간 타의에 의해 내 생각과 하루의 방향을 빼앗기기 때문이라고 했습니다. 그래서 휴대폰을 보지 않는다고 합니다. 아침에 일어나면 하루의 일을 생각하고 내 일을 점검한다고 했습니다. 우리 믿음의 사람들에게도 귀중한 교훈을 주는 이야기라고 생각됩니다. 내 하루의 삶의 주도권을 어디에 두어야 합니까? 세상 뉴스에 두고, 인터넷에 두고 그렇게 정신없이 하루를 보내면 내 인생이 아깝지 않습니까?

　"향락을 좋아하는 자는 살았으나 죽었느니라"고 디모데전서 5장 6절에 말씀하셨습니다. 우리 인생이 단지 즐거움을 위해 살아가는 존재가 아니라는 말씀입니다. 신앙의 좋은 습관이 많습니다. 일 년을 지나면서 지난해보다 영혼이 더 잘되는 목표를 가지고 습관을 만들어 나가십시오. 감사하는 습관을 가지십시오. 어떤 사람은 매일 감사 일기를 쓰고 삶이 변했다는 간증을 했습니다. 내 삶이 너무 어두웠는데, 답답했는데, 원망스러웠는데 매일 감사할 거리를 찾아 일기를 썼더니 내 삶이 환하게 빛나기 시작했다는 것입니다.

　은혜 받는 습관을 가지십시오. 은혜 받는 사람은 행복합니다. 은혜 받는 사람 주위에는 복된 사람들이 모여듭니다. 은혜 받으면 다른 것은 저절로 잘 되는 것입니다. 교회에 나와도 은혜받기 위해 힘쓰고, 봉사를 해도 은혜받기를 구해야 시험에 들지 않습니다. '아멘' 하는 습관을 가지면 하나님께서 그 말씀대로 역사해 주십니다. '내가 하나님께서 하신 말씀을 믿는다는데 하나님께서 얼마나 기뻐하시겠느냐?' 하는 것입니다. "네가 믿느냐? 내가 다 이루어 주겠다"라고 말씀하십니다. 2025년 한 해 동안 신앙의 좋은 습관을 갖고 출발보다 마침이 더 잘되는 축복이 있으시기를 바랍니다.

📝 적용

ⓐ 오늘 말씀의 주제 파악하기:

ⓑ 오늘 말씀 중 은혜 받은 부분 나누기:

ⓒ 삶에 구체적으로 적용하기:

🙏 함께 드리는 기도제목

1. 매일 시간을 정해놓고 기도하는 습관을 갖게 해주소서.
2. 매일 말씀을 듣고 읽는 습관을 갖게 해주소서.
3. 매일 은혜 받는 습관을 갖게 해주소서.

돌아갈 내 고향 하늘나라

❋ **본 문**: 히브리서 11:13-16 (신 365쪽)
❋ **찬 송**: 482장(참 즐거운 노래를, 통 49장)
❋ **요 절**: "그들이 이제는 더 나은 본향을 사모하니 곧 하늘에 있는 것이라 이러므로 하나님이 그들의 하나님이라 일컬음 받으심을 부끄러워하지 아니하시고 그들을 위하여 한 성을 예비하셨느니라"(히 11:16)

    명절에는 많은 사람들이 고향을 찾아갑니다. 고향은 내가 태어나고 자란 곳이기에 사람들은 고향을 그리워합니다. 우리 성도들 중에도 많은 분들이 명절이 되면 고향에 다녀오실 것입니다. 시골이 고향이신 분들은 고향에 가시면 고향교회를 꼭 들렀다가 기도하고 목사님들을 만나 뵙고 오시기 바랍니다. 그리고 부득이하게 영상으로 예배를 드리는 분들도 있을 것입니다. 이 시간에 고향으로 가는 길에서 휴대폰을 통해 영상으로 이 예배에 참여하고 있는 성도들도 있을 것입니다. 운전대를 잡고 있는 분들은 "기도합시다" 한다고 눈을 감으면 안 됩니다.
    형제, 친척들을 만나면 즐거운 대화를 나누시고 서로를 배려하고 축복하는 마음으로 명절을 지내시기를 바랍니다. 아직 복음을 받아들이지 않은 형제, 친척들이 있으면 예수 믿으면 얼마나 행복한지를 이야기하고 복음 전하는 기회로 삼으시기를 바랍니다.

오늘 성경은 히브리서 11장, 믿음장으로 믿음의 대표적인 사람들을 열거하고 있습니다. 믿음으로 아벨은, 에녹은, 노아는, 아브라함은, 사라는 이렇게 믿음의 사람들을 이야기하는데 이들의 공통점은 땅에서는 외국인과 나그네였다고 기록하고 있습니다. 여기서 말하는 외국인은 고향을 떠나 타국을 맴도는 사람들입니다. 지금은 국제화 시대라 타국에 가서 사는 일이 흔하지만, 당시에 고국을 떠난다는 것은 쉬운 일이 아닙니다. 중동의 기후에 오랜 기근으로 더 이상 살 수 없어 고향을 떠나 이리저리 다니다가 다른 나라에까지 흘러 들어간 것입니다. 무역을 하기 위해 많은 돈을 가지고 간 것이 아닙니다. 지금처럼 회사가 있어 거래처가 있는 것도 아닙니다. 알지 못하는 외국 사람들, 나를 반겨주는 이 없는 사람들 속에서 두려워 떨며 외롭게 살아가는 모습이 당시의 외국인입니다.

나그네는 어떻습니까? 나그네는 한곳에 머무는 사람이 아닙니다. 일 때문에 혹은 다른 이유로 고향을 떠나서 이곳저곳을 떠도는 사람입니다. 나그네는 편하지 않습니다. 나그네는 많은 것을 가지고 다니지 못합니다. 꼭 필요한 물품들만을 나귀에 싣고 다니는 사람들입니다. 오늘 성경에 기록된 외국인과 나그네로 묘사된 믿음의 사람들을 보세요. 아벨은 하나님의 사랑을 받는 사람이었습니다. 양을 치며 나름대로 잘 살았습니다. 그런데 아벨은 조상을 통하여 들어왔던 하나님 나라, 에덴동산을 늘 그리워하며 살았다는 말입니다. 지금 내가 사는 곳에 영원히 살 목적을 두지 않고 하나님 나라에 다시 갈 날을 사모하며 살았다는 말입니다. 아브라함이 이방 땅을 떠돌다가 어려움을 당한 적이 한두 번이 아닙니다. 그 지역 사람들에게 무시를 당하고 따돌림을 당했습니다. 아내를 빼앗길 뻔한 적도 있었습니다. 아브라함의 아들 이삭도, 야곱도 이방 땅에서 우물을 파놓으면 토박이들이 와서 우물을 빼앗았습니다. 이것이 타향을 떠도는 외국인과 나그네의 서러움입니다.

외국인과 나그네가 꿈꾸는 것이 무엇이겠습니까? '내가 빨리 돈을 벌어 고향 땅으로 돌아가야지' 하는 생각입니다. 그런데 아브라함은 하나님께서 주실 땅을 기대하며 나그네의 삶을 살았습니다. 오늘 성경이 기록하고 있는 것처럼 아브라함은 육신의 고향에 돌아갈 기회가 있었습니다. 그러나 아브라함은 떠나온 갈대아 우르를 사모하며 산 것이 아니라 영원히 살 하나님의 나라, 본향을 사모하며 살았습니다. 그것을 오늘 성경은 더 나은 본향이라고 말씀합니다.

나그네로 사는 사람은 첫째, 언제나 떠날 준비를 하고 삽니다.

우리 인생이 떠나는 인생임을 잊어서는 안 됩니다. 나이가 들면 결혼을 하고 부모 품을 떠나야 합니다. 떠날 때를 알고 준비하는 사람이 지혜로운 사람입니다. 직장생활 하면서도 떠날 때를 알아야 행복한 인생을 살 수 있습니다. 이 세상에 영원히 있을 곳은 없습니다. 언젠가 떠나는데 이 '떠남의 법칙'을 우리는 알아야 합니다.

많은 교회에서 문제가 일어나는 것을 보면 안타깝습니다. 목사님도 은퇴하면 떠나야 하는데 떠남의 법칙을 모르는 것입니다. 그런데 은퇴를 하게 되면 이제는 떠나서 이름 없는 교인으로 작은 한 교회의 목사님을 내가 섬기는 것이 맞습니다. 내가 받은 것처럼 그렇게 섬기는 것입니다. "박수 칠 때 떠나라"는 말이 있습니다. 몇 년 전 베트남의 박항서 감독이 베트남 축구 국가대표 감독직을 떠난다고 발표했을 때, '이분이 지혜로운 분이다'라고 생각을 했습니다. 더 있어서 좋을 일도 있지만, 그동안 쌓아온 이미지를 훼손할 일도 생겨날 것입니다. 아마 이분은 다른 나라에서 또 새로운 도전을 할 것입니다.

이 세상에서의 일도 그렇지만 우리 인생은 어느 날 세상을 떠날 날이 반드시 옵니다. 그날이 언제일지 아무도 모릅니다. 하나님께서 오늘 오라 하시면 오늘 떠나야 합니다. 내가 아직 할 일이 남아있다고, 하고 싶은 것을 아직 못했다고, 자식을 키워놓고 가겠다고 조금 기다려달라고 해봐야 소용이 없습니다. 그러므로 늘 떠날 준비를 하고 살아야 잘 떠날 수가 있습니다.

일본의 후쿠이현에 유명한 자살바위가 있습니다. 우리나라도 부산의 태종대에 유명한 자살바위가 있습니다. 오래전에 부산에 갔다가 유명하다고 해서 거기 한번 가 보았더니 절벽 아래로 시퍼런 물길이 출렁이는데 정말 갑자기 자살할 수도 있겠다는 생각이 들었습니다. 그런 데는 구경도 가지 마시기 바랍니다. 태종대에는 자살을 방지하기 위하여 모자상을 조각해 세웠는데 어머니를 생각하라는 뜻입니다. 실제 그 이후로 자살률이 줄었다고 합니다. 후쿠이현에서도 이곳에 자살을 방지하고자 표어공모를 하여 팻말을 하나 세웠는데 그 후로 자살률이 뚝 떨어졌다고 합니다. 팻말에 적힌 내용은 "잠깐만, 당신의 하드디스크는 지웠나요?"입니다. 내가 세상을 떠난 뒤 혹시나 다른 사람들이 내 컴퓨터의 하드디스크에 좋지 않은 내용들이 있는 것을 보지는 않을까 하는 마음에 돌아서게 되고 내 컴퓨터를 살펴보면서 얼마 전 가졌던 자살의 충동에서 벗어나게 되었기 때문이라고 합니다.

내가 죽은 후 하드디스크에 남아 있는 불편한 내용을 지우기 위해 돌아서는데 우리 죽음은 내가 살아온 내용을 지울 수는 없습니다. 하나님의 하드디스크에 다 저장되어 있습니다. 우리가 살아가는 하루하루의 내용들이 다 기록되어 있습니다. 우리가 마지막 날 하나님 앞에 설 때에 우리 인생의 모든 내용들이 하나님 앞에서 공개될 것이라고 성경은 말씀하고 있습니다. 그리고 하나님은 양과 염소를 분리하듯 우리를 천국과 지옥으로 분리하실 것입니다. 여러분, 지금 우리가 세상을 떠난다면 여러분 인생의 하드디스크는 괜찮습니까?

둘째, 나그네는 많은 짐을 소유하지 않습니다.
여행하는 사람은 많은 짐을 소유하지 않습니다. 간단한 옷과 꼭 필요한 물품만을 가방에 넣어 가지고 갑니다. 나그네는 짐이 많으면 고생합니다. 인생의 원리가 그런 것입니다. 짐이 많으면 무겁습니다. 무겁게 끌고 다니느라 고생합니다. 바다에서 큰 풍랑을 만나면 어떻게 해야 합니까? 살기 위해서는 배의 무거운 짐을 버려야 합니다. 아깝다고 빨리 포기하지 못하면 배가 위험해지고 생명을 잃게 됩니다. 그렇습니다. 우리 나그네 인생은 이 세상에 쓸데없는 미련을 두고 살지 않아야 합니다. 언제든 떠난다는 것을 잊지 않고 살아야 합니다. 사람은 누구나 더 많은 것을 소유하려 하고 더 많은 것을 누리려고 합니다. 성경은 이 세상의 것들이 가치 없다고 말하지 않습니다. 큰 기업을 가져도 그것을 가치 있게 사용하면 그것이 정말 큰 것입니다. 많은 물질이 있으면, 나그네 인생을 사는 동안 그 물질을 아름답게 사용하면 그 사람이 정말 부자입니다. 내가 움켜쥐고 있다고 내 것이 아닙니다. 우리는 나그네 인생을 살기 때문에 언젠가 다 놓고 가야 합니다. 그래서 죽음 이후에 입는 수의에는 평소에 입는 옷과 다른 것이 있습니다. 수의에는 주머니가 없습니다. 가지고 가지 못한다는 뜻입니다.

해외여행을 다녀보면 많은 물건을 사는 분들이 있습니다. 공항에서 가방에 다 실을 수가 없어 대신 이 사람 저 사람에게 부탁하여 분산하여 담습니다. 다른 사람의 짐을 무겁게 하는 것입니다. 인생을 살다 보면 내 짐을 다른 사람에게 지워 다른 사람의 인생의 짐을 무겁게 하는 사람들이 있습니다. 나그네 인생은 머물다 가는 인생입니다. 나의 과도한 욕심으로 다른 사람까지 힘들게 하면 안 됩니다. 나그네 인생길은 갈 곳과 피할 곳을 잘 살펴야 합니다. 그래야 복된 여행이 될 수 있습니다. 숙소도 잘 골라야 합니다. 중동 지역에 여행을 다녀온 분들이 다시는 그 나라에 가고 싶지 않다고 이야기하는 것을 들었습니다. 가는 곳마다 돈을 요구하고, 속이는 사람들이 많고 처음 약속과 다르니 속상한 것입니다.

우리 인생이 마찬가지입니다. 나그네는 동행하는 사람도 잘 만나야 합니다. 그래야 행복합니다. 우리는 모두가 천국으로 가는 순례자들입니다. 우리는 '도림교회호'라는 배를 함께 타고 있습니다. 여러분 모두 서로에게 좋은 동행자가 되시기 바랍니다. 부담을 주고 상처를 주는 관계가 아니라 행복과 기쁨을 주는 관계로 살아가시기를 바랍니다. 좋은 일을 많이 하고, 좋은 사람을 만나서 함께 행복한 동행자들이 되고, 좋은 기억으로 남은 사람이 되고, 좋은 교회를 만나서 행복하게 순례자의 길을 가시기 바랍니다.

셋째, 이 세상보다 더 나은 본향을 사모했습니다.

히브리서 11장에 나오는 믿음의 위인들은 나그네 의식을 가지고 살았습니다. 이들이 얼마든지 고향 땅에 돌아갈 수도 있었지만, 오늘 성경에 기록하기를 더 나은 본향을 사모하며 살았다고 했습니다. 이 세상에서 쓸데없는 욕심을 부리지 않았다는 말입니다. 언젠가 죽음에 대하여 말씀을 전하면서 산소호흡기를 끼고 연명장치로 생명을 연장하면서 살지 말라고 했습니다. 크리스천은 나그네 인생의 죽음에 대해서도 미리 준비를 잘 해놓으셔야 합니다. 우리는 이곳을 떠나면 아버지가 계신 그곳, 영원한 본향인 하늘나라로 가기 때문입니다. 명절에 고향에 가는 귀성 열차표를 예매해 놓은 사람들은 마음이 든든합니다. 길이 아무리 막혀도 KTX를 타고 순식간에 고향 땅에 갈 수 있기 때문입니다. 본향을 사모하는 사람들은 천국으로 가는 기차표를 준비한 사람들과 같습니다.

오늘 성경에 나그네 인생길을 사는 믿음의 선진들에게 하나님은 한 성을 예비하셨다고 했습니다. 하나님께서 준비해 두신 하늘에 있는 집을 바라보며 사는 자들은 이 세상을 담대하게 삽니다. 이 세상에 집을 짓는 것보다 하늘에 집을 짓는 것을 더 귀하게 여깁니다. 어리석은 사람은 객지에 잠깐 거하면서 그곳에 많은 것을 투자합니다.

예수님께서는 우리 인생이 마치는 날 우리가 지은 집을 불로써 연단 받는다고 상징적으로 말씀하셨습니다. 나무와 풀로 집을 지은 사람은 불 가운데 연단을 받을 때에 순식간에 다 타버리고 맙니다. 이들을 부끄러운 구원이라 하셨습니다. 집을 짓지 않았다는 말이 아닙니다. 즉 예수 믿지 않았다는 말이 아닙니다. 하나님께서 "이 세상에서 네가 한 것이 무엇이냐 한 번 보자" 하실 때에 다 타버리고 재만 남은 모습으로 서 있기에 하나님 나라에서 부끄러운 구원이라 하신 것입니다. 그러나 금은보석으로 집을 지은 사람은 불 가운데 더 찬란하게 빛난다고 했습니다. 이 세상에서는 비록 초라한 집에 살았을지라도 하나님 나라에서 찬란하게 빛나는 집을 지었기에 영원히 영광스러운 존재가 되는 것입니다. 우리는 모두가 인생의 집을 짓는 자들입니다. 여러분 모두 우리가 갈 그 나라, 영원한 본향을 바라보며 인생의 집을 잘 지으시기 바랍니다. 옛날 우리 신앙의 선조들이 즐거이 부르던 찬송이 있습니다.

죄 많은 이 세상은 내 집 아니네. 내 모든 보화는 저 하늘에 있네.
저 천국 문을 열고 나를 부르네. 나는 이 세상에 정들 수 없도다.
오 주님 같은 친구 없도다. 저 천국 없으면 난 어떻게 하나.

저 천국 문을 열고 나를 부르네. 나는 이 세상에 정들 수 없도다.

돌아갈 곳을 기억하고 있습니까? 돌아갈 내 고향이 하늘나라임을 잊지 않고 나그네 인생을 잘 사는 성도들이 되시길 바랍니다.

적용

ⓐ 오늘 말씀의 주제 파악하기:
....
....

ⓑ 오늘 말씀 중 은혜 받은 부분 나누기:
....
....

ⓒ 삶에 구체적으로 적용하기:
....
....

함께 드리는 기도제목

1. 믿음의 선진들처럼 나그네 의식을 갖고 살게 하소서.
2. 주변 이웃과 성도들에게 좋은 동행자가 되는 삶을 살게 하소서.
3. 항상 하늘나라를 기억하고 사모하는 삶을 살게 하소서.

눈을 들어 바라보라

- ❄ **본 문:** 창세기 13:14-17 (구 16쪽)
- ❄ **찬 송:** 440장 (어디든지 예수 나를 이끌면, 통 497장)
- ❄ **요 절:** "롯이 아브람을 떠난 후에 여호와께서 아브람에게 이르시되 너는 눈을 들어 너 있는 곳에서 북쪽과 남쪽 그리고 동쪽과 서쪽을 바라보라"(창 13:14)

    오늘 성경은 롯이 아브라함을 떠났다는 말씀으로 시작됩니다. 우리 인생은 떠나는 인생입니다. 학교에 입학하면 언젠가 떠날 때가 옵니다. 결혼을 하면 부모의 곁을 떠나갑니다. 고향 땅을 떠날 때도 있습니다. 정치하는 사람도 떠날 때를 알아야 추해지지 않습니다. 직장에서도 떠날 때를 잘 알아야 합니다. 교회에서도 내가 맡은 부서가 내 것이라고 생각하면 문제가 일어납니다. 떠날 때 잘 떠나야 합니다. 우리는 머무를 때와 떠날 때를 잘 알아야 복된 인생을 살 수 있습니다.

    야곱은 삼촌 라반의 집에서 함께 살다가 가축의 떼가 많아졌는데, 이때 라반의 집과 야곱의 소유 간에 분쟁이 일어나게 되었습니다. 야곱이 라반의 안색을 본즉 전과 같지 않았습니다. 야곱이 기도할 때에 하나님께서 "네 조상의 땅, 네 족속에게로 돌아가라. 내가 너와 함께하겠다"라고 약속을 주십니다. 이에 야곱은 '이제 내가 떠날 때가 되었구나' 깨닫고 형 에서가 이를 갈고 기다리는 고향 땅으로 목숨을 걸고 돌아가기로 결심을 합니다. 머물러 돌파할 때가 있고 떠날 때가 있습니다.

오늘 성경에서 아브라함은 떠날 결정을 합니다. 말씀의 배경을 보면 아브라함의 목자들과 조카 롯의 목자들이 함께 거하기에는 너무 좁아 목초지와 물 때문에 자꾸 분쟁이 일어났습니다. 아브라함은 '더 이상 이대로 있다가는 좋지 않은 일이 일어나겠구나' 하고 생각했습니다. 그래서 조카 롯을 불러 "내 목자와 네 목자가 다투는 것이 좋지 않으니 네가 좌하면 나는 우하고, 네가 우하면 나는 좌하겠다"라고 말합니다. 선택권을 조카 롯에게 준 것입니다. 조카 롯은 눈을 들어 요단 지역을 보니 물이 넉넉하고 여호와의 동산 같고 비옥한 애굽 땅과 같았다고 했습니다. 그래서 요단을 향하여 떠납니다. "삼촌 먼저 선택하세요" 아니면 "우리가 재산을 좀 줄이더라도 삼촌하고 같이 있고 싶습니다"라고 이야기했으면 좋았을 텐데 그러지 않았습니다. 좋은 곳을 찾아 '얼씨구나' 하고 잘못 떠난 것입니다. 그곳은 소돔이 가까운 곳이었습니다. 성경은 기록하기를 소돔 사람은 여호와 앞에 악하며 큰 죄인이었더라고 했습니다. 그래서 조카 롯은 망하는 길로 갔고, 그의 부인은 소금기둥이 되고 만 것입니다.

우리는 눈에 보이는 것만 보고 떠나서는 안 됩니다. 혼기를 앞둔 청년들도 미모나 훤칠한 모습을 보고 그것만 따라가면 안 됩니다. 살다 보면 미모는 변하는 것입니다. 나이 유머에 보면 40이 되면 배운 사람이나 못 배운 사람이나 차이가 없다고 합니다. 세상 사는데 내가 학교에서 배운 것에는 써먹을 것이 별로 없습니다. 영어 써먹을 일도 거의 없고 미분, 적분을 써먹을 일도 없습니다. 살면서 다시 배운 것으로 사는 것입니다. 50이 되면 잘생긴 사람이나 못생긴 사람이나 차이가 없다고 합니다. 서로 보세요. 차이가 없잖아요. 70이 되면 남편 있는 여자나 없는 여자나 차이가 없다고 합니다. 90이 되면 산에 누워있는 사람이나 집에 누워있는 사람이나 차이가 없다고 합니다. 좀 서글픈 유머지만 우리의 건강과 외모가 언제까지 가는 것이 아닙니다.

세상적인 기준으로 못생겼어도 나이가 60이 넘어가면 살아온 삶의 모습이 그 얼굴에 드러나게 됩니다. 이때는 잘생긴 얼굴과 못생긴 얼굴이 아니라 품위 있는 얼굴과 찡그러진 얼굴로 차이가 있습니다. 온화하고 자상한 미소를 가진 얼굴로 혹은 사납고 삶에 지친 얼굴로 달라집니다. 외모보다 더 중요한 것이 너무 많습니다. 함께 살아가는 데에는 성품이 어떤지, 가정교육을 잘 받았는지가 정말 중요합니다. 어머니가 아버지를 어떻게 대했는지를 본 대로 남편에게 대합니다. 남편도 아버지가 어머니를 어떻게 대했는지를 본대로 아내에게 대합니다. 자녀를 키울 때도 내가 교육받은 대로 자녀를 키웁니다. 그래서 가정의 미래를 볼 때 가정교육이 너무 중요합니다. 성품도 중요합니다. 삐딱하고 가시가 있는 성격의 사람과 살게 되면 매일 움직일 때마다 가시에 찔리고 고통스럽습니다. 그러니 사는 것이 즐겁지 않습니다.

우리에게는 무엇보다 신앙생활이 중요합니다. 진짜 믿음의 사람은 성경 말씀대로 살아갑니다. 그래서 가정이 행복한 것입니다. "그러면 목사님! 나는 가정교육도 잘 못 받았고, 성품도 상처가 많습니다. 그러면 나는 불행하게 살아야 합니까?" 하고 물을 수 있습니다. 여기에는 해결책이 있습니다. 좋은 약을 먹어야 합니다. 구약과 신약입니다. 목사는 여러분에게 약을 전달해 주는 사람입니다. 하나님의 말씀을 매일 먹고 믿음이 자라나면 믿음이 환경을 바꾸어 줍니다.

성품이 잘못되어 있으면 성령 충만을 받고 새로운 성품으로 거듭나면 됩니다. 하나님은 못 바꾸실 것이 없습니다. 가시 같은 성격도 부드러운 성격으로 바꾸어 주십니다. 사형수도 복음 전하는 자로 바꾸어 주십니다. 세상을 원망하며 마구 살인을 저질렀던 이들이 감옥에서 예수를 믿고 새롭게 변화된 간증들이 얼마나 많습니까? 하나님은 삶의 환경도 바꾸어 주십니다. 우리의 미래도 바꾸어 주십니다. 우리는 인생의 선택을 할 때에 믿음으로 선택하는 성도들이 되시기를 바랍니다.

아브라함은 조카 롯과 싸우기를 원치 않았습니다. 그래서 '네가 먼저 선택하라' 할 때에 조카 롯은 눈에 좋아 보이는 것을 먼저 보고 아브라함을 떠나갔습니다. 조카 롯은 아브라함에게 아들 같은 사람입니다. 고향을 떠나올 때 삼촌을 믿고 따라나선 유일한 친족입니다. 그런데 롯이 물질 앞에서 떠납니다. 이때 아브라함의 마음은 무척이나 착잡했을 것입니다. 사람은 언제 알아볼 수 있습니까? 어려울 때 알아봅니다. 어려울 때 나를 버리고 혼자 살겠다고 도망치는 사람도 있습니다. 정말 힘이 필요할 때 뒷짐을 지고 도와주지 않는 사람도 있습니다. 지금 어려움이 오자 조카 롯은 먼저 좋은 땅을 선택하고 떠나갑니다. 아브라함이 힘들어하고 있을 때 하나님께서 찾아와 말씀하십니다. "아브라함아, 너는 눈을 들어 너 있는 곳에서 북쪽과 남쪽 그리고 동쪽과 서쪽을 바라보라." 롯은 땅을 바라보았습니다. 그런데 하나님께서는 동서남북을 바라보라고 하십니다. "땅이 문제가 아니다. 네가 동쪽으로 가면 동쪽에 복을 줄 것이고, 서쪽으로 가면 서쪽에 복을 줄 것이라"는 말씀이십니다. 아브라함은 일찍이 고향 친척, 아버지 집을 떠나올 때 모든 것을 포기하고 하나님의 약속을 바라보며 나왔습니다. 하나님께서는 지금 그 약속을 상기시키고 있는 것입니다.

우리가 정신없이 살다 보면 내가 서 있는 땅만 보입니다. 그래서 실망합니다. 롯이 먼저 차지한 요단 땅에 비하면 형편없는 땅입니다. 그러나 하나님이 함께 계시면 내 힘으로 차지한 땅과 비교할 수가 없습니다. 하나님께서 바라보라는 동서남북의 땅은 처음 보는 땅이 아닙니다. 지금까지 바라보던 땅입니다. 그리 좋은 땅이 아닙니다. 그런데 하나님께서는 그 땅을 네 자손에게 주고 자손을 티끌같이 많게 하겠다고 하십니다. 지금 아들 하나 없는데, 아들을 주고 이 땅에서 살 때에 복을 주시겠다는 약속을 하십니다. 이 땅은 하나님께서 함께하시는 땅이요, 하나님께서 책임지시는 땅이 될 것이라는 약속의 말씀이십니다.

우리가 2025년도를 향해 새롭게 출발했습니다. 그런데 사실 새로워진 것은 별로 없습니다. 남편도 그 남편이고, 아내도 그 아내입니다. 직장도 그 직장입니다. 그런데 새로워져야 할 것이 있습니다. 우리의 마음이 새로워지길 원합니다. 우리가 늘 보던 땅이지만 2025년 한 해 동안 하나님께서 동서남북에 함께하실 것이라는 믿음으로 나아가시기 바랍니다.

아브라함이 왜 믿음의 조상이 되었습니까? 나이가 백 세가 다 되어가는데도 하나님께서 아들을 주신다고 했으니 주실 것이라 믿었습니다. 오늘 말씀에도 "너는 일어나 그 땅을 종과 횡으로 두루 다녀보라. 내가 그것을 네게 주리라"고 말씀하시니 바로 다음 구절을 보면 이에 아브라함이 장막을 옮겼다고 했습니다. '종과 횡으로 이리저리 다녀보라 했으니', 즉시 주실 줄로 믿고 일어나 이리저리 다녔다는 말입니다. 거기서 제단을 쌓았다는 것은 약속을 이루어 주실 줄로 믿고 하나님을 찬양하는 예배를 드렸다는 것입니다. 하나님께서 주겠다 하신 다음에 즉시 주신 것이 아닙니다. 아들도 그렇게 주시지 않았습니다. 땅도 그렇게 주시지 않았습니다. 그러나 믿음으로 나아가니 다 주셨습니다. 내 눈으로 볼 때에는 믿어질 수 없는 상황이지만 하나님께서 주신다 하시니 무조건 믿는 믿음이 아브라함의 믿음이었습니다. 그래서 아브라함이 믿음의 조상입니다. 믿음의 조상은 수많은 믿음의 사람들 중에서 단 한 사람에게만 붙여질 수 있는 명예로운 칭호입니다. 찬송가 545장은 아브라함의 믿음을 주제로 한 찬송처럼 여겨집니다.

> 이 눈에 아무 증거 아니 뵈어도 믿음만을 가지고서 늘 걸으며
> 이 귀에 아무 소리 아니 들려도 하나님의 약속 위에 서리라
> 이 눈이 보기에는 어떠하든지 이미 얻은 증거대로 늘 믿으며
> 이 맘에 의심 없이 살아갈 때에 우리 소원 주 안에서 이루리
> 주님의 거룩함을 두고 맹세한 주 하나님 아버지는 참 미쁘다
> 그 귀한 모든 약속 믿는 자에게 능치 못할 무슨 일이 있을까

내 눈에 아무 증거가 보이지 않습니다. 귀에도 응답의 소리가 들리지 않습니다. 그래도 우리는 믿음만을 가지고 늘 걷겠다는 고백의 찬송입니다. 아브라함에게 주신 약속은 쉽게 이루어진 것이 없습니다. 아들을 주신다고 한 것도 25년이나 걸렸습니다. 가나안 땅을 주신다고 한 것도 사실은 그 당시에는 조금밖에 얻지 못했습니다. 아내 사라의 무덤도 남의 밭을 사서 묻었습니다. 그러나 오랜 세월이 흐른 후 여호수아는 이스라엘 백성들을 이끌고 약속의 땅 가나안 땅을 차지합니다. 하나님께서는 동서남북을 바라보라 하셨는데 믿음으로 바라보는 자가 얻습니다. 이스라엘 백성들은 아브라함에게 약속하신 가나안 땅을 하나님께서 약속의 땅으로 주신 줄로 믿었습

니다. 아브라함 이후 계속해서 아버지는 아들에게 가나안 땅은 하나님께서 우리에게 주신다고 약속하신 땅이라고 가르쳤습니다.

그 이후에도 모세는 이스라엘 백성들을 이끌고 애굽을 나와 가나안을 바라보며 출발합니다. 로마에 의해 이스라엘이 망하고 살던 땅에서 쫓겨난 후 끊임없이 가나안 땅을 바라보았습니다. 아무리 대단한 민족도 나라를 빼앗기고 수백 년이 지나면 없어진다고 하는데 이스라엘은 수없이 망했습니다. 주전 721년 앗시리아에게 이스라엘은 망했습니다. 남왕국 유다도 뒤이어 바빌로니아에게 망합니다. 그리고 페르시아가 패권을 장악했을 때 바빌로니아의 노예에서 가나안 땅에 돌아와 예루살렘을 재건했으나 로마에 의해 주후 70년에 멸망하고 전 세계로 흩어집니다. 남은 이들은 주후 74년 그 유명한 마사다 전투로 최후를 맞이합니다. 더 이상 싸울 수가 없자 제비를 뽑아 서로를 죽입니다. 이들은 이방인에 손에 죽는 것을 수치로 여겼기 때문입니다. 그리고 남은 한 사람은 율법을 어기고 자살을 합니다. 마사다 전투 이야기가 역사에 알려진 것은 우물에 숨어있던 어린이 다섯과 두 명의 노파에 의해서입니다. 이렇게 철저히 망했지만 1,800년 후에 가나안 땅에 또다시 기적같이 이스라엘을 세웁니다. 끊임없이 가나안 땅을 바라보았기 때문입니다.

자손을 티끌같이 주신다고 한 것도 수천 년이 걸렸습니다. 결국 하나님께서는 자손들을 티끌같이 많게 하셨습니다. 가만히 보면 하나님의 약속이 다 이루어 주셨습니다. 우리는 빨리 응답받지 못한다고 조급해합니다. 포기합니다. 절망하고 원망합니다. 하나님은 약속을 믿는 믿음 위에 역사하시기를 기뻐하십니다.

지금 우리는 동서남북을 바라보며 하나님의 약속을 바라보아야 할 때입니다. 지금 경제가 어렵습니다. 막히는 일들이 많습니다. 질병으로 막히고 가정의 문제로 막힙니다. 그러나 하나님께서 여러분에게 주신 꿈을 바라보아야 합니다. 그리고 아브라함처럼 예배하며 나아가야 합니다. 그러면 하나님은 약속대로 이루어주시는 분이십니다. 그러므로 하나님을 믿고 믿음으로 승리하는 성도들이 되시기를 바랍니다.

📝 적용

ⓐ 오늘 말씀의 주제 파악하기:

ⓑ 오늘 말씀 중 은혜 받은 부분 나누기:

ⓒ 삶에 구체적으로 적용하기:

🙌 함께 드리는 기도제목

1. 내 눈에 보이는 것이 아니라 하나님의 약속을 바라보게 하소서.
2. 내게 주신 하나님의 약속을 믿음으로 붙들게 하소서.
3. 아브라함과 같은 믿음의 조상이 되게 하소서.

7

신앙의 리모델링

* **본 문:** 시편 51:10-12 (구 838쪽)
* **찬 송:** 286장 (주 예수님 내 맘에 오사, 통 218장)
* **요 절:** "하나님이여 내 속에 정한 마음을 창조하시고 내 안에 정직한 영을 새롭게 하소서"(시 51:10)

우리 교회는 오래전 글로리아 성전을 리모델링(Remodeling)했습니다. 지금 벧엘 성전 자리에 주차장이 있었는데 지금은 4,500평 지하 주차장이 있지만 당시에는 500평의 지하 주차장이 있었습니다. 오래된 성도들은 리모델링 때에 그곳에서 예배드렸던 기억이 있을 것입니다. 낮은 주차장 천장, 그리고 난로를 때면 연기가 온 공간에 가득해 눈과 목이 따가운데도 그곳에서 몇 달간 예배를 드렸습니다. 광야교회의 경험이었습니다. 그리고 리모델링을 마치고 글로리아 성전에 들어갔더니 모두가 '와' 하고 감탄을 했습니다. 교회는 보라색이고, 붉은색이고 그런 것으로만 수십 년 생각했었는데 너무나 밝고 깨끗한 환경이었기 때문에 놀라서 감탄했습니다.

그리고 벧엘 성전과 비전 센터 건축을 마치고 교육부 시설 리모델링을 했습니다. 그래서 우리 자녀들에게 새로운 예배시설을 제공했습니다. 우리 자녀들이 너무 좋아합니다. 우리 교회가 잘하는 사랑의 집수리도 리모델링을 하는 것입니다. 벽도 그대로 기둥도 그대로이지만 벽지를 뜯어내고 무너진 곳을 수리하고 페인트칠을 하고 새로운 벽지를 바르고 장판을 새로 깔면 새집과 같이 됩니다. 그래서 냄새나고 더러운 집에 살던 사람들이 너무 좋아합니다.

리모델링이란 기존의 것을 부수지 않고 새롭게 탄생시키는 것을 뜻하는 단어입니다. 우리 성도들 중에도 리모델링을 한 성도들이 있습니다. 얼굴 뼈를 깎고 얼굴을 리모델링하고, 보톡스를 하여 리모델링하고, 눈썹도 새로 그려 넣어 리모델링을 합니다. 어느 날 어느 젊은 부인이 중병에 걸려서 병원에 입원하여 죽을 날을 기다리는데 기도를 했습니다. 간절히 기도하는 중에 하나님께서 응답을 주셨습니다. "너는 아직 살 날이 30년은 남았다." 이 여인은 아직 살 날이 30년이나 남았다니 멋지게 살아 보자 하고 입원한 김에 성형수술까지 하여 다 뜯어 고쳤습니다. 그런데 퇴원하는 중에 구급차에 치여 죽게 되었습니다. 하나님 앞에서 이 부인이 불평을 합니다. "아니, 하나님! 바로 얼마 전에 내 생명이 30년이 남았다고 하지 않았습니까? 그런데 이게 무슨 일입니까?" 그러자 하나님께서 "미안하다. 네가 얼굴을 너무 뜯어고쳐서 못 알아봤다" 하셨습니다.

물론 웃으라고 하는 이야기입니다. 리모델링은 낡고 더러웠던 것을 새롭게 만듭니다. 머리 염색을 하고 파마만 해도 새로운 사람이 됩니다. 우리는 건물의 리모델링도 중요하고, 외모의 리모델링도 중요한데 정말 중요한 것은 신앙의 리모델링의 때를 놓치지 않아야 합니다.

우리 신앙이 예수를 오래 믿으면 믿을수록 더욱 강해지고 순결해지면 좋겠지만 우리가 사는 세상은 우리를 오염시키는 것이 너무 많습니다. 외출하고 집에 돌아오면 우리는 손발을 씻습니다. 옷을 며칠 입으면 불순물이 묻고 땀이 묻어서 냄새가 납니다. 옷도 세탁하고 몸도 씻어야 합니다. 이 원리는 영적인 문제에 있어서도 똑같습니다. 우리가 사는 세상은 늘 죄가 많습니다. 그래서 사람들의 겉모습은 점점 더 화려해지지만 속은 너무나 쉽게 더러운 죄가 묻어옵니다.

텔레비전에서 집을 청소하지 않고 쓰레기 속에 사는 사람을 보았습니다. 도움을 주는 사람들이 들어가 보았더니 온 집안이 쓰레기 더미입니다. 냄새가 납니다. 바퀴벌레가 돌아다니고 온갖 벌레가 숨어 있습니다. 보통 사람이라면 한 시간도 못 버티고 뛰쳐 나올 텐데 이 사람은 그런 생활에 익숙해 있어서 그 속에서 삽니다. 도움을 주는 봉사하는 사람들이 설득하여 페트병도 치워내고 더러운 이불도 버리고 그러는데 쓰레기가 트럭 두 대 분량이 나옵니다. 그리고 새벽지를 바르고 장판을 깔고 싱크대를 새롭게 들여놓으니 새 집이 되었습니다. 그곳에 살던 사람이 감사하다고 다음부터는 깨끗하게 살겠다고 하는 것을 보았습니다.

더러움 속에 사는 사람들은 자신이 얼마나 더러움 속에 사는지 망각해 버립니다. 그래서 자신에게 냄새가 나도 모릅니다. 여러분, 우리가 사람을 만날 때에도 향기가 나고 몸에서도 좋은 냄새가 나야지 더러운 냄새가 나면 안 됩니다. 그래서 저는 여러분에게 나이가 들면 저절로 피부가 노화하며 냄새가 나니 향수를 꼭 사용하라고 합니다. 영적으로도 더러워지면 자신이 얼마나 냄새가 나고 더러운지 망각하고 삽니다. 이것을 어떻게 알 수 있습니까? 얼굴이 더러운 것은 거울에 비추어 보면 압니다. 거울은 거짓말하지 않습니다. 마찬가지로 우리의 영혼이 더러워진 것은 말씀의 거울에 비추어 보아야 하는 것입니다. 말씀은 우리의 병든 몸을 검진하는 것입니다. 그리고 치료하는 것도 말씀입니다.

오늘 성경에 나오는 다윗은 하나님의 말씀을 통해서 자신의 영혼이 더러워진 것을 깨달았습니다. 시편 51편은 회개에 대한 가장 중요한 고백의 하나로 다루어지고 있습니다. 이 시편은 다윗이 밧세바를 범하여 죄를 지은 후 고통 가운데 회개한 시편입니다. 다윗은 밧세바를 차지하기 위해 그의 남편 우리야를 맹렬한 전쟁터에 앞장세워 놓고 부하들을 물러나게 하여 죽게 했습니다. 이렇게 우리야를 죽이고 밧세바를 취합니다. 아무도 그 사실을 모르는 완전 범죄라고 생각했지만 하나님께서는 나단 선지자를 보내어 다윗의 잘못을 지적하셨습니다.

사무엘하 12장을 보면 오늘 시편 51편 말씀의 배경이 나오는데, "네가 여호와의 말씀을 업신여기고 나 보기에 악을 행하였느냐"라고 하시며 "칼이 네 집에서 영원토록 떠나지 아니하리라"고 경고의 말씀을 하셨습니다. 칼로 범죄했으니 너도 칼로 고통을 당할 것이라는 말씀입니다. 이 말씀대로 다윗은 평생에 칼 때문에 고통을 당합니다. 평생을 전쟁터에 살고 노년에도 아들 압살롬이 아버지를 죽이려고 전쟁을 일으키는 바람에 고통을 겪습니다. 사랑하는 아들의 죽음도 보게 됩니다. 그리고 "당신이 낳은 아이가 반드시 죽으리이다"라고 했습니다. 밧세바와의 사이에 낳은 아이가 죽을 것이라는 예언이었습니다. 이때 다윗이 어린아이처럼 회개하며 기록한 시편이 51편입니다.

다윗은 땅에 엎드려 금식하며 기도했습니다. 이레 만에 아이가 죽자 일어나 몸을 씻고 기름을 바르고 의복을 갈아입고 여호와의 전에 들어가 경배하고 돌아와 음식을 먹습니다. 신하들이 다윗왕에게 "아이가 살았을 때는 그를 위하여 금식하고 우시더니 어찌하여 죽은 후에는 일어나서 음식을 잡수십니까?" 하고 물었습니다. 그때 다윗은 "아이가 살았을 때에 내가 금식하고 운 것은 혹시 여호와께서 나를 불쌍히 여기사 아이를 살려 주실는지 누가 알까 생각함이 거니와 지금은 죽었으니 내가 어찌 금식하랴 내가 다시 돌아오게 할 수 있느냐 나는 그에게로 가려니와 그는 내게로 돌아오지 아니하리라 하니라"(삼하 12:22-23)고 대답했습니다. 다윗이 하나님 앞에서 어린아이와 같은 마음을 알 수 있는 대목입니다. 하나님의 말씀은 다 이루어졌습니다. 그 다음에 다시 밧세바로부터 낳은 아들이 솔로몬입니다.

오늘 다윗은 "하나님이여 내 속에 정한 마음을 창조하시고 내 안에 정직한 영을 새롭게 하소서"라고 기도합니다. 내 속에 정한 마음을 창조하시고, 이 '창조'라는 단어 '바라'(ברא)는 하나님께서 천지를 창조하실 때 사용하신 단어입니다. 다윗은 왜 내 속에 정결한 마음을 창조해달라고 했을까요? 내 마음은 내가 할 수 있는 것이 아님을 알았기 때문입니다. 내 마음에 일어난 죄는 마귀가 심은 것입니다. 이 죄악을 내가 씻을 수가 없습니다. 하나님만이 하실 수 있는 것이니 정한 마음을 창조해달라고 기도한 것입니다. 그리고 정직한 영을 새롭게 해달라고 합니다.

다윗은 이전에 소년 시절에 하나님의 이름을 위하여 골리앗에게도 목숨을 걸고 담대히 달려들었던 사람입니다. 사울 왕에게 쫓겨 다닐 때에도 빈들이나 광야에서도 늘 주의 전을 사모하면서 울며 기도했던 사람입니다. 그런데 지금 왕이 되어 정권이 안정되고 모든 것이 평안하게 되었을 때 문제는 내 영이 더러워져 버린 것입니다. 이 사실을 깨닫고 정직한 영을 새롭게 해달라고 합니다.

이 다윗의 기도가 우리의 기도가 되어야 할 줄로 압니다. 지난 한 주간을 되돌아볼 때 우리가 얼마나 정한 마음으로 살았습니까? 정신없이 세상을 쫓아다니며 살았습니다. 죄를 지으면서도 죄인 줄 모르고 살았습니다. 세상 욕심이 들어오고 정욕으로 넘어질 때도 많이 있었습니다. 그런데도 새 옷을 입고 화장을 하고 사람들은 모르니까 아무렇지도 않게 우리는 예배의 자리에 나왔습니다. 우리는 다윗처럼 내 안에 정직한 영을 새롭게 해달라고 기도해야 하는 것입니다. 겉모양을 단장하고 꾸미는 데에만 집중할 것이 아니라 우리의 심령이 깨끗해지기를 기도해야 하는 것입니다. 다윗은 내 죄가 얼마나 큰지를 깨달았습니다. 어떻게 깨달았습니까? 나단 선지자로부터 하나님의 말씀을 듣고 깨달았습니다. 하나님의 말씀을 들을 때에 깨닫는 심령이 되기를 원합니다.

예배는 말씀을 통하여 깨닫는 시간입니다. '말씀의 거울에 비추어 보니 내가 더러운 죄인이었군요'라는 것을 깨닫는 시간입니다. 거울을 들여다보는 사람만이 자신의 모습을 비추어볼 수 있는 것처럼 말씀 앞에 엎드리는 사람만이 자신의 죄를 들여다볼 수 있습니다. 내 죄를 보게 되니 회개하게 됩니다. 그리고 우리는 예배를 통하여 용서의 감사와 감격을 가지고 돌아가야 하는 것입니다.

다윗은 "나를 주 앞에서 쫓아내지 마시며 주의 성령을 내게서 거두지 마소서"라고 기도합니다. 다윗은 성령님이 떠나신 사울 왕에게 어떠한 일이 일어나는지 똑똑히 보았습니다. 왕의 자리에 올랐던 사울이 하나님이 떠나시자 망해가기 시작했습니다. '그 일이 나에게도 일어나면 어떻게 하나?' 하는 두려움이 다윗에게 있었습니다. 그래서 나를 쫓아내지 말아 달라고, 주의 성령을 내게서 거두지 말아 달라고 기도한 것입니다. 우리를 인도하시는 분은 성령님이십니다. 그래서 우리로 하여금 복된 길로 가게 하십니다. 우리의 심령을 주장하셔서 망하는 길을 피하게 하십니다. 우리를 지키시는 분도 성령님이십니다.

우리보다 강한 대적이 와도 성령님이 지키시면 능히 이길 수 있습니다. IMF가 와도, 사스(SARS)가 와도, 코로나 팬데믹이 와도 성령님이 우리를 지키시면 이길 수 있습니다. 여러분의 심령도 성령님이 지켜주셔야 합니다. 가정도, 일터도 성령님이 지켜주셔야 합니다. 교회도 성령님이 지켜주셔야 합니다. 그러므로 우리는 성령님이 근심하여 떠나시지 않도록 우리에게 정한 마음을 달라고 쉬지 않고 기도해야 하는 것입니다.

우리 한국교회가 지금 어렵다고 합니다. 그 이유를 모릅니까? 다 알고 있습니다. 성령님이 떠나신 교회는 은혜도 떠나고 부흥도 떠나고 기쁨도 떠납니다. 그래서 사람이 하나님의 자리에 오르려고 하고 늘 싸웁니다. 내가 하나님의 일을 하려고 합니다.

우리 한국의 초대교회는 먹을 것이 없던 시절에도 밤마다 교회에 모여 부르짖던 교회였습니다. 어린이도, 어른들도 다 함께 회개하며 부르짖었습니다. 성령님의 역사가 크게 임했고 한국교회뿐 아니라 대한민국이 일어섰습니다. 지금 우리는 평안하고, 넉넉하고, 풍요롭습니다. 신앙의 리모델링을 할 때임을 깨달아야 합니다. 지금 주의 성령을 거두지 말아 달라고 부르짖어 기도하는 우리 교회가 되기를 바랍니다.

"주의 구원의 즐거움을 내게 회복시켜 주시고 자원하는 심령을 주사 나를 붙드소서."

성령님이 함께하시면 어떤 일이 있어도 찬송이 나오고 기도가 나옵니다. 감사가 있고 기쁨이 있습니다. 성령님이 내 안에 계시기 때문입니다. 바울과 실라는 감옥 안에 갇혀 차꼬에 채워진 상태에서도 하나님을 찬송했습니다. 성령님이 함께하시기 때문입니다. 여러분,

문제없는 곳이 있습니까? 공산주의자들은 문제가 없는 세상을 만들겠다고 나섰지만, 그 나라들에는 문제가 더 많습니다. 문제가 없는 곳은 공동묘지 밖에는 없습니다. 그 속에 있는 사람들은 아무 말도 없습니다. 우리가 사는 세상은 원래 문제가 있습니다. 우리의 마음에도 문제가 있고, 우리의 가정에도 문제가 있고, 회사에도 문제가 있고, 세상 어느 곳에나 문제가 있습니다.

여러분의 신앙생활은 지금 어떻습니까? 문제가 많습니까? 성령님을 모시고 살아가야 합니다. 문제보다 문제를 해결하는 하나님의 능력이 더 큽니다. 하나님을 바라보아야 하는 것입니다. 이것을 믿을 때에 우리는 담대하게 살아갈 수가 있는 것입니다. 불평할 것이 없습니다. 이루시는 하나님의 능력을 바라보며 감사하며 살게 되는 것입니다. 또한 이 세상의 그 어떤 것보다 구원의 즐거움이 더 큽니다. 구원의 즐거움과 바꿀 것은 이 세상에 없습니다. 지금 지치고 힘들어 내 마음에 불평이 있고 의심이 있다면 조용한 가운데 하나님의 말씀을 묵상하시고 여러분의 신앙을 리모델링하는 시간으로 만드시기 바랍니다. 나 같은 죄인이 용서함 받고 구원의 백성으로 살아가는 것을 감사하면서 하나님으로 인해 기뻐하는 주의 백성들이 되시기를 바랍니다.

📝 적용

ⓐ 오늘 말씀의 주제 파악하기:

ⓑ 오늘 말씀 중 은혜 받은 부분 나누기:

ⓒ 삶에 구체적으로 적용하기:

👏 함께 드리는 기도제목

1. 내 안에 거짓된 마음을 물리치시고 정직한 마음을 허락하여 주옵소서.
2. 성령님을 내 마음에 모시고 항상 동행하는 삶을 살게 하옵소서.
3. 날마다 구원의 기쁨과 감격을 가지고 감사하는 삶을 살게 하옵소서.

곡식과 가라지

- ❈ **본 문:** 마태복음 13:24-30 (신 21쪽)
- ❈ **찬 송:** 328장 (너 주의 사람아, 통 374장)
- ❈ **요 절:** "주인이 이르되 가만두라 가라지를 뽑다가 곡식까지 뽑을까 염려하노라 둘 다 추수 때까지 함께 자라게 두라 추수 때에 내가 추수꾼들에게 말하기를 가라지는 먼저 거두어 불사르게 단으로 묶고 곡식은 모아 내 곳간에 넣으라 하리라"(마 13:29-30)

    오늘 말씀은 천국에 대한 예수님의 비유의 말씀입니다. 비유를 가리켜 '천국의 의미를 가진 지상의 이야기'라 말합니다. 천국에 대한 말씀을 우리가 사는 지상에 대한 이야기로 쉽게 설명한 것입니다. 예수님께서는 많은 비유를 주셨는데 비유로 말씀하신 이유는 여러 가지가 있습니다.

    첫째는 모든 사람들이 쉽게 알아듣도록 비유로 주셨습니다. 우리가 설명을 할 때 쉽게 하기 위하여 '예를 들면' 하고 설명을 합니다. 바로 그런 것입니다. 제가 하나님의 마음을 설명할 때 이야기를 만들어서 하는 경우들이 있습니다. 예수님께서 주신 말씀 중에 잃은 양 한 마리를 찾기 위해 나머지 아흔아홉을 두고 온 산과 들을 헤맨다는 말씀이 있습니다. 잃은 양 하나를 위하여 아흔아홉을 버린다는 뜻이 아닙니다. 여러분의 가정에서 자녀가 열이 있는데 어느 날 막내를 길에서 잃어버렸습니다. 그러면 나머지 아홉이나 있는데 하고 그냥 집에 앉아 있겠느냐 하는 이야기입니다. 아홉을 집에 두고 잃은 막내를 찾기 위해 모든 곳을 정신없이 찾아다닙니다. 그래도 못 찾으면 전단지를 만들어 뿌립니다. 울며 길거리를 방황할 어린 자녀를 생각하면 잠이 오지 않습니다. 직장도 그만두고 이 도시 저 도시를 울면서 다니며 잃은 아이를 찾아다닙니다. 이것이 실제로 있는 일이요, 이것이 부모님의 마음입니다. 이렇게 이야기를 만들어 설명하면 잃은 양의 비유가 쉽게 이해가 됩니다. 잃어버린 한 영혼을 찾기 위해 온 산과 들을 헤매며 다니시는 주님의 안타까운 마음을 이해할 수 있습니다. 예수님께서는 이렇게 이해를 돕기 위해 비유를 사용하시기도 하셨습니다.

둘째는 사람들이 알아듣지 못하도록 비유로 하셨다고 했습니다. "그러면 조금 전 이야기와 상반되는 것이 아닙니까?" 하고 질문할 수 있습니다. 예수님 당시에 무슨 말을 해도 부정적으로 생각하고 적대적으로 대하는 사람들이 있었습니다. 이때 제자들에게 비유를 말씀하셨는데 제자들이 왜 비유로 말씀하셨는지 질문하자 "너희들은 천국 비밀을 알도록 허락되었기에 비유로 한 것이다"라고 대답하셨습니다. 수수께끼와 같은 것입니다. 있는 사실 그대로 말하면 적대적인 이들은 하나님의 나라를 알지도 못하고 더욱 교회 공동체를 핍박할 것이기 때문입니다.

셋째는 강력한 교육을 하실 때 비유를 사용하셨습니다. 비유는 강력하게 기억되기 때문입니다. 씨 뿌리는 비유를 보면 어떤 씨는 돌밭에, 길가에, 가시덤불에 떨어졌다고 말씀해 주셨습니다. 돌밭에 떨어진 씨앗은 흙이 얇으므로 태양이 떠오르니 함께 말라버립니다. 길가에 떨어진 씨앗은 새들이 와서 먹어버립니다. 이 새는 마귀를 뜻한다고 말씀해 주셨습니다. 가시덤불에 떨어진 씨앗은 가시덤불이 덮고 있으므로 그늘 속에서 자라지 못한다고 하셨습니다. 이 비유를 들을 때에 그림이 그려집니다. 또 다른 씨는 옥토에 뿌려졌다고 했습니다. 그러면 '아, 이 씨는 잘 자라겠구나'라고 생각하게 됩니다. 그리고 이것은 씨가 아니라 믿음에 대한 이야기임을 설명해주십니다. 이렇게 설명을 해 주시니 강력하게 기억되는 것입니다.

오늘 비유의 이야기는 하나님의 나라를 방해하는 기독교 공동체 속에 있는 바리새인들, 사두개인들, 제사장 같은 사람들, 그리고 악한 사람들을 염두에 두고 하신 말씀입니다. 예수님께서 만약에 "야, 제자들아. 저 바리새인들을 봐라. 무늬만 예수 믿는 것이다. 하는 짓과 생각이 하나같이 악하다. 하나님께서 저들을 왜 그냥 두시는지 아느냐? 심판 날에 저들을 불사를 것이다" 이렇게 직접 말씀하신다면 아마 큰일이 날 것입니다. 제자들도 다 어려움을 당할 것입니다. 복음이 막힐 것입니다.

오늘 말씀 바로 앞 절인 16절에도 보면 천국 비유를 주시며 "그러나 너희 눈은 봄으로, 너희 귀는 들음으로 복이 있도다"라고 하셨는데 이 말이 무슨 말인지 사람들은 잘 모릅니다. 너희 눈이 무엇을 보았다는 말입니까? 지금 눈앞에 있는 하나님을 보고 있다는 말입니다. "내가 메시아다." 엄청난 말씀입니다. 무엇을 듣는다는 뜻입니까? '너희들이 지금 하나님의 말씀을 직접 듣고 있다'는 말입니다. 이렇게 예수님의 말씀은 숨겨진 것이 많습니다. 그래서 예수님은 말씀을 주시며, "들을 귀 있는 자는 들을지어다"라고 자주 말씀하셨습니다. 오늘도 하나님의 말씀을 들으며 깨닫는 자가 있고 깨닫지 못하는 자가 있습니다. 같은 말씀을 전해도 은혜 받는 자가 있고 시험에 드는 자가 있습니다.

성경에는 우리를 칼로 찌르는 듯한 말씀이 많습니다. 말씀의 칼이 나를 찌르면 어떻게 해야 합니까? 회개하고 돌아서야 합니다. 그래서 은혜와 축복의 사람으로 살아야 합니다. 베드로의 책망하는 설교를 들으며 사람들은 찔림을 받고 "우리가 어찌할꼬?" 하며 회개하였습니다. 세례 요한은 독사의 자식들아 하고 독설적인 설교를 하였는데도 사람들은 회개하고 세례를 받았습니다. 그러나 어떤 사람들은 스데반의 설교를 들으며 마음에 찔림을 받고 회개하기는커녕 마음이 분이 일어나 돌을 들고 스데반을 쳤습니다. 예수님 당시에도 그랬기 때문에 예수님은 때로는 비유로 말씀하신 것입니다. 여러분은 천국의 말씀을 들을 때에 모두가 한 사람도 빠짐없이 크게 은혜받고 천국 백성이 되시기를 바랍니다. 회개할 것이 있으면 회개하시고 더욱 충성할 것이 있으면 충성하시고 모두가 들을 귀 있는 주의 백성들이 되시기를 바랍니다.

오늘 읽은 예수님의 천국 비유는 실제로 일어날 수 있는 이야기들입니다. 그래서 아주 리얼하게 들렸을 것입니다. 예수님은 "천국은 좋은 씨를 제 밭에 뿌린 사람과 같으니 사람들이 잘 때에 그 원수가 와서 곡식 가운데 가라지를 덧뿌리고 갔더니"라고 하십니다. 오늘 말씀 뒤에 36절 이하를 보면 예수님께서는 제자들이 와서 비유의 말씀을 이해하지 못 하겠다며 "무슨 뜻입니까?" 하고 묻자 "좋은 씨를 뿌리는 자는 인자다"라고 설명해주셨습니다. 예수님께서는 지금 천국의 말씀, 즉 좋은 씨앗을 뿌리고 계십니다. 밭을 세상이라고 하셨습니다. 주인인 인자가 자기의 밭에 씨를 뿌린다고 하신 것은 이 세상은 하나님께서 주관하시는 세상이라는 뜻입니다. 하나님의 밭입니다. 그런데 원수가 와서 가라지를 덧뿌리고 갔습니다.

예수님의 설명을 보면 가라지를 뿌린 자는 마귀요, 가라지는 악한 자의 아들들이라 하셨습니다. "그런데 추수 때가 온다. 추수 때는 세상 끝이다. 이때 추수꾼인 천사들이 와서 가라지를 거두어 불에 사를 것이다. 그리고 인자가 또 천사들을 보내어 사람들을 넘어지게 하는 자들, 불법을 행하는 자들을 거두어 내어 풀무불에 던져 넣을 것이다. 거기서 슬피 울며 이를 갈게 될 것이다"라고 설명해주십니다.

우리는 이 말씀 속에서 세상의 원리를 깨달을 수 있습니다. 우리가 사는 세상에 알곡만 있으면 좋겠지만 가라지가 있습니다. 곡식을 키울 때 보면 알곡을 만들기 위해 많은 애를 써야 합니다. 잡초를 뽑아주고 거름을 주고 물을 주고 가꾸어야 합니다. 해충을 잡아주어야 합니다. 하나님께서는 여러분을 알곡 신자로 만드시기 위하여 지금도 이렇게 도와주시고 계십니다. 내가 내 힘으로 신앙생활하는 것이 아닙니다. 거름을 주고 물을 주어 여러분의 신앙이 자라게 하십니다. 매 주일 하나님의 말씀을 통하여 여러분에게 영의 양식을 주시는 것입니다. 하나님의 말씀은 모두가 좋은 것입니다. 이 말씀을 잘 받아먹어야 합니다. 그러면 영적으로 건강해집니다.

기도도 영적으로 건강한 사람이 할 수 있습니다. 봉사도, 충성도 영적으로 건강한 사람이 합니다. 영적으로 건강하면 늘 복된 말이 나옵니다. 나는 할 수 없지만 전능하신 하나님은 하실 수 있음을 믿습니다. 그래서 그 믿음으로 건강하게 살기에 우리의 삶에 수많은 기적들이 나타나는 것입니다.

우리가 말씀을 통해 기억해야 할 것은 가라지가 함께 있다는 것입니다. 가라지는 물을 주지 않아도 자라고, 해충을 잡아주지 않아도 스스로 잘 자랍니다. 아주 억셉니다. 곡식과 함께 있으면 곡식의 영양분을 다 빼앗아 먹습니다. 곡식이 자라는 것을 방해합니다. 영적으로도 그렇습니다. 우리가 사는 세상이 그렇습니다. 마귀의 아들들이 강합니다. 악독합니다. 그래서 선하게 살아가는 사람들에게 피눈물이 나게 합니다. 이들과 함께 살아가다 보니 독해지기도 합니다.

예수님 당시에는 오늘날과 비교가 되지 않게 악한 일들이 많이 일어났고 환난이 있었습니다. 예수님도 십자가에 달리셨습니다. 우리는 이런 세상을 살며 "하나님이 살아계시면 왜 이런 세상을 그대로 두시는가? 왜 그런 사람들을 그냥 두시는가?" 하고 질문할 수 있습니다. 제자들도 그런 질문을 한 것입니다. 오늘 성경은 마귀가 가라지를 뿌렸다고 했습니다. 교회에는 가라지가 없습니까? 마귀가 역사하지 않는 곳은 없습니다. 어느 곳에나 가라지가 있지만 믿음으로 사는 사람들은 가라지의 시험과 환난을 이기고 승리하는 것입니다.

하나님께서 마귀가 가라지를 뿌리는 것을 막으실 능력이 없어 그냥 두신 것이 아닙니다. 기다리고 계십니다. 성도들은 연단을 통하여 순결한 주의 자녀로 자라게 되는 것을 바라고 계십니다. 사람은 저절로 자라는 것이 아닙니다. 저절로 강해지는 것이 아닙니다. 마귀의 시험과 싸우며 강해집니다. 마귀가 시험하니 기도하게 됩니다.

처음부터 간절한 기도가 나오는 것이 아닙니다. 너무 힘든 시련이 찾아왔을 때 간절한 기도를 드리게 되는 것이 사람의 모습입니다. 하나님께서는 주의 종에게도 시험을 주시고, 여러분에게도 시험을 주셔서, 가라지를 주셔서 고통스럽게 만드시고 그것 때문에 부르짖어 기도하게 만드십니다. 그래서 여러분에게 늘 하나님의 말씀을 통하여 미리미리 깨닫고 미리미리 간절히 기도하라고 합니다. 미리 울면서 기도하면 나중에 진짜 울 일이 없다고 했습니다. 교회학교 교사들도 울며 기도하면서 아이들을 가르쳐야 합니다. 찬양대원들도 기도하면서 찬양해야 합니다. 봉사하는 모든 직분자들도 기도하면서 봉사해야 합니다. 그러지 않으면 가라지가 우리를 시험 들게 만드는 것입니다.

엊그제도 다른 교회 장로님을 만났는데 그 교회는 지금 목사님 청빙을 하고 있습니다. 그래서 제가 그랬습니다. "설교 듣고 학력 보고 점수 주고 판단하려 하지 마십시오. 하나님께서 기뻐하시지 않습니다. 기도해야 합니다. 미리미리 울면서 기도해야 합니다. 목사님은 교인들이 고르는 것이 아니라 하나님께서 보내주시는 것입니다. 그것을 믿어야 하나님께서 교회를 지켜주십니다." 여러분도 저를 청빙할 때 많이들 울면서 기도하셨지요? 그 당시 안타까우니까 얼마나 울면서 기도했습니까?

그리고 하나님은 우리 교회에 많은 은혜를 계속해서 부어 주셨습니다. 은혜는 점점 더 커져야 합니다. 그러기 위해서는 은혜 받을 믿음을 우리가 가져야 합니다. 늘 말씀을 사모하고 그 말씀대로 살아가기 위해 애쓰는 우리 교회는 성도들이 되시길 바랍니다. 가라지는 곡식을 강하게 만듭니다.

역사학자 토인비가 즐겨하던 이야기입니다. 노르웨이의 한 어부가 먼 바다에 나가 청어를 잡아 오는데 수조에 넣어 가지고 오면 많은 청어가 죽게 되는데 이 어부의 청어만은 싱싱했습니다. 사람들이 비결을 물었지만 가르쳐 주지를 않았습니다. 나중에 알고 보니 이 어부는 수조에 아주 커다란 바다 메기를 집어넣습니다. 바다 메기는 지느러미에 아주 강한 독이 있어 쏘이면 엄청난 고통을 맛보게 된다고 합니다. 청어들은 좁은 수조 안에서 메기에게 잡아먹히지 않기 위해 이리저리 부지런히 도망 다니는데 그러다 보면 오히려 죽지 않고 싱싱하게 살아 있게 된다는 것입니다.

우리가 사는 세상에는 이처럼 우리를 쏘는 것들이 있습니다. 그래서 우리가 더 기도해야 하고 하나님의 은혜를 더 구해야 합니다. 말씀 앞에 더 가까이 나와야 합니다. 세상에는 가라지가 잘되는 것 같습니다. 그렇게 보일 수도 있습니다. 여러분, 가라지를 너무 크게 보고 두려워하지 마십시오. 우리는 하나님의 능력을 크게 보아야 합니다. 세상 사람들은 눈에 보이는 것을 크게 봅니다. 그래서 대통령을 크게 보고 재물을 크게 봅니다. 대통령을 크게 본 사람들이 얼마나 많이 대통령과 함께 불행하게 되었습니까? 영적으로 건강한 사람들은 정치를 해도 사람을 크게 보는 것이 아니라 하나님을 크게 보아야 합니다. 사업을 해도 하나님을 크게 보아야 합니다. 하나님은 이런 사람을 끝까지 붙들어 주시고 쓰시는 것입니다.

오늘 말씀에 종들이 주인에게 "가라지를 우리가 뽑기를 원하십니까?" 하고 물었습니다. 그런데 주인은 "가만두라. 가라지를 뽑다가 곡식까지 뽑을까 염려하노라"고 하십니다. 가라지를 모두 제거하는 그날은 마지막 심판 날이라고 주님은 말씀하셨습니다. 신앙에 실패하지 않는 중요한 비결은 예수님 당시나 지금이나 변함없이 내가 주님 앞에 서는 날을 늘 잊지 않고 사는 것입니다. 마지막 날이 없는 것처럼 사는 신자들도 있습니다. 유명하게 일하는 사람들을 보면 '정말 저분에게 하나님은 있을까? 저분은 천국을 믿고 지옥을 믿고 살아갈까?' 하는 의구심을 가질 수밖에 없는 사람들이 있습니다.

내 안에 가라지가 자라지 않도록 우리는 깨어 있어야 합니다. 내 안에도 가라지의 씨가 뿌려질 수 있습니다. 여러분은 가라지가 없습니까? 왜 없습니까? 그들만의 가라지가 아니라 내 안에도 가라지가 있음을 우리는 알아야 합니다. 하나님께서 우리 안에 있는 가라지를 뽑아버리시려고 우리를 치신다면 살아남을 사람이 아무도 없을 것입니다. 예수님의 제자들도 살아남지 못했을 것입니다. 기다리고 계시는 주님이십니다. 우리는 가라지가 뒤섞인 세상을 살아가고 있습니다. 마귀는 계속해서 오늘도 내일도 가라지를 뿌립니다. 우리는 우리 안에 가라지가 자라게 두면 안 됩니다. 늘 하나님의 말씀을 사모하여 말씀으로 나를 비추어 보고 기도로 하나님의 도우심과 은혜를 간구하시기 바랍니다. 그리하여 알곡 신앙으로 천국에 가는 성도들이 되시기 바랍니다.

📝 적용

ⓐ 오늘 말씀의 주제 파악하기:
_____
_____

ⓑ 오늘 말씀 중 은혜 받은 부분 나누기:
_____
_____

ⓒ 삶에 구체적으로 적용하기:
_____
_____

🙌 함께 드리는 기도제목

1. 말씀을 들을 때마다 항상 은혜 받는 알곡 신앙을 갖게 하소서.
2. 가라지의 시험이 있더라도 믿음으로 승리하는 성도가 되게 하소서.
3. 내 안의 가라지가 자라나지 않도록 말씀으로 나를 도우시고 인도하소서.

9

화평케 하는 자

- ❦ **본 문**: 마태복음 5:9 (신 5쪽)
- ❦ **찬 송**: 327장 (주님 주실 화평, 통 361장)
- ❦ **요 절**: "화평하게 하는 자는 복이 있나니 그들이 하나님의 아들이라 일컬음을 받을 것임이요"(마 5:9)

빅토르 위고의 3부작이 있습니다. 이 작품들은 모두 싸움을 대상으로 한 소설들입니다. 자연과 인간과의 싸움을 그린 소설이 《바다의 노동자》입니다. 인간과 인간과의 싸움을 그린 것이 《93년》입니다. 세 번째 싸움은 나 자신과의 싸움을 그린 소설로 유명한 장 발장이 주인공인 《레 미제라블》입니다. 우리 인류는 이 세 가지 싸움을 계속해서 싸워 나가고 있습니다.

첫째로, 인간과 자연과의 싸움입니다. 며칠 전 일어난 튀르키예의 지진으로 인해 수많은 사람들이 죽고 고통을 당하고 있습니다. 우리는 평소에 자연의 도움을 받으면서도 얕잡아 보고 함부로 합니다. 그런데 자연이 한번 힘을 쓰면 인간은 너무나 미약한 존재임을 깨닫게 됩니다. 일본에서 일어났던 쓰나미도 우리 인간이 얼마나 연약한 존재인지를 깨닫게 해 주었던 사건이었습니다. 얼마 전에 후쿠시마에서 강진이 일어났고, 우리나라도 지진의 가능성이 점점 커지고 있다고 합니다. 바다를 항해하고, 목축을 하고, 농사짓는 것도 자연과의 싸움입니다.

둘째로, 인간과 인간과의 싸움은 어떻습니까? 지난 5천 년간 14,500번의 크고 작은 전쟁이 있었다고 말합니다. 지금도 러시아와 우크라이나의 전쟁이 계속되고 있습니다. 많은 사람들이 고통을 당하고 있으며, 전쟁과 관계없는 사람들이 죽어 나갑니다. 피투성이 된 어린아이들의 모습이 뉴스를 통해 흘러나올 때 가슴이 아픕니다. 이 전쟁으로 전 세계가 휘청거리고 있습니다. 식량을 비롯한 물가가 올라가고 불황이 계속됩니다. 잘되는 곳은 무기를 만드는 나라들입니다. 세계대전을 일으켰던 일본이나 독일이 우크라이나를 빌미로 군비를 확장하고 있습니다. 이전에는 방어 중심이었는데 이제는 공격 중심으로 바꾸어 가고 있습니다. 그래서 걱정이 되고 불안합니다. 우리나라는 늘 전쟁 가운데 살아왔고 근·현대사에도 일본과의 전쟁, 6.25 전쟁으로 전국이 황폐화 되는 고통을 겪었습니다. 우리나라는 지금도 전쟁이 끝난 것이 아닙니다.

인간과 인간과의 싸움은 이런 전쟁만이 아닙니다. 회사에 나가면 전쟁을 치러야 합니다. 몇 년 먼저 태어났다고 상사가 되어 왜 그렇게 사람들을 괴롭힙니까? 물건을 파는 것도 사람과의 전쟁입니다. 보험 같은 영업을 하는 것도 사람과의 전쟁입니다. 집에서는 어떻습니까? 집도 전쟁터입니다. 집에서도 부부간에, 고부간에, 부모와 자식 간에 전쟁을 치르고 있지 않습니까? 천국의 모델이 되어야 할 교회 안에서도 싸움이 일어나 아픔을 겪고 있는 교회들이 많습니다. 교회 안에서도 서로 힘을 주장하면서 서로를 아프게 합니다. 우리 교회에는 스스로 등록하시는 분들이 많습니다. 이야기를 들어보면 이전 교회에서 사람들 때문에 상처를 입고 온 분들이 꽤 있습니다. 싸움은 운동선수들이 경기장에서나 하게 하고 우리 교회는 싸우는 일이 절대 없기를 바랍니다.

셋째로, 나 자신과의 싸움이 있습니다. 하덕규 씨가 쓰고 조성모 씨가 불러 유명하게 된 '가시나무'라는 노래가 있습니다. 그 후 이은미, 자우림, 박기영 등이 불렀습니다. "내 속엔 내가 너무도 많아 당신의 쉴 곳 없네." 많이 들은 노래죠. 하덕규 씨는 현실과의 싸움에 지쳐 술과 대마초에 빠져 있다가 누나의 손에 이끌려 송구영신 예배에 참석합니다. 예배 가운데 그는 가시나무 숲속을 헤매는 자신의 모습을 보았다고 했습니다. 내 욕망이 날카로운 가시가 되어 내 옆의 사람들을 마구 찔러대는 가시가 되어 있는 자신의 모습을 보았습니다. 그리고 가시넝쿨 안에 피 흘리는 예수님의 모습을 보았습니다. 그는 10분 만에 이 곡을 만들고 이런 고백을 했습니다. "예수님께서 내 안에 오셔서 가시나무와 같은 나를 버리지 않으시고 내 가시에 찔리면서 가시를 뽑아 주시고 끝까지 품어 주셨습니다." 한 편의 시와 같은 가사를 쓴, 지금은 목사요 교수가 된 하덕규 씨의 간증입니다.

> ♪ 내 속엔 내가 너무도 많아 당신의 쉴 곳 없네
> 내 속엔 헛된 바램들로 당신의 편할 곳 없네
> 내 속엔 내가 어쩔 수 없는 어둠 당신의 쉴 자리를 뺏고
> 내 속엔 내가 이길 수 없는 슬픔 무성한 가시나무 숲 같네
> 바람만 불면 그 메마른 가지 서로 부대끼며 울어대고
> 쉴 곳을 찾아 지쳐 날아온 어린 새들도 가시에 찔려 날아가고
> 바람만 불면 외롭고 또 괴로워

슬픈 노래를 부르던 날이 많았는데
내 속엔 내가 너무도 많아 당신의 쉴 곳 없네♪

이 노래 가사처럼 우리 안에는 다 가시가 있습니다. 이 가시가 나를 찌르고 내 옆에 있는 사람을 찌릅니다. 가시가 없는 사람은 없습니다. 내 안에도 가시가 있는 것을 깨닫고 내 안에 가시를 다 뽑아 버려야 합니다. 가시가 없어지면 내 곁으로 좋은 사람들이 다가옵니다. 함께 있어 따뜻하고 서로에게 위로가 됩니다. 나 자신과의 싸움이 참 많습니다. 운동하는 것도, 공부하는 것도, 다이어트하는 것도, 다 자신과의 싸움입니다. 우리는 다른 사람과의 싸움에 늘 신경을 쓰고 지지 않으려 하는데, 가장 중요한 것은 나 자신과의 싸움입니다. 나 자신과의 싸움에서 여러분은 얼마나 이기셨습니까?

무엇보다 우리가 나 자신과의 싸움에서 이겨야 할 중요한 싸움은 영적 싸움입니다. 기도하는 것도, 말씀을 읽는 것도 나 자신과의 영적 싸움입니다. 험한 세상 속에서 신앙인답게 살아가는 것도 나 자신과의 영적 싸움입니다. 다른 싸움에는 지더라도 이 싸움은 반드시 이겨야만 하는 싸움입니다. 많은 크리스천이 예수 믿은 구원의 기쁨과 감격을 빼앗기고 살아갑니다. 구원받은 사람도 구원의 은총과 이를 방해하는 사탄의 시험 사이에서 갈등하며 살아갑니다. 그래서 내 안에 평안을 누리지 못하고 다른 사람과 화평을 이루지 못합니다.

오늘 성경은 예수님의 산상수훈 가운데 팔복의 일곱 번째 말씀입니다. "화평하게 하는 자는 복이 있나니"라고 말씀하셨습니다. 예수님께서 말씀하신 이 화평은 하나님과의 화평, 자연과의 화평, 이웃과의 화평, 또한 나 자신과의 화평을 총체적으로 말씀하신 것입니다다. 여기서 말씀하는 화평은 사람 성격이 좋아서 사람들 사이를 원만하게 하는 정도를 말하는 것이 아닙니다. 화평은 신약성경에서 헬라어로 '에이레네'(Εἰρήνη)라고 하는데 구약의 '샬롬'(שלום)과 같은 의미입니다. '화평', '평안', '평강'이라는 뜻입니다. 화평은 예수님의 성품입니다. 예수님을 '평강의 주'라고도 부릅니다. 예수님은 "나의 평안을 너희에게 준다"라고 하셨습니다.

예수님은 열두 해를 혈루증으로 앓는 여인에게 "네 믿음이 너를 구원하였으니 평안히 가라"고 말씀하셨습니다. 이때 '에이레네'라는 단어를 사용하셨습니다. 병든 자에게 평안을 주시는 우리 주님이십니다. 죄를 지은 여인이 울며 향유 옥합을 깨트려 예수님께 부었을 때 그의 마음을 보시고 "네 믿음이 너를 구원하였으니 평안히 가라" 하시며 에이레네를 말씀하셨습니다. 우리가 죄의 문제로 고통스러워 예수님께 나올 때 죄의 문제를 해결해 주시는 평안의 주님이십니다. 두려움에 떠는 제자들에게 나타나셔서 "너희에게 평강이 있을지어다"라고 하셨습니다. 이때도 '에이레네'를 말씀하셨습니다. 염려와 근심 가운데 있는 자에게 평안을 주시는 우리 주님이십니다.

예수님은 화평하지 못한 세상에 화평을 주러 찾아오셨습니다. 로마에게는 압제당하고, 바리새인들에게는 무시당하고, 유대인과 비유대인이 결코 하나 될 수 없는 가시로 가득한 세상에 평화로 찾아오셨습니다. 예수님은 이 세상에서 힘으로 로마의 문제를 해결하려 하지 않으셨습니다. "칼을 가지는 자는 다 칼로 망한다"라고 베드로에게 말씀하셨습니다. 로마제국이 지배하던 당시의 시대는 '팍스 로마나'(Pax Romana)라 하여 '로마의 평화'로 불리던 시기였습니다. 전쟁이 그쳤습니다. 그런데 이 평화는 가짜 평화입니다. 힘에 의한 평화입니다. 로마인들은 평안했지만, 로마의 식민지로 지배를 받는 이들은 고통스러웠습니다. 이 평화는 한쪽만의 평화였습니다. 이 '팍스 로마나'로부터 기원하여 오늘도 가짜 평화를 말할 때 '팍스 아메리카나', '팍스 시리아나'라는 말들도 생겨났습니다.

예수님께서는 로마에 평화를 주시기 위하여 어떻게 하십니까? 예수님은 친히 로마 병사들에게 심한 모욕과 고통을 받으시고 십자가에 달리셨습니다. 머리에 가시관을 쓰시고 창에 허리를 찔리셨습니다. 그러나 그로부터 약 3백 년 후 로마는 자신들이 저주의 십자가에 매달아 처형한 예수님을 경배하는 나라가 되었습니다. 로마의 국교가 기독교가 된 것입니다. 이것이 예수님의 평화입니다.

예수님은 로마의 백부장의 종도 고쳐주셨습니다. 우리 민족을 압제하는 로마인의 부탁을 들어줄 수 없다고 하지 않으셨습니다. 이것이 예수님의 평화입니다. 자신을 십자가에 매달라고 고함치는 유대인들을 향하여 저들의 죄를 용서해달라고 마지막 순간에도 기도하셨습니다. 예수님의 유대인 제자들이 나가 복음을 전하여 오늘 전 세계가 예수 믿는 사람들로 가득하게 되었습니다. 예수님은 사람들이 무시하고 인정하지 않는 세리나 창녀들과도 함께 식사하고 그들에게 천국을 전하셨습니다. 이것이 예수님의 평화입니다.

예수님의 이 성품 '에이레네'를 우리가 본받을 때에 하나님과 화평하게 되고, 이웃과 화평하게 되고, 나 자신과 화평하게 되는 것입니다. 오늘도 지구상에 일어나는 수많은 국가 간의 전쟁은 내가 이기고 정복하겠다는 것입니다. 빼앗겠다는 것입니다. 가정에서 일어나는 다툼도 내가 이기겠다는 것입니다. 물러서지 않겠다는 것입니다. 이기고 지는 데에는 진정한 평화가 없습니다. 한쪽이 승리하여 평화를 누리면 다른 쪽에는 패배와 슬픔이 있는 것이 인간의 싸움입니다. 예수님께서 말씀하시는 화평은 이기고 지는 것이 아닙니다. 내가 소금이 되고 빛이 되는 것입니다. 소금이 짠맛을 내려면 내가 녹아 없어져야 합니다. 포기해야 합니다. 빛이 되려면 내가 다 닳아 없어져야 합니다. 나를 희생해야 합니다. 한 알의 밀알이 죽어 썩어지지 않으면 싹이 나올 수가 없습니다.

예수님의 이 말씀처럼 예수님은 친히 세상의 소금이 되셨고 빛이 되어 주셨습니다. 한 알의 밀알이 되어 썩어 수많은 열매를 맺게 하셨습니다. 우리가 화평케 되는 방법은 이 예수님과 함께 연합하는 것입니다. 사도 바울은 내가 그리스도와 함께 십자가에 못 박혔다고 했습니다. 나의 옛 성품은 예수님의 십자가에 못 박았다는 것입니다. 내가 예수님과 함께 죽었다는 말입니다. 내가 예수님을 위하여 죽으려고 하면 여기에는 분쟁이 없습니다.

오늘의 시대는 갈등의 시대입니다. 나라와 민족의 갈등, 지역 간의 갈등, 이념 갈등, 노사 간의 갈등, 고부 갈등, 부부 갈등, 젠더 갈등 등 수많은 갈등이 있습니다. 특별히 우리나라는 근래에 갈등이 더욱 심해졌습니다. 인터넷을 보면 매일같이 서로 미워하고 분노하고 증오합니다. 상대방을 혐오합니다. 왜 그렇게 될까요? 우리의 마음이 왜 그렇게 되었을까요? 여기에는 평안이 없습니다. 하나님께서 주신 기쁨과 감사가 없습니다. 사랑과 희생이 없습니다. 성령의 아홉 가지 열매가 없습니다. 서로를 가르고, 네 것, 내 것만이 있고 승리와 패배만 있습니다. 죽고 죽이는 것만이 있습니다. 이것은 하나님께서 기뻐하시는 삶이 아닙니다.

갈등이 왜 일어납니까? 내가 더 가져야겠다는 것입니다. 내가 더 존중받아야겠다는 것입니다. 나는 손해 보고 못 살겠다는 것입니다. 내 권리를 찾겠다는 것입니다. 이러한 갈등들은 인간이 살아가는 한 영원히 존재할 것입니다. 갈등이 없을 수는 없습니다. 이 갈등이 많은 세상에 우리 크리스천들은 화평케 하는 사명을 받은 자들입니다.

우리는 예수 그리스도의 화평을 가지고 모든 곳에 찾아가야 합니다. 예수님의 화평은 탁월한 논리로 이기는 것이 아닙니다. 말솜씨로 잘 중재하는 것도 아닙니다. 예수님의 화평은 예수님께서 그러셨듯이 내가 억울해도, 손해를 보아도 십자가를 지는 것입니다. 이것이 예수님의 화평의 역설입니다. 그런데 놀랍게도 화평케 하는 자는 손해만 보는 것 같았는데 복이 있다고 하셨습니다. 어떤 복입니까? "그들이 하나님의 아들이라 일컬음을 받을 것임이요"라고 하셨습니다. 하나님의 아들이란 유산을 상속 받을 자란 뜻입니다. 세상 사람들에게도 "저 사람들은 예수 믿는 사람들이라 정직해. 뭔지 달라. 본받을 만해"라고 칭찬을 받고 하나님께 영광 돌리는 자가 됩니다. 세상 사람들이 우리를 하나님의 아들이라 하니 하나님께서도 우리로 인하여 기뻐하시고 자녀이니 우리를 지켜주십니다. 무엇보다 하나님께서 아들에게 주실 천국을 약속받는 것입니다. 그곳에서 우리는 화평케 하는 자로서의 복을 받아 영원한 평화, 완전한 평화를 누리며 영원히 살게 되는 것입니다.

아시시(Assisi)의 성자 성 프란체스코는 〈주여, 나를 평화의 도구로 써 주소서〉라는 기도문을 남겼습니다.

주여, 나를 평화의 도구로 써 주소서
미움이 있는 곳에 사랑을, 불의가 있는 곳에 용서를
분열이 있는 곳에 일치를, 의심이 있는 곳에 믿음을 심게 하소서
오류가 있는 곳에 진리를, 절망이 있는 곳에 희망을
어둠이 있는 곳에 광명을, 슬픔이 있는 곳에 기쁨을 심게 하소서

위로받기보다는 위로하며 이해받기보다는 이해하며

사랑받기보다는 사랑하며 자기를 온전히 줌으로써 영원한 생명 얻으리니

주여, 나를 평화의 도구로 써 주소서

지금 여러분의 입술로 낭송한 기도가 고백이 되고, 결심이 되고, 이 땅에서 여러분의 삶의 모습이 되시기 바랍니다.

📝 적 용

ⓐ 오늘 말씀의 주제 파악하기:
_____
_____

ⓑ 오늘 말씀 중 은혜 받은 부분 나누기:
_____
_____

ⓒ 삶에 구체적으로 적용하기:
_____
_____

🙌 함께 드리는 기도제목

1. 예수님께서 가지신 '화평의 성품'을 본받는 성도가 되게 하소서.
2. 소금과 빛의 삶을 살아 세상을 화평하게 하는 성도가 되게 하소서.
3. 예수님의 화평을 모든 곳에 전하는 성도가 되게 하소서.

때를 얻든지 못 얻든지

❦ **본 문:** 디모데후서 4:1-5 (신 345쪽)
❦ **찬 송:** 330장 (어둔 밤 쉬 되리니, 통 370장)
❦ **요 절:** "너는 말씀을 전파하라 때를 얻든지 못 얻든지 항상 힘쓰라 범사에 오래 참음과 가르침으로 경책하며 경계하며 권하라"(딤후 4:2)

　코로나가 끝나고 거리에는 사람들이 마스크를 벗고 있습니다. 식당도, 여행도 다시 시작되고 있습니다. 비자를 발급받는 데 다섯 시간씩 줄을 서서 기다렸다는 이야기를 들었습니다. 백화점에도 사람들이 가득합니다. 학자들도 위드 코로나에 대한 글들을 많이 발표했는데 이제는 포스트 코로나 즉 탈 코로나에 대한 글들을 발표하고 있습니다. 세상 사람들은 코로나가 끝났다고 즐거워하는데 우리는 그동안 코로나를 종식시켜 달라고 하나님께 부르짖은 것에 대한 응답을 주셨음을 기억하고 하나님께 감사하는 마음이 있어야 할 것입니다. 온라인 예배를 드리던 성도들도 이제 다시 성전예배를 통해 성도들이 함께 만나 서로를 축복하고 함께 드리는 예배의 기쁨을 누릴 수 있게 되기를 바랍니다. 각 국가의 학자들은 이제 코로나 대유행은 없다, 감기처럼 풍토병이 될 것이라고 말합니다. 우리는 평소에 건강관리를 잘하고 면역력을 키우기 위해 힘을 써야 할 것입니다.

오늘 말씀은 사도 바울이 로마의 감옥에서 처형당하기 직전에 사랑하는 디모데에게 보낸 서신입니다. 이제 이 세상을 떠날 날이 다 가왔음을 깨닫고 디모데에게 가장 당부하고 싶은 말을 하고 있는 것입니다. 사실은 부탁이 아니라 명령입니다. 그것도 엄히 명한다고 했습니다. 1-2절을 보면 "하나님 앞과 살아 있는 자와 죽은 자를 심판하실 그리스도 예수 앞에서 그가 나타나실 것과 그의 나라를 두고 엄히 명하노니 너는 말씀을 전파하라 때를 얻든지 못 얻든지 항상 힘쓰라 범사에 오래 참음과 가르침으로 경책하며 경계하며 권하라"고 말씀합니다.

그 명령은 첫째로 하나님 앞에서입니다. 지금 복음을 전하라는 명령은 그저 사적인 명령이 아님을 말씀하는 것입니다. "너 정신 똑바로 차리고 들어라. 이 명령은 전능하신 창조주 하나님 앞에서 하는 것이다" 하는 말씀입니다. 둘째는 "살아 있는 자와 죽은 자를 심판하실 그리스도 예수 앞에서 그가 나타나실 것과 그의 나라를 두고 명한다"라고 했습니다. 우리는 반드시 심판을 받습니다. 이 심판은 우리가 세상을 떠나 예수님 앞에 섰을 때입니다. 이때에 살아 있는 자와 죽은 자를 심판하신다고 했는데, 악인은 영원한 형벌에, 그리고 살아 있는 우리는 천국으로 인도함을 받는 것입니다. "너는 천국으로, 너는 지옥으로" 이렇게 심판하실 그리스도 예수 앞에서 이 명령을 한다는 말입니다. 그러므로 이 명령이 얼마나 굉장한 명령입니까? 그래서 복음을 전하라는 명령을 예수님의 지상 최대의 명령이라고 말합니다.

오늘날 지구상에 수많은 사람들이 교회를 다닙니다. 세계 인구 79억 중에 약 26억 명이 기독교 신자입니다. 우리나라도 지난해 갤럽조사연구소 보고를 보니 인구의 1/3 가까이가 기독교 신자입니다.

50%는 무종교로 종교가 없습니다. 이렇게 많은 기독교 신자들이 일 년에 한 사람씩만 전도한다면 우리나라 복음화는 금방 올 것입니다. 다른 말로 하면 전도하지 않는 크리스천이 너무 많다는 말입니다. 이것은 교회는 다니면서 예수님의 지상 최대의 명령을 지키지 않는 다는 뜻입니다.

주님께서 우리에게 교회를 주신 이유는 크게 두 가지입니다.

첫째는 밖으로 복음을 전하라는 것이고, 둘째는 안으로 예배와 교육과 섬김과 친교를 위해서 주신 것입니다. 교회는 복음 전하라는 명령을 소홀히 하면 안 됩니다. 우리 교회의 수많은 선교회도 다 복음을 전하라고 하는 것입니다. 카페도 복음을 전하기 위해 하는 것입니다. 돈을 벌려면 병원도 하고 약국도 하고 그러지 왜 카페를 하겠습니까? 하나님을 알지 못하는 사람들이 교회 안에 들어올 수 있도록 하기 위하여 카페를 하는 것입니다. '교회가 그렇게 어려운 곳이 아니구나. 좋은 곳이구나'라고 깨닫게 하기 위해 카페를 하는 것입니다. 행복을 파는 가게를 하는 것도 그렇고 도서관도 복음을 위해서 하는 것입니다. 그래서 이곳에서 늘 봉사하시는 성도님들을 보면 얼마나 감사한지 모릅니다. 다 자기 일이 바쁘고 나가서 직업을 가질 수 있는데도 나와서 봉사하는 것은 복음을 위해서 씨를 뿌리는 거룩한 행위입니다. 이분들은 이 세상에 사는 동안 많은 시간을, 내 몸을, 정성을, 내 물질을 주님을 위해 드리고 있습니다. 그 이유가 무엇입니까? 한 영혼이 너무나 귀한 것을 깨달았기에, 예수님의 그 마음을 깨달았기 때문에 영혼을 구원하기 위하여 나의 것을 드리는 것입니다. 체육 시설도, 방과후 학교도, 어린이집도, 모랫말 꿈터도, 식당 봉사도, 음악 학교도 다 복음을 위해서 하는 일입니다.

우리는 이것을 잊으면 안 됩니다. 예수님의 심판대 앞에 서면 그 다음에는 절대 되돌릴 수가 없습니다. 영원한 천국과 영원한 지옥의 형벌이 있을 뿐입니다.

우리는 영원한 지옥의 형벌로 걸어가고 있는 이웃들을 생각할 때 안타까운 마음이 있어야 합니다. 빨리 가서 붙잡아야 합니다. 지하철에서 선로에 떨어진 이를 구하려고 위험을 무릅쓰고 뛰어 들어가는 사람들의 이야기가 간혹 뉴스에 나옵니다. 떨어진 사람은 구하고 자신을 희생한 사람들도 있습니다. 뉴스에서는 이 사람을 의인이라 칭송합니다. 정말 훌륭한 사람들입니다. 그런데 지옥의 형벌로 걸어가는 사람이 안타까워 그들을 구하기 위해 나의 시간을, 나의 몸을, 나의 물질을 드리는 성도들을 향하여 하나님은 의인이라고 하십니다. 사람을 옳은 데로 인도한 자는 별같이 빛날 것(단 12:3)이라고 하셨습니다. 의인의 기도는 반드시 응답해 주신다고 하셨습니다.

찬송가 120장 '오 베들레헴 작은 골'을 작사한 미국 성공회의 필립 브룩스 목사님은 필라델피아 트리니티 교회를 담임한 유명한 설교자요 경건한 목회자였습니다. 그가 30세 때에 성지순례를 떠났는데 주보에 '목사님께서는 1,000명의 기도를 동반하고 성지순례를 떠나셨습니다'라고 광고가 실렸습니다. 이때 예루살렘을 보고 감동을 받아 작사한 곡이 우리 찬송가 120장입니다. 이 필립 브룩스 목사님이 임종할 때에 나는 이제 죽기 전 천국 갈 준비를 해야 한다고 모든 면회를 사절했습니다. 홀로 기도하는 마지막 시간을 가지려고 한 것입니다. 그런데 한 사람만의 면회를 허락한다고 했습니다. 그 사람은 불신자인 법률가 친구였습니다. 그 소식을 듣고 그 법률가 친구가 달려왔습니다. "왜 나만 불렀는가?" 하고 물을 때에 "다른 친구들은 다 천국에서 만날 텐데, 자네는 내가 그렇게 권해도 예수를 안 믿어서 이제 내가 천국 가면 자네 얼굴을 못 볼 것 같네. 그래서 마지막 얼굴 보려고 불렀네. 친구, 자네도 예수 믿고 천국에서 다시 만나세." 이 말을 듣고 그 친구가 그 자리에서 예수님을 영접하였습니다. 죽는 순간까지 영혼을 사랑하는 마음이 전도의 열매를 맺게 한 것입니다. 사람들은 복음을 듣지 않으려 합니다. 복음에 귀를 막습니다. 그것은 마귀가 역사하기 때문입니다.

　우리 성도들이 한 영혼을 전도하기 위하여 애쓴 이야기를 들어보면 감동이 됩니다. 김치를 해다 주고, 심부름을 해주고, 아이를 돌봐주고, 여행도 같이 갑니다. 그런데 교회 가자고 하면 안 옵니다. 극장에 세 시간만 같이 가자고 하면 쉽게 따라가면서도 교회에 한 번만 가보자고 하면 기를 쓰고 안 오려 합니다. 왜 그렇습니까? 사실은 영적으로 사탄이 방해하는 것임을 알아야 합니다. 사탄은 불신자들이 예수 믿고 구원받는 것을 너무 싫어하고 방해합니다. 그래서 그 마음에 역사하는 것입니다. 우리 교회는 매주 수십 명씩 새가족이 나옵니다. 사실은 그저 쉽게 나온 것이 아닙니다. 모두가 사탄의 방해를 이기고 나온 것입니다. 이를 위해서 우리가 한 영혼을 품고 기도하는 것입니다. 이 기도가 마귀 사탄을 이기는 것입니다. 전도는 기도 없이는 안 됩니다. 그러므로 한 영혼을 품고 "하나님, 이 영혼을 살려주세요. 구원받고 행복하게 살고 천국 백성이 되게 해주세요" 하고 간절히 기도해야 합니다. 기도로 먼저 마귀를 이겨야 하는 것입니다.

　오늘 말씀 3-4절을 보면 "때가 이르리니 사람이 바른 교훈을 받지 아니하며 귀가 가려워서 자기의 사욕을 따를 스승을 많이 두고 또 그 귀를 진리에서 돌이켜 허탄한 이야기를 따르리라"고 말씀합니다. 이때가 언제인지 모릅니다. 성경은 말세를 말하지만, 또한 오늘의 시대를 말합니다. 말세에 이를수록 사람은 바른 교훈을 받지 않습니다. 성경은 늘 우리에게 바른 교훈을 말씀하는데 성경보다 더 신뢰하는 것들이 현대에는 많습니다. 수많은 뉴스가 있습니다. 평론가들이 있습니다. 정치인들이 있습니다. 요즘은 수많은 유튜버(YouTuber)들이 있습니다. 이들이 서로 다른 주장들을 합니다.

사도 바울은 일찍이 귀가 가려워 자기의 사욕을 따를 스승을 많이 둘 것이라 했습니다. 귀가 가렵다는 말은 내 생각을 만족시켜 줄 욕심을 따라 스승을 많이 둔다는 것입니다. 얼마나 정확한 말씀입니까? 사람들은 자기 생각을 만족시켜 주는, 가려운 귀를 긁어주는 사람들을 스승으로 두고 따라갑니다. 또 때가 이르면 진리에서 돌이켜 허탄한 이야기를 더 따를 것이라 했습니다. 허탄한 말을 따르는 사람들이 많아질 것이라는 말씀입니다. 이러한 때에 우리는 영혼을 정말 사랑하는 마음이 있어야 전도할 수 있습니다. 어떤 분은 성경 책갈피에 불신자 이름을 적어 놓은 쪽지를 넣어놓고 매일 기도한다고 합니다. 그러면 3년 안에 반드시 열매를 맺더라는 간증이 있습니다. 복음을 전하는 일에는 열정이 필요합니다. 복음을 전하는 일에는 수고가 필요합니다. 복음을 전하는 일에는 헌신이 필요합니다.

필리핀의 어느 선교사님 사모님이 시장에서 닭 두 마리를 사 왔답니다. 선교사님이 몸이 약해서 한 마리를 잡아 고아서 아이들도 주지 않고 다 드렸답니다. 그런데 며칠 후에 남은 한 마리를 또 잡으려고 하는데 이 닭이 발목에 묶어 놓은 끈이 풀려 도망을 쳤는데 얼마나 빠른지 잡으려고 하면 지붕으로 날아가고 지붕에 올라가 잡으려 하면 또 저쪽 집 지붕으로 날아가는 것입니다. 그래서 쫓아다니다가 지쳤습니다. 힘이 다 빠져 "하나님, 제발 저 닭 좀 잡게 해 주세요"하고 기도를 했답니다. 기도하다가 퍼뜩 드는 생각이 있었습니다. '내가 영혼을 구원한다고 필리핀까지 왔는데 이 집 저 집 다니면서 전도하지 않았는데 내가 먹을 닭 한 마리 잡자고 이 집 저 집 지붕까지 쫓아다니며 기도까지 하는구나' 하는 생각이 들면서 회개를 했답니다. 그 다음에 닭을 잡았는지 못 잡았는지는 모르지만 이것이 사실 우리의 모습입니다. 내가 좋아하는 것을 하자고 이리저리 다니고 땀을 흘리는데 우리 예수님의 최대의 명령인 영혼 구원하는 일을 위해서는 지금까지 얼마나 뛰어 보았느냐 하는 것입니다.

　오늘 성경은 "너는 말씀을 전파하라 때를 얻든지 못 얻든지 항상 힘쓰라 범사에 오래 참음과 가르침으로 경책하며 경계하며 권하라"고 하십니다. 때를 얻든지 못 얻든지라는 말은 군인이 어떠한 상황에서도 만반의 준비를 갖추고 있는 모습을 묘사하는 헬라어 표현입니다. 누가 반대를 하든지, 거절을 하든지, 모욕을 하든지 어떠한 상황에서도 그 영혼을 구원하기 위해 힘쓰라는 엄한 명령입니다. 때가 주어지면 즉시 전도하고 때가 안 되면 만들어서라도 전도하라는 뜻입니다.
　예수님께서 복음을 전하라고 지상최대의 명령을 주셨습니다. 우리는 주님의 명령을 따르는 성도들이 됩시다. 우리 모두 한 영혼을 품고 기도합시다. 전도의 열정을 가지고 기도하면 세 사람 이상 전도할 수 있습니다. 그러면 구역은 저절로 배가됩니다. 우리 교회는 과거에 일 년에 한 교구가 확장될 정도로 전도를 열심히 했습니다. 이제 코로나도 끝났고 다시 일어서야 할 때입니다. 내가 만나는 모든 사람들은 복음을 전하라고 주님께서 내 앞에 보내주신 사람들입니다. 때를 주신 것입니다. 때를 주셨는데도 가만히 있으면 안 됩니다. 그리고 일부러라도 나아가서 때를 만들어 복음을 전해야 합니다. 일부러 우리 성도들과 함께 가서 미용실에 가서 함께 머리도 하고 복음을 전해야 합니다. 물건을 살 때도, 경로당에 놀러갈 때도 함께 가서 복음을 전해야 합니다. 이것은 주님의 최대 명령이기 때문입니다. 2025년에는 예수님께서 그토록 간절하게 명령하신 복음 전하는 일에 동참하여 주님의 명령에 응답하는 성도들이 되시기 바랍니다.

📝 적용

ⓐ 오늘 말씀의 주제 파악하기:

ⓑ 오늘 말씀 중 은혜 받은 부분 나누기:

ⓒ 삶에 구체적으로 적용하기:

🙌 함께 드리는 기도제목

1. 한 영혼을 품고 간절히 기도하는 성도가 되게 하소서.
2. 복음 전도를 위하여 더 헌신하고 수고하는 성도가 되게 하소서.
3. 내가 만나는 모든 사람들에게 복음을 전하는 성도가 되게 하소서.

11

아버지의 마음

- ❈ **본 문:** 누가복음 15:22-24 (신 121쪽)
- ❈ **찬 송:** 394장 (이 세상의 친구들, 통 449장)
- ❈ **요 절:** "이 내 아들은 죽었다가 다시 살아났으며 내가 잃었다가 다시 얻었노라 하니 그들이 즐거워하더라"(눅 15:24)

오늘 우리가 사는 세상은 아버지들이 외롭습니다. 아버지는 경쟁 사회에서 뒤처지지 않기 위해 앞만 보고 달려왔습니다. 학교에서 끊임없이 경쟁했습니다. 군대에 가서도 선착순을 돌며 뒤처지지 않기 위해 가쁜 숨을 몰아쉬며 정신없이 뛰었습니다. 선착순에서 뒤처지면 또다시 뛰어야 합니다. 그래서 한 손으로는 소총을 들고 다른 한 손으로는 덜그럭거리는 물통을 잡고 정신없이 뛰었습니다. 제대를 하고 직장을 위해 뛰었습니다. 결혼하기 위해 뛰었습니다. 가족들, 아이들을 위해 또 뛰었습니다. 직장에서 수모를 당하면서도 물러설 수 없기에 뛰고 또 뛰었습니다. 이렇게 정신없이 뛰다 보니 어느 날 늙어가는 것이 아버지의 인생입니다.

팔다리도 내 마음대로 움직이지 않고 온갖 병이 다 찾아옵니다. 그런데 가정에서는 왕따를 당합니다. 가족들과 수다를 떨고 싶어도 한마디 하면 고리타분한 이야기를 한다고 면박을 당합니다. 농담을 한 마디 하면 아재 개그 한다고 합니다. 텔레비전 드라마에서는 온갖 잘사는 사람들의 이야기만 나오고 아버지가 당하는 이야기가 나옵니다. 드라마도 재미가 없습니다. 아버지를 위한 드라마도 없습니다. 그래서 친구들을 만나면 어린아이들처럼 놉니다.

오늘 이런 이야기를 하는 것은 우리를 너무나 사랑하시고 우리를 위하여 독생자 예수 그리스도를 십자가에 내어주시기까지 우리를 사랑하신 하나님 아버지가 세상에서 홀대당하는 이런 아버지 취급을 받고 계시지는 않은가 싶어서 하는 것입니다. 우리가 하나님 아버지를 너무나 아프시게 하며 살지는 않는가 하는 것입니다.

오늘 성경은 예수님의 비유의 말씀인데, 탕자의 이야기로 우리가 잘 아는 이야기입니다. 긴 이야기지만 오늘 아버지의 마음이 잘 드러나는 22-24절의 말씀만 읽었습니다. 이 말씀은 세리와 죄인들과 함께 식사도 하시고 받아들이시는 것을 보고 바리새인과 서기관들이 비난할 때에 예수님께서 비유로 주신 말씀입니다. 탕자의 비유는 그 초점이 탕자가 아니라 사실은 집 나간 탕자를 기다리는 아버지의 마음입니다. 오늘 성경에 나오는 아버지는 그래도 성공한 아버지입니다. 재산을 모았습니다. 그런데 자식 농사는 실패했습니다. 정신없이 뛰다 보니 자식들과 관계를 잘 갖지 못했습니다.

아들 둘이 있었는데 어느 날 둘째 아들이 갑자기 자기의 분깃을 나누어 달라고 합니다. 유산상속을 미리 해 달라는 것입니다. 유산상속은 아버지가 돌아가시면 자동으로 되는 일입니다. 그런데 미리 달라는 것은 지금의 삶이 만족스럽지 않다는 뜻입니다. 아버지가 하는 일이 고리타분하게 느껴졌습니다. 요즘으로 말하면 믿는 가정에서 아버지는 자녀들에게 "주일성수 해라, 특별새벽기도회 가자, 성경을 읽어라" 하고 잔소리를 합니다. 그런데 둘째 아들은 그런 잔소리가 싫습니다. 내가 일해서 내 힘으로 사는데 왜 하나님의 은혜 없이는 못 산다고 하시는지 이해할 수도 없습니다. 그래서 내 분깃을 나누어주면 나는 이것으로 사업도 하고 멋지게 살겠다는 마음이 들었습니다. 아버지처럼 살지 않겠다는 것입니다. 산전수전 다 겪고 살아온 아버지는 이 아들이 어떻게 될 것인지 다 알고 있었습니다.

사업이 그렇게 쉬운 일이 아닙니다. 세상에 속이는 사람들, 악한 사람들이 많습니다. 아버지의 눈으로 보면 둘째 아들은 철부지입니다. 그런데도 아버지는 둘째 아들에게 유산상속을 합니다. "어떻게 될지 알면서도 왜 유산상속을 합니까?" 하고 질문할 수 있습니다. "그 어렵게 모은 재산을 다 날려 버릴 텐데 왜 줍니까?" 하고 질문할 수 있습니다. 그런데 이것이 아버지의 마음입니다. '그래, 너 하고 싶은대로 해봐라. 내가 아버지이니 손해 볼 줄 알면서도 너에게 준다' 하는 것입니다. 아들과 아버지의 관계가 그 무엇보다 더 소중하기 때문입니다. 아버지의 예상대로 둘째 아들은 모든 재산을 다 팔아 돈을 가지고 도시로 나갑니다. 여러분, 이 둘째 아들을 보면 '이런 불효막심한 놈!' 하고 한 대 때리고 싶지요? 그런데 이 모습이 바로 우리의 모습입니다.

우리는 지금 하나님의 은혜로 살고 있으면서도 불평이 많습니다. 내 뜻대로 해보려고 합니다. 늘 아버지의 마음을 거스르고 아프게 합니다. 하나님께서 주신 은혜와 축복을 다 팔아버립니다. 하나님께서 다 아시는데 왜 그냥 내버려 두십니까? 하나님께서 막지 못하셔서 그런 것이 아닙니다. 아버지의 마음으로 기다리시는 것입니다. '네가 언젠가는 아버지의 마음을 알겠지' 하고 기다리시는 것입니다.

며칠 전에도 어떤 분이 가족이 신앙 생활하는 것을 그렇게 핍박했는데 마지막 임종의 순간에 하나님을 믿겠다고 고백하시고 세상을 뜨셨다는 이야기를 들었습니다. 또 제가 아는 분이 아파서 다녀

왔는데 아내가 신앙생활하는 것을 그렇게 핍박했습니다. 교회 갔다 오면 한겨울에 문도 안 열어주었습니다. 그런데 늙고 병들어 눕게 되니 이제 하나님을 믿고 목사님에게 기도해 달라는 것입니다. 여러분! 하나님은 기다리십니다. 우리가 사는 세상에는 둘째 아들들이 많습니다. 그러나 이 아들들이 돌아오기를 우리 하나님은 아버지의 마음으로 기다리시는 것입니다.

둘째 아들은 많은 돈을 가지고 도시로 나가 그 많은 재산을 허랑방탕하며 다 허비해 버렸습니다. 그는 매일 같이 쪼그려 앉아 고추 심고 벌레 잡고 거름을 주고 하는 일이 우습다고 생각했습니다. 내가 멋지게 사업을 하여 성공을 하고 보란 듯이 살겠다는 마음도 있었을 것입니다. 그런데 그 삶은 죄의 삶이었고 허랑방탕한 삶이었습니다. 30절을 보면 큰 아들은 아버지의 살림을 창녀들과 함께 삼켜 버렸다고 분노했습니다. 많은 돈이 그저 쉽게 벌리는 줄 알고 죄를 지으면서 다 써버린 것입니다. 지금 자기 앞에 어떤 일이 벌어질 줄 모르고 허랑방탕하며 살아가는 둘째 아들의 모습이 측은하지 않습니까? 이것이 우리의 모습입니다. 우리 앞길에 어떤 일이 일어날지 모르고 탕자처럼 신이 나서 정신없이 살아가는 모습이 바로 우리의 모습입니다.

돈이 다 떨어질 즈음 그 나라에 지독한 흉년이 들었다고 했습니다. 흉년이 드니 더 이상 갈 곳이 없었습니다. 결국 탕자는 돼지 치는 사람의 집에 들어가 돼지 치는 일을 하며 연명을 하게 되었습니다. 유대인은 돼지를 치지 않습니다. 돼지는 율법에 불결한 짐승이기 때문입니다. 그런데 먹고 살 것이 없으니 이런 비참한 지경에까지 이르게 된 것입니다. 돼지를 치면서 돼지가 먹는 쥐엄 열매로 허기를 달래려고 했으나 그 쥐엄 열매조차 주는 이가 없었습니다. 돼지

만도 못한 대접을 받게 된 것입니다. 돈이 있을 때 몰려들어 함께 즐겼던 그 많은 친구들이 돈이 없자 아무도 남아 있지 않았습니다.

이때 탕자는 비로소 자기가 떠났던 아버지 집을 생각합니다. '내 아버지에게는 양식이 풍족한 품꾼이 얼마나 많은가. 나는 여기서 주려 죽는구나.' 탕자가 잘한 일은 돌이킨 것입니다. 내가 그동안 아버지 집에서 사는 것이 얼마나 행복한 일이었는지를 깨닫지 못하고 살았습니다. 거기는 종들도, 양식도 풍족한데 나는 여기서 굶어 죽게 되었다는 것입니다. 탕자는 돌이켜 생각합니다. "내가 하늘과 아버지께 죄를 지었으니 이제는 아들이라 말할 수 없습니다. 나를 품꾼의 하나로 써 주십시오"라고 간청하겠다고 생각합니다. 그리고 집으로 터벅터벅 걸어가기 시작합니다. 탕자가 집으로 돌아가기까지는 많은 고민이 있었을 것입니다. 동네 사람들이 얼마나 수군거릴 것입니까? 종들도 비웃을 것입니다. 그러나 아버지는 나를 종으로라도 받아주실 것이라 믿고 고향 집을 향하여 발걸음을 내딛기 시작합니다. 이것은 회개의 발걸음입니다.

오늘 우리도 아버지의 뜻을 너무 멀리 떠나 방황하고 곤고한 가운데 있을 수 있습니다. 오랫동안 신앙생활을 중단했다가 다시 나온 분들도 있을 것입니다. 정말 잘하신 것입니다. 하나님 아버지는 여러분이 아버지의 품으로 돌아오기를 기다리시고 계셨습니다. 오늘 말씀을 다시 살펴봅시다. 지금까지 세월이 얼마나 흘렀는지 알 수가 없습니다. 지금 집으로 돌아가고 있는 시간도 알 수가 없습니다. 그런데 예수님의 비유에 보면 아직도 거리가 먼데 아버지는 그를 보고 측은히 여겨 달려가 목을 안고 입을 맞추었다고 했습니다. 이것을 보면 아버지는 매일 같이 먼 길을 바라보며 탕자가 돌아오기를 기다렸다는 말입니다. 일어나 잠들 때까지 아들 생각을 하며 먼 길을 하염없이 내다보며 돌아올 것을 기다렸다는 말입니다. 아버지는 아들의 미래를 이미 알고 있었습니다. 세상이 얼마나 흉악한지, 그리고 아들이 이 세상에서 혼자 감당할 수 있는 능력이 없음도 알았습니다. 그러니까 돌아올 것을 알고 기다린 것입니다. 아들은 거지꼴이 되어 돌아왔습니다.

오늘 읽은 22절을 보면 "아버지는 종들에게 이르되 제일 좋은 옷을 내어다가 입히고 손에 가락지를 끼우고 발에 신을 신기라"고 합니다. 돼지 치는 일을 하며 살았으니 옷은 누더기가 되어 있고 냄새가 진동했을 것입니다. 상속자는 반지를 낍니다. 아들을 의미하는 반지입니다. 그런데 먹을 것이 없으니 반지도 팔아버렸을 것입니다. 발에 신을 신기라는 것은 신발도 없었다는 말입니다. 당시에 종들은 신발을 신지 않습니다. 지금 아버지를 떠났던 이 아들은 신발도 없는 비참한 종의 신분으로 전락해 버렸습니다. 그런데 아버지는 이 둘째 아들에게 가락지를 다시 끼우고 신발을 신겨 주고 노예에서 아들의 신분으로 다시 회복시킵니다. 그리고 송아지를 잡고 잔치를 베풉니다.

24절에 "이 내 아들은 죽었다가 다시 살아났으며 내가 잃었다가 다시 얻었노라 하니 그들이 즐거워하더라"고 했습니다. 우리 하나님 아버지는 우리가 아버지 품으로 돌아오는 것을 이렇게 기뻐하십니다. 영혼이 죽음의 자리로 갔다가 다시 돌아온 것입니다. 잃어버렸던 아들을 다시 찾은 것입니다.

예수님의 비유 말미에 보면 큰아들은 돌아온 탕자를 위하여 아버지가 송아지를 잡고 잔치를 여는 것을 못마땅해하며 노하여 잔치에도 참여하지 않고 불평을 합니다. "나는 지금까지 아버지의 명을 어긴 적이 없는데 나와 친구들을 위하여 염소 새끼 한 마리도 내어 준 적이 없는데 아버지의 살림을 창녀들과 삼켜버린 아들이 돌아오매 살진 송아지를 잡으셨니까?" 하며 불만을 표합니다. 그런데 아버지는 "내 것이 다 네 것이 아니냐? 그런데 네 동생은 죽었다가 다시 살아났고 잃었다가 다시 찾았기에 기뻐하는 것이다"라고 말합니다. 중요한 사실은 큰아들은 아버지의 마음을 알지 못했습니다. 사실은 집 안에 있는 또 하나의 탕자입니다. 둘째 아들은 집 나간 탕자요, 큰아들은 집 안에 있는 탕자입니다.

교회는 아버지의 집입니다. 우리는 아버지의 집 안에 있으면서 모든 은혜와 축복을 받습니다. 그런데 우리 하나님 아버지가 아파하고 힘들어하시는 것을 우리가 몰라서는 안 되겠습니다. 교회는 나만 하나님의 품 안에 있는 것이 아니라 잃어버린 영혼들을 찾아오기를 원하시는 아버지의 마음을 알고 함께 힘쓰는 공동체입니다. 우리 하나님 아버지는 돌아오기를 너무나 기뻐하십니다. 본문 앞 7절에도 나와 있듯이 죄인 한 사람이 회개하고 돌아오는 것을 의인 아흔아홉을 인하여 기뻐하는 것보다 더 기뻐하십니다. 탕자는 아버지 집에 있을 때 풍족함을 감사하지 못했습니다. 아버지의 은혜로 사는 것을 깨닫지 못했습니다. 그래서 그의 마음이 조금씩 조금씩 집을 떠나기 시작했습니다. 그리고 결국은 아버지 품을 떠난 것입니다. 하나님께로 나아가는 것도 한 걸음 한 걸음씩 나아가는 것입니다. 또 하나님의 품을 떠나는 것도 한 걸음 한 걸음씩 떠나는 것입니다. 성도 여러분, 우리가 지금 하나님의 집에 있는 것이 얼마나 큰 은혜인지를 깨닫기를 바랍니다. 혹시나 내 마음이 하나님의 품을 조금씩 떠났다면 늦기 전에 빨리 돌아오시기 바랍니다.

'어서 돌아오오'(527장)라는 찬송이 있습니다.

어서 돌아오오 어서 돌아만 오오

우리 주는 날마다 기다리신다오
밤마다 문 열어 놓고 마음 졸이시며
나간 자식 돌아오기만 밤새 기다리신다오

탕자를 기다리는 아버지가 일어나서 잠들기까지 동구 밖을 바라보며 아들이 돌아오기만을 기다렸던 것처럼 우리 하나님은 하나님의 품을 떠난 자녀들이 돌아오기를 이렇게 기다리고 계십니다.

여러분, 예수를 믿는다고 하지만 아버지의 품을 떠난 사람이 있습니까? 아버지 집을 떠나 곤고하고 지친 삶이 있습니까? 탕자처럼 죄에 빠져 죄 때문에 괴로워하는 것이 있습니까? 아버지 집에는 풍성한데 세상에서 고집부리고 힘들어하는 것이 있습니까? 아버지 집으로 돌아가십시오. 아버지 집으로 돌아가야 하는 것입니다. 세상 길바닥에서 더 이상 힘들어하지 말고 빨리 아버지 집으로 돌아가십시오. 우리 하나님 아버지 집에는 없는 것이 없습니다. 우리가 필요로 하는 것을 다 준비해 놓으셨습니다. 아버지 집으로 가서 함께 풍성한 삶을 누리는 성도들이 되시기를 바랍니다.

📝 적용

ⓐ 오늘 말씀의 주제 파악하기:

ⓑ 오늘 말씀 중 은혜 받은 부분 나누기:

ⓒ 삶에 구체적으로 적용하기:

🙌 함께 드리는 기도제목

1. 내 고집과 잘못으로 하나님의 마음을 아프게 해드린 것을 기억하고 회개하게 하소서.
2. 하나님의 집에 거하게 하신 은혜를 깨닫고 감사하는 삶을 살게 하소서.
3. 잃어버린 영혼을 찾으시는 하나님의 마음을 알게 하시고 영혼 구원에 힘쓰는 삶을 살게 하소서.

12 영생의 샘물

❀ 본 문: 요한복음 4:13-15 (신 146쪽)
❀ 찬 송: 526장 (목마른 자들아, 통 316장)
❀ 요 절: "예수께서 대답하여 이르시되 이 물을 마시는 자마다 다시 목마르려니와 내가 주는 물을 마시는 자는 영원히 목마르지 아니하리니 내가 주는 물은 그 속에서 영생하도록 솟아나는 샘물이 되리라"(요 4:13-14)

이 세상에는 목마른 사람들이 많습니다. 돈에 목마른 사람, 행복에 목마른 사람, 권력에 목마른 사람, 사랑에 목마른 사람. 온통 목마른 사람들입니다. 사업을 하는 사람은 더 많은 돈을 벌기 위해 늘 목이 마릅니다. 부모님 사랑을 받지 못하는 아이들은 부모님의 사랑에 목말라 합니다. 사랑하는 연인들도 더 많은 사랑을 받기 위해 목말라 합니다. 권력을 가진 사람들도 더 큰 권력에 목말라 합니다. 교인들은 어떻습니까? 늘 영적인 목마름이 있습니다. '어디 속이 뻥 뚫리는 사이다 같은 설교 없나?' 하고 이리저리 찾아다닙니다. 세상은 영원한 목마름입니다. 가지고 있어도 만족함이 없이 더 가지고 싶어 하는 것이 인간의 목마름입니다.

전혜린 씨가 쓴 베스트셀러 《목마른 계절》이란 수필집도 있었고,

박완서 씨가 민족의 아픔을 그려낸 《목마른 계절》이라는 장편소설도 있었습니다. 시인 김지하 씨는 〈타는 목마름으로〉라는 시를 썼습니다. 히딩크 축구 감독은 우리나라 대표팀을 맡아 연승을 이루면서 "나는 여전히 배가 고프다"라는 유명한 말을 했습니다. 모두가 무엇인가 목이 마르다는 말입니다. 어느 생수 회사 로고에 보니 "목마른 자들아, 다 내게로 오라"라고 했습니다.

우리 인생은 목마름의 인생입니다. 오늘 성경에도 목마른 인생을 살아가는 한 여인이 나옵니다. 이 여인은 한낮에 우물가에 물을 길으러 나왔습니다. 우물이 동네 한 가운데에 있어서 그랬던 것이 아닙니다. 성경에서 한낮에 물을 길으러 나왔다는 말은 사람들이 물을 길으러 나오는 이른 아침이나 저녁 시간을 피해 나왔다는 말입니다. 중동의 한낮이 얼마나 뜨겁습니까? 그런데도 이 여인이 한낮에 물을 길으러 나온 것은 사람들을 마주치기가 싫었기 때문입니다. 무엇인가 문제가 있는 여인입니다.

예수님께서도 아무도 없는 우물가에 물을 얻으러 동구 밖까지 나가신 것도 이해가 되지 않습니다. 동네에서 물 한 잔 얻어 마시면 됩니다. 그런데 그 뜨거운 열기를 마다하지 않고 무엇 하러 우물가로 가셨습니까? 사실은 가엾은 이 여인을 만나러 찾아가신 것입니다. 예수님은 한 영혼을 귀하게 여기시는 분이십니다. 그 인생에 아파하는 한 여인을 만나기 위해 일부러 그곳까지 가셨습니다. 예수님께서는 우물가에 있는 여인에게 말을 건네셨습니다. 나에게 물을 달라고 합니다. 그런데 이 여인이 삐딱합니다. "당신은 유대인인데 왜 나에게 물을 달라 합니까?"라고 반문합니다. 당시에 유대인들은 사마리아 사람들과 대화도 하지 않았습니다. 사마리아 사람들이 앗시리아에 정복당한 후 혼혈정책에 희생이 되어 유대인의 혈통을 지키지 못했기 때문입니다. 자존심이 강한 유대인들은 사마리아 사람들을 사람 취급을 하지 않았고 예루살렘 성전에도 들어오지 못하게 했습니다.

사마리아 사람들도 함께 바빌로니아의 노예 생활을 마치고 돌아온 유대인들을 적대시하고 골이 깊어졌습니다. 이런 상황에서 유대인이 왜 사마리아 사람인 나에게 말을 거느냐 하는 뜻입니다. 예수님은 이 여인의 질문에 갑자기 생수에 대한 말씀을 하십니다. "내가 누군 줄 알았더라면 나에게 생수를 달라고 했을 것이다. 내가 주는 생수는 영원히 목 마르지 아니하는 샘물이 될 것이다"라고 하십니다. 이 여인은 그런 생수가 있으면 나에게 달라고 합니다. 그런데 예수님은 또 엉뚱한 말씀을 하십니다. "네 남편을 불러오라." 그러자 이 여인은 나는 남편이 없다고 합니다. 예수님은 "네가 남편이 없다고 하는 말이 옳다. 네가 남편 다섯이 있었는데 지금 있는 자도 네 남편이 아니다"라고 하십니다.

이 여인이 깜짝 놀랍니다. 과거에 남편 다섯이 있었던 것도 알고 더구나 지금 있는 사람은 아마 동거쯤 하는 모양입니다. 정식 남편이 아닙니다. 예수님은 여인의 아픈 상처를 건드리십니다. 남편이 다섯이나 있었으면 요즘 같으면 능력 있다고 하겠지만 사실은 인생의 많은 상처를 가지고 살아온 것입니다. 나도 행복해지고 싶고, 나도 사람들과 어울려 살고 싶고, 저녁에 동네 여인들과 수다 떨며 물을 길으러 나오고 싶었을 것입니다. 그런데 자기의 상처를 드러내는 것이 아파서 아무도 없는 대낮에 물을 길으러 나온 여인입니다. 인생의 행복에 목이 마른 여인입니다.

예수님께서 내 사정을 속속들이 아는 것을 보고 이 여인은 드디어 "당신은 분명히 선지자입니다. 우리 조상은 그리심 산에서 예배하였는데 유대인들은 예루살렘에서 예배를 드리는 것이 맞다고 합니다. 어떤 것이 맞습니까?"라고 질문을 합니다. 육신의 목마름의 문제를 해결하기 위해 물을 길으러 왔던 이 여인이 드디어 예배로 관심이 옮겨갔습니다. 예수님께서는 "이 산도 아니고 예루살렘도 아닌 아버지께 예배할 때가 온다", "하나님은 영이시니 예배하는 자가 영과 진리로 예배할지니라"(요 4:24)고 하셨습니다. 예배는 장소의 문제가 아니라 영과 진리로 예배드리는 날이 올 것임을 말씀하셨습니다. 이것이 오늘 성경에 나오는 예수님과 사마리아 여인이 만난 내용입니다.

영과 진리로 예배해야 한다는 말은 첫째, 성령 안에서 예배드려야 함을 말씀합니다. 당시의 예배는 제사장이 성전에서 대신 제사를 드려주는 것이었습니다. 그런데 영과 진리로 예배할 때가 온다는 말씀은 예수님께서 약속하신 대로 성령님이 우리에게 오시고 성령의 교통 안에 예배드리는 때가 올 것이라는 당시는 이해할 수 없었지만 놀라운 예언의 말씀이십니다.

하나님은 영이시니 영으로 우리를 만나시길 원하십니다. 그러므로 성령님이 임재하시지 않는 예배, 성령님을 만나지 못한 사람의 예배는 가짜 예배입니다. 아무리 크고 멋진 예배당에 화려한 찬양대가 있어도, 멋진 귀부인들이 앉아 있어도 성령님이 임하시지 않는 예배는 예배가 아닙니다.

예배는 하나님과 우리와의 영적인 만남입니다. 여러분 안에 계신 성령님께서 이 예배를 통해 하나님을 만나게 하시고 응답해주십니다. 예수님께서 승천하신 후 약속하신 대로 성령님께서 우리 가운데 찾아오셨습니다. 예수님이 죽는다고 하자 제자들이 슬퍼할 때에 나는 세상을 떠나지만, 영원히 너희와 함께하실 보혜사를 선물로 보내주신다고 하셨습니다. 이것은 성령님의 임재를 말씀하신 것입니다. 우리가 예수 그리스도를 나의 구주로 고백할 때 성령님이 우리 가운데 찾아오셔서 우리와 함께 거하십니다. 그리고 우리가 어느 곳에서 예배드리든지 함께하십니다. 그것뿐이 아닙니다. 우리가 가는 곳마다 세상 끝날까지 우리와 함께하시고 지켜주십니다.

오늘 예수님은 한 여인의 인생이 불쌍하여 무더운 동구 밖까지 홀로 나가셨는데, 지금은 성령님께서 모두에게 찾아오십니다. 주님을 만나기 원하는 자에게 거절하지 않으시고 그 사람의 지위나 물질이나 지식을 보지 아니하시고 만나주십니다. 지금도 내 인생의 우물가로 우리 모두에게 찾아오시는 주님이십니다.

둘째, 진리로 예배드려야 함을 말씀하십니다. 구약시대의 예배는 소나 양의 희생을 통하여 우리의 죄를 사함받는 것이었습니다. 그런데 진리로 예배할 때가 온다는 예수님의 말씀은 어디서나 하나님의 말씀으로 예배드리는 때가 올 것이라는 말씀입니다. 이 말씀대로 전 세계 어디서나 하나님을 믿는 백성들은 하나님의 말씀 앞에 나아갑니다. 예수님께서 여인에게 말씀하실 때에 이 말씀의 뜻이 무엇인지 당시에는 아무도 깨닫지 못했지만, 예수님의 승천 후 구약의 제사는 폐하여지고 이렇게 하나님께 예배드리는 모습이 이루어지게 된 것입니다. 성경에 기록된 말씀 한 절 한 절이 이렇게 깊은 뜻이 있습니다.

이천 년 전 상처 입은 한 여인, 사람들에게 외면당하고 외롭게 살아가던 한 여인을 찾아가신 우리 주님은 오늘도 목말라하는 인생들에게 우물가로 찾아오십니다. 이 여인이 예수님을 만난 우물가는 이 여인의 인생을 바꾸었습니다. 이 여인은 예수님을 만나고 그의 마음속에 감동이 밀려 들어왔습니다. 예수님이 메시아이신 것을 깨달았습니다. 베드로도 예수님 앞에 엎드려 "주는 그리스도시요 살아 계신 하나님의 아들이니이다"라고 고백했습니다. 엠마오 마을로 가던 두 제자도 예수님과 대화하다가 눈이 밝아져 예수님이 메시아이신 것을 깨달았습니다.

　예수님을 진정으로 만나면 우리 마음속에 감동이 밀려 들어옵니다. 이 감동은 세상의 깨달음이나 철학이 아닙니다. 그런 것은 다 사라지는 날이 옵니다. 예수님의 말씀을 통한 깨달음은 곧 성령님이 우리 가운데 찾아오신 것을 의미합니다. 이 지구상의 수십억 인류가 지금도 예수님을 만나고 있습니다. 그리고 매 주일 영과 진리로 예배할 때가 올 것이라는 예수님의 말씀대로 우리는 교회에 모여 예배를 드립니다.

　교회는 우물가입니다. 여러분의 인생을 바꾸어주는 우물가입니다. 예수님께서 주시는 말씀의 샘물을 마시는 자는 영원한 샘물을 마시는 것입니다. 그리고 삶의 목적이 바뀌고 인생이 바뀌는 것입니다. 예수 믿으면 종교만 바뀌는 것이 아니라 내 속사람이 바뀌어야 그것이 진짜 바뀌는 것입니다.

　제가 지방에서 목회할 때 그곳에는 절이 많았는데 처음 전도되어 오시는 분들이 나가실 때 보면 처음에는 꼭 이렇게 합장으로 인사를 합니다. 그러던 분들이 집사가 되고 권사가 되었습니다. 온 가족이 예수 믿는 가정이 되었습니다. 매 주일이면 결혼한 자녀들까지 다 모여 교회가 잔칫집이 됩니다. 삶이 변하는 것입니다.

　어떤 사장님이 친구의 전도를 받고 교회에 처음 나왔습니다. 이 친구는 옆에서 사장 친구가 은혜받기를 원하며 간절히 기도합니다. 그런데 놀랍게도 이 사장 친구가 첫 예배에 은혜를 받았습니다. 성령님의 감동이 임하였습니다. 그래서 내가 왜 인생을 이렇게 살아왔나, 왜 이제 예수님을 만나게 되었나 하면서 눈물을 흘리며 예배를 드렸습니다. 이 사장 친구가 예배가 끝났는데도 갈 생각을 안 해요. 그래서 친구가 왜 안 가냐고 물었습니다. 그러자 사장 친구가 대답했습니다. "내가 오늘 은혜 받았는데 은혜를 갚아야지." "어떻게 갚을 건데?", "여기 목사님이 총 몇 분쯤 되냐?" "한 서른 분 되지." "그러면 담임목사님 좀 오시라고 해." "왜?" "내가 은혜 받았는데 갚아야 될 거 아냐? 오늘 저녁에 목사님들 다 모으면 내가 한 잔 쏠게."

진짜 있었던 이야기인지는 모르겠지만 저도 새가족에게 그런 비슷한 인사를 들은 적이 있습니다. 사이다를 쏘든 콜라를 쏘든 초청되어 오신 분들이 예수만 믿는다면 얼마나 좋겠습니까?

찬송가 526장 가사가 너무 은혜롭습니다.

> 1. 목마른 자들아 다 이리 오라 이곳에 좋은 샘 흐르도다
>   힘쓰고 애씀이 없을지라도 이 샘에 오면 다 마시겠네

인생의 목마른 자들은 누구나 다 오라는 것입니다. 세상의 물질에 목마르고, 명예에 목마르고, 사랑에 목마르고, 건강에 목마르고, 그 목마른 것을 채우려고 우리는 애를 씁니다. 주님께 오면 그렇게 힘쓰고 애씀이 없어도 말씀에 '아멘' 하면 누구나 다 풍성히 주시겠다는 것입니다.

> 2. 이 샘에 솟는 물 강같이 흘러 온 천하 만국에 다 통하네
>   빈부나 귀천에 분별이 없이 다 와서 쉬고 또 마시겠네

이 생명의 물은 빈부나 귀천을 가리지 않고 주신다는 것입니다. 세상의 물은 빈부나 귀천이 있습니다. 부자는 좋은 차를 타고 좋은 음식을 먹습니다. 그러나 주님이 주시는 물은 차별이 없습니다. 교회에 오면 온 천하 누구에게나 인생의 참 쉼을 주시겠다는 것입니다.

3. 생명수 샘물을 마신 자마다 목 다시 마르지 아니하고
   속에서 솟아나 생수가 되어 영원히 솟아 늘 풍성하리

세상의 물은 마시고 마셔도 바닷물과 같습니다. 마실수록 갈증이 더 심해집니다. 그러나 주님이 주시는 물은 영혼의 양식입니다. 만족합니다. 행복합니다. 사모할수록 더욱 솟아나는 생명의 샘물입니다.

여러분, 인생에 목말라하던 한 여인에게 찾아가셨던 예수님께서는 오늘 우리에게도 찾아오십니다. 누가 예수님을 만나고 누가 영생의 샘물을 마실 것입니까? 산상수훈에 보면 예수님께서는 "의에 주리고 목마른 자는 복이 있나니 그들이 배부를 것임이요"(마 5:6)라고 하셨습니다. 의에 주리고 목마른 자는 누구입니까?

"하나님의 의가 이루어지기를 사모하는 사람들, 목말라하는 사람들은 복이 있다. 그들이 배부를 것이다"라고 약속해 주셨습니다. 예수님께서는 목이 말라 갈급한 자들을 외면하는 법이 없으십니다. 누구에게나 다 배불리 주십니다. 여러분 모두가 예수님을 만나고 주님이 주시는 말씀으로 인생의 갈증을 해결하고 영원한 생명을 차지하는 성도들이 되시기를 바랍니다.

📝 적용

ⓐ 오늘 말씀의 주제 파악하기:
_____
_____

ⓑ 오늘 말씀 중 은혜 받은 부분 나누기:
_____
_____

ⓒ 삶에 구체적으로 적용하기:
_____
_____

🙌 함께 드리는 기도제목

1. 내 인생의 모든 갈증이 예수님을 통하여 해결되는 은혜가 있게 하소서.
2. 하나님께 영과 진리로 예배하는 참된 예배자가 되게 하소서.
3. 예수님께서 주시는 말씀의 샘물을 통하여 영원한 샘물을 마시게 하소서.

죄인을 부르러 오신 예수

- **본 문:** 마가복음 2:14-17 (신 55쪽)
- **찬 송:** 528장 (예수가 우리를 부르는 소리, 통 318장)
- **요 절:** "예수께서 들으시고 그들에게 이르시되 건강한 자에게는 의사가 쓸 데 없고 병든 자에게라야 쓸 데 있느니라 나는 의인을 부르러 온 것이 아니요 죄인을 부르러 왔노라 하시니라"(막 2:17)

    사순절 세 번째 주일을 맞았습니다. 사순절은 주일을 제외한 부활절까지의 40일을 말합니다. 사순절은 성경에 나온 절기나 예수님께서 명하신 절기는 아닙니다. 그러나 모든 교회는 역사적으로 예수님을 더 깊이 생각하며 말씀에 가까이하기 위하여 이 절기를 지킵니다. 40일이란 예수님께서 광야에서 금식하여 시험받으신 40일을 의미하기도 합니다. 사순절 최고의 정점은 부활절입니다. 부활절이 의미하는 것은 예수님의 재림입니다. 예수님이 다시 오실 날을 기다리며 정결하게 준비된 삶을 훈련하는 것이 사순절입니다. 과거에는 사순절 기간 동안 금식하며 취미나 맛있는 음식을 절제하며 지냈습니다. 그래서 사순절은 고난을 의미하는 어두운 느낌의 절기였습니다. 그러나 현대에 새롭게 해석되는 사순절에 대한 의미는 다릅니다.

    사순절은 고난을 향하여 나아가는 것이 아니라 부활을 향하여 나아갑니다. 고난이 끝이 아닙니다. 부활이 목표입니다. 부활은 승리의 날이요, 기쁨과 축제의 날입니다. 기독교는 고난과 금욕과 죽음의 종교가 아닙니다. 어둡고 슬프고 아파하는 종교가 아니라 감사하고 즐거워하고 기쁨의 찬양을 부르며 살아가는 종교입니다. 예수님께서 받으신 고난은 우리를 위한 것이었습니다. 우리를 사랑하시기 때문에 십자가를 지시고 고난당하신 것이었습니다. 다시 말하면 우리가 받을 고난을 대신 받아 주셨다는 말입니다. 그러므로 우리는 단순히 고난을 따라가는 것이 아니라 예수님의 그 사랑, 예수님이 이 땅에 계시는 동안 보여주신 그 삶의 의미를 따라가는 것이 진정한 사순절입니다.

사순절은 이웃을 사랑하고 교회를 섬기며 부활하신 예수님을 만날 기대와 사모하는 마음으로 지내는 기간입니다. 또한 부활하신 주님을 만나기 위해 나 자신을 돌아보며 자신의 죄를 돌아보고 회개하며 정결한 모습으로 훈련하는 기간입니다. 그래서 사순절에는 더욱 말씀과 기도로 나아가는 것입니다.

오늘 말씀에 예수님은 알패오의 아들 레위가 세관에 앉아있는 것을 보시고 "나를 따르라" 하셨습니다. 내 제자가 되라는 말입니다. 레위가 세관에 앉아 있었다는 말은 세리라는 뜻입니다. 당시 사회에서 세리와 창녀는 대표적인 죄인들이었습니다. 세리는 적국인 로마를 대신하여 세금을 거두어들이고 거기다가 자신의 이익까지 더하여 착복을 하기 때문에 전 국민적인 미움을 받았고 죄인의 대명사가 된 것입니다. 성전에서도 세리와 창녀의 헌금을 받지 않았습니다. 그런데 예수님께서는 세리 마태(레위)를 제자로 부르셨습니다. 그리고 그 동료들과 함께 그의 집에 앉아 함께 음식을 드셨습니다. 그 누구도 죄인들과 함께 식사를 하지 않는 그 시대에 예수님께서 친히 찾아가셔서 이들과 함께 식사를 하셨다는 것은 놀라운 의미가 있습니다. 그것은 예수님이 친히 죄인이 되어 주셨다는 것입니다. 이후 레위는 예수님의 열두 제자에 속하게 되었고 마태복음을 기록하는 위대한 일을 하게 됩니다. 그리고 마지막에는 순교로 그의 사명을 마치게 됩니다. 세상이 외면하는 죄인을 불러 이렇게 변화된 삶을 살게 하시고 위대하게 사용하시는 우리 주님이십니다.

오늘도 우리 주님은 죄인 된 우리를 부르십니다. 그리고 제자로 삼으시고 우리를 복음을 위하여 위대하게 사용하시는 것입니다. 병을 고치는 의사가 일부러 병자가 될 필요는 없습니다. 그런데 예수님은 죄인을 구원하시려고 일부러 죄인이 되셨습니다. 이것이 놀라운 예수 그리스도의 사랑입니다. 바리새인들과 서기관들은 예수님께서 세리와 함께 식사를 하시는 것을 보고 "어찌하여 세리 및 죄인들과 함께 먹는가"라고 비난합니다. 이들의 모습이 과거나 오늘이나 변함 없는 인간 본연의 모습입니다.

사람들은 약한 사람보다 강한 사람들과 교제하기를 좋아합니다. 가난한 사람들보다 부유한 사람들과 함께 하기를 원합니다. 무지한 사람들보다 지식이 있는 사람들과 어울리기를 좋아합니다. 병든 자들보다 건강한 자들과 함께 있기를 좋아합니다. 그런데 예수님은 갈릴리 사람들과 같은 무지한 사람들, 사마리아 사람들처럼 배척당하고 무시 받는 사람들, 내가 의인이라고 자랑하는 바리새인이나 사두개인들보다 세리나 창녀같이 죄인 취급을 받는 사람들을 친히 찾아가셨습니다. 병들어 길거리에서 구걸하고 있는 사람들, 귀신 들려 사람다운 모습으로 살지 못하는 사람들을 불쌍히 여기시고 고쳐주셨습니다. 이 예수님의 마음을 우리는 깨달아야 합니다.

아버지에게 자식들이 여럿이 있는데 어떤 자녀들은 잘 먹고, 잘사는 자녀들도 있고, 또 어떤 자녀들은 병들어 고생하는 자녀, 사람들에게 외면당하고 무시당하는 자녀들이 있다고 합시다. 그러면 진짜 아버지라면 누구에게 마음이 더 가겠습니까? 아버지의 마음은 당연히 고통당하는 자녀들, 눈물로 살아가는 자녀들에게 더 마음이 쓰이고 찾아가게 되는 것입니다. 더 나아가 잘사는 자녀들이 병든 형제, 귀신 들린 형제, 사회적으로 취급받지 못하는 형제들을 죄인 취급하며 무시한다고 합시다. 그러면 아버지의 마음은 어떻겠습니까? 화가 나는 것입니다. "야, 이 나쁜 녀석들아. 그러고도 너희가 형제냐?" 할 것입니다. 이것이 아버지의 마음입니다. 이것은 제가 만들어 본 이야기지만 당시의 모습을 그대로 나타낸 것입니다.

　이 세상의 모든 사람들은 다 하나님의 피조물이요 자녀들입니다. 하나님 아버지는 온 세상이 하나님의 뜻을 따르고 순종하며 형제들끼리 사랑하며 모두가 구원의 백성들이 되기를 원하십니다. 그런데 그렇지 못하니 사두개인, 바리새인들에게 화를 내신 것입니다. 예수님께서는 사두개인, 바리새인 그 자체를 미워하신 것이 아닙니다. 우리가 오해하지 않아야 합니다. 십자가상에서 마지막 기도를 드릴 때에 밑에서는 유대인들, 바리새인들이 조롱하고 있었습니다. 그 고통스러운 상황에서 예수님은 "저들이 몰라서 그렇습니다. 아버지여, 저들의 죄를 용서하여 주옵소서"라고 최후의 기도를 드렸습니다. 이것이 예수님의 마음입니다. 우리 기독교인들은 내 사상 때문에, 내 진영 때문에, 내 이익 때문에 사람 자체를 미워하고 증오해서는 안 됩니다.

　예수님께서는 17절에 "예수께서 들으시고 그들에게 이르시되 건강한 자에게는 의사가 쓸데없고 병든 자에게라야 쓸 데 있느니라 나는 의인을 부르러 온 것이 아니요 죄인을 부르러 왔노라 하시니라"

고 말씀하셨습니다. 어떤 못 고칠 병을 고치는 명의가 있어도 건강한 사람에게는 필요가 없습니다. 그런데 이런 명의가 있다면 병자들에게는 최고의 기쁜 소식입니다. 말 그대로 복음입니다. 예수님께서는 고칠 수 없는 죄인들의 병을 해결해 주시려고 찾아오셨습니다.

성경이 말씀하는 죄인은 두 가지 종류입니다. 첫째는 원죄입니다. 우리 인간은 아담의 죄로 말미암아 에덴동산에서 하나님과 함께 살지 못하고 쫓겨났습니다. 이 원죄의 문제를 해결해야만 다시 하나님 나라로 갈 수 있습니다. 원죄의 문제를 어떻게 해결할 수 있습니까? 우리의 원죄를 해결하려 찾아오신 분이 예수님이십니다. 그래서 친히 속죄의 제물이 되시고 십자가에 달려주셨습니다. 그러므로 누구든지 나의 죄를 위해 십자가에 달리신 예수님을 믿기만 하면 원죄의 문제를 해결 받을 수 있습니다.

"하나님이 세상을 이처럼 사랑하사 독생자를 주셨으니 이는 그를 믿는 자마다 멸망하지 않고 영생을 얻게 하려 하심이라"(요 3:16).

그를 믿는 자마다 멸망하지 않고 영생을 얻는다는 것은 죄의 문제를 해결해 주신다는 뜻입니다. 성경은 "의인은 없나니 하나도 없다"라고 했는데 사실 우리는 용서받은 죄인입니다. 그런데 용서받지 못한 죄인이 있습니다. 내가 죄인인 것을 인정하지 않고 예수를 믿지 않는 자들입니다. 바리새인들이 그랬습니다. 그들도 의인이 되고자 했지만 그들은 자신들의 행위로, 즉 율법으로 선함을 인정받으려고 했습니다. 그리고 자신들은 율법을 지켰으므로 죄가 없다고 생각했습니다.

나는 죄지은 일이 없다고 하는 사람을 보았습니다. 이런 사람이 더 무서운 죄인입니다. 예수님은 "너희 바리새인은 지금 잔과 대접의 겉은 깨끗이 하나 너희 속에는 탐욕과 악독이 가득하도다"(눅 11:39)라고 말씀하셨습니다. 예수님은 마음으로 음욕을 품는 자마다 이미 간음하였다고 하십니다.

내가 겉으로는 점잖은 척해도, 사람의 눈으로 볼 때 나는 아무런 죄도 저지르지 않았지만, 속으로 음욕을 품고 있다면 하나님께서 보시기에는 이미 죄를 지었다는 것입니다. 그 마음이 틀린 것입니다. 그런데도 나는 하나님 앞에서 죄를 안 지었다구요? 우리는 매일 같이 죄를 지으며 살아갑니다. 인정해야 합니다. 남을 미워하는 죄를 짓습니다. 더 적극적으로 이웃을 내 몸 같이 사랑하지 못한 죄를 짓습니다. 이웃이 아파하는데, 힘들어하는데 "나는 잘산다, 축복 받았다"라고 자랑합니다. 이웃이 하나님을 알지 못하고 죽음의 길로 가는데 "나는 살았다, 행복하다" 하면서 내 생각만 하고 살았습니다. 하나님의 영광을 나타내지 못했습니다.

사회법상 죄를 범하지 않아 감옥에는 가지 않았지만 우리는 다 죄를 짓고 살아갑니다. 그러므로 내가 죄인임을 고백하고 예수님께서 이 죄의 수렁에서 나를 건져 주실 줄로 믿어야 합니다. 예수님께 나아오는 자에게 구원의 은총을 주십니다. 그것은 죄가 없다 하는 것이 아니라, 죄를 보지 않으시겠다는 것입니다. 보자기로 덮어 놓은 것처럼 보지 않겠다는 말입니다. 우리는 모두 인생의 무거운 죄의 짐을 지고 예수님께 나온 자들입니다. 그리고 예수님을 믿고 우리의 죄의 짐을 맡긴 자들입니다. 그러므로 다시는 죄의 짐을 지지 말고 예수님과 함께 살아가는 성도들이 되시기 바랍니다.

그 다음 두 번째는 자범죄입니다. 우리가 예수를 믿고 구원의 은총은 입었지만 조금 전 말씀처럼 매일같이 죄를 짓습니다. 아무리 성자라도 다 죄를 짓는 것이 인간입니다. 오늘의 세상을 보면 사람들은 늘 서로 싸웁니다. 깡패들만 싸우는 것이 아닙니다. 대기업에게 중소기업이 어려움을 당하고 하청에서는 또 어려움을 겪습니다. 힘이 없는 자들은 부당한 대우를 당하고 인간 대우를 못 받기도 합니다. 아파합니다. 어떤 노인들은 구부러진 허리로 하루 종일 쉬지 않고 열심히 박스를 주워 팔아도 손에 쥘 수 있는 것은 만 원짜리 한 장이 안 된다고 합니다. 누군가를 이렇게 고통스럽게 힘들게 하면 분명히 죄인이 있을 텐데 사람들은 그 무리 속에 살면서 나는 죄가 있다고 생각하지 않습니다.

요즘 뉴스를 떠들썩하게 하는 이야기가 있습니다. 정치권의 문제로 스스로 목숨을 끊은 사람들의 이야기입니다. 그렇게 힘들어하는 사람들이 있는데, 얼마나 힘이 들면 가족을 두고 목숨을 끊었는지 안타까운 마음이 많이 듭니다. '누구 때문인가? 왜 그런 일이 일어나게 되었는가?' 누구도 내가 죄인이라고 하지 않고 서로를 죄인이라고 합니다. 누가 죄인입니까? 안중근 의사를 다룬 뮤지컬에 '누가 죄인인가?'라는 노래가 나옵니다. 정말 누가 죄인입니까?

우리는 꼭 살인하지 않고 도둑질하지 않아도, 십계명에 나온 계명을 범하지 않아도 알게 모르게 너무나 많은 죄를 짓고 살아갑니다. 입으로 거짓을 말하지 않더라도 내 마음에 거짓이 자리 잡고 있습니다. 이것이 인간입니다. 그래서 우리는 매 주일 하나님께 나와 알고 지은 죄와 모르고 지은 내 죄를 고백하고 죄 사함의 은총을 구하는 것입니다. 죄가 있으면 하나님께 나아가지 못합니다. 죄는 하나님과 우리 사이를 가로막습니다. 그래서 죄가 가득하면 예수님을 볼 수도 없고 필요 없다고 합니다. 이것이 나는 의인이라고 생각했던 사람들이요 당시의 바리새인들입니다. 이들은 자신들이 심각하게 영적으로 병든 것을 몰랐습니다.

예수님께서는 이들을 향해 "너희는 회칠한 무덤 같다"라고 말씀하셨습니다. 속에는 더러운 것과 썩어가는 것, 냄새 나는 것들이 가득 차 있는데 겉만 회칠을 하여 하얗게 장식해 놓았습니다. 겉으로만 의로운 척하며 사는 가증한 인간들이란 의미입니다. 사실은 모두가 죄인들이요, 예수님께서는 세상을 구원하시기 위하여 찾아오셨는데 이들은 나는 죄인이 아니고 회개할 것도 없다고 합니다. 저 사람들이 죄인이라고 합니다. 예수님께서 세상을 구원하러 찾아오셨는데 그 구원의 손길을 거부하고 있으니 참으로 안타까운 것입니다. 이것은 오늘을 살아가는 우리들에게도 마찬가지입니다. 교회 안에도 죄에 대한 회개가 점점 사라져 갑니다. 심각한 문제입니다. 과거에는 교회마다 회개로 울부짖어 기도하는 소리가 밤마다 교회에 가득 찼습니다. 시골 교회도 어린이들까지 울며 죄를 회개했습니다. 옛날 어린이들이 무슨 죄를 그렇게 지었다고 울면서 죄를 회개했겠습니까? 그런데 지금은 교회 안에 회개의 기도가 사라져 갑니다. 이것은 영적인 문제입니다. 하나님을 만나면 내 죄가 보이는 것입니다.

얼마 전 돌아가신 고 방지일 목사님이 한번은 어떤 단체의 회개 기도회에 갔다가 와서 어느 목사님에게 전화를 걸었다고 합니다. "어제 나라와 민족을 위한 회개 기도 모임에서 기도 맡은 사람들이 하는 그 기도는 죄를 고발하는 기도지, 그게 회개야? 김 목사, 아멘 했어? 나는 아멘 하지 않았어." 그것은 남의 죄를 고발하는 기도지, 어떻게 회개하는 기도냐는 말씀입니다.

회개는 전능자 하나님 앞에서 나의 문제를 고백하는 행위입니다. 입으로 쉽게 죄 용서를 구하며 마치 남의 죄를 이야기하듯이 하는 것은 회개가 아닙니다. 그런 의미에서 저를 비롯해 한국 교회는 다시 하나님 앞에 서야 될 줄 압니다. 우리는 매일 하나님 앞에 나를 불쌍히 여겨달라고, 나의 죄를 용서해 달라고, 성령님께서 나를 지켜 달라고, 나를 도와달라고 쉬지 않고 기도해야 합니다. 그것이 죄인의 모습입니다.

누가복음에 보면 오늘 본문과 똑같은 내용이 기록되어 있는데 마지막 말씀에 한 단어가 추가되어 있습니다.

"내가 의인을 부르러 온 것이 아니요 죄인을 불러 회개시키러 왔노라"
(눅 5:32).

회개시키러 왔노라. 죄인이 좋아서 부르러 오신 것이 아니라 불러 회개시키러 왔다는 말씀입니다. 예수님께서는 병자들을 치유하여 주시며 때로는 "네 죄가 사함 받았다"라고 하셨습니다. 죄의 문제를 말씀하셨습니다. 간음한 여인을 용서하여 주시며 "다시는 가서 죄를 범하지 말라"고 하셨습니다. 이 사순절에 죄인을 부르러 오신 예수님을 깊이 생각하실 수 있기를 바랍니다. "죄인들아, 다 내게로 오라. 내가 편히 쉬게 하겠다"라는 그 음성을 들으시기 바랍니다. 그리고 회개시키러 왔노라는 말씀을 기억합시다.

회개는 '메타노이아'라는 단어로 가던 길에서 돌이킨다는 뜻입니다. 다시는 과거의 길을 가지 않는다는 뜻입니다. 이 사순절에 찬송가 528장에 "오라 오라 방황치 말고 오라 죄 있는 자들아 이리로 오라 주 예수 앞에 오라" 하시는 주님의 음성을 듣고 다시는 죄의 길에 서지 않는 성도들이 되시기를 바랍니다.

📝 적용

ⓐ 오늘 말씀의 주제 파악하기:
....
....

ⓑ 오늘 말씀 중 은혜 받은 부분 나누기:
....
....

ⓒ 삶에 구체적으로 적용하기:
....
....

🙌 함께 드리는 기도제목

1. 내 삶의 죄된 부분을 철저히 회개하고 주님께로 돌이키는 삶을 살게 하소서.
2. 예수님께서 죄의 짐을 대신 져주셨음을 믿고, 주님과 동행하는 삶을 살게 하소서.
3. 불쌍하고 소외된 자를 찾아가신 예수님처럼, 어려운 이웃을 기억하고 섬기는 삶을 살게 하소서.

14

나는 양을 위하여 목숨을 버리노라

❀ **본 문:** 요한복음 10:11-15 (신 162쪽)
❀ **찬 송:** 569장 (선한 목자 되신 우리 주, 통 442장)
❀ **요 절:** "나는 선한 목자라 나는 내 양을 알고 양도 나를 아는 것이 아버지께서 나를 아시고 내가 아버지를 아는 것 같으니 나는 양을 위하여 목숨을 버리노라"(요 10:14-15)

요한복음 9장에서 예수님은 맹인 거지의 눈을 뜨게 하셨습니다. 그런데 바리새인들은 안식일에 이런 일을 했다고 예수님을 공격합니다. 율법을 어겼다는 것입니다. 이들은 맹인으로, 거기다가 거지로 불행하게 살아가던 한 사람이 불치의 병을 치유 받고 새로운 인생을 살게 되었다는 사실에는 관심이 없었습니다. 이들에게는 사람보다 법이 중요했습니다. 법이라는 것은 사람을 위해 존재해야 합니다. 그 법이 오히려 약자들을 억압하고 힘들게 한다면 그 법은 없는 것이 낫습니다. 회의도 그렇습니다. 회의의 정신은 일을 잘하자고 하는 것입니다. 그런데 오히려 회의를 통해 상대방의 마음을 아프게 하고, 분열이 일어나고, 일이 잘 안된다면 그런 회의는 안 하는 것이 더 낫습니다.

예수님께서는 율법으로 인간의 행복을 억압하는 바리새인들을 향하여 목자와 양의 비유를 말씀하셨습니다. 그런데 바리새인들은 그 비유가 무슨 뜻인지 알지 못하였다고 했습니다. 그래서 예수님은 7절부터 시작하여 목자와 양의 비유를 다시 설명하셨습니다. 7절에는 예수님께서 "나는 양의 문이라"고 하셨습니다. 양문교회라는 교회 이름이 많은데 양의 문이라는 뜻입니다. 목자는 저녁이 되면 양들을 우리 안에 들어가게 하고 자신은 출입구에 누워 잠을 청합니다. 사나운 들짐승이 양의 우리로 들어가려면 목자를 넘어가야 합니다. 또는 도둑들이 양을 훔쳐 가려면 우리의 문을 지키고 있는 목자를 해치고 들어가야 합니다. 그러므로 내가 양의 문이라는 말씀은 나는 목숨을 걸고 내 양을 지킨다는 뜻입니다. 11절에는 예수님께서 "나는 선한 목자라" 하셨습니다. 예수님께서 "나는 무엇 무엇이다"라고 말씀하신 것이 요한복음에만 일곱 번이 나옵니다. "나는 생명의 떡이다", "나는 세상의 빛이다", "나는 길이요 진리요 생명이다", "나는 참 포도나무다" 하는 말씀들입니다.

예수님께서 자신을 가리켜 상징적으로 이렇게 나타내신 것을 신학적으로 '에고 에이미'(ἐγώ εἰμι)라고 합니다. 신학적으로 굉장히 중요한 주제입니다. 하나님께서도 '나는 나다'라고 말씀하셨고 '나는 처음과 나중이다'라고 하셨습니다. 이 '에고 에이미'가 왜 중요합니까? 하나님이 처음과 나중이심을 분명히 알면 우리는 심판하실 주님을 생각하며 순결하게 살아갈 수 있습니다. 주님이 양의 문이심을 알고 믿으면 우리는 어떤 환경과 상황에 있어도 주님을 믿고 의지할 수 있습니다.

요즘 이단 때문에 사회가 시끄럽습니다. 이단의 교주들은 처음에는 성경도 읽고 설교도 하지만 나중에 본색이 드러납니다. '에고 에이미'가 되시는 주님의 자리에 그들이 올라서고 자신이 '메시아'라고 합니다. 그런데 이미 영적으로 흔들려 버린 이들은 교주를 따라갑니다. 인간은 굉장한 존재가 아닙니다. JMS도 자신이 메시아의 자리에 올라섰습니다. 2인자인 정조은도 '성령의 상징체'라 하여 하나님의 자리에 올라섰습니다. 여러분, 예수님 외에는 메시아가 없습니다. 사람이 사람을 구원하지 못합니다. 예수님은 "내가 곧 길이요 진리요 생명이라" 하셨습니다. 예수님 외에 다른 길은 없습니다. 예수님 외에 다른 진리는 없습니다. 예수님 외에 죽은 우리에게 생명을 주실 분은 없습니다. 예수님은 심판 날에 다시 오신다고 분명히 말씀하셨습니다. 공중으로 재림하신다고 했습니다. 그날에는 큰 나팔이 울려 퍼진다고 했습니다. 그러므로 지금 내가 메시아라고 하는 자들은 다 가짜입니다.

예수님은 오늘 말씀에 "나는 선한 목자라" 하셨습니다. 선한 목자의 반대편에 서 있는 것이 삯꾼입니다. 12절을 보십시오.

"삯꾼은 목자가 아니요 양도 제 양이 아니라 이리가 오는 것을 보면 양을 버리고 달아나나니 이리가 양을 물어 가고 또 헤치느니라."

예수님의 말씀을 보면 삯꾼은 목자가 아니라고 하셨습니다. 삯꾼은 품삯을 받고 일하는 사람입니다. 삯꾼은 양을 사랑하지 않습니다. 내 양도 아닙니다. 이리가 오면 양을 버리고 달아난다고 했습니다. 그래서 이리들이 양을 물어 가고 헤친다고 했습니다. 에스겔 선지자도 삯꾼에 대해 에스겔 34장에 이렇게 말씀했습니다.

"너희가 살진 양을 잡아 그 기름을 먹으며 그 털을 입되 양 떼는 먹이지 아니하는도다 너희가 그 연약한 자를 강하게 아니하며 병든 자를 고치지 아니하며 상한 자를 싸매 주지 아니하며 쫓기는 자를 돌아오게 하지 아니하며 잃어버린 자를 찾지 아니하고 다만 포악으로 그것들을 다스렸도다 목자가 없으므로 그것들이 흩어지고 흩어져서 모든 들짐승의 밥이 되었도다"(겔 34:3-5).

예수님의 말씀이나 에스겔 선지자의 말씀은 양을 치는 목자에 대한 이야기를 하는 것이 아닙니다. 지도자들을 비유한 것입니다. 목자는 양을 치는 사람입니다. 그런데 그 양을 잡아먹었습니다. 연약한 양은 강하게 하고, 병든 양은 불쌍히 여기고 고쳐주고, 상한 양은 싸매 주고, 쫓기는 양은 돌아오게 하고, 양을 잃어버렸으면 찾아다녀야 하는데 오히려 포악하게 다스렸습니다. 그래서 양들은 흩어지고 들짐승의 밥이 되었습니다. 이 말씀도 양에 대한 이야기가 아니라 당시 지도자들과 세상을 살아가는 하나님의 백성들에 대한 말씀입니다. 이 말씀은 하나님의 부르심을 입은 주의 종들에 대한 엄한 말씀입니다. 양떼를 맡은 목자가 어떻게 살아야 하는지를 알려주는 말씀입니다. 오늘의 교회를 보면 교회들이 길을 잃어버렸습니다. 이단과 사이비도 많습니다. 그래서 양들이 방황합니다. 이단 문제를 다룬 요즘 방송되는 내용을 보면 방황하는 양들이 너무 많습니다. 안타까운 일입니다. 안타까운 일들이 한국교회에 너무 많습니다.

또 양은 어떻습니까? 교회에서는 양들이 순한 양이 아니라 이리가 되었습니다. 목자를 치받고 내 뜻대로 하고자 합니다. 선한목자교회라는 이름이 많은데 선한목자교회를 담임하는 목사님에게 다른 목사님이 "그 교회는 선한목자교회라서 늘 행복하겠습니다" 했더니 "선한목자교회지 선한양교회는 아닙니다"라고 했다고 합니다. 오늘의 한국 교회는 이 사순절에 교회를 향하여 주신 주님의 안타까운 음성을 다시 한번 새겨듣기를 원합니다. 주의 종들은 양들을 위하여 목숨을 걸고, 양들은 목자의 음성을 알고 진리의 길을 걸어가

길 원합니다. 말씀을 잘 먹고 살진 양들이 되기를 바랍니다.

정치권의 지도자들도 그렇습니다. 많은 나라의 독재자들이 백성들이 질병과 굶주림으로 고통을 겪는데 관심이 없습니다. 자신들의 부를 축적하기 위해서만 백성들이 존재합니다. 굶주리는 나라들을 보면 상위 1%는 너무너무 부자들입니다. 소수가 나라의 부를 거의 다 가지고 있습니다. 아프리카, 남미, 동남아의 많은 나라들은 상위 5%가 나라의 부를 90% 이상 차지하고 있습니다. 그러니까 공산주의가 일어나는 것입니다.

세계 제1위의 통계회사인 스태티스타(Statista) 그룹에 의하면 지난해 전 세계 상위 1%가 세계 재산의 45.6%를 소유하고 있다는 발표를 했습니다. 권력이라는 것이 무섭습니다. 권력은 스스로 그 힘을 키워 갑니다. 그래서 잘못된 권력이 세워지면 사람들을 고통스럽게 만듭니다. 북한의 권력을 보세요. 권력이 강하니 백성들이 고통을 당하며 어떻게 하지를 못합니다. 기업의 힘도 너무 커지면 사람들 위에 군림합니다. 또 그 기업에 항거하며 노동조합을 만들었는데 그 노동조합의 힘이 너무 강해져도 자신들만의 권력을 위해 존재하게 됩니다.

공산주의는 어떻습니까? 중국은 같이 먹고 살자고 공산주의를 일으켰는데 현재 전 세계 빈부격차가 가장 급속하게 진행되는 나라 제1위가 놀랍게도 중국입니다. 하나님을 신뢰하는 기독교 신학에 대항하여 막시즘은 인간에 대한 무한한 신뢰 위에 그들의 철학적 기초를 쌓았습니다. 그런데 중국도 그렇고 러시아는 또 어떻습니까? 이 현대 사회에 수많은 백성들이 지도자 한 사람의 결정에 의하여 전쟁터에 나가 죽음을 맞이하고 있습니다. 수많은 가족들이 통곡하고 있는데 거대한 권력 앞에 개인이 어떻게 할 수가 없습니다. 인간이라는 것이 그리 믿을 만한 존재가 못됩니다. 인간은 내가 가진 힘을 스스로 내려놓지 않으려고 합니다.

내가 양과 같은 존재임을 인정하지 않으려고 합니다. 그런데 우리 예수님은 양을 위하여 목숨을 버리셨다고 했습니다. 이 말씀이 믿어지는 사람은 복된 사람들입니다. 오늘의 세상 사람들에게 예수님이 나를 위하여 목숨을 버리셨다는 이 말씀이 사실은 가슴으로 다가오지 않습니다. 나에게 천만 원쯤 주셨다면 아주 감동적으로 다가올 것입니다. 아파트를 한 채 주시든지, 자동차를 한 대 주셨다면 감동적으로 다가올 것입니다. 그런데 나는 지금 아무 문제없이 잘 살고 있는데 나를 위하여 죽으셨다는 말씀이 어떻게 다가오겠습니까? 이 말씀은 성령님의 임재 없이는 이해될 수도 없고 감동도 될 수 없습니다. 예수님께서 니고데모에게 "사람이 거듭나지 아니하면 하나님의 나라를 볼 수 없느니라"고 하셨습니다. 거듭난다는 것은 성령으로 거듭나는 것을 말하는 것입니다. 예수 믿으면 반드시 성령 체험이 있어야 합니다.

얼마 전에 어떤 분은 예배를 마치고 나가시면서 그렇게 우시더라구요. 그러면서 저에게 와서 오늘 교회에 처음 나왔는데 말씀을 들으면서 깨달았다는 것입니다. 사실은 성령님께서 그 마음에 임하신 것입니다. 또 어떤 사람은 오랫동안 교회를 나왔는데 예수님이 믿어지지 않는다는 거예요. 무슨 뜻입니까? 성령 체험이 아직 없다는 말입니다. 성령 체험은 사랑과 같습니다. 내가 누구를 사랑하고 싶은데 노력한다고 되는 것이 아닙니다. 사랑은 내 마음속에 나도 모르게 솟아오르는 신비입니다. 사랑의 마음이 솟아오르면 그 다음에는 나도 모르게 늘 그 사람이 내 마음속에 거하게 됩니다. 아침에 일어나도 생각나고 길을 걸으면서도 생각납니다. 이 사랑의 마음이 마음대로 되는 것이 아닙니다. 그런데 믿음은 들음에서 납니다. 하나님의 말씀을 듣고 믿어야 합니다. 그런데 안 믿어집니다. 믿는 것이 내 힘으로 되는 것이 아닙니다. 그래도 하나님의 말씀을 자꾸 들으십시오. 그리고 기도하십시오. "하나님, 나는 하나님을 믿고 싶습니다. 그런데 안 믿어져요. 나를 불쌍히 여겨주세요. 내 영혼을 구해주세요" 하고 엎드리면 하나님께서 반드시 찾아와 주십니다.

사랑은 노력해도 안 생기지만 믿음은 하나님께 엎드리면 반드시 주시는 선물입니다. 그래서 예수님이 나를 위하여 목숨을 버리신 그 사실이 믿어지고 그 사실이 너무 감사하게 되고 그 사실이 날마다 생각나게 되어서 주님을 믿게 되는 것입니다. 이 세상의 수많은 신자들이 이 예수님의 사랑을 경험하고 예수님을 따르는 자들이 되는 것입니다. 하나님은 교만한 자에게는 절대로 오시지 않습니다. 교만한 자에게는 오셨다가도 떠나가십니다. "나는 하나님의 양입니다. 내 인생길을 인도해주십시오" 하고 엎드리는 자에게 하나님은 성령으로 찾아오시는 것입니다.

목자가 키우는 양은 약한 동물의 하나입니다. 사자같이 강한 이빨이나 치타처럼 날쌘 발이 없습니다. 기린처럼 키가 큰 것도 아니고 하마처럼 물속으로 도망갈 수 있는 것도 아닙니다. 날개도 없습니다. 거기다가 눈은 지독한 근시입니다. 그래서 스스로 먹이를 찾지 못합니다. 앞이 잘 보이지 않아 구덩이에 빠지기도 하고 가시덤불에 갇히기도 합니다. 그래서 맹수들의 밥입니다. 그런데 양에게는 목자가 있습니다. 목자의 음성을 듣고 잘 따라다니기만 하면 목자는 푸른 풀과 맑은 시냇물이 있는 곳으로 인도해줍니다. 사나운 들짐승으로부터 보호해줍니다.

오늘 예수님은 나는 내 양을 알고 양도 나를 안다고 하셨습니다. 우리 주님은 택하신 백성들을 너무나 잘 아십니다. 우리가 "주님, 내 형편 아시지요? 직장 문제 아시지요? 아들 문제 아시지요?" 하고 기도하면 우리 주님은 "그래, 내가 다 안다" 하십니다. 우리는 내게 무엇이 좋은지를 모르지만 우리 주님은 정확하게 아십니다. 그래서 때로는 시험도 주시고 훈련도 시켜주십니다. 그래서 우리로 강하게 하고 진실하게 만드십니다.

요셉이 노예로 팔려 가고 감옥에 갇힐 때 그가 만날 미래를 알았다면 상황이 달라졌을 것입니다. '이제 얼마를 참으면 나는 애굽의 총리가 된다' 하는 사실을 알았다면 두려움이 없었을 것입니다. 그런데 요셉의 훌륭한 점은 미래를 모르면서도 하나님을 향한 믿음이 조금도 약해지지 않았다는 점입니다. 오히려 더 강하게 하나님을 붙들었습니다. 우리도 그렇습니다. 우리는 미래를 모르지만 지금 겪는 여러 가지 문제들이 나를 하나님께서 쓰시는 사람으로 훈련시키시는 과정임을 믿을 때 절망하지 않게 됩니다. 두려워하지 않습니다. 선한 목자이신 우리 주님을 믿기 때문입니다. 성도 여러분, 우리 주님은 선한 목자이십니다. 이 주님을 믿고 따라갑시다.

"아무것도 염려하지 말고 다만 모든 일에 기도와 간구로, 너희 구할 것을 감사함으로 하나님께 아뢰라"(빌 4:6)는 말씀을 붙들고 오늘도 감사하고 내일도 감사하며 기도와 간구로 나아가시기 바랍니다. "내가 믿고 또 의지함은 내 모든 형편 잘 아는 주님, 늘 돌보아 주실 것을 나는 확실히 아네"라고 찬송을 부르며 나아가는 성도들이 되시길 바랍니다.

📝 적 용

ⓐ 오늘 말씀의 주제 파악하기:

_____

_____

ⓑ 오늘 말씀 중 은혜 받은 부분 나누기:

_____

_____

ⓒ 삶에 구체적으로 적용하기:

_____

_____

🙌 함께 드리는 기도제목

1. 나를 향한 주님의 사랑을 날마다 뜨겁게 경험하는 삶을 살게 하소서.
2. 내게 주시는 말씀을 귀담아 듣고 진리로 배부른 삶을 살게 하소서.
3. 선한 목자 되신 주님을 믿고 순종으로 따라가는 삶을 살게 하소서.

15

모퉁잇돌

✤ **본 문**: 에베소서 2:20-22 (신 311쪽)
✤ **찬 송**: 208장 (내 주의 나라와, 통 246장)
✤ **요 절**: "너희는 사도들과 선지자들의 터 위에 세우심을 입은 자라 그리스도 예수께서 친히 모퉁잇돌이 되셨느니라"(엡 2:20)

오늘은 일 년 52주일 중에서 특별히 의미가 있는 주일입니다. 오늘은 우리 교회가 창립된 지 99년 생일을 맞이하는 '창립기념주일'입니다. 일제 강점기와 6.25 전쟁의 시기를 거치며 민족의 고난과 함께해온 우리 도림교회입니다. 백 년 가까이 우리 교회는 계속 부흥해왔고 오늘에 이르렀습니다. 이것을 우리는 감사하고 축하하며 창립기념주일로 지킵니다. 이 복된 주일에 하나님의 은혜와 축복이 여러분 모두에게 임하시기를 바랍니다.

예수님께서는 제자들에게 "사람들이 나를 누구라 하느냐?"라고 물으셨습니다. 이때 제자들은 "죽은 세례요한이 부활한 것이다, 엘리야가 다시 태어났다, 혹자는 예레미야나 선지자라고 말합니다"라고 대답했습니다. 그러자 예수님께서는 다시 "그러면 너희는 나를 누구라 하느냐?"라고 물으셨습니다. 사람들은 예수님에 대하여 4대 성인이라 말하기도 하고 교회 다니는 사람들이 믿는 대상이라고 생각하기도 합니다. 어떤 사람에게 예수와 부처의 차이가 무엇이냐고 물었더니 한참을 곰곰이 생각하더니 "그거, 머리 스타일 차이 아니겠냐? 부처는 곱슬머리이고, 예수는 장발이지 않느냐?"라고 대답했다고 합니다.

예수님께서는 베드로에게 "사람들이 뭐라고 하는 것이 중요한 것이 아니다. 너는 나를 누구라 믿느냐?" 하고 물으셨습니다. "다른 사람들이 좋은 집을 가지고, 다른 사람들이 남들이 하지 않는 굉장한 취미를 가지고, 다른 사람들이 누구를 만나고 무엇을 하는 것이 중요한 것이 아니라 네가 무엇을 하고 있느냐?"라고 물으신 것입니다. 베드로는 "주는 그리스도시요 살아 계신 하나님의 아들입니다"라고 대답했습니다. 예수님께서는 이 대답을 듣고 기뻐하시며 이 반석 위에 내 교회를 세우겠다고 하셨습니다. 이 반석이란 베드로의 신앙고백을 말합니다. 그렇습니다. 교회는 예수 그리스도를 나의 구주로 믿는 성도들의 신앙고백 위에 세워진 것입니다. 예수님께서는 교회를 마귀의 권세가 이기지 못하리라고 약속하셨습니다. 그리고 천국열쇠를 주겠다고 하셨습니다. 땅에서 무엇이든지 매면 하늘에서도 매일 것이요, 땅에서 무엇이든지 풀면 하늘에서도 풀릴 것이라고 하셨습니다.

천주교에서는 '이 반석 위에'라는 말을 '베드로의 반석 위에'로 해석했습니다. 그래서 베드로를 초대 교황으로 칭하고 교황은 이 권세를 대대로 가진다고 생각했습니다. 이 반석은 주님을 그리스도시요 살아 계신 하나님의 아들로 믿는 믿음을 말씀하신 것입니다. 교회는 하나님을 믿는 믿음 위에 세워진 기관입니다. 교회는 뛰어난 사람이 이끌어가는 것이 아닙니다. 사람들이 이끌어 간다면 수천 년 동안 수백 번 넘게 무너졌을 것입니다. 베드로도 연약하고 죄를 짓는 한 인간이었습니다. 그러나 주님께서 사용하시니 위대한 사도가 된 것입니다. 큰 교회의 목사라고 해서 큰 권세를 갖는 것이 아닙니다. 교회는 오직 예수님을 구원하실 주로 믿는 믿음의 반석 위에 세워진 것입니다. 하나님께서는 이 믿음으로 나아오는 자들에게 마귀의 권세가 이기지 못하도록 능력을 주셨고, 교회가 기도할 때 문제가 해결되는 복을 약속해 주신 것입니다.

세상의 종교는 하나같이 물질적인 복을 구합니다. 잘 믿으면 복을 주고 잘못하면 벌을 준다고 합니다. 우리 하나님은 그런 하나님이 아니십니다. 하나님의 창조물인 인간이 죄를 짓는 것이 너무 안타까워 친히 십자가의 제물이 되어주신 이 사실을 믿는 것이 기독교입니다. 어떤 부인이 교회에 열심히 5년만 나오면 집사 주겠다는 목사님의 말을 듣고 열심히 5년 동안 나왔습니다. 5년이 되었을 때에 목사님에게 "아니, 목사님 5년 동안 열심히 나오면 집 사 준다고 하시지 않았습니까? 왜 집 안 사줍니까?"라고 하자 목사님 말씀이 "아니, 5년 동안 열심히 나오셔서 올해 집사 주지 않았습니까? 김 집사님"이라고 대답했습니다. 목사님이 약속한 것과 부인이 생각한 것이 달랐던 것입니다.

교회에 나오면서 복을 받는 것이 목적이면 믿음은 변질됩니다. 교회는 마음에 예수님을 품고 사는 것입니다. 그러면 복은 따라오는 것입니다. 예수님의 마음을 본받고, 예수님이 행하신 일을 기억하며, 예수님의 말씀을 따라 살기를 힘쓰는 것이 교회의 본질입니다. 정치인이 국민을 마음에 품고 살면 변질되지 않습니다. 그러나 높은 자리를 품고, 영원한 권력을 품고 살면 부패합니다. 교회도 예수님을 품어야지 다른 것을 품으면 부패합니다. 그래서 중세의 기독교가 부패한 것입니다. 오늘날도 잘못하면 부패할 수 있는 것입니다. 우리 교회는 예수님께서 세워주신 교회의 본질을 잃지 않기 위해 예수님을 따라 사는 사람들이 되기를 힘쓰는 교회입니다.

　오늘 말씀에 예수님은 친히 모퉁잇돌이 되셨다고 했습니다. 유대인들은 집을 지을 때 넓고 평평한 돌을 구해 그 위에 기둥을 세웁니다. 이 기둥을 중심으로 벽이 세워지고 지붕이 만들어집니다. 모퉁잇돌은 화려하거나 잘난 체하지 않습니다. 드러나지 않습니다. 그러나 이 모퉁잇돌을 빼버리면 집은 균형을 잃고 무너지고 맙니다. 예수님이 모퉁잇돌이 되셨다는 것은 예수님이 중심이 되지 않는 교회는 가짜라는 말입니다.

　요즘 이단들에 대한 문제가 언론에 자주 나오고 있습니다. 이단은 예수님이 모퉁잇돌이 아니고 교주가 중심이 됩니다. 교주가 신이 됩니다. 그러니 예수님을 따라 사는 삶이 되지 못하는 것입니다. 예수님은 얼마든지 왕궁으로 오실 수 있었지만, 말구유에서 태어나셨습니다. 예수님은 외로운 사람들, 가난한 사람들, 병든 사람들, 하늘의 의를 구하는 사람들, 세상에서 무시당하고 소외당하는 사람들의 편에 서 계셨습니다. 마지막에도 인간의 죄의 문제를 해결해 주시기 위하여 친히 십자가를 져 주셨습니다. 그러므로 교회가 예수님을 모퉁잇돌로 모신다는 것은 예수님의 마음과 삶의 모습을 따라가는 것을 의미합니다. 사도들과 선지자들이 예수님을 모퉁잇돌로 하는 교회의 터였습니다. 이들의 헌신, 이들의 희생으로 교회가 세워져 왔다는 말입니다. 그리고 오늘도 교회는 계속해서 확장되어갑니다.

　21절에 "그의 안에서"라고 했습니다. 'In Christ', 예수 그리스도 안에서. 교회는 예수 그리스도 안에서 서로 연결하며 거룩한 전이 되어가는 것입니다. 아프리카에서도, 유럽에서도, 남미에서도 세계 어느 곳이나 그리스도 안에서 교회는 서로 연결하며 주님을 따라 사는 것입니다. 어떻게 이렇게 하나가 될 수 있습니까? 오늘 성경은 "너희도 성령 안에서"라고 말씀합니다. 과거도 그랬고 지금도 교회는 성령 안에서 하나가 되는 것입니다. 우리가 베드로처럼 예수님을 나의 구주라고 고백하면 성령님이 우리 가운데 찾아오십니다.

성경은 하나님도 한 분이시요 주도 하나요 성령도 하나라고 했습니다. 한 분이신 성령님이 우리 안에 오셔서 언제, 어디서나 우리를 모두 하나로 묶어 주시는 것입니다. 이것이 교회입니다. 성도 여러분, 우리 교회는 지난 99년 동안 우리 주님이 모퉁잇돌이 되어 주셨습니다. 우리를 흔들리지 않게 붙잡아 주셨습니다. 코로나 직전에 새 성전을 완공한 것도 큰 은혜입니다. 코로나 기간 동안 우리 교회를 지켜주셔서 부흥하게 하셨고 우리 성도들을 안전하게 지켜주신 것도 큰 은혜입니다. 우리 교회가 언제나 우리 주님을 모퉁잇돌로 모시고 살아가는 교회가 되기를 원합니다. 여러분의 가정, 여러분의 인생에서도 예수님이 모퉁잇돌이 되기를 바랍니다. 예수님이 모퉁잇돌이 되시면 그 가정을 안전하게 지켜주십니다. 여러분의 인생을 평안으로 인도해 주십니다. 무너지지 않습니다. 우리 인생들은 모두가 잘살기 원하고 행복하기를 원합니다. 그러나 진정한 행복의 길을 모르고 눈에 좋아 보이는 것을 좇아 살아갑니다. 그래서 무너지고 맙니다.

예수님께서는 "내가 곧 길이요 진리요 생명"이라고 하셨습니다. 우리가 예수님의 말씀을 따라가면 그 길이 진리의 길이요, 영원한 생명을 얻는 길이 될 것입니다. 여러분 모두가 이 진리요, 복된 길을 걸어가서 영생에 들어가는 성도들이 되시기를 바랍니다.

📝 적용

ⓐ 오늘 말씀의 주제 파악하기:

ⓑ 오늘 말씀 중 은혜 받은 부분 나누기:

ⓒ 삶에 구체적으로 적용하기:

👏 함께 드리는 기도제목

1. 예수님을 마음에 품고, 항상 예수님을 따라 살아가는 우리 교회가 되게 하소서.
2. 예수님이 모퉁잇돌 되어 주시는 우리 교회, 우리 가정, 우리 인생이 되게 하소서.
3. 성령님의 도우심을 통하여 예수님 안에서 항상 하나 되는 우리 교회가 되게 하소서.

제자로 삼고 세례를 베풀고

- ❧ **본 문**: 마태복음 28:18-20 (신 53쪽)
- ❧ **찬 송**: 495장 (익은 곡식 거둘 자가, 통 271장)
- ❧ **요 절**: "그러므로 너희는 가서 모든 민족을 제자로 삼아 아버지와 아들과 성령의 이름으로 세례를 베풀고 내가 너희에게 분부한 모든 것을 가르쳐 지키게 하라 볼지어다 내가 세상 끝날까지 너희와 항상 함께 있으리라 하시니라"(마 28:19-20)

지난 몇 년 동안 우리는 코로나와 힘겨운 싸움을 벌여 왔습니다. 정부 발표에 의하면 코로나는 이제 일상이 되었고 연세 드신 분들은 독감 백신처럼 매년 백신을 맞아야 한다고 이야기합니다. 두려움이 점차 사라지고 있습니다. 이제 코로나 팬데믹이 끝났고 우리는 다시 일어서야 할 때가 된 것입니다.

교인들은 전도하라고 하면 부담을 많이 가집니다. 내가 어떤 사람을 설득하여 예수 믿게 만들 자신이 없는 것입니다. 그런데 여러분, 우리 중에 교회 나오기 전에 전도를 받고 '내가 예수 믿어야 되겠다'라고 생각하고 나온 분이 몇 분이나 있겠습니까? 없습니다. 한두 사람 있을지 모르겠습니다. 부모님 따라 나오다가 성령님께서 우리 가운데 찾아오시고 내 마음속에 예수가 믿어져서 예수 믿은 것 아닙니까? 친구가 하도 가자고 하니 몇 번 나왔다가 그만 나오려고 하는데 자꾸 몇 번만 더 가보자고 그러다가 예수 믿게 된 것이 아닙니까? 그래서 지금은 이 좋은 예수님을 만난 것을 감사하고 감격하여 예수님을 따라가는 것 아닙니까? 나는 처음에 교회 나올 때 예수 믿고 나온 것이 아니면서 왜 다른 사람들은 예수 믿으라고 설득해서 데려오려고 합니까? 예수님이 믿어지는 것은 내가 노력해서 되는 일이 아닙니다. 예수 믿는 것은 배워서 되는 일도 아닙니다.

찬송가 310장의 "왜 내게 성령 주셔서 내 마음 감동해 주 예수 믿게 하는지 난 알 수 없도다"라는 가사와 같습니다. 성령님께서 우리 마음에 찾아오셔서 예수님이 믿어지게 하시는 것입니다. 그래서 어린아이도 성령님이 찾아오시면 감동이 되고 눈물이 납니다. 노인도, 젊은이도, 성령님이 찾아오셔야 예수를 믿을 수 있습니다. 성령님은 어느 나라에나 찾아오십니다. 빈부나 귀천을 막론하고 찾아오십니다. 그리고 영원히 우리와 동행해 주십니다. 우리가 할 일은 이웃, 친구, 친척, 만나는 모든 사람들을 초청하고 이들의 마음속에 성령님이 임하시기를 기도하는 것입니다.

초청은 전도와는 다릅니다. 그저 한 번만 교회에 나가보자는 것입니다. 내가 만나는 사람들, 내가 아는 사람들을 한 번 초청하는 것입니다. 내가 지금까지 살아오면서 교회 예배에 한 번만 참석해 달라고 부탁할 수 있는 사람이 몇 명이나 있다고 생각하십니까? 내가 평생을 살아오면서 한 번만 와달라고 초청할 수 있는 사람이 몇 명 안 된다면 내 인생을 다시 생각해봐야 합니다. 우리가 만나는 사람은 많습니다. 내 조건과 사는 곳, 내 취미와 내 직업, 내 지위를 사용해서 만나는 사람은 많습니다. 그런데 그들 중에 내가 한 번 와달라고 초청할 수 있는 사람이 몇이나 되느냐 생각해 보시기 바랍니다.

내 마음에 내키지 않아도, 나는 예수 안 믿겠다고 생각하는 사람일지라도 당신의 부탁이니 내가 한 번 가보겠다고 하는 사람이 진짜 계속해서 만나야 할 사람이요, 친구요, 이웃 아닙니까? 내 얼굴을 생각해서라도 한 번만 와주면 된다고 간절히 부탁하는데 이 부탁을 안 들어주는 사람이 다른 어려운 상황에서의 부탁은 들어주겠습니까? 내 소원이라는데 안 들어주는 사람이 다른 부탁은 들어주겠습니까?

어떤 분이 얼마 전 저에게 진짜 가까운 사람이 몇이나 있느냐고 질문했습니다. 진짜 평생을 함께할 사람을 사귀는 것이 참 어렵습니다. 누가 진짜일까 생각하다가 많은 사람들이 주변에 있는데 내가 은퇴를 하고 선교지에 가 있으면 내가 보고 싶다고 연락을 하고 찾아올 사람이 누구인가 생각해보았습니다. 내가 다 늙어 고국에 돌아오면 보고 싶어서 나를 찾아올 이가 누구인지 가만히 생각해 보니 손에 꼽기 어렵더라구요. 여러분도 진짜 가까운 사람들을 한번 찾아보시기 바랍니다. 진짜 가까운 사람들이 예수를 아직 믿지 않고 있다면 꼭 교회에 초청하시기 바랍니다.

우리 교회는 건축을 할 때도 복음을 염두에 두고 했습니다. 예술성도 좋고 역사성도 좋지만 교인들이 다 없어지고 나면 무슨 소용이 있습니까? 유럽처럼 오래된 예배당들이 술집에 팔리고 오락장으로 팔리면 무슨 소용이 있습니까? 많은 교회들이 우리 교회 건축을 벤치마킹하고 있습니다. 우리 교회는 철저하게 복음을 위해 건축했습니다. 여러분이 이웃을 초청하기 쉽도록 지었다는 말입니다. 우리가 초청하려고 마음만 먹으면 하나님께서는 지혜도 주시고 초청할 대상을 우리 앞에 보내 주시는 것입니다. 하나님은 우리 마음을 귀하게 여기시기 때문입니다. 우리가 전도하지 못하는 이유는 할 수 없어서가 아니라 사실은 하려고 마음을 먹지 않았기 때문입니다.

춘천에 사시는 어느 장로님은 교회에서 총동원 주일을 하면서 장로님은 50명, 안수집사님과 권사님은 30명, 집사님은 10명, 일반 성도들은 5명 이상씩 초청하라는 목사님 말씀을 듣고 고민을 했습니다. '목사님 말씀에 순종은 해야 되겠는데, 내가 오늘 내일 하는 몸인데 어떻게 50명을 초청할 수 있겠는가?' 하고 고민하다가 인쇄소에 가서 부고장을 찍었습니다. 그리고 그 부고장을 들고 동네 사람들을 찾아다닙니다. 이 장로님이 동네에서 덕망이 높으신 분입니다.

"아무개 있나?"

"아니, 장로님이 웬일이십니까?"

"자네, 내가 죽으면 내 장례식에 올 건가?"

"무슨 말씀이세요. 제가 장로님을 얼마나 존경하는데요. 반드시 가야지요."

"내가 죽었는데 자네가 오는지 안 오는지 내가 어떻게 알 수 있나? 여기 부고장이 있네. 미리 오게. 조의금은 필요 없네. 밥은 꼭 먹고 가게."

이렇게 해서 112명을 전도했다는 것입니다. 초청할 마음만 먹으면 길이 열립니다. 왜 이렇게 우리가 복음을 전해야 합니까? 나를 위해 십자가를 대신 져 주시고 나를 구원해 주신 우리 주님께서 우리에게 친히 부탁하신 명령이기 때문입니다.

"그러므로 너희는 가서 모든 민족을 제자로 삼아 아버지와 아들과 성령의 이름으로 세례를 베풀고 내가 너희에게 분부한 모든 것을 가르쳐 지키게 하라"고 하셨습니다. '그러므로'가 무슨 뜻입니까? 하늘과 땅의 모든 권세를 내게 주셨으니 너희에게도 그 권세를 준다는 뜻입니다. 복음을 전하는 자에게 하늘의 능력과 권세를 주신다는 말씀입니다. 복음 전하는 자에게 악한 영의 권세를 이기고 살아갈 능력을 주신다는 말씀입니다.

　이 권세를 가지고 첫째는 모든 민족을 제자로 삼으라 하셨습니다. 예수를 믿고 예수님을 따르는 사람들이 되게 하라는 말씀입니다. 둘째는 아버지와 아들과 성령의 이름으로 세례를 베풀라 하셨습니다. 이것이 주님의 명령입니다. 셋째, 내가 너희에게 분부한 모든 것을 가르쳐 지키게 하라 하셨습니다. 주님이 분부한 모든 것은 선한 것입니다. 그 가르침을 따라 살면 우리 인생은 행복합니다. 축복의 인생이 됩니다. 이 땅의 분쟁이 사라집니다. 오늘날 교회가 혼잡스럽고 이단들이 많이 일어나는 것은 가르침을 따라 살지 않고 욕망과 자기 뜻대로 살았기 때문입니다. 주님의 뜻을 따라 살 때 빛과 소금으로 살고 마지막에 영생의 길로 가게 되는 것입니다. 세상의 그 어떤 교회보다 주님의 명령을 앞서서 따라 사는 우리 교회가 되기를 원합니다.

　엊그제 회의를 하는데 "어느 어느 교구에서 길에서 붕어빵을 구워 나누어주며 전도하려고 하는데 재료를 지원해 달라고 하는데 어떻게 합니까?" 하고 부목사님이 이야기를 합니다. 그래서 제가 그랬습니다. "그분들이 자기 집이 어렵다고 붕어빵 기계를 가지고 나가 붕어빵 만들어 팔 분들입니까? 내가 보기에 굶어도 그런 일을 안 하실 분들 같은데 우리 주님을 위해서, 복음을 위해서 하겠다고 하는데 아무리 재정이 없어도 빌려서라도 지원해야지요." 얼마나 귀한 일입니까? 우리 주님께서 얼마나 감동하시겠습니까? 우리 교회를 얼마나 사랑하시겠습니까?

　교회들이 부흥이 일어날 때에는 항상 헌신자들이 앞장섰습니다. 사업이 망한 가정에서 할 일이 없으니 전도라도 하겠다고 끼닛거리도 없는데 몇 달동안 전도지를 자전거에 싣고 다니며 전도한 분도 있었습니다. 이분이 놀라운 축복을 받았습니다. 대구에서도 병원을 하시는 분이 병원 문을 한 달 동안 닫고 전도를 하시기도 했습니다. 우리 교회도 부흥이 일어날 때 자동차를 팔아 전도하신 분도 있고, 병원 수술비를 가지고 전도하신 분도 있습니다. 생명 남아있을 때 복음 전하고 천국에 가서 살겠다고 하셨습니다. 우리 교회의 부흥도 이런 헌신자들을 통하여 일어난 것입니다.

　복음에 대한 헌신은 주님의 사랑에 감동 받은 이들이 할 수 있는 것입니다. 내 죄가 주홍같이 붉은데, 이 죄를 희게 씻어주신 주님의 은혜를 깨달은 이가 전도하는 것입니다. 우리 주님께서 복음을 전하는 우리와 세상 끝 날까지 함께 하시겠다고 약속하셨습니다. 우리 모두가 복음 전하는 일에 함께하는 성도들이 되시길 바랍니다.

📝 적용

ⓐ 오늘 말씀의 주제 파악하기:

ⓑ 오늘 말씀 중 은혜 받은 부분 나누기:

ⓒ 삶에 구체적으로 적용하기:

🙏 함께 드리는 기도제목

1. 나와 가까운 이웃을 주님께로 초청하겠다는 마음과 결심을 주소서.
2. 내가 초청할 대상을 보내주시고, 그를 초청하는 데 필요한 모든 지혜와 능력을 더하여 주소서.
3. 우리 교회가 주님의 지상명령에 가장 앞장서는 교회가 되게 하여 주소서.

17

믿고 세례를 받은 사람은

- **본 문:** 마가복음 16:9-16 (신 86쪽)
- **찬 송:** 161장 (할렐루야 우리 예수, 통 159장)
- **요 절:** "또 이르시되 너희는 온 천하에 다니며 만민에게 복음을 전파하라 믿고 세례를 받는 사람은 구원을 얻을 것이요 믿지 않는 사람은 정죄를 받으리라" (막 16:15-16)

　부활절은 기독교력 중에서 가장 큰 절기입니다. 우리나라를 비롯하여 많은 나라에서 미국의 영향을 받아 성탄절을 크게 지키고 있습니다. 성탄절도 예수님의 탄생일이기 때문에 기쁜 절기임에는 분명합니다. 그러나 성탄절은 상업화된 측면이 있습니다. 그래서 연인 간에, 친구에게, 가족들에게 선물을 주고받는 날로 만들었습니다. 부활절은 세상 사람들이 좋아하는 절기는 아닙니다. 계란 장사는 좋아한다고 합니다. 부활절은 전 세계의 모든 기독교가 함께 지키는 가장 큰 절기입니다. 정교회를 비롯하여 가톨릭과 성공회, 구세군 그리고 모든 개혁교회들이 부활절을 크게 지킵니다. 기독교는 부활의 종교이기 때문입니다. 정교회라 하면 그런 교회도 기독교인가 하고 잘 모르시는 분들이 있는데 기독교입니다. 러시아를 비롯하여 동유럽에는 정교회가 가장 많습니다. 지금 전쟁을 하고 있는 러시아와 우크라이나도 대표적인 정교회 국가들입니다. 러시아에서 공산혁

명이 일어날 때도 정교회만큼은 어떻게 하지를 못했습니다.

쉽게 설명하면 초대 기독교가 확장되면서 다섯 개 교구가 있었는데, 당시 로마교회가 "우리가 보편적 교회다, 즉 Catholic Church다" 하고 주장을 합니다. 우리가 최고라는 겁니다. 그래서 오늘까지 가톨릭교회라고 부르게 됩니다. 그러자 이슬람의 지배 하에 있던 콘스탄티노플, 안디옥, 예루살렘, 알렉산드리아 교구에서 "아니다. 우리가 Orthodox Church다. 정통교회다" 하고 주장을 합니다. 그래서 정교회라는 이름을 갖게 됩니다. 사실은 부끄러운 분열의 역사입니다. 그리고 이후 타락한 가톨릭교회에 대해 종교개혁이 일어나면서 개혁교회가 세워지게 됩니다. 개혁교회는 이후 장로교, 감리교, 성결교, 침례교 등으로 다양한 모습을 갖게 됩니다. 어쨌든 이 모두가 하나님을 섬기고 부활하신 예수 그리스도를 구주로 믿는 하나의 기독교입니다.

모든 기독교는 부활을 믿습니다. 그런데 이 부활이라는 것이 증명된 적이 없습니다. 부활을 지금 본 사람도 없습니다. 누군가 죽었다가 다시 살아난다면 부활을 믿겠지만 사람은 죽으면 그 뒤를 알 수가 없습니다. 제가 아는 어떤 사람은 무슨 일이 있으면 할머니도 죽고 장모님도 죽었다며 핑계를 대는 것입니다. 그런데 늘 부활합니다. 어떤 직원에게 과장이 묻습니다. "자네, 부활이라는 것을 믿는가?" "아니요, 저는 종교가 없습니다." "지난 화요일 자네 장모님이 돌아가셨다고 결근했었지? 자네 장모님이 부활하셨네. 여기, 자네 찾는 장모님 전화 왔네."

간혹 가다가 보면 뉴스에 죽었다가 다시 살아난 사람들의 이야기가 나옵니다. 장례식을 하는데 관을 열고 나온 사람도 있습니다. 죽었다고 슬프게 울고 있는데 다시 살아난 사람도 있습니다. 사람들은 죽음 이후에 대하여 두려워하며 관심을 갖습니다. 그래서 죽었다가 살아난 사람들의 이야기가 책으로 나오기도 했습니다. 이들 중 어떤 사람들은 긴 터널을 지나가는데 "아직 올 때가 안 되었는데 왜 왔느냐?" 하는 소리를 듣고 다시 깨어났다고 이야기를 하곤 합니다. 저승사자를 만났다고 하는 사람도 있습니다. 천국과 지옥에 갔다 왔다고 말하는 사람도 있습니다. 또 인기를 얻으려고 죽었다가 다시 살아났다고 거짓말을 하는 사람들도 많이 있었습니다. 그런데 이것은 실제로 죽은 것은 아닙니다. 죽음까지 간 것이 아닙니다. 죽음은 다시 돌아올 수 있는 곳이 아닙니다. 하나님께서는 우리 인생에 단 한 번의 생을 주셨습니다. 그리고 우리는 죽음 이후에 영원한 하나님 나라로 가게 됩니다. 죽은 사람이 다시 살아난다는 것, 그것을 사람들은 믿지 못합니다. 그래서 오늘 읽은 성경에 나오는 제자들까지도 예수님께서 부활하셨다는 처음 있는 사실에 대하여 믿지 못했습니다.

과학과 종교의 차이가 무엇입니까? 과학은 우리가 밝혀낸 지식을 근거로 합니다. 우리는 물은 100도에서 끓는다고 과거에 배웠기 때문에 철석같이 이 진리를 믿고 있지만 사실은 아닙니다. 기압에 따라, 조건에 따라서 각기 다른 온도에서 물은 끓습니다. 백두산에서는 90도에 끓습니다. 여러분이 밥을 짓는 압력밥솥에서는 120도 정도가 되어야 끓습니다. 그래서 찰지고 맛있는 밥이 됩니다. 사실은 이 세상에서 가장 많이 믿고 있지만, 제일 많이 바뀐 교과서가 과학 교과서입니다. 그런데도 사람들은 과학을 신봉합니다. 눈에 보여지기 때문입니다. 이 과학이 대단합니다. 깊은 물속도 밝혀내고 보이지 않는 땅속도 밝혀냅니다. 밤중에 보이지도 않는 우주의 수많은 별들도 사진으로 찍어냅니다. 우주에는 태양보다 수천 배, 수만 배나 더 큰 태양들이 셀 수도 없이 많습니다. 이렇게 끝이 보이지도 않는 우주를 찍어내는 과학이 참으로 놀랍습니다. 그런데 부활이라는 것은 사람이 한번 죽으면 다시 살아날 수 없다는 과학이 밝힌 것과 달리 눈에 보여지지 않으니 부활을 사람들이 믿지 못하는 것입니다.

부활은 믿음으로 보아야만 믿을 수 있는 것입니다. 이 믿음이 신비합니다. 과학과 종교에 대한 논쟁들을 많은 학자들이 해 왔습니다. 양편에 선 사람들은 한 세기를 대표하는 위대한 학자들입니다. 철학자도 있고 과학자도 있고 의학박사도 있습니다. 한 사람은 믿음이 없고 한 사람은 믿음이 있기에 각기 다른 눈으로 본 것입니다. 그러면 진리는 무엇입니까? 우리가 이 땅을 살고, 이 땅 이후에 무엇이 찾아올 것인가는 우리 인생에 중요한 문제입니다. 죽음 이후를 생각하는 것이 가장 중요한 진리인데 사람들은 이 진리를 모릅니다.

예수님께서는 성경 곳곳에서 부활을 말씀하셨습니다. 제자들에게 "내가 죽을 것이다" 하니 제자들이 낙심할 때에 "그러나 내가 사흘 만에 부활할 것이다"라고 말씀하셨습니다. 바리새인들을 향하여 "내가 사흘 만에 성전을 일으키겠다"라고 하셨습니다. 바리새인들은 "거대한 성전을 사흘 만에 짓겠다고 하는가? 헛소리다" 하며 비웃었습니다. 예수님께서는 사람들이 기적을 보여 달라고 할 때 "나는 요나의 기적밖에는 보여줄 것이 없다"라고 하셨습니다. 요나가 사흘 동안 물고기 배 속에 있었던 사건입니다. 이것은 과학적으로 불가능한 사건이었습니다.

예수님께서 성전을 사흘 만에 일으키겠다고 하신 말씀이나 요나의 기적은 바로 예수님 자신이 사흘 만에 부활할 것임을 예고하신 것입니다. 예수님은 "나는 부활이요 생명이다"라고 말씀하셨습니다. 나는 부활이라고 할 때 이 말씀이 무슨 의미인지 당시에는 알 수 없었지만 예수님은 다시 사심을 말씀하신 것입니다. 이 말씀처럼 예수님은 죽으러 오신 것이 아니라 죽음으로 우리의 죄의 문제를 해결해 주시고 부활로 영원한 생명을 주시려 찾아오신 것입니다.

오늘 성경에 예수님께서 부활하셨을 때에 막달라 마리아도 처음에는 예수님이 동산지기인 줄 알았습니다. 부활하신다는 것을 상상도 못했기 때문입니다. 막달라 마리아가 모여 있던 제자들에게 가서 예수님이 다시 사셨다고 알렸지만 제자들도 믿지 않았습니다. 엠마오 마을로 가던 두 제자가 부활하신 예수님을 만나고 제자들에게 부활을 알렸으나 제자들은 믿지 않았습니다. 자신들의 경험, 자신들의 지식에 결코 용납할 수 있는 것이 아니었기 때문입니다.

도마 같은 제자는 내가 예수님의 못 박힌 손자국에 손을 넣어보아야, 창으로 찔린 그 옆구리에 손을 넣어보아야 믿겠다고 했습니다. 이 말은 못 믿겠다는 말입니다. 예수님은 이후 도마에게 나타나셔서 "네 손가락을 내밀어 내 손을 만져보고 네 손을 내 옆구리에 넣어보아라. 너는 보았기 때문에 나를 믿느냐? 보지 않고 나를 믿는 자는 복이 있다"라고 말씀하셨습니다. 이때 도마는 엎드려 '주 나의 하나님'이라 고백했습니다. 이렇게 예수님의 부활을 의심하던 도마는 부활하신 예수님을 직접 만나고는 변화되었습니다. 그리고 인도로 건너가 복음을 전했고 창에 찔려 순교합니다. 인도는 도마의 전도로 인하여 지금 삼천만 명 정도의 기독교인이 있습니다. 도마뿐 아니라 수제자 베드로와 요한도 예수님의 빈 무덤을 보고도 예수님의 부활을 믿지 못했습니다. 죽은 자가 다시 살아난다는 것은 자신들의 과학과 지식을 벗어나는 것이었기 때문입니다.

부활은 신비한 사건입니다. 우리가 부활을 믿는다는 것은 내 안에 신비한 사건이 일어나야 가능한 것입니다. 내 안에 부활의 사건이 없다면 예수는 그저 남들이 믿는 대상에 불과할 뿐입니다. 예수님은 이후 열한 제자 앞에도 나타나셨고 고린도전서 15장을 보면 500여 제자들 앞에 나타나셨습니다. 그리고 모든 이들이 보는 가운데서 구름 가운데 하늘로 오르셨습니다. 이 사건 이후로 제자들이 바뀌기 시작합니다. 담대히 나는 예수 그리스도를 따르는 사람이라고 고백합니다. 가는 곳마다 부활하신 예수님을 전했습니다. 그것은 내 눈으로 부활하신 예수님을 만났기 때문입니다.

초대교회는 유대교뿐만 아니라 로마의 극심한 핍박을 받았습니다. 단지 예수 믿는다는 이유로 미움을 받았습니다. 사자 굴에 던져지고 끓는 기름 솥에도 던져졌습니다. 어떻게 그럴 수 있습니까? 내가 내 눈으로 부활하신 주님을 똑똑히 보았기 때문입니다. 그리고 나도 주님처럼 부활할 것임을 확실히 믿었기 때문입니다. 이 확신이 죽음을 두려워하지 않게 하였고 로마를 변화시켰고 수백 년이 지나지 않아 로마는 기독교 국가가 된 것입니다. 오늘도 확신이 나를 변화시킵니다. 확신이 없으면 하나님께서 천지를 창조하신 것을 믿을 수 없습니다. 예수님의 부활도 믿을 수 없습니다. 내가 부활한다는 사실도 믿을 수 없습니다. 우리는 어떻게 부활하신 주님을 만날 수 있습니까?

삼위일체의 한 분이신 성령님께서 내 안에 오시면 내 마음을 주장하십니다. 그래서 부활하신 예수님이 저절로 믿어집니다. 예수님이 나를 위해 십자가를 지셨다는 사실이 믿어집니다. 내가 부활할 것임을 믿게 되는 것입니다. 그래서 독실한 기독교 신자들은 죽음을 두려워하지 않고 마지막에도 환한 얼굴로 "나는 천국으로 간다. 천국에서 다시 만납시다" 하고 마지막 인사를 하는 것입니다.

어떤 분은 "천사들이 지금 나를 맞으러 온다" 하고 얼굴이 환하게 빛나며 죽음을 맞이하는 사람도 보았습니다. 목회를 하셨던 저의 아버지도 "나는 이번 주일에 하나님 나라로 간다" 하고 걸어서 저희 집에 오셔서 말씀하신 대로 그 주에 하나님 품으로 떠나셨습니다.

예수님께서는 "너희는 온 천하에 다니며 만민에게 복음을 전파하라" 하셨습니다. 너희가 본 부활을 증거하라는 것입니다. 우리 교회는 일 년에 두 차례 세례 예식을 갖는데, 세례는 "내가 부활하신 예수님을 믿습니다" 하는 고백입니다. 우리 예수님은 우리에게 많은 것을 요구하시는 것이 아닙니다. 무엇을 드려야 복을 받는다고 하신 것도 아닙니다. 단 하나, 믿음이 있으면 된다는 것입니다. 예수님이 나를 위해 십자가를 지셨고 부활하셨고 나도 부활할 것을 믿으면 된다는 것입니다. 그래서 "믿고 세례를 받는 사람은 구원을 얻을 것이요 믿지 않는 사람은 정죄를 받으리라" 하신 것입니다.

하나님의 말씀을 자꾸 들으면 믿음이 들어갑니다. 그래서 지구상에 수십억의 사람들이 예수를 만나고 믿는 것입니다. 하나님을 모신 사람으로 살게 되는 것입니다. 그리고 이 믿음으로 사는 자들에게 구원의 은총을 주십니다. 이 땅에서는 한번 죽으나 영원히 사는 삶을 받게 되는 것입니다. 그러나 믿지 않는 자는 자신의 죄의 문제를 해결하지 못하기에 정죄를 받게 되는 것입니다. 여러분은 예수를 나의 구주로 믿고 구원의 은총을 입게 되기를 소망합니다. 그리고 우리 성도들도 변치 않고 정결하게 살아 믿음으로 구원에 이르는 성도들이 되시기를 바랍니다.

📝 적용

ⓐ 오늘 말씀의 주제 파악하기:

_____

ⓑ 오늘 말씀 중 은혜 받은 부분 나누기:

_____

ⓒ 삶에 구체적으로 적용하기:

_____
_____

🙌 함께 드리는 기도제목

1. 예수님의 부활을 믿음으로 확신하며, 견고한 부활 신앙으로 살게 하소서.
2. 예수님의 부활을 담대하게 전파하는 삶을 살게 하소서.
3. 죽음 이후에 찾아올 천국을 준비하는 삶을 살게 하소서.

18

복된 만남

- ❦ **본 문:** 룻기 2:8-12 (구 403쪽)
- ❦ **찬 송:** 379장 (내 갈 길 멀고 밤은 깊은데, 통 429장)
- ❦ **요 절:** "룻이 엎드려 얼굴을 땅에 대고 절하며 그에게 이르되 나는 이방 여인이거늘 당신이 어찌하여 내게 은혜를 베푸시며 나를 돌보시나이까 하니 보아스가 그에게 대답하여 이르되 네 남편이 죽은 후로 네가 시어머니에게 행한 모든 것과 네 부모와 고국을 떠나 전에 알지 못하던 백성에게로 온 일이 내게 분명히 알려졌느니라" (룻 2:10-11)

우리는 늘 만남과 헤어짐을 반복하며 살아갑니다. 태어나면서 부모님을 만나고, 친구를 만나고, 선생님을 만나고, 사랑하는 사람을 만나고, 수많은 만남이 있습니다. 같은 학교이기 때문에, 같은 직장이기 때문에, 같은 군 생활을 하기 때문에 매일 같이 만나야 하는 사람들도 있습니다. 전철에서, 식당에서 그저 스쳐 지나가는 만남도 있습니다. 사람만 만나는 것이 아닙니다. 동물들과도 만납니다. 산과 바다와 만납니다.

저는 초등학교 때 예쁜 크레파스를 선물 받았는데 그 크레파스로 늘 그림을 그렸습니다. 크레파스와의 만남이 지금도 기억이 납니다. 내가 좋아했던 운동화와의 만남, 학생 시절에 어렵게 구입했던 워드 프로세서와의 만남, 첫 컴퓨터와의 신기했던 만남, 산에 올라 바위틈에 피어있는 꽃들과의 만남, 처음 산 승용차와의 만남 등 기억에 남는 많은 만남들이 있습니다. 처음 산 승용차가 낡아져서 팔때에 마치 딸을 시집보내는 것 같았습니다. 모든 만남을 통해 우리는 웃고 울고 즐거워하고 슬퍼합니다.

우리는 누구나 좋은 만남을 기대합니다. 정채봉 씨의 〈처음의 만남으로 돌아가라〉라는 글을 보면 마치 시 같은 만남에 대한 내용이 있습니다.

> 가장 잘못된 만남은 생선과 같은 만남이다.
> 만날수록 비린내가 묻어오니까.
> 가장 조심해야 할 만남은 꽃송이 같은 만남이다.
> 피어있을 때 환호하다가 시들면 버리니까.
> 가장 비천한 만남은 건전지와 같은 만남이다.
> 힘이 있을 때는 간수하고 힘이 다 닳았을 때는 던져버리니까.
> 가장 시간이 아까운 만남은 지우개 같은 만남이다.
> 금방의 만남이 순식간에 지워져 버리니까.
> 가장 아름다운 만남은 손수건 같은 만남이다.
> 힘이 들 때는 땀을 닦아주고 슬플 때는 눈물을 닦아주니까.

정말 우리의 만남을 잘 표현한 글입니다. 좋은 사람인 줄 알고 만났는데 만날수록 비린내가 묻어오는 그런 사람도 있었습니다. 필요할 때는 늘 전화하고 필요가 없으면 연락도 끊어버리는 그런 사람도 보았습니다. 그렇게 가깝게 지냈는데 시간이 흐르고 나니 휴대폰에도 전화번호가 없는 그런 사람도 있었습니다. 그리고 늘 걱정해 주고 염려해주고 기도해주는 그런 사람도 있었습니다. 이 글을 읽으면서 나도 이 만남 중의 한 사람이 아닌가 하는 생각을 해보았습니다.

저는 도림교회와의 만남을 감사하게 생각합니다. 좋은 장로님들, 집사님들, 권사님들을 만나고 성도들을 만났습니다. 제가 무엇이라고 하루도 빼지 않고 저를 위해 기도하신다는 분들의 말을 들으면 너무나 감사한 것뿐입니다. 우리 교회를 통해 인생을 새롭게 살게 되었고 하나님을 만나 너무 행복하다는 이야기를 눈물을 글썽거리며 할 때에 너무 감사한 것뿐입니다. 오늘도 여러분은 어떤 분과의 만남을 통해 이 자리에 오게 되었고 또 저와도 만나게 되었습니다. 여러분의 인생의 만남이 늘 복된 만남이 되시길 바랍니다. 근래에 학폭 문제가 언론에 자주 오르내리고 있습니다. 즐겁고 행복해야 할 학창 시절이 원하지 않는 만남으로 인해 고통으로 얼룩진 사람들의 가슴 아픈 이야기입니다. 내 인생에 저 사람만 만나지 않았더라면 하는 만남도 있습니다. 우리는 내가 다른 사람들에게 좋은 만남이 되어야 하겠고 또한 내가 만나는 사람들이 좋은 사람들이 되기를 기도해야 할 것입니다.

제가 성도들을 축복하며 기도할 때 좋은 만남을 위한 기도를 많이 합니다. 특히 새가족들을 위하여 기도할 때에 긍정적인 사람들, 행복한 사람들, 잘되는 사람들, 믿음의 사람들이 주변에 있게 해달라고 축복합니다. 내 옆에 있는 사람이 긍정적이면 나도 긍정적이 됩니다. 내 옆에 행복한 사람이 있으면 그 사람으로 인해 나도 행복합니다. 잘되는 사람이 내 옆에 가까이 있으면 나도 잘되는 복을 받습니다. 내 옆에 믿음의 사람이 있으면 나도 믿음의 영향을 받게 됩니다. 그러므로 좋은 만남이 중요합니다.

오늘 말씀의 배경은, 유대 여인 나오미가 고향을 떠나 모압 땅으로 이주를 합니다. 그곳에서 나오미는 남편을 잃고 두 아들을 잃습니다. 거기다가 흉년을 만나 모든 재산을 잃고, 먹고 살기가 어려워 졌습니다. 한 지붕 세 가족이라는 드라마도 있었는데, 한 지붕 세 과부가 산 것입니다. 남자도 살기 힘든 시대에 여자 셋이 산다는 것은 너무나 힘든 일이었습니다. 시어머니 나오미는 두 며느리에게 너희들은 나이가 젊으니 너희 동족에게 가서 재혼하라고 합니다. 살길을 찾으라는 말입니다. 첫째 며느리 오르바는 소리높여 울면서 거부했으나 결국 시어머니의 곁을 떠나갑니다. 그런데 둘째 며느리 룻은 "저더러 어머니를 떠나라 하지 마세요. 어머니가 가시는 곳에 나도 가고 어머니가 사는 곳에 나도 살겠습니다. 어머니의 백성이 내 백성이 되고 어머니의 하나님이 내 하나님이 될 것입니다. 우리를 죽음만이 갈라놓을 수 있습니다"라고 단호하게 말합니다. 룻의 이야기를 들어보면 시어머니와 아름다운 관계였음을 볼 수 있고 시어머니의 믿음을 따라 하나님을 잘 믿었던 것을 볼 수 있습니다. 첫째 며느리 오르바는 누구보다 가까운 관계였으나 이제 다시는 못 만날 사이가 되었습니다. 오르바는 이제 하나님을 버리고 자기 동족들이 섬기는 우상을 섬기는 고향으로 간 것입니다. 그런데 둘째 며느리 룻은 앞으로 배고프고 힘든 일이 닥쳐와도 어머니와 함께 살겠다는 것입니다. 나는 하나님을 섬기며 살겠다고 단호하게 결정합니다.

오늘 말씀에 나오는 룻은 모압 여인으로 처음의 만남에는 실패했습니다. 행복하기 위해 결혼했으나 십 년 만에 남편이 죽고 늙은 시어머니까지 모셔야 하는 처지가 되었습니다. 당시는 15세경에 일반적으로 결혼했으니 지금 25살쯤 된 것입니다. 젊은 나이입니다. 룻이 시어머니를 모시고자 한 것은 시어머니와 관계가 좋아서 그럴 수도 있습니다. 옛날이나 오늘이나 시어머니와 관계가 좋은 며느리는 복된 며느리입니다. 그만큼 쉽지 않다는 말입니다. 시어머니는 옛날에 구박을 받고 시집살이 하며 살아온 세대입니다. 어려운 시대를 살아왔기에 사는 며느리와 사는 방식이 다릅니다. 며느리가 돈을 쓰고 살림살이하는 것이 나는 그렇게 살지 않았기 때문에 마음에 들지 않습니다. 옛날에는 30촉짜리 전구를 켜는 것도 전기세가 아까워 벌벌 떨었습니다. 화장실에는 10촉짜리 붉고 컴컴한 등불 하나를 켜 놓았습니다. 옷도 기워 입고 살았는데 며느리가 살림하는 것을 보니 마음에 안드는 것입니다. 며느리는 며느리대로 시어머니가 옆에만 있어도 숨이 멈춥니다.

옛날 에덴동산이 천국이었던 이유는 시어머니가 없었기 때문이랍니다. 그런데 룻은 시어머니 나오미와 끝까지 함께 살겠다고 했습니다. 룻이 나오미와 끝까지 함께하겠다고 했던 또 한 가지 중요한 이유는 하나님을 향한 믿음 때문입니다. 룻은 "어머니의 하나님이 나의 하나님이 되고 내가 어머니를 떠나면 하나님께서 내게 벌을 내리시고 더 내리시기를 원하나이다"라고 했습니다. 이것이 대단한 믿음입니다. 우리 기독교인들은 부모에게 효도해야 합니다. 시부모에게도 잘하셔야 합니다. 이것은 하나님의 명령이기 때문입니다. 부모에게 효도하고 공경하는 자에게 땅에서 잘되고 장수하는 복을 주시겠다고 약속하셨습니다. 이것이 약속 있는 첫 계명이라 하셨습니다. 첫 번째 계명이니 얼마나 중요한 계명입니까? 부모를 공경하면 하나님을 잘 섬기는 데다 잘되기도 하고 건강하여 장수하기도 하니 만복을 받는 것입니다. 룻이 한사코 어머니를 떠나지 않겠다 하자 나오미는 할 수 없이 룻을 데리고 고향 유대 땅으로 돌아옵니다. 지도에 나오는 것처럼 먼 광야 길이었습니다. 지금은 차를 타고 쉽게 이동할 수 있지만 그 먼 광야 길을 두 과부는 고생고생하며 구걸하며 몇 달을 걸어갔을 것입니다.

오늘 말씀의 제목이 복된 만남인데 룻은 여기서 인생을 바꾸는 만남을 가지게 됩니다. 먹고 살 것이 없으니 룻은 남의 추수 밭에 가서 추수하고 떨어진 이삭을 주워 시어머니를 섬겼습니다. 그런데 여기서 보아스라는 유력한 인사를 만나게 됩니다. 보아스는 나오미의 먼 친척입니다. 보아스는 우연히 룻을 만나 자초지종을 듣고 너는 다른 곳에 가지 말고 내 밭에서 이삭을 주우라고 합니다. 그리고 종들에게는 곡식단을 일부러 뽑아버리라고 하여 룻이 곡식을 쉽게 줍게 합니다. 그리고 일하는 소년들에게 이 여인을 건드리지 말라고 합니다. 당시에 힘없는 이방 여인이 홀로 다니니 남자들이 희롱할 수 있었습니다. 심지어 떡을 먹을 때 불러 옆에서 음식을 먹게도 했습니다. 집에 돌아왔을 때 성경에 보면 보리를 한 에바쯤 주워 왔습니다. 한 에바는 22리터로 큰 생수통 한가득 되는 무게라고 보면 됩니다.

시어머니 나오미가 놀라 어떻게 이렇게 많은 곡식을 주워 왔느냐고 할 때에 자초지종을 이야기합니다. 이 정도 이야기하면 어떤 만남이 이루어지는지 생각이 드십니까? 보아스는 나오미의 가장 가까운 친족을 불러 나오미의 남편 엘리멜렉의 소유지를 구입하라고 합니다. 소유지를 구입한다는 말은 룻과 나오미의 미래도 책임진다는 뜻입니다. 그 후손이 끊어지지 않도록 책임지라는 이야기입니다. 당시는 성경에 사사시대라고 했는데 왕이 없던 시대입니다. 다윗 왕이 나오기 전입니다. 다윗이 주전 1030년 출생했다고 알려지고 있으니, 룻의 시대는 이보다 더 오래전입니다. 당시는 전염병에도 취약했고 전쟁도 많아 남자들이 죽는 일들이 많이 있었습니다. 그래서 당시의 율법은 남편이 죽으면 그 소유지를 형제들이 받고 그 집안을 책임지게 됩니다. 형제들이 없으면 가까운 친척이 그 역할을 하게 됩니다. 사회적 약자인 여성과 고아들을 보호하기 위한 당시의 법이었습니다. 그런데 가장 가까운 친척이 나는 책임을 질 수 없다고 거부합니다. 과부 두 사람을 봉양하기 힘들다는 말입니다.

그러자 보아스가 이 일을 책임지게 됩니다. 그래서 보아스와 룻의 세기의 결혼이 이루어지게 됩니다. 신데렐라 이야기의 현실판입니다. 불행한 삶을 살아가야 할 수밖에 없었던 한 여인이 멋진 한 사람을 만나 재혼에 성공하는 이야기입니다. 룻은 오벳을 낳고 오벳은 이새를 낳습니다. 이새는 다윗의 아버지입니다. 예수님의 족보도 여기에서 나옵니다. 다윗 왕뿐 아니라 예수님에게 이방 여인의 피가 섞여 있다는 것을 기록한 성경이 놀랍습니다. 유대인들은 자존심이 무척 강한 민족입니다. 이들이 제일 자랑스럽게 생각하는 인물이 다윗 왕입니다. 다윗이 유다 지파인 것을 자랑하는 사람들입니다. 우리가 정통이라는 것입니다. 우리로 말하면 진골, 성골쯤 된다는 말입니다.

그런데 성경은 이방 여인에게서 다윗 왕이 태어났다는 사실을, 이 여인의 후손에 예수님이 있다는 이런 부끄러운 이야기까지 남김없이 기록하고 있습니다. 성경이 만들어진 이야기라면 이런 이야기는 삭제했을 것입니다. 룻은 이방 여인 거기다가 남편이 죽어 재혼한 여인인데도 위대한 성경의 반열에 기록되었습니다. 그 이유가 어디에 있습니까? 복된 만남 때문입니다.

보아스를 만나 그의 인생이 행복으로 바뀌었습니다. 그 출발이 어디에 있습니까? 첫째는 여호와 하나님을 죽어도 섬기겠다는 신앙의 결단입니다. 오늘 읽은 말씀을 보면 보아스는 하나님을 잘 섬기는 사람이었고, 보아스와 룻의 만남은 신앙의 만남이었습니다. 둘째는 시어머니 나오미를 끝까지 책임지겠다는 아름다운 효도의 마음이었습니다. 11절을 보면 룻이 시어머니를 잘 섬긴 것이 이 지역 사람들에게 소문이 났다고 보아스는 이야기합니다. 이것을 하나님께서 좋게 보신 것입니다. 그래서 보아스를 만나게 하셨습니다. 보아스의 마음을 움직여 주셨습니다. 보아스에게 룻을 사랑스럽게 볼 수 있도록 그 마음에 감동도 주셨습니다. 여러분! 사랑한다는데 어떻게 하겠습니까? 하나님께서 만드신 작품은 이처럼 놀라운 것입니다. 우리가 실력이 없고 능력이 부족해도 하나님의 은혜가 나와 함께하면 놀라운 역사가 일어나게 되는 것입니다. 내 옆에 실력 있고 능력 있는 사람이 함께하면 나도 실력 있고 능력 있는 삶을 살게 되는 것입니다.

하나님께서 우리에게 복된 사람들을 만나게 하셔야 우리 인생이 행복합니다. 내 인생에 원치 않는 사람, 정말 있어서는 안 될 사람이 내 계획과 내 마음과 다르게 나타나면 내 인생은 엉망진창이 되고 말 것입니다. 지금까지 룻처럼 불행한 인생이었어도 괜찮습니다. 복된 사람들을 만나 다시 시작하면 되는 것입니다. 지금까지 실패했어도 괜찮습니다. 속고 살았어도 괜찮습니다. 시인 류시화는 "새는 날아가면서 뒤돌아보지 않는다"고 했습니다. 고개를 뒤로 돌린 새는 죽은 새입니다. 믿음의 사람들은 긍정적인 눈으로 앞을 보고 희망의 노래를 부르며 살아가는 사람들입니다. 기독교인에게는 절대로 절망이 없습니다. 하나님이 우리의 길을 인도하시기 때문입니다. 지금까지 룻처럼 불행한 만남이었어도 괜찮아요. 은혜가 있으면 되는 것입니다. 그러면 보아스 같은 좋은 만남을 갖게 되는 것입니다. 이 세상에는 악한 사람들이 생각보다 많습니다. 처음에는 좋은 것 같지만 나쁜 결말을 가져오는 사람들이 많습니다. 그러나 우리 하나님과의 만남은 항상 끝이 좋습니다. 여러분, 우리 교회에서 가장 복된 만남이 되시고 무엇보다 우리 하나님과의 만남을 통해서 영생의 복을 누리는 여러분이 되시길 바랍니다.

적용

ⓐ 오늘 말씀의 주제 파악하기:

ⓑ 오늘 말씀 중 은혜 받은 부분 나누기:

ⓒ 삶에 구체적으로 적용하기:

함께 드리는 기도제목

1. 좋은 만남의 축복이 가득한 인생을 살게 하소서.
2. 다른 사람들에게 좋은 만남이 되는 인생을 살게 하소서.
3. 하나님과의 만남을 통해 영생의 복을 누리는 인생을 살게 하소서.

19

자녀들아, 아비들아 I

❋ 본 문: 에베소서 6:1-4 (신 316쪽)
❋ 찬 송: 565장 (예수께로 가면, 통 300장)
❋ 요 절: "자녀들아 주 안에서 너희 부모에게 순종하라 이것이 옳으니라 네 아버지와 어머니를 공경하라 이것은 약속이 있는 첫 계명이니" (엡 6:1-2)

〈금쪽같은 내새끼〉라는 텔레비전 프로그램이 인기가 있습니다. 유튜브에도 이 프로그램은 몇십만 회의 조회수를 기록합니다. 어떤 것은 백만 회가 넘습니다. 그만큼 자녀 교육에 관심이 많다는 말입니다. 이 프로그램을 보면 별의별 일들이 다 나옵니다. 밥은 뱉어내고 날고기만 먹는 아이, 학교에 가면 욕을 하고 반항하는 아이, 머리를 쥐어뜯는 아이, 휴대폰 중독, 통제 불가 등 상상할 수 없는 일들이 있습니다. 내 자녀가 저런 행동을 한다면 어떻게 할지 상상이 안 됩니다. 이 프로그램을 보면 내 자녀들은 최고의 모범생이고 천사들입니다. 이런 아이들은 도저히 그 행동을 감당할 수 없고 바뀌지 않을 것 같은데 오은영이라는 교수가 나와 상담을 하고 아이의 행동을 교정해 나갑니다. 아이가 자기 행동을 고쳐나가는 것을 보면 대개 아이 그 자체에 문제가 있는 것이 아니라는 이야기입니다. 아이들이 성격에 문제가 있어 문제행동을 일으키는 것이 아니라 외로워서, 혹은 두려워서, 혹은 사랑과 관심을 받고 싶어서 문제를 일으킨 것입니다.

반려견을 치료하는 '개통령'이란 별명이 붙은 강형욱 씨도 있습니다. 주인 외에는 누구도 가까이 갈 수 없는 개, 집에서도 자기가 왕처럼 행동하는 개, 두 마리의 반려견이 서로 죽일 듯이 싸우는 등 해결이 안 되는 상황 속에서도 개통령 강형욱 씨가 등장하면 다 해결이 됩니다. 반려견을 끌고 산책을 할 때도 개가 앞장서서 끌고 가면 이 개는 자기가 왕입니다. 그래서 행동을 교정시켜 주어야 합니다. 어떤 문제라도 개통령이 나서기만 하면 순식간에 교정이 됩니다. 문제는 개의 문제가 아니라 사람의 문제였습니다.

어린이는 백지와 같다고 했습니다. 그 백지에 그림을 그리는 것은 부모입니다. 부모가 어떤 그림을 그렸느냐에 따라 오늘의 자녀의 모습이 만들어진 것입니다. 내 자녀가 문제가 있다면 자녀가 그렇게 되도록 만든 부모의 문제가 있습니다. 부모가 먼저 자신의 행동을 고쳐야 됩니다. 하나님께서는 가정은 천국이라 말씀하셨고, 천국이 되어야 한다고 했습니다. 이 천국에서 자녀는 가정의 보배요 미래입니다. 그런데 보석 같아야 할 자녀가 그렇지 못하다면 천국을 만들지 못한 부모의 책임입니다. 예수님은 어린이를 사랑하셨습니다. 제자들이 시끄럽다고 야단칠 때에 예수님께서는 오히려 어린아이를 품에 안으시고 천국은 어린아이와 같지 아니하면 들어갈 수 없다고 하셨습니다. 우리 교회는 가정마다 자녀들이 보석같이 아름답고 귀한 존재로 자라기를 바랍니다.

가정에서 아이들과 가까이 지내려면 아이들의 눈높이로 함께 놀아주어야 합니다. 세 살 때는 세 살처럼, 일곱 살 때는 일곱 살처럼 그렇게 놀아주어야 합니다. 사춘기가 오면 그 사춘기를 이해하면서 함께 지내야 합니다. 아이들과 씨름하며 뒹굴고 같이 여행을 다니고 꾸준히 노력해야 합니다. 그런데 그게 잘 안 됩니다. 어른들은 먹고 살기 바쁘기 때문에, 또 사는 것이 힘들기 때문에 자녀들에 대해 소홀해지게 됩니다. 그 순간 자녀들이 멀어집니다. 한번 멀어진 자녀들이 다시 돌아오려면 수십 배의 노력이 필요합니다. 아이들이 큰 다음에 같이 놀러가자고 하면 좋다고 갑니까? 다 큰 다음에 대화하자고 하면 대화합니까? 이미 가족들과 함께 천국을 이루어 나가는 것을 잃어버렸기 때문에 되지 않습니다.

저도 목회한다고 바쁘다는 핑계로 자녀들과 함께 뒹굴지 못했습니다. 그리고 나니 지금 얼마나 후회가 되는지 모릅니다. 지방에 있을 때에는 그래도 강변에 나가 자전거도 타고 롤러스케이트도 탔지만 서울에 와서는 그러지를 못했습니다. 공 차러 나가자고 했을 때 공 차러 나가지 못했습니다. 자전거 타러 가자고 했을 때 한 번도 자전거를 함께 타지 못했습니다. 그것이 지금 후회가 되는 것입니다. 옛말에 농사 중에서 가장 큰 농사가 자식 농사라 했습니다. 건강 농사도 중요하고, 일에 대한 농사도 중요합니다. 그런데 자식 농사만큼은 후회해서는 안 되는 것입니다. 여러분, 후회하지 않기를 바랍니다.

사람은 긍정과 칭찬으로 키워야 합니다. 사람들 중에도 보면 매사에 부정적인 사람이 있습니다. 그 부정적인 성격은 어릴 때 그렇게 만들어진 것입니다. 아기들이 자랄 때 한걸음에 되는 것이 없습니다. 기어 다니던 어린 아기가 일어서서 걷기까지는 수없는 칭찬과 격려와 희생이 필요합니다. 아기가 일어서면 부모님은 잘한다고 박수를 쳐 줍니다. 앞에서 양팔을 벌리고 한 걸음 걸어 보라고 합니다. 아기는 자신이 없습니다. 한 번도 해보지 않은 일입니다. 그래서 주저할 때에 부모는 박수를 쳐 주면서 한 발만 나아오라고 격려합니다. 그러면 아기가 첫 발걸음을 뗍니다. 몇 개월 만에 겨우 한 발자국을 걸었다고 그것이 뭐 그렇게 대단하다고 박수를 치면서 얼마나 칭찬을 합니까? 소나 말을 보면 태어나자마자 일어나서 걷는데, 자기가 알아서 젖을 찾아 무는데 만물의 영장인 사람이 몇 달 만에 겨우 한 걸음 걸었다고 그렇게 온 가족이 칭찬을 합니까? 이 칭찬을 먹고 아기는 긍정으로 자라는 것입니다.

그런데 유치원에 들어갈 나이가 되면 그때부터 경쟁에 내몰리기 시작합니다. 아침에 일찍 일어나라고 합니다. 아이는 아침에 일어나는 것이 힘이 듭니다. 그런데 부모님이 출근을 해야 하기 때문에 아침에 깨웁니다. 하기 싫은 세수를 해야 합니다. 내가 입고 싶은 옷을 물어보는 것이 아니라 엄마 마음에 드는 옷을 입힙니다. 초등학교에 들어가면서 공부에 내몰립니다. 공부 좋아하는 어린이가 어디 있습니까? 싫은 것을 해야 하는데 거기다가 부정적인 언어 환경에 노출되는 아이들은 이때부터 성격에 조금씩 문제가 일어나기 시작합니다. "너는 왜 그것 밖에 못 하냐? 네 형은 잘하는데. 너 뭐 되려고 그러냐? 공부 좀 해라. 지 아빠 닮아 가지고…" 이러한 말들은 평생 잊혀지지 않는 상처가 되어 자녀의 미래를 어둡게 만드는 것입니다. 같은 성적표를 받아와도 부정적인 부모는 "60점이 뭐냐? 그래 가지고 대학은 가겠냐? 하라는 공부는 안 하고 매일 게임이나 하니까 그렇지" 하고 부정적인 말을 합니다. 그러나 긍정적인 부모는 똑같은 상황에서도 다른 말을 합니다. "60점 맞느라 수고했다. 틀린 것보다 맞은 것이 훨씬 많구나. 다음에 62점 맞으면 아빠가 선물할게. 원하는 것 이야기해 봐." 그러면 다음에 62점만 받아옵니까? 65점을 받아옵니다.

아버지가 아들에게 "너 이번 시험에 60점 이하 받아오면 내 아들 아니다" 했답니다. 그날 학교에서 돌아온 아들에게 "너 몇 점 받았냐?"라고 물었더니 아들이 뭐랬는지 아세요? "아저씨, 누구세요?" 행복한 가정은 늘 유머가 있습니다.

어느 연구소에서 발표한 자료에 보니 능력지수가 높은 아이들은 특징이 있는데 농담을 잘한다는 것입니다. 능력지수는 이 아이가 장차 자라서 성공하는 데, 자기의 삶을 마음껏 살아가는 데 굉장히 중요한 영향을 끼친다고 합니다. 농담을 한다는 것은 평소에 가정에서 부모와 형제간에 관계가 좋다는 말입니다. 정말 친한 사람끼리는 농담을 합니다. 그러면서 함께 웃습니다. 그런데 농담이 통하지 않는 사람, 농담을 아예 하지 않는 사람이 있습니다. 참 재미가 없습니다. 저는 농담을 굉장히 좋아합니다. 이 말은 제가 무엇이 높다는 뜻입니까? 사실은 목사이기 때문에 조심하느라 농담을 잘 하지 않지만 친구 목사님들을 만나면 농담을 많이 합니다. 그래서 서로 늘 웃고 즐거워합니다. 자녀와 농담하는 부모는 행복한 가정입니다. 그래서 함께 웃고 즐거워합니다.

성경에는 자녀 교육에 대한 수많은 말씀들이 있습니다. 특별히 잠언과 전도서에 많이 나옵니다. 하나님께서 자녀 교육에 대하여 이렇게 강조하는 이유가 어디에 있습니까? 가정의 축복은 자녀를 통하여 이어지기 때문입니다. 오늘 성경에도 "자녀들아 주 안에서 너희 부모에게 순종하라 이것이 옳으니라"고 말씀하셨습니다. 부모에게 순종하는 자녀가 잘못될 수가 없는 것입니다. 그런데 성경이 말씀하는 자녀 교육은 일방적인 것이 아닙니다. 자녀는 부모에게 순종하고 공경해야 하는 반면에 부모는 자녀에 대한 책임이 있습니다. 자녀를 기르는 책임뿐 아니라 가르치는 책임을 성경은 강조합니다. 오늘 말씀에도 "또 아비들아 너희 자녀를 노엽게 하지 말고 오직 주의 교훈과 훈계로 양육하라"고 했습니다. 잠언 22장에도 "마땅히 행할 길을 아이에게 가르치라 그리하면 늙어도 그것을 떠나지 아니하리라"(잠 22:6)고 말씀하셨습니다. 마땅히 행할 길을 아이 스스로 찾아가지 못합니다. 그 길을 가르칠 책임이 부모에게 있는 것입니다. 교훈과 훈계로 가르쳐야 합니다. 그저 좋은 선물을 사주고 학원을 보내주면 되는 것이 아닙니다. 사람들은 착각합니다. 자녀 공부만 시켜 놓으면 다 잘될 것이라고…이것은 굉장한 착각입니다. 위험한 착각입니다.

실제로 늙으신 부모님을 힘껏 섬기고 모시고 살면서 행복하게 사는 많은 가정들을 보면 많이 배워서 그런 것이 아닙니다. 옛날에 힘들어서 중학교도 못 보냈는데 친구들은 학교 가는데 나무하러 산에 다니고, 서울에 올라와서 공장에 다니며 동생들의 학비를 벌어야 했던 아이들이 자라 부모를 원망하는 것이 아니라 오히려 부모님께 극진히 효도하고 순종하는 가정들이 많습니다. 공부 많이 해서 그렇게 된 것이 아닙니다. 부모님의 그 사랑을 알고 배웠기에 그런 것입니다. 공부보다 더 중요한 것이 많습니다.

현대 심리학에서 성인의 성격이나 능력의 기초가 어릴 때 만들어진다고 이야기합니다. 그런데 이것은 성경에 이미 말씀하신 것입니다. 유대인들은 이 성경의 가르침을 수천 년 동안 가정에서 실천했습니다. 자녀들을 가르치는 것에 대해서는 양보가 없었습니다. 그들은 지금도 성경의 가르침대로 어릴 적에 율법서를 암송시킵니다. 학교에서 매일 성경을 배우고 암송합니다. 그리고 부모와 매일 같이 토론을 합니다. "너는 무엇을 배웠니?" 하고 묻는 것이 아니라 "너는 어떻게 생각하니?" 하고 묻습니다. 그래서 창조적인 생각을 하게 합니다. 세계 모든 민족 가운데 자녀 교육에 가장 열심인 민족이 유대인과 대한민국 부모들이라고 하는데 대한민국 부모들은 좋은 학교를 보내기 위해서 온 힘을 다합니다. 내 자녀의 성격이나 관계나 더 나은 사람으로 개발하는 것보다 스펙을 만들기 위해 힘을 씁니다. 심지어 믿음의 가정에서도 교회 생활은 대학 간 다음에 하라고 하는 경우도 있습니다. 그러나 유대인 가정은 전통적으로 교육하는 방법이 다릅니다. 어릴 적에 학원에 내몰지 않습니다. 아이에게 선택권을 줍니다.

《유대인 엄마는 장난감을 사지 않는다》는 유명한 책도 있습니다. 왜 유대인 엄마는 장난감을 사지 않습니까? 내가 내 자녀와 대화하는 귀중한 시간을 장난감에 빼앗기지 않으려고 하기 때문입니다. 대화를 중요하게 생각합니다. 그래서 질문하고 생각하고 토론하는 아이로 만듭니다. 이것이 유대인의 유명한 교육방법인 '하브루타'입니다. 학교에서는 스스로 각종 활동을 하도록 장려합니다. 늘 토론을 하면서 아이들이 성장합니다. 토론을 통해서 합리적인 대화가 되고, 독선적인 성격이 다듬어지고, 서로 함께 협력하여 논의하는 훈련을 어릴 적부터 합니다. 이렇게 키운 아이들이 자라 전 세계 인구의 0.25%밖에 되지 않는 유대인들이 노벨상의 30%를 차지하고 있습니다. 전 세계 정치, 경제와 문화를 흔드는 주역들이 된 것입니다. 정직한 부모 아래 정직한 자녀들이 만들어집니다. 따뜻하고 남을 배려하는 부모 아래서 따뜻하고 정직한 자녀들의 성격이 만들어집니다. 무엇보다 경건한 부모 아래서 경건한 자녀들이 자라나게 되는 것입니다.

〈나는 신이다〉라는 방송 프로그램으로 많은 사람들이 충격을 받았습니다. 놀라운 것은 그러한 이단에 빠진 젊은이들 중에 기독교 집안에서 자란 아이들이 많다는 것입니다. JMS도 그렇고 우리나라 이단들에 정말 많은 젊은이들이 있습니다. 부모가 늘 자녀와 대화하며 경건한 신앙교육을 시켰다면 그럴 일이 없을 것입니다. 자라면서 신앙을 떠난 자녀들도 그렇습니다. 정신없이 살다 보니 자녀들이 그저 좋은 대학 가고 취직을 잘하는 것에만 신경 쓰고 살다 보니 자녀들이 신앙을 떠나버렸습니다. 이 말을 심각하게 들으셔야 합니다. 내 자녀가 구원받지 못한다는 말입니다. 이제는 대화하려고 해도 잘 되지 않습니다. 부모에게 순종하는 자녀로 성경대로 키우지 못했기 때문입니다. 그런 의미에서 우리는 회개할 것이 많습니다. "늦었다고 생각할 때 늦지 않았다"는 유명한 말이 있습니다. '내 자녀는 다 자라 버렸는데. 이제는 틀렸는데…'라고 생각하지 마십시오.

　우리는 세상을 떠나는 그 순간까지 자녀를 가르쳐야 하는 책임이 있는 것입니다. 어떻게요? "오직 주의 교훈과 훈계로 양육하라." 그러면 하나님께서 자녀의 앞길을 인도하십니다. 여러분 가정에 자녀들로 인하여 아픔이 있습니까? 효도하지 않는 자녀들로 인하여 마음이 아픕니까? 하나님의 말씀을 전하여도 듣지 않습니까? 포기하지 마십시오. 그리고 전능하신 하나님께 기도하십시오. 하나님은 우리의 가정이 천국이 되기를 기뻐하십니다. 우리 도림교회 모든 성도들은 자녀들이 비전을 가지고 자라고 모든 가정이 행복한 천국이 되시기를 바랍니다.

📝 **적용**

ⓐ 오늘 말씀의 주제 파악하기:
_____
_____

ⓑ 오늘 말씀 중 은혜 받은 부분 나누기:
_____
_____

ⓒ 삶에 구체적으로 적용하기:
_____
_____

🙌 **함께 드리는 기도제목**

1. 우리 자녀들이 말씀으로 양육 받아 보석같이 아름답고 귀한 삶을 살게 하소서.
2. 우리 가정이 천국과 같은 가정이 되게 하사, 자녀들이 어릴 적부터 천국을 경험하게 하소서.
3. 자녀들을 위한 기도의 제목을 놓고 계속하여 하나님 앞에 기도하게 하소서.

자녀들아, 아비들아 II

- **본 문**: 에베소서 6:1-4 (신 316쪽)
- **찬 송**: 579장(어머니의 넓은 사랑, 통 304장)
- **요 절**: "자녀들아 주 안에서 너희 부모에게 순종하라 이것이 옳으니라 네 아버지와 어머니를 공경하라 이것은 약속이 있는 첫 계명이니 이로써 네가 잘되고 땅에서 장수하리라" (엡 6:1-3)

오늘 읽은 말씀은 지난 주일과 같은 본문입니다. 이 말씀은 자녀들에게는 부모 순종에 대한 말씀임과 동시에 부모들에게는 자녀를 어떻게 양육하고 가르칠 것인지에 대한 하나님의 명령입니다. 성경이 말씀하는 가족의 관계는 일방적이지 않습니다. 손바닥도 마주쳐야 소리가 나는 것처럼 남편과 아내와의 관계도 그렇고, 부모가 자녀에 대한 도리를 다하고 자녀 또한 부모에 대한 도리를 다할 때 아름다운 가정이 됩니다. 어떤 가정을 보면 자녀는 부모에게 효도하는데 부모는 늘 자녀의 아픔이 됩니다. 또 다른 가정은 부모는 자녀를 위하여 희생하고 자녀를 위하여 눈물로 기도하는데, 자녀는 엉뚱한 길로 갑니다. 그러면 이 가정은 행복하지 않습니다. 이 원리는 어디에나 다 같습니다. 회사에서 사장은 직원들을 사랑하고 아껴주어야 합니다. 이것만 가지고 되지 않습니다. 직원들도 사장님을 존경하고 신뢰하며 회사를 위하여 충성해야 행복한 회사가 될 수 있습니다. 그런데 수많은 회사들이 나만의 회사를 생각하고 불평하고 서로 간에 원망합니다.

교회도 그렇습니다. 교회는 하나님과 나와의 수직적인 관계도 있지만 성도들과의 수평적인 관계도 있습니다. 그런데 많은 사람이 나만의 일방적인 관계를 갖고 신앙생활을 하려고 합니다. 나만의 예배, 나만의 은혜를 추구합니다. 함께하는 성도들과 관계없이 나만의 신앙생활을 하려고 합니다. 교회가 수천 년 동안 수많은 박해 가운데 전 세계로 부흥해 온 바탕에는 교회 공동체에 '나와 너'가 있습니다. '나와 너'가 함께 인내하고 함께 소망을 꿈꾸며 함께 격려하고 축복하며 어려운 상황들을 이겨 나왔습니다. 하나님께서는 두 개의 천국을 주셨는데 가정과 교회입니다. 가정과 교회가 천국이 되기 위해서는 함께 천국이 되어야 합니다. 나만 천국이 되면 다른 사람은 지옥이 됩니다. 함께 행복해야 진짜 천국입니다. 우리 교회는 늘 천국이 되기를 꿈꾸며 살아가는 공동체입니다. 우리는 함께 행복해야 합니다. 주의 종은 성도들을 모세처럼 사랑하고 성도들은 주의 종을 신뢰하고 사랑해야 합니다. 또 성도들끼리 서로의 아픔과 즐거움을 함께 나누는 공동체가 되어야 합니다. 이 땅의 천국은 미완의 천국입니다. 완성되지 않은 천국입니다. 그래서 많이 부족합니다. 우리 교회 성도들은 더 행복한 천국이 되기를 꿈꾸고 기도하며 나아가게 되기를 원합니다.

가정은 어떻습니까? 가정이 천국이 되기 위해서는 함께 행복해야 합니다. 남편도 행복하고 아내도 행복해야 합니다. 아버지도 행복해야 하고 어머니도 함께 행복해야 합니다. 요즘 아버지들이 많이 힘들어합니다. 아버지들이 힘든 시대입니다. 자식 키우기 위하여 정신없이 살다 보니 나이가 들고 몸에 아픈 곳이 많아지기 시작합니다. 병이 들었습니다. 아프면 미리미리 쉬고 병원에도 다니며 치료도 해야 하는데 그럴 틈이 없었습니다. 나이 들어 직장생활을 할 수 있으면 좋겠지만 그런 직장이 흔하지 않습니다. 일찍 명예퇴직을 하면 일하고 싶어도 마땅히 일할 곳이 없습니다. 그래서 아버지가 홀로 마시는 술은 좋아서 마시는 것이 아니라 자신의 눈물을 마시는 것입니다. 아버지는 울고 싶어도 가족들 앞에서 울지 못합니다. 그래서 술이 눈물입니다. 자기 눈물을 마시는 것입니다. 아버지는 존경받아야 하는 존재인데 가정에서도 왕따가 되는 가정들이 많습니다.

미국에 문신 즉 타투를 하는 사람들이 많습니다. 우리나라에도 많습니다. 목욕탕에 가보니 등에 두 마리 용이 올라가고, 팔뚝에도 용이 있습니다. 그것을 보면서 걱정이 됩니다. 한번은 그거 새기느라고 안 아프냐고 물었더니 아프다고 합니다. 그분이 늙어서 병이 들고 몸이 마르게 되면 용이 미꾸라지가 되지 않을까 그런 생각이 들며 걱정이 됩니다. 미국에서 문신을 많이 하는 내용 1위가 어머니였습니다. 2위가 십자가라든지 '지저스' 같은 종교적인 내용입니다. '할리 데이비슨' 같은 오토바이 이름도 나오는데 아버지 이름은 없습니다. 우리나라에서도 제일 먼저 생각나는 것을 물었을 때 1위가 어머니였습니다. 아버지는 나오지 않았습니다. 한참을 지나 다른 것 다 나오고 강아지 이름까지 나온 뒤 78위가 아버지였습니다.

군대 절벽에서 줄을 타고 뛰어내리는 유격 훈련을 할 때 소리를 지르고 뜁니다. 위축되어 있는 순간에 사랑하는 사람 이름을 부르고 용감하게 뛰어내립니다. 그때에도 제일 많이 나오는 것이 '어머니'입니다. 그다음에 '명숙아', '은숙아' 하고 뛰어내리는데 '아버지' 하고 뛰는 군인은 저는 한 번도 못 봤습니다. 아버지도 사랑받고 싶고 관심받고 싶고 존경받고 싶은데 외롭고 쓸쓸합니다. 아버지는 평소에 직업과 관계된 이야기 외에는 별로 해본 적이 없어서 대화하는 데 서툽니다. 가정에서 대화를 하다 보면 내 마음은 그게 아닌데 본의 아니게 싸움이 됩니다. 아내와 말싸움이라도 하게 되면 남자는 말싸움에 익숙하지 않습니다. 여성들은 늘 잔소리하면서, 친구들과 교인들과 수다 떨면서 그 실력이 늘어나는데, 남자들은 직장에서 일하는 이야기 외에는 잘하지 못합니다. 사실은 그게 아닌데 속에서 불만이 생깁니다. 말이 안 되니 군대 이야기, 축구 이야기가 나오면 신이 나서 이야기합니다.

이 땅의 아버지들은 어머니 못지않게 가족을 위해 자신의 삶을 희생하신 분들인데 가족에게 존중을 못 받으면 서글퍼지고 지쳐서 번아웃이 됩니다. 요즘 산에서 혼자 사는 아버지들의 이야기가 텔레비전을 통해 많이 나오는데 가만히 보면 불쌍합니다. 하는 일이 없습니다. 산에 올라가서 약초 캐고 버섯 캐고 닭 잡아먹고 그것도 방송 출연할 때나 잡아먹습니다. 한겨울에 뭐 좋다고 개울에서 얼음 깨고 찬물을 몸에 끼얹으면서 "시원하다, 시원하다" 합니다. 제가 보기에는 불쌍합니다. 거의 모두가 가정을 위해 평생 일하다가 깊은 병이 들어 고칠 수 없는 지경에 이르렀을 때 산에 들어온 것입니다. 죽으러 들어온 것입니다. 세상에 실패해서 산으로 들어왔는데 한결같이 가족 이야기를 하며 눈시울을 붉힙니다.

아버지가 세상에서 실패했어도, 병 들었어도 집에 돌아오면 위로를 받아야 하는데 능력 없는 아버지가 인정받지 못하는 아버지가 되니 힘든 것입니다. 그래서 지지 않으려고 몸도 상하고 마음도 상하면서 정신없이 뜁니다. 오늘 우리가 사는 시대는 아버지가 힘이 듭니다. 어머니도 힘들어합니다. 제약회사에서 나오는 우울증 약은 거의 다 어머니들이 먹습니다. 아기를 낳아 키우느라 젊은 시절이 다 지나갔습니다. 내 자식 중학교, 고등학교 보내고 남들에게 뒤처지지 말라고 얼마나 발버둥 치며 애를 썼습니까? 돈 한 푼 아끼기 위하여 먹고 싶은 것도 안 먹고 살다가 친구들과 만나 식사 한번 하며 내가 돈을 내면 그것이 자꾸 생각나고 속이 쓰립니다. 아침에 일어나 저녁까지 밥하고 빨래하고 청소하고 그러다가 다 늙어 갑니다. 파마를 한 번 하려고 해도 가격 생각하고 비싼 곳은 못 가고 수없이 망설여 가며 살았는데 나이가 들어가니 병까지 찾아옵니다. 내 신세를 생각해 보니 속상한 것입니다. 내가 왜 이러려고 살았나 생각이 들며 우울증이 찾아오는 것입니다.

옛날 어머니들은 더합니다. 거의 모든 가정이 시어머니를 모시고 살았습니다. 제 첫 목회지에서 권사님에게 들은 이야기인데 시집와서 아기를 오전에 낳았는데 시어머니가 밭에 나가 일하라고 해서 점심 먹고 여름철 뙤약볕에 나가서 밭일을 했습니다. 저녁 늦게 지쳐 쓰러질 지경이 되어 돌아오니 시어머니가 저녁밥을 하라고 하더랍니다. 그래서 온몸에 병이 들었다고 울면서 이야기를 합니다. 옛날 어머니들은 학교도 제대로 가지 못했습니다. 아들 공부 시킨다고 딸들은 학교에 보내지 않았습니다. 초등학교 나오면 잘 나왔습니다. 그래도 나는 못 배웠어도 자식만큼은 공부시켜 보겠다고 보따리 장사하고 채소 장사하며 길거리에서 악을 쓰면서 자식들 키웠더니 이제 커서는 자기들끼리만 놀러 다닙니다.

요즘 아파트 이름이 아주 복잡해진답니다. 옛날에는 현대아파트, 진흥아파트 이렇게 이름이 단순했는데 언젠가부터 외국말도 들어가며 길어지기 시작했습니다. '계룡리슈빌더포레스트아파트', '동탄시범다은마을월드메르디앙반도유보라아파트', '울산블루마시티서희스타힐스블루원아파트'. 영어를 공부하지 않은 세대는 잘 읽지도 못합니다. 이런 긴 아파트 이름이 인기가 있는데 왜 그런가 하면 시골에 사시는 시어머니가 아들 집을 쉽게 찾지 못하게 하려고 며느리들을 배려한 시공사의 정책이라고 합니다. 옛날 어른들은 영어를 잘 못 외우지 않습니까? 제일 긴 아파트 이름이 뭔지 아십니까? 무려 25자입니다. '광주전남공동혁신도시 빛가람 대방엘리움 로얄카운티 1차'. 시어머니들이 찾아갈 수 있겠습니까? 그런데 요즘은 다시 아파트 이름이 간소화하고 있답니다. 왜 그런지 아세요? 아파트 이름을 어렵게 만들었더니 시어머니가 시누이 손을 잡고 함께 찾아오기 때문이랍니다.

가정은 하나님께서 주신 천국인데 왜 이렇게 아픕니까? 그것은 천국이 되지 못했기 때문입니다. 오늘 성경은 "자녀들아, 주 안에서 너희 부모에게 순종하라. 이것이 옳으니라. 네 아버지와 어머니를 공경하라. 이것은 약속이 있는 첫 계명이니 이로써 네가 잘되고 땅에서 장수하리라"고 약속을 주셨습니다. 하나님께서 정하신 가정의 질서는 자녀들은 주 안에서 부모에게 순종하는 것입니다. '주 안에서'라는 말씀은 성경 말씀 안에서 다 순종하라는 것입니다. 부모가 하나님 외에 다른 신을 섬기라고 하면 이것은 주 안에서가 아닙니다. 부모님이 도적질하라 하면 이것은 주 안에서 하는 것이 아닙니다. 하나님께서는 하나님의 명령을 지키며 순종하라 하셨습니다. 순종(順從)이란 '순할 순'자에 '좇을 종'자입니다. 순하게 좇는 것입니다. 물이 위에서 아래로 흐르는 것이 순입니다. 거스르면 안 된다는 뜻입니다.

헬라어 원어에서 오늘 본문에 기록된 순종이라는 단어는 '휘파쿠오'($ὑπακούω$)라는 단어를 사용했는데 이 뜻은 주의 깊게 듣는 것, 확실히 듣는 것의 의미를 가지고 있습니다. 부모님의 마음은 다 자녀를 위한 마음입니다. 그것이 나의 생각과 다를 수 있습니다. 부모님의 생각이 틀릴 수 있습니다. 그래도 하나님의 가르침에 위배되는 것이 아니라면 마음에 새기고 거스르지 말라는 것이 하나님의 명령입니다. 혹시 부모가 잘 모르고 이야기하시더라도 무시하지 말라는 말씀입니다.

어떤 농부가 새벽 일찍 일어나 논에 나가 농약을 치고 들어왔습니다. 그때 마루에 앉아 계시던 아버지가 일어나서 들어오는 아들을 보고 "아들아, 지금은 농약을 쳐야 할 때이니 농약을 쳐야 한다" 했습니다. 보통 아들 같으면 "다 알아서 하니 가만히 계세요" 아니면 "벌써 다 쳤습니다"라고 할 것입니다. 그런데 이 효자는 "아버지, 알려주셔서 감사합니다. 농약 치러 가겠습니다" 하고 다시 농약 통을 메고 논으로 나가더라는 것입니다. 이런 가정은 행복할 수밖에 없습니다. 부모가 옳고 그른 것을 이야기하는 것이 순종이 아닙니다. 부모님의 마음을 깊이 새기는 것이 순종입니다.

어릴 때에 부모님은 내게 말을 가르쳐 주셨습니다. '아빠'라는 단어를 잘 발음하지 못해도 계속해서 수백 번 반복하며 짜증 내지 않고 들려 주셨습니다. 그래서 말을 하고 학교도 다니게 된 것입니다. 그런데 부모님이 내 생각과 조금 다른 이야기를 하신다고 해서 짜증을 내고 핀잔을 준다면 이것은 내 어릴 때를 생각하지 못하는 불효자입니다. 부모님이 연로하셔서 걸음을 잘 못 걸으신다고 해서 넘어지면 큰일 난다고 집에만 계시라고 하면 이는 불효자입니다. 부모님은 걸음도 못 걷는 나를 등에 업고 수없이 바람 쐬러 가자고 나를 키워주셨습니다. 그러면서 '나무', '잠자리' 하며 하나하나 가르쳐 주셨습니다. 무슨 나무냐고 물으면 같은 질문을 수십 번씩 해도 짜증 내지 않고 오히려 기뻐하며 가르쳐 주셨습니다. 그래서 오늘의 내가 있는 것입니다. 부모님이 연로하시면 내가 그 은혜를 갚을 기회입니다. 내가 업고서라도 밖에 나가야 하지 않겠습니까? 순종은 내 입장에서 하는 것이 아니라 부모님의 입장에서 즐겁게 해 드리는 것이 진짜 순종입니다.

그리고 오늘 성경은 더 나아가서 공경하라고 하셨습니다. 공경이라는 오늘 성경에 나온 단어 '티마오(τιμάω)'는 함부로 쓰여지는 단어가 아닙니다. 하나님께 대하여 사용되는 단어입니다. "하나님을 거룩하게 공경하라"라고 할 때 사용한 단어인데, 이 단어를 '네 부모를 공경하라' 할 때 사용했습니다. 그만큼 부모님께 최상의 정성을 다하여 섬기라는 것이 하나님의 가르침입니다. 부모님께 순종하고 공경하면 약속이 있는 첫 계명이라고 하셨습니다. 어떤 약속입니까? "네가 잘되고 땅에서 장수하리라." 약속은 일방적인 관계가 아니라 쌍방의 관계입니다. 약속을 주신 것은 지킬 때에 나도 지키고 너희가 지키지 않으면 나도 지키지 않는다는 뜻입니다. 부모에게 순종하지 않고 공경하지 않는 자는 이와 같은 복을 주지 않겠다는 말씀이십니다. 부모에게 순종하고 공경하는 자는 하나님께서 잘되고 장수하는 약속을 주셨습니다.

잘되는 것은 물질이 잘되고 자녀가 잘되고 사업이 잘되고 장수하니 건강이 잘되고 모든 것이 잘된다는 말입니다. 이 계명이 첫 계명이니 어떤 계명보다 중요하다는 말입니다. 우리 도림교회 성도들은 부모 공경에 대한 하나님의 약속 있는 첫 계명을 모두 지키는 가정들이 되시기 바랍니다. 부모님이 살아 계실 때 이 축복의 기회를 놓치지 마시기 바랍니다. 그래서 약속하신 축복도 누리는 가정들이 되시기 바랍니다.

📝 적용

ⓐ 오늘 말씀의 주제 파악하기:

_____

_____

ⓑ 오늘 말씀 중 은혜 받은 부분 나누기:

_____

_____

ⓒ 삶에 구체적으로 적용하기:

_____

_____

 함께 드리는 기도제목

1. 부모님의 말씀에 순종하는 가정이 되게 하소서.
2. 부모님을 받들어 공경하는 가정이 되게 하소서.
3. 하나님께서 주신 가정에 대한 계명을 잘 지켜 약속된 축복을 누리는 가정이 되게 하소서.

21

아내들아, 남편들아

- 🍀 **본 문**: 에베소서 5:22-28 (신 315쪽)
- 🍀 **찬 송**: 556장 (날마다 주님을 의지하는)
- 🍀 **요 절**: "아내들이여 자기 남편에게 복종하기를 주께 하듯 하라…남편들아 아내 사랑하기를 그리스도께서 교회를 사랑하시고 그 교회를 위하여 자신을 주심 같이 하라"(엡 5:22, 25)

    오월은 가정의 달입니다. 교회력은 첫 주일이 어린이 주일, 둘째 주일이 어버이 주일입니다. 오늘은 부부에 대한 말씀을 전하려 합니다. 성경에는 가정에 대한 말씀이 수없이 많이 기록되어 있습니다. 그만큼 가정이 중요하다는 것입니다. 세상의 종교들은 사실 남성 중심입니다. 우리나라도 유교의 오랜 영향을 많이 받아 남성 중심의 사회에서 살아왔습니다. 어느 한편이 중심이 되면 다른 한편은 행복하지 않습니다. 종교 중에 특히 이슬람은 지독하게 남성 중심입니다. 여성들에게는 얼굴도 내놓지 못하게 합니다. 우리나라가 배구 경기를 하는데 보니 중동 선수들이 땀을 뻘뻘 흘리면서도 히잡을 쓰고 시합하는 것을 보고 참 안타깝게 여긴 적이 있습니다. 한국 여성들이 중동 남자들의 외모에 반해 결혼을 했다가 눈물 흘리는 일들이 많습니다. 키도 크고 눈도 크고 이목구비가 뚜렷하고 중동 남자들이 잘생겼습니다. 그런데 이슬람은 아내를 여럿 두어도 괜찮습니다. 한국 여자와 결혼할 때에 당신하고만 살겠다고 그러는데 결혼 후에는 그런 약속이 의미가 없습니다. 아내가 다른 아내를 시기하거나 남편에게 대들면 채찍으로 때려도 된다는 법이 있습니다. 합법적으로 매 맞는 아내가 되는 것입니다. 자유도 없습니다. 이혼도 안 해줍니다. 좀 배웠다고 하는 사람들이 "이슬람은 원래 그런 종교가 아니다" 하고 평화의 종교라고 선동하기도 하는데 그런 학자들을 보면 화가 납니다. 아니, 세계 어느 이슬람 국가에서 남성과 여성을 정치석으로, 사회적으로 동등하게 대우하는 나라가 있습니까? 다른 종교를 믿어도 된다고 허락하는 어느 국가가 있습니까?

  이슬람 국가에서 기독교로 개종하는 것은 목숨을 걸어야 합니다. 그래서 지금 이슬람 지역에서 순교자들이 가장 많이 나오고 있습니다. 교회가 이미 있는 나라들도 차별이 말할 수 없이 심합니다. 법으로 정하여 전도할 수도 없습니다. 그래서 유럽의 국가들이 인권이나 종교의 자유를 말하며 이슬람을 받아들였다가 지금은 다 후회하고 반 이슬람 정책을 펴고 있습니다. 이들은 약할 때에는 평화를 이야기하다가 힘이 강해지면 공공연하게 기독교를 공격하고 있습니다. 성경의 말씀대로 유럽의 기독교가 하나님을 멀리하다가 지금은 이슬람에 의하여 축복의 나라를 빼앗길 지경에 이르게 된 것입니다. 영국 같은 나라는 이슬람의 자체 법정인 '샤리아'가 85개가 있습니다. 독일에는 '모스크'가 2천 개 이상이 세워졌습니다. 유럽인들은 아기를 낳지 않는데 이슬람은 무한정 아기를 낳습니다. 오늘의 기독교인들은 하나님께서 생육하고 번성하라는 명령을 주신 것을 잘 지키지 않는데 이슬람은 철저하게 알라의 명령을 지킵니다. 알라가 누굽니까? 알라는 아랍식 발음으로 성경에 나오는 엘입니다. 하나님입니다. 성경에 '엘'이 2천 회 이상 나오는데 하나님의 이름을 '엘로힘'

이라 불렀습니다. 엘로힘은 '엘로' 즉 '알라'에 '임'이라는 복수를 붙인 것입니다. 그래서 아랍계 기독교인들은 지금도 하나님을 '알라'라고 부릅니다.

우리 새 성전 이름이 뭐지요? 벧엘 성전입니다. '벧'은 집이고 '엘'이 하나님입니다. 하나님의 집이라는 뜻입니다. 이슬람은 아브라함의 서자인 이스마엘의 후손들입니다. 이들도 아브라함을 조상이라 하고 창세기, 출애굽기, 레위기, 민수기, 신명기인 율법서를 경전으로 믿습니다. 예수님을 성자라고 합니다. 이들도 아브라함의 하나님을 믿는다고 했습니다. 그런데 이들은 '코란'이라는 인간의 책을 더했습니다. 그래서 성경의 가르침을 벗어난 것입니다. 새가족이 많아 설명을 좀 길게 했습니다. 지금 유럽은 교회가 쇠퇴하고 이슬람이 발흥하고 있습니다. 이슬람은 최근 유럽인에 비하여 출산율이 13배 이상이 증가했다는 보고서가 있습니다. 이슬람 내에 가정이나 금전 등 자기들끼리 문제가 생기면 자기들의 법정인 샤리아로 갑니다. 그러니 이슬람 여성들은 여전히 불평등한 구조 속에 살고 있습니다. 힌두교 국가, 불교 국가는 모두 여성들이 불평등한 구조 속에 있습니다.

성경은 부부간에 서로 복종하라고 말씀합니다. 가정은 서로 존중하고 존경하는 관계여야 한다는 말입니다. 그러나 성경이 말씀하는 남녀 간에는 역할의 차이가 있습니다. 이 문제에 대하여 오늘 성경은 남편에게 "남편들아, 아내 사랑하기를 그리스도께서 교회를 사랑하시고 그 교회를 위하여 자신을 주심같이 하라"고 했습니다. 주님이 교회를 사랑하신 그 사랑은 목숨을 주는 사랑입니다. 십자가를 지는 사랑입니다. 그러니까 남편은 아내를 위하여 목숨을 주는 사랑으로 사랑하라고 합니다. 아내를 위하여 목숨을 걸면 그 어느 아내가 행복하지 않겠습니까?

어떤 남자가 한 여자에게 프로포즈를 했습니다. "나는 당신을 위하여 목숨까지도 바치겠소." 그러자 여자가 "나를 위해서 그렇게 죽을 필요까지는 없어요. 그 각오로 죽을 때까지 평생 밥하고 설거지만 해주세요." 남자가 한참을 생각하더니 "그것은 좀 어렵겠네요" 하더랍니다. 죽도록 사랑한다고 하면서 사실은 그렇게 못하는 것이 인간의 사랑입니다. 그런데 성경은 예수님이 교회를 위하여 목숨을 주신 그 사랑으로 남편은 아내를 사랑하라고 합니다. 성경은 아내는 더 연약한 그릇이라고 했습니다. 우리 인생이 다 질그릇 인생이지만 여성은 더 깨어지기 쉽다는 것입니다. 아내는 남편보다 신체적으로 약합니다. 혼자 아파하고 눈물도 많습니다. 그래서 남편은 아내를 나보다 더 연약한 그릇이기 때문에 깨어지지 않도록 보물처럼 귀하게 여겨주어야 합니다. 막시즘에서는 남녀의 차이를 진화에서 오는 결과로 보았습니다. 여성들이 원래 유전적으로 약하지 않다는 것입니다. 그래서 강해져야 한다고 했습니다. 여성들도 똑같이 전쟁터에 나갔습니다. 이것을 여성해방이라 생각했습니다. 어리석은 일입니다.

성경이 언어로 기록된 것은 수천 년 전인데 이미 성경은 남과 여가 다르게 창조되었음을 말씀했습니다. 우리는 하나님의 말씀을 믿고 순종하고 따르면 가정이 행복한 것입니다. 하나님께서는 아내에게 "자기 남편에게 복종할지니라", "자기 남편에게 복종하기를 주께 하듯 하라" 했습니다. "목사님, 지금 조선시대도 아니고 무슨 말씀을 그렇게 하십니까?"라고 질문할 수 있습니다. 여기서 복종한다는 것은 가정에서 남편의 대표성을 인정하라는 말입니다. 세상 어느 곳이나 대표성이 있습니다. 축구팀에도 주장이 있습니다. 같은 축구선수이지만 주장으로서의 권위를 부여하고 경기 중에 따르겠다는 약속입니다. 군대에도 지휘관이 있습니다. 나보다 못 배우고 열등하더라도 전투에 있어서 대표성을 주고 따라가겠다는 약속입니다. 교회에도 담임목사가 있습니다. 지금은 담임목사는 위임을 받기 전의 목사를 담임목사라 부릅니다. 그러나 저는 위임목사로 불리는 것보다 옛날 방식인 담임목사가 좋아서 그대로 사용하고 있습니다. 위임이란 말은 여러분의 신앙생활을 위임한다는 말입니다. '내 영혼을 잘 맡아서 천국 길로 인도해 주십시오' 하고 위임한다는 뜻입니다. 뛰어나거나 대단해서 위임하는 것이 아닙니다. 대표성을 인정하고 따라가겠다는 것입니다. 이것이 대표성입니다. 세상의 모든 조직은 대표성이 있습니다. 그리고 우리는 어느 곳에 가든 이 대표성을 인정하며 살아갑니다. 대표성을 인정하지 않는 곳에는 늘 분란이 옵니다.

하나님께서는 "가정에는 남편이 대표다" 하고 말씀하셨습니다. 그리고 이 대표에게 책임을 지워주셨습니다. 희생의 의무가 있습니다. 남편은 동양이나 서양이나 그 마음이 같습니다. 남편은 무시당하면 기가 죽어 아무것도 하지 못합니다. 그러나 기가 살면 힘든 일이 있어도 죽을힘을 다해 가정을 위해 희생하며 일합니다. 이것이 하나님이 창조하신 남편의 마음입니다. 그런데 요즘 아내들이 많이 사나워졌습니다. 남편의 대표성을 인정하지 않으려고 합니다. 인기 있는 텔레비전 드라마들을 보면 남편들이 혼나는 드라마들입니다. 남편들은 한결같이 아내의 눈치를 봅니다.

얼마 전 목사님들을 만나 대화하다가 아내의 전화번호가 어떻게 저장되어 있는지 확인한 적이 있습니다. 사모님 이름이 '박영숙' 이렇게 저장되어 있는 목사님을 보면서 다들 "겁이 없네" 했습니다. 저는 뭐라고 되어 있는지 아십니까? '마이 달링' 안 그러면 큰일나요. 어떤 분은 아내 전화번호를 '조폭 마누라'라고 저장한 분도 있답니다. 언젠가 전화가 오면 전화한 사람의 이름이 말로 나오는 것이 인기가 있었던 적이 있습니다. 어떤 사람이 사람이 많은 전철 안에서 전화벨이 울리는데 '개새끼'라고 하는 것입니다. 사람들이 주목하는데 이 젊은이가 전화를 받자마자 "아, 과장님, 전화하셨습니까?"라고 해서 전철 안이 웃음 도가니가 되었습니다. 여러분의 남편과 아내의 전화번호는 뭐라고 되어 있습니까? 김영철, 박순희 이렇게 되어 있으면 오늘 당장 바꾸시기 바랍니다.

부부가 가까워지기 위해서는 서로 계속해서 노력해야 합니다. 부부관계는 서로 마주 보고 누우면 가장 가까운 관계이지만 서로 등을 돌리고 누우면 서로 간의 거리가 4만Km가 되고 맙니다. 왜 4만Km냐구요? 서로 얼굴을 만나려면 지구를 한 바퀴 돌아야 만날 수 있기 때문입니다. 한 번 멀어지면 가까워지는 것이 몇 배 힘이 듭니다. 그래서 잡은 손을 놓지 말고 살아야 합니다. 많은 사람들이 결혼한 다음에는 행복한 가정에 대해 공부하지 않습니다. 공무원 시험을 치르려 해도 공부해야 하고 운전면허 시험을 치르려 해도 공부해야 합니다. 열심히 공부해야 사고가 없습니다.

한 번도 가보지 않은 결혼의 길을 가면서 참 용감합니다. 행복의 책도 안 읽고 연구도 안 하면서 결혼생활을 하려고 하니 용감한 건지, 무식한 건지 모르겠어요. 4차원 시대인 지금 수십 년 전 아버지, 어머니가 해 온 방식대로 그렇게 살아가려고 하면 사고가 나는 것입니다. 옛날 아버지는 월급날 집에 오실 때 찐빵을 사서 들고, 아이스크림 사서 들고 오셨는데 이 인간은 월급날마다 술 먹고 늦게 오고 거기다가 오자마자 자요. 옛날 우리 엄마는 김치볶음밥에 참기름 넣고 깨소금까지 빻아 넣어주는데 이 여자는 계란 후라이도 안 올려줘요. 그러니 조금씩 조금씩 불만이 쌓여가다가 어느 날 변기 뚜껑 안 올리고 소변 본 문제로 터져서 텔레비전이 깨지고 집을 나가고 일이 크게 벌어지는 것입니다. 행복해지려면 매일 같이 공부하고 연구해야 합니다.

연구하지 않으면 남편은 아내의 일을 모릅니다. 못된 남편은 아내에게 집에서 하는 일 없이 논다고 말합니다. 하는 일이 얼마나 많은지 생각조차 안 하는 것입니다. 아내가 평생 하는 빨래 분량만 해도 트럭으로 수백 대 분량이 넘을 것입니다. 설거지는 얼마나 많이 쌓입니까? 하루에 삼십 개씩만 하여도 한 달에 천 개, 일 년이면 만이천 개입니다. 만이천 개 그릇을 놓아보세요. 거기다가 그릇만 닦습니까? 숟가락, 젓가락, 칼, 도마, 가위, 프라이팬 등 수없이 많습니다. 청소는 얼마나 많이 합니까?

아내도 못된 아내는 남편이 얼마나 세상에서 비굴하게 사는지 모릅니다. 상사 앞에서 어린아이처럼 아부하고, 모욕을 당하고, 별일을 다 겪으면서도 가족을 위하여 참는 것이 남편입니다. 남편과 아내를 세상에서 가장 잘 이해하고 격려해 주는 사람이 남편과 아내여야 합니다. 그래야 행복합니다. 다른 사람이 더 잘 위로해 주면 문제가 되는 것입니다.

남편이나 아내가 다른 사람과 의견 차이를 보일 때 남편이나 아내가 틀렸다고 이야기하며 다른 사람 편드는 사람은 행복하기를 포기한 사람입니다. 설문조사를 보니 아내든 남편이든 그럴 때 제일 분하다고 합니다. 차라리 가만히 있든지, 왜 다른 사람 편을 듭니까? 그것은 헛똑똑한 것입니다. 가정이 행복하려면 똑똑한 것이 아니라 지혜로워야 합니다. 그래서 잠언을 보면 지혜로운 아내에 대한 말씀이 그렇게 많이 기록된 것입니다. 우리 교회 성도들은 성경 말씀대로 살리라고 다짐해야 합니다. 그렇게 살면 하나님께서 그 가정을 복되게 지켜주십니다.

아내가 남편에게 복종하는 가정은 문제가 일어날 일이 없습니다.

남편이 아내를 위하여 주님이 교회를 사랑하고 자기 목숨을 교회를 위하여 주심같이 희생하면 어느 가정에 문제가 있겠습니까? 우리 주님은 교회를 말씀으로 깨끗하게 하사 거룩하게 하셨다고 했습니다. 영광스러운 교회로 세우사 티나 주름 잡힌 것이 없게 하셨다고 했습니다. 남편에게 이와 같이 하라고 했습니다. 여러분의 아내를 말씀으로 씻어야 합니다. 즉 가정에서 말씀의 본이 되어야 합니다. 그래서 아내가 깨끗하고 거룩하고 영광스럽게 되고, 티나 주름이 없게 해야 합니다. 아내가 세상에서 영광스럽게 되어야 합니다. 남편 잘 만났다는 이야기를 들어야 한다는 말입니다. 티나 주름이 없어야 합니다. 근심이 없고 걱정이 없고 문제가 없어야 한다는 말입니다. 이것은 오직 주님이 교회를 위해 하셨듯 남편이 아내를 목숨으로 사랑할 때 이루어질 수 있는 일입니다. 이렇게 남편과 아내가 말씀대로 살면 그 가정은 함께 행복합니다.

우리 교회 성도들은 남편은 아내를 위하여 매일 기도하고, 아내는 남편을 위하여 매일 기도하시기 바랍니다. 부부가 행복하게 되는 비밀은 함께 예수님을 모시는 가정입니다. 우리 교회 성도들의 가정마다 부부간에 늘 행복하고, 천국까지 함께 가는 성도들이 되시기를 바랍니다.

📝 적용

ⓐ 오늘 말씀의 주제 파악하기:

ⓑ 오늘 말씀 중 은혜 받은 부분 나누기:

ⓒ 삶에 구체적으로 적용하기:

🙌 함께 드리는 기도제목

1. 하나님께서 가르쳐주신 말씀대로 사는 부부가 되게 하소서.
2. 예수님을 모시고 살아가는 부부가 되게 하소서.
3. 행복한 가정을 위하여 계속 공부하는 부부가 되게 하소서.

긍정의 믿음으로 승리한 사람

- **본 문:** 여호수아 14:12 (구 341쪽)
- **찬 송:** 545장 (이 눈에 아무 증거 아니 뵈어도, 통 344장)
- **요 절:** "그날에 여호와께서 말씀하신 이 산지를 지금 내게 주소서 당신도 그 날에 들으셨거니와 그곳에는 아낙 사람이 있고 그 성읍들은 크고 견고할지라도 여호와께서 나와 함께하시면 내가 여호와께서 말씀하신 대로 그들을 쫓아내리이다 하니"(수 14:12)

    성경은 하나님의 말씀으로 절대 긍정의 말씀입니다. 그러므로 성경을 따르는 사람들은 부정적인 생각을 갖지 않습니다. 어려운 상황 속에서도 늘 하나님께서 보여주실 길을 찾습니다. 그러므로 기독교인은 절망하지 않습니다. 불평하지도 않습니다. 성경이 말씀하는 긍정은 낙관주의나 세상이 말하는 긍정적인 사고방식이 아닙니다. 하나님이 계시고, 하나님이 우리와 함께하시니 반드시 선한 길로 인도하실 것이라는 하나님을 믿는 긍정의 믿음입니다. 세상적으로도 긍정적인 사람이 부정적인 사람보다 훨씬 더 좋습니다. 똑같은 상황에서 부정의 사람은 좌절하고 분노하고 원망하고 실패하지만, 긍정의 사람은 마음이 늘 평안합니다. 길을 찾습니다.

저는 가까운 사람들에게 늘 긍정의 마음을 가지라고 말합니다. 왜냐하면 내가 부정적인 사람이었기 때문입니다. 학창 시절에 '나는 왜 이렇게 안 되나. 왜 남들은 쉽게 하는데 나는 못 하나' 하는 마음에 늘 힘들었습니다. 시험공부를 하는데도 안 된다고 생각하니 잘 될 리가 없는 것입니다. 그런데 긍정의 마음을 가지기로 한 다음부터 모든 것을 긍정으로 보기 시작했습니다. 그러니 내 마음이 행복합니다.

인터넷 쇼핑몰 쿠팡에 어떤 분이 바나나를 신청했는데 귤이 왔습니다. 부정적인 사람은 화를 내며 전화를 하고 당장 가져가라고 그럽니다. 더 심한 분은 전화해서 윗사람 바꾸라고 소리를 지릅니다. 그런데 이 사람은 댓글에 "귤도 먹고 싶었는데 감사합니다. 귤이 맛있습니다. 바나나도 또 먹게 되었네요" 하고 별점 다섯 개를 주었습니다. 긍정의 마음을 가지면 이렇게 행복할 수 있습니다. 해가 졌다고 불평하는 사람이 있지만, 별이 떴다고 긍정으로 생각하는 사람이 있습니다. 그러면 불평할 것이 없습니다. 사람을 볼 때도 늘 긍정의 마음으로 보면 함께 행복합니다.

한번은 가까운 사람이 "아무개 목사님은 왜 그렇게 설교도 못 하고 생각하는 것도 그러냐. 그 사람 만나면 답답하다고 마음이 힘들다"라고 불평을 합니다. 그래서 제가 그랬습니다. "목사님들이 다 똑똑하고 다 훌륭하면 좋겠지만, 그러면 당신 같은 사람이 어떻게 그 교회 목회하고, 나 같은 사람이 어떻게 도림교회 목회할 수 있겠냐?"라고 웃으면서 얘기했습니다. 목회하면서도 그랬습니다. 교인 중에도 좀 사납고 피곤하게 하는 분들이 있습니다. 누가 그 사람 이야기를 하면 저는 "감사하지. 그분이 장로님 아닌 것을 감사하지" 했습니다.

어느 교회 사모님이 좀 사납고 경우가 없습니다. 그래서 교회가 시끄럽습니다. 그분 이야기를 하기에 제가 그랬습니다. "그 사람이 내 마누라 안 된 것 감사하지." 내 입으로 그러고 나니 우리 집사람이 갑자기 더 괜찮아 보이는 것입니다. 긍정으로 살면 분노할 상황에서도 행복하고 즐거워할 수 있습니다. 불평하는 사람은 어느 상황에서도 불평합니다. 그러니 불평거리가 다 그 사람에게 몰려갑니다. 근심하는 사람은 어떤 상황에서도 근심합니다. 그러니 모든 근심거리가 그 사람에게 몰려가는 것입니다.

옛날 초등학교 성적표를 보면 '수우미양가'로 성적을 주었습니다. 당시에 '미' 정도 맞으면 잘 못했구나, '양'은 정말 못했구나 생각했는데 가만히 보니 그 성적표는 의미가 있는 성적표였습니다. 초등학교 시절 선생님들이 그 의미를 알려주고 격려해 주었더라면 좋았을 텐데 하는 생각이 들었습니다. 수(秀)는 빼어날 수 자로 아주 뛰어나다는 뜻입니다. 우(優)도 아주 우수하다는 뜻입니다. 미(美)도 아름답다, 좋다는 뜻입니다. 양(良)은 양호하다는 뜻입니다. 그 정도면 되었다는 뜻입니다. 가(可)는 옳다, 넉넉하다, 가능성이 있다는 뜻입니다. 그러니까 수우미양가 다 안된다는 것이 없습니다. 서양식 성적표는 'A, B, C, D, F'인데 등급이 명확합니다. F는 실패했다, 낙제했다는 뜻입니다. 그렇게 보니 과거의 성적방식이 더 좋습니다. 가를 맞아도 가능성이 있으니 실망할 것이 없습니다. 우리 인생이 좀 힘들어도 '수우미양가'로 보았으면 좋겠습니다. 가를 받아도 다음에 더 잘할 가능성이 있으니 포기하거나 절망할 필요가 없습니다.

제가 너무 좋아하는 그림이 있습니다. 어떤 분이 이민 생활을 할 때 친구가 보내준 그림입니다. 황새가 연못에서 개구리 한 마리를 잡아 삼키려고 하는 순간 개구리는 포기하지 않고 황새의 목을 움켜잡습니다. 절체절명의 순간에도 포기하지 않고 황새의 목을 조르고 있는 이 개구리의 그림을 책상 앞에 붙여 놓았었답니다. 이분이 사업이 어려움을 당하고 포기하고 싶을 때 이 개구리 그림을 보며 "개구리도 하는데…" 하며 포기하지 않게 되었답니다. 이후 400만 불짜리 매장도 얻고 추가매장도 열면서 '내가 그때 황새에게 먹히는 개구리처럼 목을 움켜잡지 않았더라면 나는 어떻게 되었을까?'를 생각한다고 했습니다. 이 그림에 '절대로 포기하지 말라'(Never ever give up)라는 글이 있습니다. 개구리도 포기하지 않는데 우리도 포기하지 말아야 하지 않습니까?

오늘 말씀의 배경은 이스라엘 백성들이 출애굽하여 가나안 땅을 정복하게 되었을 때 먼저 열두 명의 정탐꾼을 보냈습니다. 이때 여호수아와 갈렙은 이 땅은 과연 하나님이 말씀하신 대로 "좋은 땅이다. 가서 차지하자"라고 했습니다. 그러나 다른 열 명의 정탐꾼은 그곳의 거민은 아주 강하고 우리는 그들 앞에서 메뚜기 같다고, 우리는 그 땅을 정복할 수 없다고 부정적인 보고를 했습니다. 이것은 가나안 땅을 주시겠다고 하신 하나님의 약속에 대한 불신앙이었습니다. 그런데 백성들은 여호수아와 갈렙의 긍정의 말을 들은 것이 아니라 열 명의 정탐꾼의 말에 영향을 받았습니다. 그래서 울면서 "우리는 다 죽었다. 차라리 애굽으로 돌아가자"라고 했습니다. 여호수아와 갈렙은 분노한 군중들에 의해 돌에 맞아 죽을 뻔했습니다. 모세를 대신하여 지도자를 다시 뽑자고 했습니다. 부정적인 사람들의 영향은 이렇게 큽니다. 순식간에 전체 군중을 흔들었습니다. 긍정적인 말은 기억에 잘 안 남아도 부정적인 말은 기억에 강하게 남습니다. 부정적인 말을 강하게 하는 사람은 사람들의 관심을 받습니다. 이것을 착각하면 안 됩니다. 부정적인 사람들은 절대로 조직에 좋은 결과를 가져오지 않습니다. 세상은 긍정의 마음을 가진 사람들에 의하여 좋은 방향으로 변화되는 것입니다.

하나님께서는 이들의 불신앙에 분노하셨습니다. 성경에 약속하셨는데 왜 의심하느냐는 것입니다. 오늘도 하나님은 우리의 불신앙의 모습을 기뻐하시지 않습니다. 사람은 너무나 쉽게 불안해하고 의심하고 부정적인 생각을 갖습니다. 그것은 인간의 본성입니다. 그래서 찬송 545장을 보면 "걸어가세 믿음 위에 서서 나가세 나가세 의심 버리고 걸어가세 믿음 위에 서서 눈과 귀에 아무 증거 없어도"라고 찬송합니다. 우리는 원래 의심이 많은 존재이기 때문에 의심 버리고 믿음으로 걸어가자는 찬송입니다. 우리가 믿음으로 걸어갈 때 하나님은 그 믿음대로 이루어 주시기를 기뻐하십니다. 이것이 기도입니다. 믿고 입으로 고백하는 것이 기도입니다. 하나님께서는 불평하는 이스라엘 백성들에게 너희들의 입에서 나온 말대로 해주겠다고 하셨습니다. 그리고 그들의 말대로 광야에서 다 죽었습니다. 이들의 자손과 오직 여호수아와 갈렙만이 가나안 땅에 들어가게 되었습니다.

여호수아는 모세를 이어 민족의 지도자가 되었습니다. 그리고 지금까지 갈렙의 이름은 45년 동안 한 번도 나온 적이 없습니다. 그런데 갑자기 갈렙이 다시 등장합니다. 갈렙은 오늘 말씀 14장 7절을 보면 나이 40세에 가나안 땅을 정탐했습니다. 내가 가나안을 정탐하고 돌아왔을 때 하나님께서는 "내 종 갈렙은 마음이 부정적인 보고를 한 그들과 달라서 나를 온전히 따랐은즉 그가 갔던 땅으로 그 자손을 내가 인도하여 들이고 그의 자손이 그 땅을 차지하리라" 하셨습니다. 모세도 맹세하기를 "네가 내 하나님 여호와께 충성하였은즉 네 발로 밟는 땅은 영원히 너와 네 자손의 기업이 되리라"고 하였습니다. 그로부터 지금 나이가 85세가 되었습니다. 갈렙은 "내가 지금도 강건하니 여전히 전쟁을 할 수 있습니다"라고 말합니다. 놀랍게도 갈렙은 45년이나 지난 지금까지 하나님의 약속을 분명히 믿고 그 약속이 이루어지길 조용히 인내하며 살고 있었습니다. 그리고 도전합니다. 이 믿음이 굉장한 것입니다.

갈렙은 지금까지 광야 생활을 하며 물 때문에 힘들었고 먹을 것도 마땅치 않았습니다. 광야에서 늘 굶주렸습니다. 독충과 전갈이 우글거리는 광야에서 살았습니다. 가나안 땅의 1차 분배가 있기까지 갈렙은 늘 앞장서서 싸웠습니다. 언제나 죽음 앞에 서 있었습니다. 이제 그만 쉬고도 싶을 것입니다. 갈렙 정도의 위치에 있으면 땅을 분배받고 노후를 편히 지내도 될법한 일입니다. 그런데 갈렙은 하나님의 약속을 늘 기억하고 살았습니다. 지금 가진 것이 없어도, 내 눈에 보기에 이루어진 것이 없어도 하나님께서 말씀하셨으니 이루어질 줄로 믿고 기다린 사람이 갈렙입니다. 갈렙은 말합니다.

"그날에 여호와께서 말씀하신 이 산지를 지금 내게 주소서 당신도 그날에 들으셨거니와 그곳에는 아낙 사람이 있고 그 성읍들은 크고 견고할지라도 여호와께서 나와 함께하시면 내가 여호와께서 말씀하신 대로 그들을 쫓아내리이다 하니."

지금까지 이스라엘 백성들이 수많은 전투를 했습니다. 그리고 많은 땅을 차지했지만 아직 차지하지 못한 땅이 있습니다. 헤브론 땅입니다. 이곳은 의미가 있는 땅입니다. 조상 아브라함과 사라가, 이삭과 리브가가, 야곱과 레아가 묻힌 막벨라 굴이 있는 땅입니다. 이 땅에는 크고 기골이 장대한 용사들이 살고 있습니다. 그래서 아직 이 땅만은 차지하지 못했습니다. 이스라엘 백성들이 제비 뽑아 차지할 땅을 분배했지만 헤브론 땅은 누구도 원하지 않는 곳이었습니다. 이들은 너무나 강했기 때문입니다. 그러나 이 땅을 완전히 정복하지 못하면 이들은 계속해서 이스라엘을 괴롭힐 것입니다. 그런데 갈렙은 그 땅을 내게 달라는 것입니다. 그 성읍이 크고 견고할지라도 우리가 가서 차지하겠다는 것입니다. 한 가지 단서가 있습니다. "여호와께서 나와 함께하시면"입니다. 이것이 갈렙의 믿음입니다. 그렇습니다. 오늘 우리에게도 수많은 이 산지가 있습니다. 반드시 정복해야 할 산지입니다. 그러나 내 능력으로, 내 경험으로 볼 때 차지하기 어려운 산지입니다. 그래서 머뭇거리며 우리는 살고 있습니다. 남들에게는 아무렇지도 않게 보이려 하지만 내 마음속에는 늘 두려움이 있습니다. 도전하는 것도 지쳤습니다.

그러나 갈렙을 생각해 보시기 바랍니다. 갈렙은 "내 나이 85세로되"라고 했습니다. 나이가 문제가 안 된다는 말입니다. 갈렙은 나이가 들어도 믿음이 늙지 않았습니다. "그곳에 아낙 사람이 있고 성읍들이 크고 견고할지라도"라는 말은 여호와께서 나와 함께하시면 환경과 조건이 문제가 안 된다는 말입니다. 갈렙은 환경이 나빠져도 믿음이 약해지지 않았습니다. 지금까지 살면서 환경과 조건이 좋은 적이 얼마나 있었습니까? 세상은 원래 불공평합니다. 강자에게 유리하고 꾀가 많은 자가 먼저 차지하는 것이 세상입니다. 우리가 사는 세상은 늘 문제가 있습니다. 그런데 이 문제보다 크신 하나님을 바라보아야 합니다. 문제가 아무리 커도 그 문제에 하나님이 개입하시면 문제가 해결되는 것입니다. 문제가 있을 때 하나님이 나와 함께하시면 문제가 기회가 되는 것입니다. 갈렙은 헤브론 땅에서 마침내 아낙 사람들을 정복하고 이곳에 후일 다윗 왕이 도읍을 정하게 됩니다. 갈렙이 헤브론을 정복함으로 "그 땅에 전쟁이 그쳤더라"고 성경은 기록합니다.

성도 여러분, 오늘도 우리가 정복해야 할 산지가 있습니다. 우리 교회는 성전 건축을 할 때 "이 산지를 내게 주소서"라고 표어를 정하고 갈렙의 고백을 우리도 했습니다. 그리고 하나님은 우리에게 새 성전을 주셨습니다. 그런데 아직도 우리가 정복해야 할 산지가 많이 있습니다. 우리의 신앙에 정복해야 할 산지가 있습니다. 여러분의 직장에서 정복해야 할 산지가 있습니다. 가정에서 정복해야 할 산지들이 있습니다. 여러분의 인생에 정복해야 할 산지들이 있습니다.

갈렙처럼 '여호와께서 나와 함께하시면 될 줄로 믿습니다' 하는 믿음으로 나아갈 수 있기를 바랍니다. 그래서 여러분의 해결해야 할 산지를 얻는 성도들이 되시기 바랍니다.

📝 적용

ⓐ 오늘 말씀의 주제 파악하기:

_____

ⓑ 오늘 말씀 중 은혜 받은 부분 나누기:

_____

ⓒ 삶에 구체적으로 적용하기:

_____
_____

👏 함께 드리는 기도제목

1. 긍정의 믿음을 가지고 결코 포기하지 않는 삶을 살게 하소서.
2. 어떤 상황에서도 문제보다 크신 하나님을 바라보게 하소서.
3. 갈렙과 같은 믿음으로 나아가 약속의 산지를 차지하는 삶을 살게 하소서.

23

감사하는 사람

- 🍀 **본 문**: 골로새서 3:15-17 (신 327쪽)
- 🍀 **찬 송**: 593장 (아름다운 하늘과, 통 312장)
- 🍀 **요 절**: "그리스도의 말씀이 너희 속에 풍성히 거하여 모든 지혜로 피차 가르치며 권면하고 시와 찬송과 신령한 노래를 부르며 감사하는 마음으로 하나님을 찬양하고 또 무엇을 하든지 말에나 일에나 다 주 예수의 이름으로 하고 그를 힘입어 하나님 아버지께 감사하라" (골 3:16-17)

오늘은 맥추감사절과 성령강림절을 함께 지키는 주일입니다. 맥추절 즉 오순절에 마가의 다락방에 성령님의 임재가 나타나셨기에 우리는 그날을 기억하며 오늘 맥추감사절을 지킵니다. 하나님께서는 이스라엘 백성들에게 첫 열매를 거둔 후 감사의 절기를 반드시 지키라 하셨습니다. 이스라엘 백성들은 애굽에서 노예 생활을 할 때에 농사를 지었으나 그것은 자신의 것이 아니었습니다. 겨우 굶지 않을 정도만 남기고 다 빼앗겼습니다. 내가 수고한 대로 그 삯을 받을 수 있다면 얼마나 좋습니까? 그래서 시편 128편 2절에 "네가 네 손이 수고한 대로 먹을 것이라"고 하셨습니다. 이것이 복입니다. 농부가 일 년 농사를 위해 수고했는데 갑자기 해충 때문에 열매를 거두지 못한다든지, 태풍이 불어와 농사를 다 망치게 되었다든지 하면 속상할 것입니다. 현대인들도 그렇습니다. 내가 한 달 내내 열심히 수고했는데 수고한 대로 넉넉하게 그 삯을 받는 것이 당연하지만, 그렇지 못한 것이 인간 세상의 일들입니다. 누구는 일하지 않아도 부모에게 큰 빌딩을 물려받아 좋은 차 타고 좋은 음식 먹으며 사는데 누구는 한 달 내내 잠 못 자고 쉬지도 못하고 열심히 일하여도 남는 것이 없고 빚만 늘어간다면 사실 불평등한 것입니다. 그래서 네 손이 수고한 대로 먹을 것이라는 축복입니다.

이스라엘 백성들이 가나안 땅에 들어와 밀을 뿌리고 첫 농사를 지어 곡식을 거두게 되었습니다. 이 곡식은 이제 우리들의 것입니다. 그 기쁨을 말로 다 표현할 수 없을 것입니다. 광야에서 40년을 지나는 동안 한곳에 머물러 있지 못하니 씨를 뿌릴 수도 없었습니다. 그러니 먹는 것도 변변치 않았을 것입니다. 광야에서 먹을 것이 없으니 하나님께서 주신 만나로 살았습니다. 채소도 없고 고기도 없었습니다. 음식을 요리할 때 마늘도 넣고 고춧가루도 넣고 기름도 넣고 깨소금도 넣고 해야 맛이 있습니다. 광야에는 그런 것이 없었습니다. 이제 밀을 거두었으니 이것으로 빵을 구워 먹을 수 있다 생각하니 너무나 기뻤을 것입니다. 하나님은 "너희들, 첫 열매를 거두니 기쁘냐? 하나님의 은혜임을 잊지 말라" 하는 의미에서 대대로 맥추절의 절기를 지키라 하신 것입니다. 애굽에서 나온 것이 내 힘으로 된 것이 아니었습니다. 첫 곡식을 거둔 것도 하나님의 은혜였습니다. 그러므로 하나님께 감사하는 사람이 되라는 뜻입니다. 하나님은 성경에 감사하라고 수없이 말씀하셨습니다.

감사는 하나님의 명령입니다. 오늘 짧은 말씀 속에도 감사하라는 명령이 세 번씩이나 반복되고 있습니다. 성경에는 감사하라는 명령이 2백 회 가까이 나옵니다. 왜 그렇게 감사하라고 하셨을까요? 감사하는 사람을 하나님께서 기뻐하시기 때문입니다. "감사가 뭐 그리 대단한 것이라고 하나님께서 기뻐하십니까?"라고 질문할 수 있습니다. 여러분의 가정에서 자녀들이 부모에게 감사하면 그 자녀들이 너무나 사랑스러운 것입니다. 남들처럼 좋은 옷도 못 사주고 학원에도 못 보내주고 힘들게 사는데 어린 자녀가 "우리 엄마 아빠가 세상에서 제일 좋아요. 이렇게 사랑해 주셔서 감사해요"라고 말하면 부모의 마음은 그보다 기쁜 것이 없습니다.

우리 성도들과도 대화하다 보면 자녀들을 학원에도 못 보내고 어렵게 키웠는데 자녀들이 부모님이 고생하시며 우리를 키워주시는데 우리가 잘해야 된다고 공부도 열심히 하여 대학에 장학생으로 가고, 좋은 직장에 들어가고 부모님께 효도한다고 하는 이야기를 듣습니다. 부모님의 은혜를 깨달았기에 감사하는 자녀가 된 것입니다. 그러면 그 자녀들이 너무나 사랑스럽고 자랑스러운 것입니다. 똑같은 환경에서도 우리 집은 왜 이렇게 못 사느냐고, 왜 나에게 메이커 옷 안 사주느냐고 떼를 쓰고 불만을 표시하면 부모의 마음은 아픈 것입니다. 자녀가 잘못하여 회초리를 대어도 '엄마' 하고 울면서 안기면 엄마는 마음이 짠해집니다.

어느 날 어린 아들이 이웃집에 놀러 갔다가 자꾸 밤늦게 들어와 버릇을 고쳐주려고 회초리를 들었답니다. 몇 대 때리니까 울면서 "엄마, 다시는 안 그럴게요. 한 번만 용서해주세요"라고 했습니다. 그러자 엄마가 "엄마라고 부르지도 마. 엄마 말도 안 들으면서 무슨 엄마야" 하고 회초리로 몇 대 더 때리니까 이 아이가 울면서 "다시는 안 그럴게요. 아줌마, 용서해 주세요"라고 하더랍니다. 어이가 없어서 그만두었답니다.

하나님은 우리 아버지이시기 때문에 우리가 어떤 환경에 있든지 아버지를 부르며 기도하고 힘들어도 감사하면 우리를 자랑스러워하시고 기뻐하시는 것입니다. 좋은 환경에서 감사하는 것도 중요하지만 힘들어도, 아파도 하박국의 말씀처럼 '그리 아니하실지라도의 감사'로 감사하면 더욱 우리를 기뻐하시고 "네 마음이 참 아름답구나! 그래, 내가 복을 주마" 하시는 것입니다.

하나님께서는 범사에 감사하라고 하셨습니다. 범사에 감사한다는 것은 하나님의 주권을 인정할 때 할 수 있는 믿음의 행위입니다. 내가 힘든 일이 있어도, 길이 막혀도 감사하는 사람은 하나님을 진정 믿기 때문입니다. 예수님은 늘 감사하셨습니다. 십자가의 길을 걸어가시면서도 감사하셨습니다. 예수님의 마음에는 불평이나 불만이 없었습니다. 그래서 오늘 15절에 "그리스도의 평강"이라 말씀하신 것입니다. 그리스도의 평강이 우리를 주장하면 불평이 물러가고 감사하는 자가 되는 것입니다. 이스라엘 사람들은 평강 즉 '샬롬'이라는 단어를 굉장히 좋아합니다. 샬롬이 충만하면 영혼이 잘되고 범사에 잘되고 강건한 복이 임하기 때문입니다. 성도들은 그리스도의 평강을 위하여 한 몸으로 부르심을 입었기 때문에 오늘 성경은 감사하는 자가 되라고 하십니다. 분쟁이 있는 교회들을 보면 감사가 없습니다. 그 말은 그리스도의 평강이 그 안에 없다는 말입니다. 평강이 찾아와야 문제가 해결되는 것입니다. 우리 도림교회 성도들은 그리스도의 평강이 충만하여 은혜와 감사가 가득하게 되기를 바랍니다.

감사는 하나님께서 주신 신비한 축복입니다. 감사하는 사람은 행복합니다. 불평하는 사람은 스트레스를 받지만, 감사하는 사람은 스트레스를 받지 않습니다. 그러니까 질병도 잘 찾아오지 않습니다. 불평이 가득한 사람은 얼굴이 어둡습니다. 재미가 없습니다. 소화도 잘 안 됩니다. 그러니 건강도 안 좋고 모든 일이 잘될 리가 없는 것입니다. 불평하는 사람은 사람들이 신뢰하지 않습니다. 그런 사람을 귀한 일에 쓰지 않습니다. 소개도 하지 않습니다. 그래서 인생이 잘 될 리가 없는 것입니다. 그러나 감사하는 사람은 즐겁습니다. 무슨 일을 해도 기대가 됩니다. 희망이 있습니다. 감사하는 사람 옆에는 좋은 사람들이 몰려오는 것입니다. 불평하는 사람 옆에 있으면 불편하기 때문에 좋은 사람들이 피해 갑니다. 제가 늘 불평은 전염되기 때문에 옆에도 가지 말라고 했습니다.

코로나가 두려워 감염되지 않기 위해 사람들은 지금도 마스크를 착용합니다. 그런데 불평은 코로나에 비교할 수 없이 위험한 병입니다. 코로나는 대개 며칠 고생하면 낫지만, 불평병에 전염되면 무서운 병에 걸려버리고 마는 것입니다. 그것뿐입니까? 내 인생이 행복하지 않습니다. 축복이 사라집니다. 하나님은 이것을 너무나 잘 아시기 때문에 우리에게 불평하지 말라 하시고 감사하라고 하신 것입니다. 하나님께서 불평하지 말라고 수없이 말씀하시고 감사하라 하셨는데 왜 불평합니까? 왜 복을 걷어찹니까? 왜 불행한 인생을 살아갑니까?

미국의 한 암센타에서 감사 치료를 한다는 이야기를 들었습니다. '세로토닌'이라는 호르몬을 두뇌 오케스트라의 지휘자라고 부르는데 이 호르몬이 우리 인간의 감정을 조절하는 아주 중요한 호르몬입니다. 놀라운 일은 감사하면 이 세로토닌이 조절된다는 것입니다. 학계에서는 세로토닌을 '행복 호르몬'이라 부릅니다. 그래서 유방암에 걸린 사람들을 대상으로 치료를 하는데 감사하는 치료를 했더니 임상효과가 너무나 좋았다고 합니다. 감사치료는 지금까지 수많은 학자들이 논문으로 발표한 내용들입니다. 우리는 언론을 통해 엔돌핀에 대해 많이 들어 알고 있는데 엔돌핀은 활짝 웃을 때 많이 생성되는 물질입니다. 엔돌핀은 식물에서 나오는 진통제인 '모르핀'에 비해 200배의 효과를 가지고 있다고 알려지고 있습니다. 이 엔돌핀이 암을 치료하고 통증을 해소한다고 알려져 있습니다. 그런데 '다이돌핀'이라는 호르몬이 있습니다. '다이돌핀'이라는 호르몬은 엄청난 감동을 받았을 때, 찬양을 뜨겁게 할 때, 기쁨이 샘솟을 때 나오는 호르몬입니다. 다이돌핀은 엔돌핀의 4천 배의 효과를 가져온다고 알려져 있습니다.

저는 암 같은 중병에 걸린 성도들에게 감사하라고 권면합니다. 찬송을 불러도 뜨겁게 부르고 매일 감사할 일을 찾아 하나님께 감사하라고 합니다. 이것은 하나님께서 말씀하신 것이기 때문입니다. 오늘 성경에 찬양할 때도 "감사함으로 찬양하라"고 하셨습니다. 16절에 "시와 찬송과 신령한 노래를 부르며 감사하는 마음으로 하나님을 찬양하고"라고 했습니다. 뜨겁게 찬양을 하다가 혹은 간절한 기도를 하다가 신비한 체험을 하고 불치병에서 낫게 된 간증들이 많습니다. 가만히 보면 하나님께서 우리를 창조하실 때 그렇게 만드셨기 때문입니다. 그래서 하나님은 우리가 행복하게 살기를 바라시며 "늘 감사하라. 불평하지 마라" 하신 것입니다.

기도할 때에도 "감사함으로 하나님께 아뢰라"고 하셨습니다. 같은 기도라도 감사함으로 기도하면 하나님께서 기뻐 받으십니다. 감사함으로 그 문에 들어가라고 하셨습니다. 주의 전에 들어갈 때에 감사함으로 들어가라는 것입니다. 여러분, 오늘도 감사하는 마음으로 성전 문에 들어오셨습니까? 오늘도 감사하는 마음으로 찬송과 찬양을 드렸습니까? 성도 여러분, 가장 축복받는 사람이 되려면 가장 감사하는 사람이 되시기 바랍니다.

마지막으로 17절 "또 무엇을 하든지 말에나 일에나 다 주 예수의 이름으로 하고 그를 힘입어 하나님 아버지께 감사하라"고 하셨습니다. 무슨 말을 하든 무슨 좋은 일을 하든 예수님 영광을 나타내라는 말입니다. 그리고 예수를 힘입어 하나님 아버지께 감사하라고 하셨습니다. 감사하는 말을 하면 예수님께서 영광을 받으시고 그 인생을 복되게 해주십니다. 사람들이 싸우다가 칼부림을 하는 뉴스에 나오는 일들이 종종 있습니다. 다른 것 때문이 아니라 말로 시작된 것입니다. 주차 문제로 시비가 붙어 건장한 남자가 여성을 때려 중상해를 입힌 사건이 뉴스에 나왔습니다. 서로 말이 좋았다면 기분 좋게 해결이 되었을 것입니다. 말을 해도 감사한 말을 하고, 일을 해도 감사한 마음으로 일을 하면 인생이 변합니다.

미국의 걸프전의 영웅으로 알려진 콜린 파월(Colin Powell)은 어릴 적 콜라 공장에서 아르바이트를 했는데, 감독은 백인 아이들에게는 콜라 채우는 일을 시키고 자신에게는 흑인이라는 이유로 빗자루를 주며 청소하라고 했습니다. 불평하는 사람이라면 마음에 열등감과 분노가 가득할 텐데 파월은 최고의 청소부가 되기로 마음먹고 일을 했습니다. 감독에게 일을 맡겨주셔서 감사하다고 했습니다. 일하는 모습을 본 감독은 파월에게 점점 중요한 자리를 맡겼습니다. 그리고 그는 미국의 첫 흑인 장관의 자리에까지 오르게 되었습니다. 감사하는 자세가 인생을 바꾼 것입니다. 서양 속담에 "행복은 언제나 감사의 문으로 들어와서 불평의 문으로 나간다"는 말이 있습니다.

감옥과 수도원은 사실 비슷합니다. 밖에 나가지 않습니다. 일을 해야 합니다. 오락이 없습니다. 개인의 자유가 없습니다. 먹는 것도 부실합니다. 그런데 다른 점은 수도원은 감사로 가득 차 있는데 감옥은 불평으로 차 있습니다. 하나님께서 우리에게 감사를 명하신 이유가 분명히 있습니다. 하나님은 우리를 창조하시며 우리 인체에 신비한 지도를 넣어놓으셨습니다. 감사하는 자는 몸이 건강합니다. 그리고 마음이 건강합니다. 하나님께 감사하면 영혼이 건강합니다. 그래서 영혼이 잘되고 범사가 잘되고 강건한 축복의 사람이 되는 것입니다.

맥추감사절을 맞이하며 감사하라는 말씀에 순종하여 우리 성도들의 가정과 만나는 모든 사람들과의 관계에서 "도림교회 성도들은 감사하는 사람들이야"라는 칭찬을 들을 수 있게 되기를 바랍니다. 불평의 말, 부정적인 말은 아예 하지도 마시고, 듣지도 마시고 늘 감사하는 말, 하나님을 찬양하는 말로 살아 축복의 성도들이 되시기를 바랍니다.

📝 적용

ⓐ 오늘 말씀의 주제 파악하기:

....

ⓑ 오늘 말씀 중 은혜 받은 부분 나누기:

....

ⓒ 삶에 구체적으로 적용하기:

....

....

👏 함께 드리는 기도제목

1. 예수님의 평강으로 우리 마음을 다스려 주사 감사하는 사람이 되게 하소서.
2. 오직 하나님만 믿고 신뢰하여 범사에 감사하는 사람이 되게 하소서.
3. 불평하는 말과 부정적인 말은 모두 내려놓고, 감사와 찬양의 고백으로 사는 사람이 되게 하소서.

24

성령을 소멸하지 말라

❃ 본 문: 데살로니가전서 5:19-23 (신 334쪽)
❃ 찬 송: 195장 (성령이여 우리 찬송 부를 때, 통 175장)
❃ 요 절: "성령을 소멸하지 말며"(살전 5:19)

　새가족들이 '왜 예수 믿는 사람들은 저렇게 열심히 교회에 나오라고 할까?' 하는 궁금한 마음이 있을 것입니다. 절에 다니는 사람들은 한 번만 절에 같이 가자고 그렇게 하지 않는데 교회에 다니는 사람들은 왜 그렇게 제발 한 번만 와 달라고 애원합니까? 그 이유가 궁금하지 않습니까? 예수 믿는 사람들의 마음속에는 솟아오르는 간절한 바람이 있습니다. 그것은 여러분 모두가 하나님을 믿고 구원받아 영원한 생명을 누리자고 하는 것입니다.
　요한복음 14장을 보면 예수님께서 제자들에게 "나는 이제 세상을 떠나 너희를 위하여 거처를 마련하기 위하여 간다"라고 말씀하셨습니다. 도마라는 제자가 "주께서 가시는 그 길을 우리가 알지 못합니다"라고 했습니다. 예수님은 "내가 곧 길이요 진리요 생명이니 나로 말미암지 않고는 아버지께로 올 자가 없느니라"(요 14:6)고 하셨습니다. 그러자 빌립이라는 제자가 아버지를 우리에게 보여달라고 합니다. 예수님께서는 "나를 본 자는 아버지를 보았거늘 어찌하여 아버지를 보이라 하느냐 내가 아버지 안에 거하고 아버지는 내 안에 계신 것을 네가 믿지 아니하느냐"(9-10절)라고 하셨습니다. 그리고 그 날이 오면 "내가 아버지 안에, 너희가 내 안에, 내가 너희 안에 있는 것을 너희가 알리라"(20절) 하셨습니다. 참 무슨 말인지 이해할 수 없는 말씀을 하셨습니다. 나를 본 자는 아버지를 보았다. 그리고 그날에는 내가 아버지 안에 그리고 너희가 내 안에, 내가 너희 안에 있다 하는 말씀입니다. 이것은 성령님이 오실 것을 예고한 말씀입니다. 26절에 "보혜사 곧 아버지께서 내 이름으로 보내실 성령 그가 너희에게 모든 것을 가르치고 내가 너희에게 말한 모든 것을 생각나게 하리라" 하셨습니다.

뒤에 보면 내가 떠나지 아니하면 보혜사가 오지 아니한다고 하셨습니다. 보혜사는 돕는 분이라는 뜻으로 성령님입니다. 여기서 아버지는 하나님을 의미하는데 아버지와 예수님과 보혜사는 한 몸임을 말씀하신 것입니다. 우리가 조금 전에 사도신경을 암송했는데 이 사도신경은 전 세계 모든 교회가 함께 고백하는 것입니다. 장로교회도 감리교회도 성결교회도 사도신경을 고백합니다. 뿐만 아니라 가톨릭도 정교회도 구세군도 루터교회도 다 사도신경을 고백합니다. 이 사도신경의 맨 처음에 "나는 전능하신 하나님을 믿습니다. 그리고 우리 주 예수 그리스도를 믿습니다. 성령을 믿고 몸의 부활과 영생을 믿습니다" 하고 고백합니다. 이 신앙고백이 기독교의 기둥과 같은 것입니다. 전능하신 하나님을 믿는다는 것은 이 세상 만물을 창조하시고 주장하시는 분이 하나님이시라는 고백입니다. 예수 그리스도를 믿는다는 것은 예수님이 우리를 위해 이 세상에 오셔서 우리의 죄를 대속하기 위해 십자가를 지셨다는 것을 믿는다는 고백입니다. 그리고 성령을 믿는다는 것은 예수님 대신 보혜사 성령님이 우리 가운데 오셔서 지금 우리와 함께 계신다는 것을 믿는다는 고백입니다.

예수님께서는 세상을 떠나가시며 제자들에게 함께 모여 약속하신 것을 기다리라고 하셨습니다. 약속이란 보혜사 성령님을 보내주신다는 약속입니다. 제자들은 마가의 다락방에 모여 약속을 기다리며 기도하기 시작했습니다. 그때 각 사람에게 약속하신 보혜사 성령님이 임하셨습니다. 이들이 더욱 뜨겁게 기도하며 각 나라의 말을 하고 예언을 했습니다. 그리고 이들에게 놀라운 변화가 일어났습니다. 예수님을 따르는 것을 두려워하던 제자들이 담대하게 나가 예수님은 부활하셨다고 외쳤습니다. 성령님은 하나님의 영인데 이 영이 예수를 나의 구주라고 고백하는 모든 사람에게 찾아오신 것입니다. 예수님께서 제자들에게 말씀하실 때에 내가 하나님 안에 있고 내가 너희 안에 있다고 하신 말씀의 의미를 몰랐는데 바로 이 말씀이 성령님의 임재를 통하여 이루어진 것입니다. 성령강림은 예수를 믿는 자에게 하나님께서 찾아와 주시고 우리 안에 거하시며 우리를 지켜주시는 놀라운 은혜입니다. 말씀을 시작할 때 예수 믿는 사람들이 왜 그렇게 예수 믿으라고 하는지 이해할 수가 없지 않느냐고 했는데 그것은 성령 하나님이 우리 안에 계시니 나도 모르게 저절로 그렇게 되는 것입니다.

우리 모두가 하나님의 자녀가 되고 구원을 받고 영생을 누리기를 원하는 마음이 저절로 드는 것입니다. 이것은 사람이 결심한다고 되는 일이 아닙니다. 노력한다고 공부한다고 되는 일이 아닙니다. 예수님을 믿는 것은 성령님이 내 안에 오시지 않으면 불가능한 일입니다. 그렇잖아요? 예수님이 동정녀 즉 처녀의 몸에서 성령으로 잉태되었다는 사실이 어떻게 과학적으로 믿어집니까? 말도 안 되잖아요? 그 예수님이 내 죄를 대속하시기 위해 십자가를 대신 지셨다는 사실이 상식적으로 말이 안 됩니다. 믿을 수 없습니다. 그런데 성령님께서 내 마음에 찾아오시면 이것이 저절로 믿어지는 것입니다. 그래서 이 세상의 수많은 과학자들도, 철학박사도, 의학박사도 믿어지니까 예수를 믿는 것입니다. 믿어지는데 어떻게 합니까?

우리 교회 가까운 어느 교회에 우리나라의 유명한 의학자가 아내 때문에 교회에 끌려 나왔다가 목사님 설교를 듣고 "목사님, 말도 안 되는 이야기 하시지 마세요. 어떻게 처녀가 아기를 낳습니까? 목사님 얼굴을 보니까 생기기도 잘생겼고 눈도 초롱초롱한데 그런 거짓말 하면서 치사하게 먹고 살지 마세요. 제가 직장 소개해 줄까요?" 하더랍니다. 그 사람이 오랫동안 아내에게 끌려 교회에 나와 늘 그런 이야기를 했는데 어느 날 예배를 드리면서 눈물을 줄줄 흘리더랍니다. '부부싸움 했나? 무슨 일 있나?' 그런 생각을 했는데, 예배 후에 목사님에게 와서 이제 믿어진다고, 정말 믿어진다고 하더랍니다. 그리고 의학 회의에 가서 예수 믿으라고 전하니까 동료들이 말도 안 되는 소리 한다고 그러더랍니다. 이분이 씩씩대며 목사님에게 와서 지들이 조막만 한 머리 가지고 뭘 그리 다 안다고, 무식한 놈들이라고 그러더랍니다. 그래서 목사님이 당신도 개구리가 올챙이 적 생각 못 한다고, 당신도 그러지 않았느냐고 했답니다.

우리가 부르는 찬송가 310장에 "왜 내게 성령 주셔서 내 마음 감동해. 주 예수 믿게 하는지 난 알 수 없도다"라고 찬송합니다. 예수 믿는 것은 내가 똑똑해서 되는 것이 아닙니다. 내가 부유해서 되는 것이 아닙니다. 성령님을 내 안에 모셔야 합니다. 그러면 어린아이도 예수님이 믿어집니다. 노인도 믿어지고 백인도 흑인도 저절로 믿어지는 것입니다.

성령님이 오시면 제일 먼저 일어나는 사건이 내가 죄인임을 깨닫게 됩니다. 그래서 회개하게 됩니다. 이전에는 세상 법에 의해 죄를 짓지 않으면 나는 죄가 없다고 생각했는데 성령님이 내 안에 오시면 내가 얼마나 더럽고 악한 존재였는지를 깨닫게 됩니다. 그래서 마귀가 내 안에서 나를 얼마나 주장했는지를 깨닫게 되고 악한 일을 떠나게 됩니다. 오늘 예배에 등록은 했지만 성령님을 경험하지 못한 분들이 많이 있을 줄 압니다. 교회에 백날 다녀도 성령 체험을 못했으면 그것은 가짜 신자입니다.

사랑하는 여러분, 여러분의 입술로 고백하시기 바랍니다. "하나님, 나는 죄인입니다. 내 인생에 하나님이 필요해요. 도와주세요. 성령님께서 나를 찾아와주세요." 이렇게 고백하면 우리 하나님은 자비로우신 하나님이십니다. 여러분을 찾아가 주시고 여러분 안에 거하십니다. 성령님이 임하시는 것은 사람마다 다릅니다. 불같이 뜨거운 체험을 하는 사람도 있고 방언과 신비한 은사를 동시에 체험하는 사람도 있습니다. 또는 조용하게 이슬비처럼 임하시는 것을 체험하는 사람도 있습니다. 그러나 똑같은 한 가지는 예수님이 나의 구주로 믿어지는 것입니다.

성령님의 임재는 임신하는 것과 같다고 어떤 분이 비유를 했습니다. 임신을 하면 내 안에 또 다른 생명이 자랍니다. 겉으로는 모르지만 내 속에 다른 생명이 있습니다. 그리고 점점 자랍니다. 그래서 외모도 변합니다. 그렇습니다. 예수 믿으면 내 안에 성령님이 거하시고 내 삶의 모습이 점점 변하게 되는 것입니다. 그래서 인생이 변합니다. 그 증거가 무엇인가 하면 살아가는 모습 속에 성령의 아홉 가지 열매가 열립니다. 성령의 아홉 가지 열매는 사랑, 희락, 화평, 인내, 자비, 양선, 충성, 온유, 절제(갈 5:22-23)라고 했습니다. 미워하고 분노하고 증오하던 사람이 성령의 사람이 되면 사랑이 가득한 사람으로 변화됩니다. 절망하고 포기하던 사람이 기뻐하게 됩니다. 마음속에 소망이 있습니다. 분열하고 싸우던 사람이 화평을 이루는 자가 됩니다. 이것이 저절로 되는 것입니다.

사랑과 기침은 감출 수 없다는 말이 있습니다. 내 자녀를 사랑하면 얼굴만 봐도 너무너무 좋습니다. 손자 손녀를 사랑하면 그 사랑을 감출 수가 없습니다. 기침도 그렇잖아요. 기침이 나오면 대통령 앞에서도 감출 수 없습니다. 성령의 사람이 그런 것입니다. 성령이 내 안에 임하시면 나도 모르게 저절로 성령의 열매가 나오는 것입니다. 이 세상에 진짜 크리스천만 있으면 좋겠어요. 그런데 가짜가 너무 많아요. 교회는 다니는데 성령 받지 못한 사람, 봉사는 한다고 하면서 성령 받지 못하고 일하는 사람, 찬양한다고 하는데 성령 받지 못하고 찬양하는 사람이 있습니다. 그것은 노래지 찬양이 아닙니다. 또 한때 성령 받았는데 성령이 소멸되어 버린 사람도 있습니다.

그래서 오늘 성경은 "성령을 소멸하지 말며"라고 말씀하십니다. 에베소서에서는 "하나님의 성령을 근심하게 하지 말라 그 안에서 너희가 구원의 날까지 인치심을 받았느니라"(엡 4:30) 하셨습니다. '그 안에서'라는 말씀이 무엇입니까? 성령 안에서, 성령님이 우리를 구원의 날까지 인 치시고 인도하신다는 말씀입니다. 그런데 근심하게 하면 떠나신다는 말씀입니다. '소멸되었다'는 것은 장작불이 꺼져버린 것처럼 완전히 꺼져버렸다는 뜻입니다. 성도들 가운데에도 성령의 불이 꺼져버린 사람도 있습니다. 그러면 내 안에 성령님이 주시는 평안과 기쁨이 없고 늘 불평과 원망이 가득 차 있으면서도 거룩한 체, 예수 믿는 체하고 다니는 사람이 있어서는 안 되겠습니다. 성령의 불이 가물가물하는 사람도 있습니다. 교만하면 성령의 불이 꺼져갑니다. 그러면 말씀을 들어도 은혜받지 못합니다. 감사한 줄 모릅니다. '목사님, 지난주 넥타이 한 거 또 했네. 찬양대는 어디가 잘하네, 오늘 교회 점심은 맛이 없네.' 교회 나오면서 이런 생각이 들어가는 것입니다. 목사님 넥타이 보러 교회 오고, 교회 점심 먹으러 오는 것이 아니라 하나님을 예배하기 위해 오는 것을 잊지 않아야 합니다.

예배를 통하여 전능하신 하나님을 뵙고, 그 음성을 듣고, 내 죄를 사함 받고 감사와 찬송을 부르는 성도들이 되시기 바랍니다.

시골의 부엌에서 장작불을 땔 때 불이 꺼져 가면 풍무를 돌리는데, 그러면 꺼져 가던 장작불이 다시 살아나고 활활 타오릅니다. 신앙의 풍무가 무엇입니까? 말씀을 사모해야 합니다. 읽고 듣고 또 들어야 합니다. 드라마 안 봐도, 휴대폰 안 봐도 아무 문제 없습니다. 그러나 말씀을 듣고 보지 않으면 큰 문제가 일어나는 것을 알아야 합니다. 그리고 기도해야 합니다. 성도는 기도해야 사는데 왜 기도하지 않습니까? 기도해야 성령님이 우리를 붙들어 주십니다. 보혜사란 돕는 분이란 뜻인데 성령님이 우리를 도우시는 하나님이십니다. 그러므로 매일 도와달라고 기도해야 하는 것입니다. 내 힘으로, 내 능력으로 살려고 하는 것이 교만입니다. "하나님! 내 힘으로 살 수 없습니다. 성령님! 오늘도 도와주시고 내 마음을 주장하시고, 내 발걸음을 인도해주세요. 만나는 사람들 가운데 악한 사람들이 없도록 도와주세요. 마귀의 유혹을 분별하도록 도와주세요." 우리는 기도해야 살 수 있는 것입니다.

우리는 모두 성령님을 모시고 사는 성도들입니다. 그래서 오늘도 세상에 좋은 일이 많은데 이렇게 예배드리기 위해 나왔습니다. 그러나 우리 가운데 성령의 불이 꺼져 가고 있지는 않은지 돌아보시기 바랍니다. 우리는 모두가 성령님을 받았지만, 그다음에 우리는 성령으로 충만해야 합니다. 성령이 충만해야 죄와 싸워 이길 수 있습니다. 성령이 충만해야 담대하게 생명의 길로 갈 수 있습니다. 성령이 충만해야 하나님이 기뻐하시는 일을 할 수 있습니다. 성령이 충만해야 우리 인생을 축복의 길로 인도해주십니다.

오늘 성경에 "평강의 하나님이 친히 너희를 온전히 거룩하게 하시고 또 너희의 온 영과 혼과 몸이 우리 주 예수 그리스도께서 강림하실 때에 흠 없게 보전되기를 원하노라"(23절)고 하셨습니다. 우리가 성령으로 충만해야 우리의 영과 혼과 몸을 주님이 다시 오실 때까지 흠 없게 보존해주십니다. 그래야 흠 없이 정결한 옷을 입고 주님을 만날 수 있습니다. 내 힘으로 살면 실패하는 날이 옵니다. 배신당하고 상처받는 일도 옵니다. 가정 때문에 상처받는 일도 옵니다. 내 힘으로 살았는데 내 힘이 다 빠져버리면 가장 불쌍한 존재가 되고 마는 것입니다. 그러나 성령님을 의지하고 사는 사람은 우리가 가는 길을 너무나 잘 아시기 때문에 행복한 인생의 길로 인도해주십니다. 실패하지 않게 해 주십니다. 우리 인생을 평안으로 지켜주십니다. 사랑하는 성도 여러분, 성령 충만하여 흠 없게 보존되고 다시 오실 주님을 기쁨 중에 만나는 성도들이 되시길 바랍니다.

📝 **적용**

ⓐ 오늘 말씀의 주제 파악하기:

_____

_____

ⓑ 오늘 말씀 중 은혜 받은 부분 나누기:

_____

_____

ⓒ 삶에 구체적으로 적용하기:

_____

_____

🙌 **함께 드리는 기도제목**

1. 하나님의 말씀을 통하여 항상 성령 충만한 삶을 살게 하소서.
2. 성령님의 도우심을 놓고 매일 기도하는 삶을 살게 하소서.
3. 마음속에 성령의 불이 항상 뜨겁게 타오르는 삶을 살게 하소서.

25

기도하라

❦ **본 문**: 빌립보서 4:6-7 (신 323쪽)
❦ **찬 송**: 363장 (내가 깊은 곳에서, 통 479장)
❦ **요 절**: "아무것도 염려하지 말고 다만 모든 일에 기도와 간구로, 너희 구할 것을 감사함으로 하나님께 아뢰라 그리하면 모든 지각에 뛰어난 하나님의 평강이 그리스도 예수 안에서 너희 마음과 생각을 지키시리라"(빌 4:6-7)

신앙의 기초에 대한 말씀을 전하려 합니다. 예수 믿는 사람들이 기도한다고 하고 찬송한다고 하는데 '도대체 기도란 무엇인가? 또 어떻게 기도해야 하는가?' 하면서 궁금해하는 분들이 있을 것입니다. 하나님께서는 우리가 세상을 행복하게 살아가는 여러 가지 선물을 준비해 두셨습니다. 그중의 중요한 하나가 기도입니다. 기도는 하나님과 대화하는 것입니다. 자녀가 부모와 대화를 합니다. 대화가 끊어진 가정은 문제가 있는 가정입니다. 행복하고 사랑이 넘치는 가정은 늘 대화가 있습니다. 부모와 자녀와의 대화, 형제들과의 대화가 있습니다. 우리가 하나님과의 관계에 있어서도 마찬가지입니다. 하나님과 친밀한 사람은 늘 하나님과 대화합니다. 그것이 기도입니다. 그래서 기도를 영적 호흡이라 합니다. 사람이 숨을 쉬지 않으면 죽는 것처럼 하나님과 영적인 관계를 유지하기 위해서는 쉬지 않고 기도해야 하는 것입니다. 그런데 우리는 죄 때문에 하나님께 직접 나아갈 수가 없습니다. 죄는 하나님과 우리 사이를 가로막게 합니다. 성경은 예수님께서 하나님과 우리 사이에 죄로 막힌 담을 십자가로 허셨다고 했습니다. 그리고 예수님은 기도할 때에 내 이름으로 기도하라 하셨습니다. 우리가 기도할 때 마지막에 "예수님 이름으로 기도합니다" 하는 것이 바로 그것입니다. 내가 아무리 정직한 사람이어도 사람의 의로는 하나님께 직접 나아갈 수가 없습니다. 그래서 예수님의 이름으로 기도하라 하신 것입니다. 이 말은 다른 말로 하면 내 이름을 대고 기도하라는 것입니다.

우리가 청와대에 들어갈 때 보통 사람이 들어가려 하면 다 막을 것입니다. 그런데 대통령의 아들이 "우리 아버지가 대통령인데요" 하면 들어갑니다. 바로 그런 것입니다. 예수님께서는 "나를 믿느냐? 그러면 내 이름으로 기도하라. 하나님께서 들으실 것이라" 하셨습니다. 이것이 십자가의 은혜입니다. 사람들은 우리의 죄를 대속하러 오신 예수님을 십자가에 못 박았지만, 예수님은 우리에게 이런 사랑을 베풀어 주셨습니다. 그러므로 '내 기도를 하나님께서 들으실까? 나는 죄가 많은데, 나는 하나님을 위해 뭐 하나 한 것이 없는데…'라고 의심하지 마세요. 예수님께서 내 이름으로 기도하라 하셨으니 담대히 예수 이름으로 기도하시기 바랍니다. 그런데 계속 죄를 지으면서 기도해도 들어주신다는 말이 아닙니다. 죄의 길을 벗어나게 해달라고 간구할 때 그 기도를 들어주십니다. 그리고 다른 기도도 들어주십니다. 죄를 지으면 하나님과 점점 멀어지게 되고 기도가 막힙니다. 그것은 죄를 지으면 하나님께 가까이 가는 것을 싫어하기 때문에 기도의 문도 막히는 것입니다.

옛날에 어떤 교회에서 교회에 나온 지 얼마 안 된 신자에게 기도를 미리 부탁하여 시켰습니다. 이 사람이 처음 하는 기도이니 열심히 준비를 했습니다. 그래서 기도를 마쳤는데 사람들이 아멘을 안 하는 것입니다. 그래서 기도가 짧아서 그런가 하고 생각을 짜내어 더 기도를 했습니다. 그래도 아멘을 안 하는 것입니다. 나중에는 '내가 초신자라고 이 사람들이 아멘을 안 하나?' 하는 괘씸한 생각도 들었습니다. "이제 끝을 맺습니다"라고 해도 아멘을 안 합니다. "이제 정말 끝입니다" 하는데도 사람들은 고개를 처박고 있습니다. 이 사람이 땀을 흘리며 쩔쩔매고 있는데 옆에 있는 집사님이 "예수 이름으로, 예수 이름으로" 하고 코치를 해주어서 "예수님 이름으로 기도합니다" 했더니 모두가 아멘 하고 고개를 들더라는 것입니다. 기도는 예수 이름으로 하는 것입니다.

　기도는 우리가 할 수 없는 것을 하나님께 부탁드리면 대신 해주시는 것이 기도입니다. 하나님은 전능하신 하나님이십니다. 하나님은 부요하신 하나님이십니다. 하나님은 우리를 사랑하시는 하나님이십니다. 그러므로 자녀들이 기도할 때 귀를 기울여 주십니다. 믿음의 사람들은 기도하는 것을 좋아합니다. 왜 그런 줄 아세요? 기도 응답의 체험이 있기 때문입니다. 내 인생의 문제를 해결해 달라고 불가능 앞에 부르짖어 기도했는데 하나님께서 응답해 주신 체험들을 가지고 있습니다. 그러니까 또 기도하는 것입니다. 예수를 오래 믿었는데 지금까지 응답이 없었다면 왜 기도하겠습니까? 응답이 있으니 또 기도하는 것입니다. 그래서 찬송가에도 "내 기도하는 그 시간 그때가 가장 즐겁다" 하고 찬송을 부릅니다. 반대로 하면 기도하지 않는 사람들은 기도 응답 받은 체험이 없기 때문이거나 죄로 인하여 하나님과 멀어졌기 때문입니다. 하나님을 믿지 않는 사람들이 이상하게 생각하는 것이 '왜 예수 믿는 사람들은 그렇게 울면서 기도하는가?' 하는 것입니다. 그러나 늘 그런 것이 아닙니다. 너무 속상하고 힘든 일이 있을 때 하나님 아버지께 눈물로 하소연하는 것입니다. '이렇게까지 힘드니, 세상에서 도움 받을 데가 없으니 하나님 도와주세요' 하는 기도입니다. 기도는 속으로 기도할 수도 있습니다. 조용한 소리로 기도할 수도 있습니다. 때로는 큰 소리로 함께 기도할 수도 있습니다. 그런데 안타까워 기도하니 하나님께서 그 기도 소리에 더 귀를 기울이시는 것입니다.

초등학교에서 선생님이 1학년 어린이들에게 "누가 대답해 볼래?" 하고 질문을 하면 아이들이 손을 듭니다. 선생님이 이곳저곳을 살피면서 골고루 시켜 주시겠지만 조용히 손을 들고 있는 어린이는 지나갈 확률이 많습니다. 그런데 확실히 선생님이 응답하는 어린이들이 있습니다. "저요! 저요!" 하고 소리를 치면서, 손을 흔들면서 선생님을 부르고 그래도 안 되면 의자 위에 올라가서 마구 손을 흔들면 선생님이 안타까워 지목을 해주십니다. 큰소리로 하는 기도가 바로 그런 것입니다.

오늘 성경은 첫째, "아무것도 염려하지 말고"라고 하셨습니다. 사람들이 평생에 하는 염려 중 90% 이상이 찾아오지 않을 일에 대한 염려라고 합니다. 그러므로 사람들은 염려하지 않아도 될 일에 염려하며 우리의 마음을 상하게 하고 행복해야 할 시간들을 빼앗깁니다. 또 실제로 어려운 일이 찾아온다고 해도 염려해서 도움 될 것은 하나도 없습니다. 오히려 긍정적인 마음으로 맞이할 때 문제해결의 실마리가 풀릴 수 있습니다. 그런데도 사람들은 염려합니다. '학교에 가는 자녀들이 교통사고는 당하지 않을까?' 해서 신호등을 잘 보고 건너라고 신신당부합니다. 학교에 가서 왕따를 당하지는 않을까 염려합니다. 조금 몸이 이상하면 '암은 아닐까?' 합니다. 병원에서 위내시경을 했는데 물혹이 나왔습니다. 그러면 일주일 동안 '혹시 악성은 아닐까?'라고 염려합니다. 서울대병원의 한 의사 선생님이 하는 말이 초진 환자의 30% 가까이가 병이 없는데 나쁜 병이 아닐까 하는 염려 때문에 찾아온 것이라고 했습니다.

저도 귀 아래 검은 얼룩이 생겼는데 주변에 의학에 대해 좀 안다고 하는 사람들이 병원에 빨리 가보라고 합니다. 나는 괜찮은 것 같은데 잘 모르니 혹시 암이 아닐까 하는 생각이 드는 것입니다. 주변에서 성화를 하길래 한 달 전쯤 대학병원에 가는 길에 진찰을 했습니다. 의사 선생님이 자기가 보기에는 검버섯일 확률이 거의 다인데 그래도 온 김에 찝찝하면 조직 검사하시겠냐고 해서 그러겠다고 했습니다. 저는 조직검사가 간단한 줄 알았는데 며칠 동안 잘 씻지도 못하고 고생을 했습니다. 그리고 며칠 동안 '혹시 암은 아니겠지' 하는 생각이 들더라구요. 결과를 보러 가는 날, 중요한 일이 있었습니다. 그래서 병원을 가지 못했습니다. 그리고 제 마음에 '무슨 큰일이 있으면 병원에서 연락이 오겠지' 하는 마음이 들어 연락을 하지 않았습니다. 그런데 지금까지 연락이 없는 것을 보니 별일은 아닌 모양입니다. 우리 생각 속에는 염려가 너무 많습니다.

사업하는 사람은 사업이 잘되어도, 사업이 잘 안 되어도 염려합니다. 연예인들도 염려합니다. 최정상의 인기 연예인도 언제 이 자리에서 떨어질까 염려합니다. 염려는 마귀가 주는 것입니다. 하나님께서 염려하지 말라 하셨는데 염려하는 것은 불신앙입니다. 성경은 "너희 염려를 다 주께 맡기라"(벧전 5:7)고 하셨습니다. 던져버리라는 뜻입니다. 내 품을 떠나게 하라는 뜻입니다. 성도 여러분, 쓸데없는 염려 때문에 시간을 허비하지 마시기 바랍니다. 마음을 상하게 하지 마시기 바랍니다.

둘째, "다만 모든 일에 기도와 간구로 너희 구할 것을 감사함으로 하나님께 아뢰라" 하셨습니다. 믿음의 사람들은 하나님께서 염려하지 말라 하셨으니 염려하지 않아야 합니다. 그 대신 무엇을 합니까? 오늘 성경은 "기도와 간구로"라고 했습니다. 염려하고 근심할 시간이 있으면 그 시간에 기도와 간구로 하나님께 나아가라는 말입니다. 그러면 하나님과 더욱 가까워집니다. 내가 영적인 사람이 됩니다. 기도의 능력이 강해집니다. 그래서 응답을 받으니 축복의 사람이 되는 것입니다. 별 차이가 없어 보이지만 한 사람은 염려하느라 시간을 빼앗기고, 내 마음이 상하고, 두려워하니 정신건강에도 안 좋고 또 염려하다가 염려가 과하여 우울증에 걸리기까지 합니다. 그러나 기도하는 사람은 염려할 일이 있어도 기도하면서 축복의 사람이 되는 것입니다. 여러분, 염려할 일이 있습니까? 염려만큼 기도하십시오. 염려할 일이 크면 더 크게 기도하십시오. 기도는 하나님의 창고의 열쇠를 여는 것이라고 하였습니다. 내 손에 없다고, 내 힘으로 안 된다고 염려하지 말고 하나님께 기도하십시오. 하나님의 창고에는 없는 것이 없습니다. 기도로 창고의 문을 열기만 하면 하나님께서 필요한 대로 주시는 것입니다.

그런데 오늘 성경은 "감사함으로 기도하라"고 하셨습니다. 감사는 긍정적인 믿음에서 나옵니다. 지금 길이 막혀도, 몸이 아파도, 사업이 어려워도 감사하며 기도하는 사람은 전능하신 하나님을 믿기 때문입니다. 하나님은 이런 기도를 귀하게 여겨주십니다. 감사하는 기도는 역사하는 힘이 큽니다. 감사는 감사로 열매를 맺습니다. 성도 여러분, 어떠한 상황에 있든지 기도할 수 있는 은혜 주신 것을 감사하고, 전능하신 하나님이 계신 것을 감사하고, 응답받을 것을 미리 감사하는 성도들이 되시기를 바랍니다.

셋째, "그리하면 모든 지각에 뛰어난 하나님의 평강이 그리스도 예수 안에서 너희 마음과 생각을 지키시리라" 하셨습니다. '그리하면'은 염려하지 않고 감사로 기도하면 입니다. 마귀는 우리에게 염려하라고 속삭입니다. 그러므로 마귀가 속삭이는 말보다 하나님의 음성을 더 크게 들으십시오. 하나님의 음성을 크게 들으면 마귀의 속삭임은 들리지 않게 되는 것입니다. 마귀는 염려하라 하는데 하나님께서는 "염려하지 말라", "감사하라", "기도하라" 하십니다. "그리하면 모든 지각에 뛰어난 하나님의 평강이 그리스도 예수 안에서 너희 마음과 생각을 지키시리라" 하셨습니다. 모든 지각이란 헬라어로 지성, 이해라는 뜻을 가지고 있습니다. '뛰어난'의 헬라어는 '초월하다'는 뜻을 가지고 있습니다. 그러니까 우리 이해를 초월하는, 우리가 상상할 수 없는, 우리가 경험하지 못한 하나님의 평강이 우리 마음과 생각을 지키신다는 것입니다.

사람 마음을 사람이 알 수 없습니다. 마음을 내 마음대로 할 수 없습니다. 어릴 때 마음을 잡으면 부모님께 효도합니다. 공부도 열심히 합니다. 나쁜 길로 가지 않습니다. 다 마음과 생각의 문제입니다. 어른이 되어서도 마찬가지입니다. 사기당하고 잘못된 사람들을 만나 잘못된 길로 빠져드는 사람들도 다 마음과 생각 때문입니다. 어릴 때 자녀들이 하나님을 믿으면 반드시 훌륭한 사람이 됩니다. 하나님께서 그 마음과 생각을 지켜주시기 때문입니다. 어떤 하나님의 마음과 생각입니까? 우리가 상상할 수 없는, 우리의 이해를 초월하는 하나님의 능력으로 우리 자녀들을 지켜주시기 때문에 복된 길로 가게 되는 것입니다. 어떻게 지켜주십니까? "그리스도 예수 안에서"라고 했습니다. 하나님의 말씀을 벗어나지 않고 복된 길로 가도록 마음과 생각을 지켜주신다는 약속입니다.

인생에 실패하는 사람들, 외로워하고 어둠 속에 사는 사람들, 우울감과 열등감에 시달리는 사람들, 마음이 행복하지 않는 사람들은 다 주 예수께로 나오십시오. 주님께서 여러분의 마음과 생각을 지켜주십니다. 여러분 모두 감사함으로 기도하는 성도들이 되시기 바랍니다. 크게 기도하면 큰 일을 하는 사람이 됩니다. 많이 기도하면 많은 일을 감당하는 사람이 됩니다. 날마다 기도하면 주님과 친구가 되어 마귀의 유혹을 이기고 믿음의 길을 걸어가게 됩니다.

기도하면 마음이 청결해집니다. 기도하면 은총을 많이 받습니다. 기도하면 할수록 기도의 능력을 받습니다. 기도하면 그 인생을 하나님께서 책임져 주십니다. 하나님은 우리 인생이 어디로 가야 할지, 누구를 만나야 할지, 무슨 선택을 해야 할지 우리보다 더 잘 아십니다. 기도하는 사람의 마음과 생각이 잘못되지 않도록 인도해 주십니다. 그래서 기도하는 사람이 성공하고 기도하는 사람이 행복한 인생이 되는 것입니다. 성도 여러분, 감사로 기도하는 성도들이 되시기 바랍니다. 그리하여 하나님께서 마음과 생각을 평강으로 지켜주시는 복된 인생들이 되시기를 바랍니다.

📝 적용

ⓐ 오늘 말씀의 주제 파악하기:

ⓑ 오늘 말씀 중 은혜 받은 부분 나누기:

ⓒ 삶에 구체적으로 적용하기:

👏 함께 드리는 기도제목

1. 염려가 클수록 더 기도하는 삶을 살게 하소서.
2. 기도의 시간을 통하여 하나님과 더 가까워지는 삶을 살게 하소서.
3. 기도를 통하여 마음과 생각이 평강으로 채워지는 삶을 살게 하소서.

26

은혜로 사는 사람

❋ **본 문:** 고린도전서 15:9-11 (신 281쪽)
❋ **찬 송:** 302장 (내 주 하나님 넓고 큰 은혜는, 통 408장)
❋ **요 절:** "그러나 내가 나 된 것은 하나님의 은혜로 된 것이니 내게 주신 그의 은혜가 헛되지 아니하여 내가 모든 사도보다 더 많이 수고하였으나 내가 한 것이 아니요 오직 나와 함께하신 하나님의 은혜로라"(고전 15:10)

    오늘도 신앙의 기초적인 내용에 대한 말씀을 전하려 합니다. 세상의 모든 일에는 기초가 중요합니다. 집을 지을 때도 기초가 잘 되어 있어야 무너지지 않습니다. 우리 교회를 지을 때도 지하 5층 바닥에 깊이 5m 이상의 콘크리트를 부었습니다. 이 크고 육중한 건물을 지탱하기 위해서는 기초가 튼튼해야 기울거나 가라앉지 않습니다. 운동을 할 때에도 기초가 중요합니다. 수영 강사에게 수영을 배우게 되면 이전에 하던 수영의 방식을 버려야 합니다. 바다에서 놀던 수영 실력이라도 정식으로 수영을 배우게 되면 기초가 다릅니다. 자유형을 이전에 하던 방식으로 하면 안 됩니다. 그래서 더욱 힘이 듭니다. 그러나 정식으로 수영을 배우게 되면 힘들이지 않고 훨씬 빠르게 수영할 수 있습니다. 달리기도 구기종목도 다 기초가 중요합니다. 공부도 기초가 중요합니다. 고등학교에 들어가서 비로소 정신을 차리고 공부해 보려고 해도 기초가 안 되어 있으니 고생을 합니다. 사람도 기초가 중요합니다. 그래서 어릴 적부터 바르게 잘 키워야 합니다. 한 번 잘못 키워진 사람은 나이가 들면 그 인생을 고치기가 어렵습니다. 그런데 우리에게는 신앙의 기초가 너무나 중요합니다. 말씀을 듣는 생활, 기도훈련, 이웃을 섬기는 훈련의 기초를 잘 배워야 합니다.

우리 신앙생활의 기초가 되는 것이 은혜의 생활입니다. 여러분은 은혜를 깨달아야 신앙에 성공할 수 있습니다. 반드시 은혜의 생활을 해야만 축복 받는 인생이 될 수 있습니다. 이 은혜를 깨닫지 못하면 예수 오래 믿어도 늘 불평이 있습니다. 조금만 문제가 있으면 다시 제자리로 돌아갑니다. 이 은혜가 얼마나 중요한지 성경에는 은혜라는 단어가 300회 가까이 나옵니다. 성경에 나오는 수많은 믿음의 선진들은 은혜를 사모했습니다. 하나님께서도 마리아에게 '은혜를 받은 자여'라고 말씀하셨습니다. 예수 믿는 사람들은 '은혜 받았다, 하나님의 은혜다'라는 말을 자주 하는데 이 은혜가 무엇입니까? 은혜와 감동은 다릅니다. 감동은 내 마음이 뭉클하고 혹은 뜨겁게 마음을 움직이는 것입니다. 그런데 은혜를 깨닫게 되면 나의 삶을 본질적으로 변화시키는 것입니다.

예수를 믿기 전, 어느 남편이 아내에게 불만이 있었는데 누가 어떻게 사느냐고 아내에게 물으면 "하나님 은혜로 살지요"라고 대답을 하는 것을 보며 기분이 나빴다고 합니다. 아니 내가 뼈가 빠지게 돈을 벌어서 가족이 사는데 남편 덕에 산다고 하지 않고 하나님 은혜로 산다고 하니 아내도, 하나님도 미워지더라는 것입니다. 그런데 예수 믿고 나니 은혜가 무엇인지를 알게 되었습니다. 그래서 내가 예수 믿은 것도 하나님의 은혜요, 누가 어떻게 그렇게 좋은 아내를 만났느냐 하면 "하나님의 은혜"라고 대답을 한답니다. 예수 믿는 사람은 잘되어도 하나님의 은혜라고 하고 건강한 것도 하나님의 은혜라고 말합니다. "도림교회는 왜 그렇게 부흥을 하느냐? 비결이 뭐냐?" 하면 저도 "하나님의 은혜지요"라고 대답을 합니다. 누가 질문을 하는 순간 "총동원 주일을 해봐, 교회 행정을 이렇게 해봐"라고 말한다면 이것은 은혜를 잃어버린 것입니다.

내가 내 인생을 주관하는 것으로 착각하는 것입니다. 그래서 은혜의 반대말은 교만입니다. 은혜 받으면 겸손해지기 때문입니다. 오늘 본문에 나오는 바울은 누구보다 교만한 사람이었습니다. 자기가 하나님의 일을 다 한다고 생각했던 사람입니다. 자기가 유대교를 지켜야 하는 사명을 받은 사람이라고 생각했습니다. 그래서 군인도 아닌데 앞장서서 예수 믿는 사람들을 잡으러 다녔습니다. 예수 믿는 사람들을 발견하면 신고하여 끌고 가서 감옥에 넣었습니다. 어느 날 예수 믿는 사람들을 잡으러 가다가 다메섹 언덕에서 예수님을 만났습니다. 그는 그 자리에 쓰러졌습니다. 그가 쓰러진 것은 육체가 쓰러진 것만이 아니라 자신의 교만했던 과거가 함께 쓰러진 것입니다.

예수님을 만나려면 자신이 예수 앞에 굴복하는 체험이 있어야 합니다. 나 자신의 다메섹이 있어야 합니다. '내가 내 힘으로 살아가는 줄 알았더니 그게 아니구나. 주님의 은혜 없이는 아무것도 아니구나' 하는 사실을 깨달아야 하는 것입니다. 사도 바울은 은혜를 깨닫고 나니 그의 인생이 바뀌었습니다. 예수를 핍박하는 자에서 예수를 전하는 자로 바뀌었습니다. 사도 바울은 내가 이렇게 된 것이 은혜라고 말합니다. "나는 사도라 칭함을 받기를 감당하지 못할 자라. 나는 사도 중에 가장 작은 자"라고 오늘 말씀합니다. 내가 하는 것이 아니라는 말씀입니다. 내가 하려고 하면 넘어집니다. 실패하는 날이 옵니다. 내가 하려고 하다가 절망하면 일어날 길이 없습니다.

제가 군대를 제대하고 시골의 아버지가 목회하시던 교회에서 잠시 동안 교육전도사를 하게 되었습니다. 20여 명이던 중고등부가 몇 달 만에 백 명 가까이 부흥하게 되었습니다. 제가 얼마나 잘난 척했는지 양복을 벗고 기타를 들고 찬양을 인도했습니다. 지금은 수십 년 동안 기타를 잡지 않아 못 치지만 그때는 기타를 제법 잘 쳤습니다. 교회 앞에 중·고등학교가 있었는데 오후에 제가 교회에서 피아노를 치고 있으면 여고생들이 몰려와서 구경을 하곤 했습니다. 정말이에요. 제가 잘난 줄 알았습니다. 능력이 있는 줄 알았습니다. 그 교회를 떠난 후 몇 달 만에 학생부가 20명으로 다시 줄어들었다는 이야기를 들었습니다. 그때 충격을 받았습니다. '나는 그들의 마음속에 예수를 심지 못한 악한 종이구나' 하는 생각을 하게 되었습니다.

그 이후로 목회하는 철학이 생겨났습니다. 인간의 인기나 지식이나 프로그램이나 능력 위에 세워진 교회는 무너진다는 것입니다. 오직 예수 능력만이 교회를 살릴 수 있는 것입니다. 그래서 우리 새 성전의 3층 로비에 새겨놓은 글귀도 '오직 예수'입니다. 교회는 오직 예수님이 주인이 되셔야 합니다. 오늘날 한국교회가 지탄을 받고 부흥이 멈춘 배경은 다른 것이 아닙니다. 예수님이 주인이 아니라 내가 주인이 되겠다는 교만함이 교회 안에 들어왔기 때문입니다. 성도 여러분, 교회의 주인은 주님이십니다.

주님이 이끄시는 대로 교회는 따라가야 하는 것입니다. 코로나 팬데믹을 지나며 많은 교회가 부흥이 멈추고 감소했다고 하는데 우리 교회는 부흥했습니다. 우리 교회가 오직 예수를 바라보는 교회이기 때문에 가능한 일인 것입니다. 코로나 팬데믹의 상황 속에서도 우리는 은혜를 간구해야 합니다. 은혜만 있으면 어떤 상황 속에서도 일어설 수 있습니다. 사업이 망해도 계속 구할 것은 은혜입니다. 은혜가 있으면 다시 일어설 수 있습니다. 식당이 안 된다고 다 안 되는 것은 아닙니다. 되는 집은 더 잘됩니다. 병으로 넘어졌어도 하나님의 은혜를 구해야 합니다. 죽을병에 걸렸다고 다 죽는 것이 아닙니다. 감기에 걸려도 죽을 사람은 죽지만 말기암에 걸려도 살 사람은 다시 건강하게 살 수 있습니다.

"내게 은혜를 주시옵소서" 하고 사마리아 여인처럼 주님의 옷자락을 붙들어야 살길이 열리는 것입니다. 자녀가 잘못되어도 포기하지 말고 우리 가정에 은혜 달라고 부르짖어야 합니다. 우리 어머니는 제가 신학교에 입학한 후 십여 년을 아침 금식을 하며 매일 같이 예배당에 엎드려 자식에게 은혜를 달라고 기도했습니다. 추운 날이나 더운 날이나 하루도 빠지지 않았습니다. 그랬더니 세상으로 나갔던 아들이 돌아와 이렇게 도림교회 목사가 된 것이 아닙니까? 하나님의 은혜만 임하면 놀라운 일들이 벌어지는 것입니다. 돈이 많은 사업가도, 위대한 군인도, 정치가도, 뛰어난 학자도, 최고의 예술가도 예수님을 만나면 은혜를 깨닫습니다. 그래서 주님 앞에 겸손해집니다.

오늘 사도 바울이 "그러나 내가 나 된 것은 하나님의 은혜로 된 것이니 내게 주신 그의 은혜가 헛되지 아니하여 내가 모든 사도보다 더 많이 수고하였으나 내가 한 것이 아니요 오직 나와 함께하신 하나님의 은혜로라"고 고백합니다. 내가 다메섹에서 넘어져서 눈이 멀게 된 것도 하나님의 은혜라고 생각합니다. 나는 많은 은혜를 받은 자이니 다른 사도들보다 더 많이 수고하였다고 합니다. 그런데 이것도 내가 한 것이 아니요 하나님의 은혜라고 합니다. 그렇습니다. 은혜 받은 사람은 더 충성합니다. 더 헌신합니다. 더 주님을 사랑합니다. 그러면서도 사도 바울처럼 내가 이렇게 할 수 있는 은혜를 주신 것을 감사하게 되는 것입니다. 그러나 은혜가 없으면 내가 했다고 생각합니다. 내가 대접을 못 받는다고 생각합니다. 내가 주장해야 된다고 생각합니다. 여러분, 나 같은 사람이 구원받고 하나님의 일꾼이 되었는데 이것보다 더 큰 은혜가 없음을 우리는 늘 잊지 않아야 하는 것입니다. 늘 은혜를 깨닫고 은혜 가운데 사는 우리 교회 성도들이 되시기를 바랍니다. 은혜를 알면 감사합니다. 은혜를 알면 예수 믿는 기쁨이 넘칩니다. 은혜를 알면 믿음이 자랍니다. 신앙에 성공자가 되는 것입니다.

손경민이라는 사람은 태어나자마자 아버지가 어머니를 버리고 집을 나갔습니다. 젊은 어머니는 두 자녀를 굶기지 않기 위해서 가사도우미도 하고 즉 식모를 했다는 말입니다. 식당에서 일하기도 하고 시장에서 남의 일을 하기도 했습니다. 손경민은 초등학교 4학년 때 어머니를 도와야 되겠다는 생각이 들어 신문 배달을 시작하였고 구두닦이까지 하게 되었습니다. 대학 갈 나이에 아는 사람이 카드를 대신 만들어 쓰는 바람에 700만 원의 빚을 지게 되었습니다. 그래서 3년 동안 공장에 다니며 그 빚을 이자까지 다 갚았습니다. 간이 나빠 병무청에서 계속 돌려보내는 바람에 군에도 입대하지 못했습니다. 그런데 어머니는 어린 아들을 데리고 30분을 걸어서 늘 새벽예배를 나갔습니다. 엄마 품에 잠들어 있다 보면 얼굴에 물이 떨어져 깨어보면 늘 엄마가 눈물을 흘리고 계셨다고 했습니다. 어머니는 그 약한 몸에 금식기도도 많이 하셨다고 했습니다. 어머니는 돈이 있으면 동네 아이들을 모아 아이스크림을 사주시면서 예수 믿어야 행복하다고 당당히 전도했다고 합니다. 어머니 때문에 교회에 가서 주일은 새벽부터 어린이 예배, 낮예배, 구역예배, 저녁예배까지 하루 종일 예배를 드렸는데 당시는 그것이 지겨웠는데 사실은 말씀을 듣다 보니 믿음이 들어갔다는 것입니다. 믿음은 들음에서 난다고 했잖아요. 그래서 목사가 되었습니다. 어려운 생활은 나아지지 않았습니다.

그러나 목사안수를 받고 감사하다 보니 '모든 것이 하나님의 은혜였구나' 하는 사실을 깨닫게 되었습니다. 그래서 쓴 곡이 우리나라 멜론, 지니, 벅스 등 국내 주요 음악 스트리밍 플랫폼에서 CCM 부문 부동의 1위를 2년째 차지하고 있는 '은혜'라는 곡입니다.

> 내가 누려왔던 모든 것들이
> 내가 지나왔던 모든 시간이
> 내가 걸어왔던 모든 순간이
> 당연한 것 아니라 은혜였소
> 아침 해가 뜨고 저녁의 노을
> 봄의 꽃 향기와 가을의 열매
> 변하는 계절의 모든 순간이
> 당연한 것 아니라 은혜였소
> 모든 것이 은혜 은혜 은혜 한없는 은혜
> 내 삶에 당연한 건 하나도 없었던 것을
> 모든 것이 은혜 은혜였소.

지금은 신학대학 교수로 한국 최고의 유명 강사로 있는 그는 지금도 하나님의 은혜의 강물은 멈춘 적이 없다고 했습니다. 성도 여러분, 손경민 목사님이 고난 속에서도 하나님의 은혜를 찬양했다면 우리는 더 많은 은혜를 받은 사람들입니다. 내가 받은 은혜를 깨달아야 합니다. 우리가 하나님을 만난 것이 은혜입니다. 그저 이 자리에 온 것이 아닙니다. 나로 하여금 은혜의 인생이 되게 하시려고 불러주신 것입니다. 그러므로 우리는 은혜를 더욱 은혜 되게 해야 할 책임이 있습니다. 여러분의 인생이 은혜인 것을 잊지 마시기 바랍니다. 구원받은 백성이 된 것도 은혜입니다. 믿음 생활을 마음껏 할 수 있는 대한민국에 태어난 것도 은혜입니다. 우리 도림교회에서 신앙생활 할 수 있는 것도 하나님의 은혜입니다. 은혜를 깨닫고 더 큰 은혜를 사모하면 하나님은 새로운 은혜를 주십니다. 더 큰 은혜를 주십니다. 은혜에는 비밀이 있습니다. 받은 은혜를 깨닫지 못하면 신앙생활을 한다고 하면서도 인생이 황폐해지지만 은혜를 깨닫고 감사하면 점점 더 큰 은혜를 받게 되는 것입니다. 성도 여러분, 받은 은혜를 깨닫고 더 큰 은혜 속으로 들어가는 성도들이 되시기를 바랍니다.

📝 적용

ⓐ 오늘 말씀의 주제 파악하기:

_____

ⓑ 오늘 말씀 중 은혜 받은 부분 나누기:

_____

ⓒ 삶에 구체적으로 적용하기:

_____

_____

🙌 함께 드리는 기도제목

1. 하나님께서 주신 은혜의 소중함을 알고 감사하는 삶을 살게 하소서.
2. 은혜 받은 것에 대한 책임감을 가지고, 은혜에 합당한 삶을 살게 하소서.
3. 더 큰 은혜를 기대하며 소망하는 삶을 살게 하소서.

27

다음 세대여 지키고 지키라

- 🍀 **본 문**: 디모데후서 1:13-14 (신 343쪽)
- 🍀 **찬 송**: 528장 (예수가 우리를 부르는 소리, 통 318장)
- 🍀 **요 절**: "너는 그리스도 예수 안에 있는 믿음과 사랑으로써 내게 들은 바 바른 말을 본받아 지키고"(딤후 1:13)

다음 세대는 과거에는 세대 간의 변화가 완만했지만, 지금은 급속한 변화의 시기를 가지고 있습니다. 60년대 후반부터 70년대에 출생한 X세대, 80년대부터 90년대 중반에 태어난 Y세대, 90년대 중반부터 2천년대 중반까지 태어난 Z세대라는 용어가 우리에게 낯설지 않습니다. MZ세대란, 밀레니엄 세대인 Y세대부터 Z세대까지를 합쳐 MZ세대라 부릅니다. 세상은 이미 MZ세대를 중심으로 움직여 가고 있습니다. 우리나라도 MZ세대가 인구의 35% 이상입니다. 삐삐 시대를 경험한 X세대 이상은 디지털 문화가 좀 어렵습니다. 은행에 인터넷 가입부터 처리까지가 어렵습니다. 불편한 것이 한두 가지가 아닙니다. 문화적인 문제가 아니라 정서적인 문제는 더 어려워 갈등이 일어납니다. 지금은 아이폰을 능숙하게 사용하는 세대라 하여 I세대, 알파세대, 그리고 유튜브 세대라는 말도 있습니다. 이들을 MZ세대조차 이해하지 못하겠다고 합니다. 이렇게 빠르게 변하는 세상을 우리는 지금 살고 있습니다. 왜 이런 이야기를 합니까? "세상이 어떻게 변하든 그 변화에는 관심이 없다. 교회는 누가 뭐라 해도 우리 길을 간다"라고 할 때 세상이 교회를 외면하게 되기 때문입니다. 적극적으로 말하면 교회는 세상의 변화를 이해하는 것에 그치는 것이 아니라 오히려 세상의 변화를 이끌어야 하는 것입니다. 그런데 이것이 어렵습니다.

MZ세대는 10명 중 두 명만이 종교를 가지고 있다고 답했습니다. 기독교가 두 명이라는 말이 아닙니다. 여덟 명이 종교가 아예 없는 것입니다. 젊은이들의 관심이 다른 데에 있습니다. work-and-life balance 즉 '워라밸'을 중요하게 생각합니다. 스트레스도 받지 않고 연봉이 적어도 삶을 즐길 수 있는 회사를 선택하려 합니다. 신앙생활을 하는 가정에서 자란 자녀들도 부모님의 신앙과 내 신앙은 별개라고 생각합니다. 나는 내 방식대로 신앙생활을 할 테니 관여하지 말라고 합니다.

전통적인 신앙생활을 해온 가정에서 자녀들이 어느 날 '타투' 즉 문신을 하고 온 것을 보면 부모들이 기겁을 합니다. '성경 레위기 19장에 문신을 하지 말라고 했는데…'라고 생각하며 자녀와 갈등을 겪기도 합니다. 서양에서는 타투가 자유롭습니다. 동남아에도 자유롭습니다. 젊은이들이 너무 좋아하는 저스틴 비버 같은 가수는 몸에 성경 구절을 타투하기도 합니다. UFC 격투기 선수들도 성경 구절을 타투한 경우도 많습니다. 사실 성경에 문신하지 말라고 한 것은 우상숭배와 관련이 있습니다. 미용이나 기념과는 의미가 다릅니다. 여러분도 타투하지 않았습니까? 눈썹 문신, 머리카락 문신 등 많이들 합니다. 저보고도 영상에 멋지게 나와야 하니 눈썹 문신을 하라고 이야기하시는 분들이 있습니다. 그런데 조심하셔야 합니다. 남자친구를 사랑해서 영원히 함께 살 줄 알고 그 이름을 몸에 문신했다가 헤어지면 어떻게 합니까? 언젠가도 이야기했지만 젊었을 때 용문신을 했는데 나이가 들어 늙어 마르고 쪼그라져서 용이 미꾸라지가 되면 어떻게 합니까? 오늘날의 문신을 죄라 말하지는 않습니다. 그러나 하나님의 자녀들은 몸과 마음과 영혼이 정결하도록 늘 조심해야 하는 것입니다.

오늘 성경에 사도 바울은 다음 세대인 디모데에게 유언과 같은 말씀을 남기고 있습니다. 디모데후서를 목회서신으로 분류하는데 바울의 유언서라고도 합니다. 마지막 유언이니 아들과도 같은 디모데에게 정말 하고 싶은 말들을 남긴 서신입니다. "두려워하지 말라. 담대하라. 네가 비록 나이는 어리지만 영적인 지도자이니 하나님의 말씀을 붙들고 용감히 서라." 감옥에 갇혀 죽을 날을 기다리고 있는 바울을 생각하며 슬퍼하는 디모데에게 바울은 영적 아버지로서 꼭 하고픈 말을 남깁니다.

세상이 변해도, 세상이 너희를 핍박해도 너는 "지키고 지키라"는 것입니다. 오늘 말씀에 무엇을 지키라 합니까?
첫째는 "너는 그리스도 예수 안에 있는 믿음과 사랑으로써 내게 들은바 바른말을 본받아 지키고"라고 했습니다. 네가 예수를 믿고 사랑한다면 내게 너에게 전한 바 바른말을 본받아 잊지 말고 지키라는 것입니다. 내게 들은바 바른말은 복음을 말합니다. 예수에 대한 것입니다. 오늘도 수많은 교회가 있고 교파가 있고 신학자들이 있습니다. 서로 내가 바른말을 한다고 합니다. 예를 들면 현실정치에 대해서도 교회는 정치와 분리되어야 한다고 말하는 교회도 있고, 어떤 교회는 불의에 대해서는 저항해야 된다고 이야기하는 교회도 있고, 교회가 앞장서서 정치에 참여해야 한다고 말하는 교회도 있습니다.

바른말이 무엇입니까? 바울 당시에도 바른말을 한다고 하면서 다른 예수를 말하는 자들이 있었습니다. 다른 교회론을 말하는 자들이 있었습니다. 그래서 초대 교회에는 바울파, 베드로파, 아볼로파, 예수파로 분열하며 서로 바른말을 한다고 주장했습니다. 중세 시대에도 서로 다른 말을 하는 사람들이 있었습니다. 이때 종교개혁자들은 '오직 믿음으로'라는 말을 붙들었습니다. 사도 바울은 "내가 너에게 바른말을 가르쳤다. 그것은 오직 예수 안에 있는 믿음과 사랑이다"라는 것을 디모데에게 말씀하고 잊지 말라고 합니다. 이것은 오늘 우리에게도 마찬가지입니다. 교회는 예수 밖으로 나가면 안 됩니다. 우리가 이렇게 예배당에 모이는 것도 예수님 때문입니다. 우리가 전도하는 것도, 봉사하는 것도 예수님 때문입니다. 우리 교회가 디아코니아센터를 통해 이웃을 섬기는 것도 다 예수님 때문입니다. 카페도, 행복을 파는 가게도, 선교 모임도 예수님 때문에 하는 것입니다. 교회는 예수님을 떠나면 변질됩니다.

교회 안에서 의견이 다를 때 사람들은 서로 자기의 지식과 사상을 가지고 싸웁니다. 문제가 있을 때 해결 방법은 달라야 합니다. '예수님이라면 어떻게 하실까? 어떤 것을 예수님이 기뻐하실까'를 먼저 생각해야 합니다. 이것이 예수님 안에서 문제를 해결하는 방법입니다. 예수님은 우리를 너무나 사랑하셔서 이 땅에 찾아오셨고, 우리의 죄를 해결해 주시려고 십자가를 친히 지셨습니다. 우리를 너무나 사랑하셔서 십자가에서 목숨까지 아낌없이 주셨습니다. 십자가는 사랑입니다. 오늘 사도 바울이 말씀하신 믿음이라는 것은 예수님께서 나를 위해 이 땅에 찾아오셔서 나를 위해 십자가를 지신 그 사실을 믿는 믿음을 말씀하신 것입니다. 이 예수님의 사랑이 우리에게 임하면 우리를 변화시킵니다.

마귀는 사랑을 하지 못합니다. 사랑이 없습니다. 미움을 주고 분열을 일으키고 파멸에 이르게 합니다. 그래서 예수님이 떠난 공동체는 교만하여 서로 자기를 나타내고 주장합니다. 서로 자기 의를 드러내며 미워하고 분열합니다. 아무리 교회 이름으로 모였어도 이런 공동체는 '예수님 안에서'가 아닙니다. 예수님은 이런 사람들을 보시며 오히려 아파하시고 눈물을 흘리십니다. 예수님께서는 가장 큰 계명을 묻는 바리새인들에게 "첫째도 사랑이고 둘째도 사랑이라" 하셨습니다. 첫째는 하나님 사랑이요, 둘째는 이웃사랑이라 하셨습니다.

이번에 총회에서 전도부흥운동을 전국적으로 했는데 전국 69개 노회에서 우리 노회가 2등을 했습니다. 사실 우리 교회가 전국에서 가장 많은 이웃을 전도했습니다. 저는 이것을 보며 '우리 교회가 하나님을 사랑하고 이웃을 사랑하는구나' 하고 감사했습니다. 복음을 전하는 것은 예수님을 사랑하지 않으면 할 수 없는 일이기 때문입니다. 예수님께서 이 일을 위해 십자가를 지셨기 때문입니다. 이 예수님을 사랑하면 예수님이 하셨던 일, 그리고 우리에게 친히 부탁하신 일을 최우선적으로 생각할 수밖에 없기 때문입니다.

특별히 우리는 지금 다음 세대인 교회학교의 여름성경학교와 수련회를 진행하고 있습니다. 우리는 누구보다 사랑하는 우리 자녀들에게 "예수 안에 있는 믿음과 사랑으로써 내게 들은바 바른말을 본받아" 지키도록 해야 할 것입니다. 자녀들은 부모를 닮습니다. 부모가 가정에서 믿음으로 살면 자녀들은 자기도 모르게 그 모습을 닮아갑니다. 우리 교회학교에서도 어른들이 하는 모습을 자녀들이 닮아가고 있습니다. 우리 교회는 자녀들에게 무엇을 듣게 할 것입니까? 우리가 예수님을 사랑하는 그 사랑을, 우리가 예수님을 믿는 그 믿음을 우리 자녀들에게 들려주어야 할 것입니다.

유럽의 교회는 그들의 자녀들에게 휘황찬란한 예배당을 물려주었습니다. 교회 운영에 필요한 재정조차도 나라의 세금으로 운영할 수 있도록 법으로 정해주었습니다. 그런데 이들은 가장 중요한 '예수 안에서'를 물려주지 못했습니다. 예수님의 십자가 사랑을 물려주지 못했습니다. 예수님을 믿어야 영원히 산다는 믿음을 물려주지 못했습니다. 그래서 지금은 예배당도 잃어버리고 믿음도 예수도 다 잃어버렸습니다. 아무리 좋은 조건을 물려주어도 정말 필요한 것을 물려주지 못한다면 그것은 다 잃어버릴 때가 반드시 찾아옵니다. 우리는 지금 다음 세대를 바라보며 눈물로 기도해야 할 때입니다. 그렇지 않으면 다음세대의 미래는 없습니다. 지금 눈물로 기도하면 다음에 진짜 눈물을 흘리지 않아도 됩니다. 그러나 다음 세대를 위해 지금 진짜 눈물을 흘리지 않는다면 우리는 다음 세대 때문에 아픈 눈물을 흘려야 할 때가 올 것입니다. 이번 성경학교와 수련회에 헌신할 교사들을 위해 잊지 말고 기도하십시오. 우리 교회의 미래와 이 나라의 미래를 위해 다음 세대를 예수님 사랑과 믿음으로 가르칠 때에 이들이 여러분의 가정뿐만이 아니라 우리 교회와 우리 민족의 주인공들이 될 줄로 믿습니다.

둘째는 "우리 안에 거하시는 성령으로 말미암아 네게 부탁한 아름다운 것을 지키라" 하셨습니다. 성령은 우리로 하여금 복음을 전하는 자가 되도록 강권하십니다. 성령이 우리 안에 거하시면 우리는 하나님이 기뻐하시는 일을 하게 됩니다. 예수님의 제자들이 죽음이 두려워 다 도망치고 숨어 있을 때 기도하는 가운데 성령님이 이들을 찾아오셨습니다. 성령을 받은 이후 이들은 변화되었습니다. 담대히 다락방을 나가 예수는 그리스도라 전하기 시작했습니다. 성령이 이들과 함께하실 때 병자들이 치유되고 귀신이 물러가며 하루에

3천 명씩 회개하는 역사가 일어났습니다. 성령님은 예수님께서 승천하실 때 약속하신 우리에게 찾아오신 하나님이십니다.

예수님을 믿는 증거는 이론이나 학습이 아닙니다. 체험입니다. 성령님이 내 안에 찾아오시는 체험입니다. 어떻게 하면 신앙생활을 잘 할 수 있습니까? 성령님을 내 안에 모시고 살면 됩니다. 내 자녀가 어떻게 하면 신앙생활 할 수 있습니까? 성령님이 도와주시면 됩니다. 예수님을 사랑해야 한다고 하는데 사랑이 어디에 있는지 잘 모르겠습니다. 어떻게 해야 하나요? 성령님이 찾아오시면 됩니다. 내 안에 평안이 없습니다. 평안을 누릴 수는 없습니까? 성령님이 오시면 됩니다. 여러분, 세상의 모든 문제의 해결책은 성령님입니다. 성령님을 모시면 인생의 문제가 해결되는 것입니다.

저는 교회학교를 이끌어가는 기본 철학을 이야기할 때에 기독교 교육의 원리도 중요하고 시스템도 중요하고 다른 무엇도 중요하지만 가장 중요한 것은 우리 자녀들이 성령을 받아야 한다고 이야기합니다. 그래서 교육부를 담당하는 교역자들에게 교육을 하는 것이 아니라 목회를 하라고 이야기합니다. 영혼을 책임지라는 것입니다. 이것은 사람의 능력으로 되는 일이 아닙니다. 오직 성령님이 하시는 일입니다. 그러므로 교회학교를 맡은 주의 종들도, 부장도, 교사들도 성령님의 도우심을 구하며 엎드려야 합니다.

사람이 하는 교육은 실패합니다. 우리나라 교육이 얼마나 왔다 갔다 했습니까? 얼마 전에도 대통령이 교육 이야기하다가 구설수에 오르기도 했지만 그렇게 교육에 대해 관심을 가졌는데 지금 교육이 옛날보다 잘 되었습니까? 옛날에는 한 반에 80명씩 콩나물 시루처럼 있었는데 지금은 한 교실에 스무 명 정도밖에 없습니다. 컴퓨터도 있고 교육시설이 너무 잘 되어 남아 돌아갑니다. 돈이 남아서 써야 하니 정문을 부수고 새로 지었다는 이야기도 들었습니다. 그런데 아이들은 자꾸 악해져 갑니다. 서로 도울 줄 모릅니다. 이기적이 되어 가고 쉽게 포기합니다. 선생님들이 아이들을 가르치기 너무 힘들어 교직을 포기하는 경우가 많다고 합니다. 상상할 수 없는 청소년 범죄를 이야기할 필요 없이 여러분이 뉴스를 들어 다 잘 알고 계실 것입니다. 이 아이들을 어떻게 할 것입니까?

성도 여러분, 세상이 변하고 X세대가 오고 Y세대가 오고 또 다른 어떤 세대가 계속해서 올지라도 변하지 않아야 하는 것이 있습니다. 그것은 믿음의 사람들은, 믿음의 자녀들은 하나님을 사랑하고 이웃을 사랑하는 것입니다. 우리 자녀들이 하나님을 사랑하면 하나님께서 성경에 정하신 말씀을 벗어나지 않습니다. 성령이 임하시는 자녀들은 어떤 세대가 올지라도 경건하게 삽니다. 성실하게 삽니다. 하나님 영광을 위해 삽니다. 부모를 공경합니다. 이웃을 사랑합니다. 이웃의 영혼까지 사랑하니 복음을 전하는 사람으로 삽니다. 이것은 세대가 바뀌어도 예수님이 오시는 그날까지 절대로 변하지 않습니다. 성령님이 우리 가운데 거하시면 그 어떤 세상이 되더라도 우리 자녀들을 하나님의 자녀답게 지켜주십니다.

아프리카 가나에 방문했을 때 미션 스쿨인 아눔 고등학교를 가게 되었습니다. 이 학교는 10년 전쯤 가나에서 한독가위원회가 있어 방문하게 되었는데, 고등학교 아이들이 아침에 학교에 오게 되면 통을 하나씩 들고 아주 멀리 있는 호수로 물을 길러 갑니다. 세 시간 정도 걸리는 거리를 왕복하여 더운 날씨에 물을 길러 학교로 옵니다. 그리고 나서 수업을 시작하는 것입니다. 미션 스쿨인 학교 형편이 너무나 안타까워서 함께 동행했던 목사님께서 수도 시설을 약속했고 만들어 주었습니다. 우리교회는 물이 없어서 고통받고 병들어 있는 지역이 있어서 거기에 수도 시설을 해 주었습니다. 마을 주민들도 삽과 곡갱이를 들고 수 킬로미터의 땅을 파기 시작했고, 정부에서도 감동을 받아 수도 파이프를 제공해 주었습니다. 이 일이 국영TV에 방영되었고 우리 교회 이름이 연일 TV에 오르내렸습니다. 이번에 그곳에 가 보았더니 농장이 만들어졌고 양계장도 만들어졌고 그 마을의 중심이 되었습니다. 그 수도를 가지고 물장사까지 하고 있었습니다.

　이번에 아눔 고등학교에서 수도 시설이 고장이 났다고 해서 우리 노회에서 수리비를 보내고 방문을 했습니다. 화장실을 찾았는데 선생님 화장실로 인도를 합니다. 소변을 보고 물을 부어야 하는데 물통이 옆에 놓여있었습니다. 보니까 아이들이 물을 길어 온 것입니다. 한국에서는 화장실에 물을 몇 번씩도 내리는데 거기서 아이들이 힘들게 길어 온 물이라 생각하니 마음이 아파 물을 한 바가지도 다 부을 수가 없었습니다. 밖에 나왔더니 언덕 밑에 여학생들이 줄을 서 있었습니다. 반갑게 "하이" 하고 인사를 했는데 가까이 가려다가 가만히 보니 이상합니다. 언덕에 벽을 하나 세워놓고 여학생들이 그 뒤에 풀밭에 가서 차례로 가서 볼일을 보는 것입니다. 아이들에게 다가갔더라면 무안할 뻔했습니다. 우리 성도들이 우물 헌금을 한 것이 남아 있어서 학생들을 위한 정수시설을 약속하고 왔습니다. 우리 교회가 어려운 때에 그 일을 할 수 있어서 정말 감사했습니다. 가나가 옛날에는 대단한 나라였는데 지금은 이렇게 살고 있는 것입니다.

　그들을 보면서 우리 다음 세대를 생각하게 되었습니다. 우리 자녀들을 누가 지켜줄 것입니까? 삼성이 지켜줄 것입니까? 대통령이 지켜줍니까? 성령님이 지켜주시고 도와 주셔야 됩니다. 성령님은 강하십니다. 능력이 있으십니다. 그래서 우리의 미래도 바꾸어 주십니다. 우리의 자녀도 바꾸어 주십니다. 사막 같은 나라도 아름다운 나라로 바꾸어 주십니다. 이 모든 일을 성령님이 하십니다. 다음 세대를 위하여 기도하며 이들에게 하나님의 말씀을 전하고 이들이 성령님의 인도하심을 따라 사는 자녀들이 되도록 힘쓰는 우리가 되기를 바랍니다.

📝 적 용

ⓐ 오늘 말씀의 주제 파악하기:
_____
_____

ⓑ 오늘 말씀 중 은혜 받은 부분 나누기:
_____
_____

ⓒ 삶에 구체적으로 적용하기:
_____
_____
_____

👏 함께 드리는 기도제목

1. 다음 세대가 본받을 만한 믿음의 삶을 살게 하소서.
2. 다음 세대를 위하여 눈물로 기도하게 하소서.
3. 도림의 다음 세대가 성령으로 충만하도록 축복하여 주소서.

28

예수님이 하신 일

* **본 문:** 마태복음 4:23-25 (신 5쪽)
* **찬 송:** 134장 (나 어느날 꿈속을 헤매며, 통 84장)
* **요 절:** "예수께서 온 갈릴리에 두루 다니사 그들의 회당에서 가르치시며 천국 복음을 전파하시며 백성 중의 모든 병과 모든 약한 것을 고치시니"(마 4:23)

오늘 말씀은 예수님의 3대 사역으로 알려져 있습니다. 이 세 가지는 가르치시고 복음을 전파하시며 고쳐주신 일입니다. 오늘날 교회의 정체성이 흔들리고 있습니다. 교회가 무엇을 하는 곳이냐 할 때에 세상 사람들이 보는 교회와 성도들이 보는 교회가 다릅니다. 과거의 한국교회는 세상을 선도하는 곳이었습니다. 일제 치하에서는 선각자들이 교회로 몰려들었고 민족의 해방을 위해 힘쓰는 곳이 교회였습니다. 교회를 통해 신문물이 들어왔습니다. 그래서 교회는 큰 영향력을 끼쳤습니다. 제가 어릴 때만 해도 아이들은 교회에 와서 그림으로 보여주는 동화를 듣고 노래와 율동을 배웠습니다. 학교에는 그런 것이 없었습니다. 학생 시절에도 기타를 치고 피아노를 연주하는 학생들은 모두 교회에 있었습니다. 이들 중 많은 크리스천 학생들이 가수가 되었습니다. 오늘 연예인들 가운데 기독교인이 많은 것은 이런 영향이 컸습니다. 그런데 지금은 세상 문화가 워낙 화려하다 보니 교회 문화는 잘 보이지 않습니다. 교회는 교회끼리 모이고 세상에 영향력을 발휘하지 못하고 있습니다. 세상 사람들은 교회를 자기들끼리 모이는 이기적인 집단이라고 생각하기도 합니다.

교회는 무엇을 하는 곳입니까? 우리 교회 로고에 잘 나타나 있습니다. "예수님을 따르는 사람들", 예수님을 따르는 사람들의 모임이 교회입니다. 예수님을 따르는 사람들이 해야 할 일이 성경 66권에 기록되어 있습니다. 그중의 핵심이 예수님이 하신 일을 따라가는 것입니다. 그래서 예수님이 그러셨듯이 우리도 세상에 선한 영향력을 끼치는 것입니다.

오늘 성경은 예수님이 하신 일을 말씀하고 있습니다. 예수님은 이 일을 위하여 온 갈릴리에 두루 다니셨다고 했습니다. 당시 갈릴리는 역사에 의하면 204개의 마을로 이루어진 작은 곳이었습니다. 주로 가난한 사람들이 사는 곳이었습니다. 인구가 만오천 명 정도 되었다고 했습니다. 제가 만오천을 204로 나누어 보니 약 73명쯤 되었습니다. 50명이 사는 마을도 있고 100명이 사는 마을도 있고 그렇게 200여 개의 마을이 있었습니다. 이 많은 마을을 두루 다니시려면 얼마나 힘이 드셨겠습니까? 두루 다니셨다는 말은 수개월을 쉬지 않고 다니셨다는 말입니다. 유대인의 마을에는 회당이 있었습니다. 유대인들은 성인 열 명 이상만 있으면 회당(synagogue:시나고그)을 지을 수 있었습니다. 이 회당에 모여 성경을 듣고, 기도하고 교육을 했습니다.

첫째, 예수님은 이 회당에서 가르치셨습니다. 마태복음 7장을 보면 예수님의 가르치시는 것이 권위 있는 자와 같고 그들의 서기관과 같지 아니하였다고 했습니다. 예수님은 회당에서뿐 아니라 모든 곳에서 가르치셨습니다. 예수님의 가르침은 당시 서기관들과 달랐습니다. 예수님은 성경에 대하여 가르치셨습니다. 평소에 율법에서 들을 수 없었던 보석 같은 말씀을 가르쳐 주셨습니다. 비유로 가르치시기도 했습니다. 기도도 가르쳐 주셨습니다. 바리새인들이 시험할 때에 오히려 질문으로 가르치시기도 했습니다. 제자들이 서로 높은 자리에 가겠다고 다툴 때에 예수님은 친히 엎드려 제자들의 발을 씻겨주심으로 몸으로 가르치셨습니다. 무화과나무를 저주하신 일도 그렇고, 어린아이를 세우시고 누구든지 이 어린아이와 같지 아니하면 결단코 천국에 들어가지 못한다고 실물로 가르치시기도 했습니다. 말로만 믿음을 이야기하신 것이 아니라 귀신 들린 자를 고치시고 병자를 고치시며 실제로 보여주셨습니다. 간음한 여인이 현장에서 잡혀 오자 너희 중에 죄 없는 자가 돌을 들어 치라고 역설적으로 가르치셨습니다. 예수님의 가르침은 미사여구를 사용하시거나 어려운 문장을 사용하신 것이 아닙니다. 누구나 다 들을 수 있도록 간결하게 가르쳐 주셨습니다.

저는 우리 교역자들에게 설교를 쉽게 하라고 늘 이야기합니다. 저의 첫 번째 설교는 신학교 시절 조치원에서 부친이 목회하실 때 학생들을 데리고 수련회를 떠났을 때입니다. 그때 잘난 체하려고 중고등부 앞에서 칼바르트가 어쩌구, 하이데거가 어쩌구 야스퍼스의 한계상황을 이야기하면서 혼신의 힘을 다해 설교를 준비했습니다. 사실 저도 잘 모르는 말을 한 것입니다. 그때 교회에 처음 나와 수련회를 따라온 예쁜 여고생이 한 명 있었는데 설교를 듣다가 '흥' 하고 나가 버리는 것입니다. 지금 생각하니 그 여학생이 설교를 제대로 들을 줄 아는 여학생이었습니다. 그런 말도 안 되는 설교를 하지 말라는 뜻입니다. 그 설교를 생각하면 얼굴이 화끈거립니다. 설교는 성경을 전하는 것입니다. 설교는 성경을 통해 내가 받은 은혜를 전하는 것입니다. 내가 체험한 것을 전하는 것입니다. 그리고 초등학생이 알아듣고 은혜 받을 수 있는 설교가 최고의 설교입니다. 미국 대통령 선거 유세 시 원고를 작성하는 요령 중 가장 중요한 원칙이 초등학교 6학년이 알아들을 수 있는 수준으로 하라는 것입니다.

예수님의 설교는 학식이 있는 자나 없는 자나 누구에게나 가슴을 찌르는 설교였습니다. 소외받던 여성들과 어린아이들까지 따라다니며 예수님의 설교를 들었습니다. 뱃세다 들에서 예수님께 보리떡 다섯 개와 물고기 두 마리를 가져다 바친 어린 소년의 이야기를 보면 이 어린이도 예수님의 설교를 듣고 은혜 받았기 때문에 이런 헌물을 아낌없이 드린 것입니다. 은혜 받지 않으면 못 드립니다. 예수님께서는 이렇게 몸으로, 마음으로, 능력으로, 사랑으로 우리를 가르쳐 주셨습니다. 그리고 세상을 떠나 하늘로 올라가실 때에 "내가 너희에게 분부한 모든 것을 가르쳐 지키게 하라"(마 28:20)고 마지막 명령을 주셨습니다. 사도 바울도 디모데에게 "내가 이를 때까지 읽는 것과 권하는 것과 가르치는 것에 전념하라"(딤전 4:13) 하셨습니다. 사도들도 쉬지 않고 가르쳤습니다.

"예수는 그리스도라고 가르치기와 전도하기를 그치지 아니하니라"
(행 5:42).

오늘도 우리는 쉬지 않고 가르쳐야 합니다. 주의 종은 성경의 말씀을 여러분에게 가르쳐야 하고, 구역장은 구역원들에게 가르쳐야 합니다. 성도들은 세상 사람들에게 "예수님이 우리의 구원이시라"고 가르쳐야 합니다. 가정에서는 자녀들에게 가르쳐야 합니다. 존 웨슬리는 "우리가 장차 하나님 앞에 설 때에 세 가지 질문을 받을 것이다"라고 했습니다. 그 세 가지는 "네게 준 시간을 어떻게 썼느냐? 네게 준 돈을 어떻게 썼느냐? 그리고 네게 준 자녀를 어떻게 가르쳤느냐?"라고 했습니다. 세상에는 우리를 가르치려는 것이 많습니다. 그리고 성경이 말씀하신 대로 망령되고 헛된 말과 거짓된 지식을 따라 믿음을 벗어나는 일들이 우리에게 일어납니다. 이단들은 거짓된 가르침으로 우리를 미혹합니다. 적그리스도를 가르칩니다. 성도 여러분, 예수님의 참 진리의 말씀으로 가르침을 받고 그 가르침을 전하며 사는 성도들이 되시기를 바랍니다.

둘째, 천국 복음을 전파하셨습니다. 복음은 헬라어 '유앙겔리온'(εὐαγγέλιον)인데, 이것을 영어 성경에서는 'Good news', 혹은 'Gospel'로 번역하였고 한국어 성경에서는 '복음'이라 번역했습니다. 복음이란 복된 소식을 말합니다. 왜 복된 소식입니까? 예수님께서 인류를 위해 십자가에 죽으시고 부활하심으로 우리를 죄에서 해방시켜 주신 사건을 말하기에 복된 소식입니다. 이 소식을 듣고 우리가 믿기만 하면 구원이 임하는 것입니다. 예수님께서는 천국 복음을 전파하셨다고 했는데 복음은 천국을 전제로 한 것입니다. 세상에서는 로또 맞으면 복 받았다고 하고, 좋은 일이 있으면 복 받았다고 합니다. 가난한 사람이 부자가 될 수 있다고 하면 그것도 복된 소식입니다. 병든 사람이 나을 수 있는 방법이 있다고 하면 그것도 복된 소식입니다. 그런데 복음 중에서 천국 복음은 그런 정도가 아닙니다. 영원히 지옥불로 멸망 받을 우리가 영원히 사는 복을 받는 것이 천국 복음입니다. 세상의 복은 이 사람에게 복이 되면 저 사람에게는 해가 되는 경우가 많습니다. 그런데 천국 복음은 모두에게 복입니다.

예수님께서 니고데모에게 거듭나야 하나님 나라를 볼 수 있다고 하실 때 "어떻게 어머니 배 속으로 들어갔다가 다시 나올 수 있습니까?"라고 질문합니다. 그러자 예수님은 "사람이 물과 성령으로 나지 아니하면 하나님의 나라에 들어갈 수 없느니라"(요 3:5) 하고 말씀하셨습니다. 그리고 요한복음 3장 16절의 말씀을 주십니다.

"하나님이 세상을 이처럼 사랑하사 독생자를 주셨으니 이는 그를 믿는 자마다 멸망하지 않고 영생을 얻게 하려 하심이라."

이것이 천국 복음입니다. 우리는 예수님을 따라 독생자 예수 그리스도를 믿으면 멸망하지 않고 영생을 얻는다는 사실을 전파해야 합니다. 오늘 한국교회가 큰 시험에 빠졌습니다. 더 큰 문제는 우리가 시험에 빠졌다는 사실을 모르고 있는 것입니다. 교회는 예전처럼 나오고 혹은 온라인으로 예배를 늘 드리고 있으니 변한 것이 없다고 생각합니다. 그렇지 않습니다. 코로나 팬데믹을 지나며 이전에 모이기에 힘쓰던 일이 약해졌습니다. 모이지 않으니 함께 모여 뜨겁게 기도하고 찬송하는 일을 잊어버렸습니다. 봉사하는 일도 약해졌습니다.

목사님들을 만나 이야기를 들어보면 코로나가 끝나가면서 성도들이 교회에 다시 나오는데, 문제는 봉사할 사람들이 없어졌다는 것입니다. 식당 봉사가 안 된다는 것입니다. 오랫동안 코로나 때문이라고 하면서 전도하는 일을 중단했던 교회는 다시 시작하려고 하니 전도의 힘을 잃어버린 것입니다. 내가 힘이 다 빠져버린 것을 모르고 있었습니다. 머리카락이 잘려버린 삼손처럼 이전의 나인 줄 알았는데 그것이 아닙니다. 운동을 쉬지 않고 하던 사람이 운동을 중지하면 근육이 다 풀어지고 약해져서 예전처럼 힘을 쓸 수 없게 됩니다. 우리 교회는 감사한 것이 식당 봉사하시는 분들도 있고, 그동안도 쉬지 않고 전도를 해왔습니다. 전도대는 쉬지 않고 모여서 말씀을 듣고 기도하며 오늘이 오기를 준비했습니다. 그동안 거리 전도를 못해서 몸이 근질근질하다고 하시는 분들도 있습니다. 우리 교회는 교구별로 전도 행사를 갖습니다. 성도 여러분, 기도로 준비합시다. 말씀을 읽고 묵상하며 영적인 힘이 다시 솟도록 준비합시다. 그래서 우리 주님께서 우리 교회를 보시며 "착하고 충성된 종아, 잘하였도다" 하고 칭찬받는 우리 성도들이 되시기를 바랍니다.

셋째, 백성 중의 모든 병과 모든 약한 것을 고치셨습니다. 기독교의 복음은 이 세상에서는 고난을 받고 저 세상에서 구원받는다는 도피적인 복이 아닙니다. 예수님을 내 안에 모시면 내 마음을 주장하던 어둠이 물러갑니다. 주님이 주시는 평안이 주장하게 되는 것입니다. 예수님을 믿고 기도하면 이 땅에서도 복을 받습니다. 예수 믿는 사람들이 이 세상의 복을 달라고 기도하면 기복적인 것처럼 이야기하는 사람들이 있는데 이것이 반성경적입니다. 하나님께서 부르시는 자들은 다 사명이 있습니다. 그 사명이 다릅니다. 큰 회사에서도 많은 직원들이 있는데 맡겨진 일이 다르지 않습니까? 하나님의 나라를 이루어 나가는데도 다르게 일을 맡기십니다. 아브라함의 사명이 다르고 다윗의 사명이 다르고 베드로의 사명이 다릅니다. 사명을 깨닫는 것이 하나님의 뜻을 깨닫는 것입니다. 특별히 복음을 위하여 주의 종이나 선교사로 부름 받은 분들의 사명이 다르고 받을 상급이 다릅니다. 그리고 복음 전파를 위하여 여러분도 다 사명을 받았습니다. 회사에 다니는 분들은 나를 왜 이 회사로 보내셨는가를 깨달으면 그것이 사명을 깨닫는 것입니다. 하나님께서는 하나님의 백성들이 잘되는 것을 원하십니다.

구약성경을 읽어보십시오. 하나님께서 선지자들을 통하여 그렇게 수없이 말씀하시는 내용이 무엇입니까? 내 말대로 행하면 복을 주겠다는 것입니다. 가정과 가축과 포도원에 복을 주시겠다고 하셨습니다. 들어가도 복을 받고 나가도 복을 받을 것이라고 하셨습니다. 이 말씀대로 하나님의 말씀대로 살아갈 때에 그 나라는 평안하고 부강했습니다. 하나님의 말씀대로 사는 사람들은 복을 받았습니다. 하나님의 말씀을 받아들인 나라들도 다 복을 받았습니다. 이 복은 영적인 복과 육적인 복과 물질적인 복의 통전적인 것입니다. 복이 복이 되려면 육적인 복만 가지고는 안 됩니다. 아무리 건강해도 너무 가난하여 하고 싶은 일을 하지 못하거나, 혹은 영혼의 복은 받았는데 건강하지 못하여 늘 골골하면 그것도 모자란 것입니다.

그래서 요한삼서 1장 2절에 "사랑하는 자여 네 영혼이 잘됨 같이 네가 범사에 잘되고 강건하기를 내가 간구하노라"고 말씀하셨습니다. 영혼도 잘되고 범사에 잘되고 몸도 강건한 복을 말씀하신 것입니다. 인간은 통전적인 존재입니다. 몸이 아프면 괴롭습니다. 마음에 상처를 입습니다. 그래서 예수님께서는 수많은 병든 자들을 고쳐주신 것입니다. 예수님께서 이렇게 가르치시고 천국 복음을 전파하시고 병든 자를 치유하실 때 온 수리아에 소문이 퍼지고 각종 병든 자, 귀신 들린 자, 간질하는 자, 중풍병자들이 몰려왔습니다. 예수님께서는 이들도 다 고쳐주셨습니다. 지금도 교회는 병든 자들을 고쳐주실 줄로 믿고 믿음으로 기도할 때 역사가 일어나는 것입니다.

수리아는 지금의 시리아입니다. 구약시대에 아람이라 불리운 곳입니다. 당시에 사람들이 아람어를 사용하였고 성경도 아람어로 기록되기도 했습니다. 많은 사람들이 사는 곳이었습니다. 이곳의 대표 도시가 안디옥입니다. 안디옥은 이후 바울의 선교로 인하여 그리스도인이란 칭호가 처음 붙여진 곳입니다. 오늘 말씀을 보면 예수님이 이미 복음의 씨앗을 뿌린 곳입니다. 데가볼리, 예루살렘, 유대, 요단강 건너편에 이르기까지 많은 무리가 예수님을 따랐다고 했습니다.

예수님은 이들에게 가르치고 천국 복음을 전하시고 각종 질병을 고쳐주셨습니다. 오늘도 교회는 예수님의 행하신 일을 따라 가르치고 복음을 전파하고 병든 자를 치유하는 일에 힘써야 하는 것입니다.

성도 여러분, 우리 교회는 예수님을 따라 사는 사람들이 됩시다. 세상을 따라가지 마십시오. 그 길은 멸망의 길입니다. 우리 모두 힘써 가르치고, 천국 복음을 전파하고, 세상의 병든 자들을 치유하는 성도들이 되시기를 바랍니다.

📝 적용

ⓐ 오늘 말씀의 주제 파악하기:

ⓑ 오늘 말씀 중 은혜 받은 부분 나누기:

ⓒ 삶에 구체적으로 적용하기:

👏 함께 드리는 기도제목

1. 예수님처럼 복음의 말씀을 가르치는 삶을 살게 하소서.
2. 예수님처럼 복음 전하는 일에 열심을 쏟게 하소서.
3. 우리 교회 가운데 치유와 회복의 역사가 불일 듯 일어나게 하소서.

29

구원에 이르도록 자라라

- 🌸 **본 문:** 베드로전서 2:1-3 (신 377쪽)
- 🌸 **찬 송:** 452장 (내 모든 소원 기도의 제목, 통 505장)
- 🌸 **요 절:** "갓난 아기들 같이 순전하고 신령한 젖을 사모하라 이는 그로 말미암아 너희로 구원에 이르도록 자라게 하려 함이라"(벧전 2:2)

    베드로전서는 당시 극심한 핍박 가운데 있던 세계로 흩어진 기독교인들에게 보내는 소망의 메시지입니다. 다 지나간다는 것입니다. 고난도, 핍박도 지나가고 우리는 영광의 면류관을 차지해야 한다는 메시지입니다. 우리는 누구나 면류관을 받기 원하지만 면류관은 누구에게나 주어지는 것이 아닙니다. 고난도 이기고 시험도 이기고 승리한 자에게만 주어지는 상급입니다. 오늘 베드로 사도는 구원에 이르기 위하여 버려야 할 것과 사모해야 할 것을 말씀합니다. 물론 예수를 나의 구주로 고백한 사람들은 이미 구원을 받았습니다. 그런데 구원받은 사람은 누구나 죄에 대하여 완벽합니까? 그렇지 않습니다. 구원받았다고 이전의 습관과 언어가 바뀌는 것이 아닙니다. 여전히 죄에 대하여 노출되어 있습니다. 이스라엘 백성들이 애굽에서 나왔지만 가나안땅을 차지한 것이 아닙니다. 광야의 연단을 이겨내야 했습니다. 그런데 그들은 그 시험을 이기지 못했습니다. 여전히 악독함이 있었고 기만과 외식과 시기가 있었습니다. 비방하는 말이 있었습니다. 이것이 그들을 파멸로 이끌었습니다. 그래서 그들은 모두 광야에서 죽었습니다.

우리가 얻은 구원을 빼앗기 위하여 마귀는 우는 사자와 같이 두루 다니며 위협하고 시험을 합니다. 그래서 우리의 믿음은 날로 성장해야 하는 것입니다. 믿음이 성장한다는 것은 내 안에 성령님의 역사가 점점 더 강해진다는 것을 의미합니다. 내가 시험을 이길 수 있는 것이 아닙니다. 성령님께서 도와주셔야 합니다. 도와주신다는 말을 잘 기억하시기 바랍니다. 내가 아무것도 하지 않았는데 도와주시는 것이 아닙니다. 도움은 내가 애쓰고 힘쓰나 내 힘이 약할 때 사용되는 단어입니다. 그러므로 우리는 믿음의 생활을 위하여 힘써야 합니다. 버려야 할 것을 버리기 위해 힘쓰고, 사모해야 할 것을 사모하기 위해 힘써야 합니다. 그러면 하나님께서 우리의 약함을 도와주십니다.

첫째, 버려야 할 다섯 가지가 있습니다. 로마서 1장에도 우리가 버려야 할 악한 일들이 많이 나오는데 오늘 성경에는 먼저 '모든 악독과'라고 했습니다. 악독이란 헬라어로 '카키아'인데 다른 사람에게 고의로 악한 행위를 하는 것입니다. 요즘 악한 사람들이 너무 많습니다. 나의 힘이나 지위를 이용하여 아무렇지도 않게 다른 사람의 눈에 눈물 나게 하는 사람들이 있습니다. 비단 경비원에게 갑질하는 사람들, 인신매매하는 사람들이 아니더라도 나의 행위를 통해 타인에게 아픔이 있을 것을 알면서도 나쁜 일을 하는 사람들입니다. 기독교인은 항상 다른 사람을 배려하는 마음을 가져야 합니다. 내가 힘이 있으면 그 힘을 가지고 약자 위에 군림하는 것이 아니라 섬기는 데 사용해야 합니다. 교회는 이것을 훈련하는 곳입니다.

그 다음에 '모든 기만과'라고 했습니다. 기만은 '돌로스'라는 헬라어로 미끼, 덫, 교활 등을 나타내는 단어입니다. 상대방을 속이기 위한 행위입니다. 돌로스란 단어는 물고기를 낚을 때 미끼를 사용하는 것을 의미하는데 옛날이나 지금이나 변함없이 이 방법을 사용합니다. 물고기는 수백 년, 수천 년이 지나도 늘 같은 방법으로 잡힙니다. 진화할 줄을 모릅니다. 또한 마귀도 우리를 넘어뜨리려 시험할 때에 미끼를 사용합니다. 문제는 우리도 수백 년 전이나 수천 년 전이나 이 마귀의 미끼를 잘 문다는 것입니다. 낚시에 걸리면 잘 빠지지 않습니다. 그래서 커다란 상어도 조그만 낚시 바늘에 꿰어 올라오는 것입니다. 믿음이 큰 사람도 미끼를 잘못 물면 이처럼 마귀에게 끌려다닌다는 말입니다. 여러분에게 마귀가 주는 미끼가 무엇인지 잘 분별하셔야 합니다. 마귀는 예수님을 시험하기 위하여 세 차례나 덫을 놓았습니다. 그러나 예수님은 말씀으로 그 교활한 시험을 모두 물리치셨습니다. 우리는 남을 넘어뜨리기 위한 교활한 생각들을 성령 안에서 버려야 합니다.

그 다음에 버려야 할 것으로 '외식'을 말씀합니다. 외식은 '휘포크리시스'란 헬라어로 허세, 가식적인 행위를 말합니다. 예수님께서 바리새인의 누룩을 버리라 하실 때 누룩이란 바로 외식을 말씀하신 것입니다. 누룩이 전염성이 큰 것처럼 외식은 전염성이 큽니다. 좋은 명품 옷을 입고 명품 가방을 들고 다니고 싶은 욕망이 대부분 외식에서 오는 것입니다. 저는 시계를 비싼 돈을 주고 사 본 적이 없습니다. 평소 전자시계를 사용합니다. 전자시계가 건강 체크에도 좋고 수면시간도 잘 분석해 줍니다. 저에게 아주 비싼 시계가 있는데 우리가 협력하는 선교사님이 사 준 것입니다. '파텍 필립'이라고 들어보셨습니까? 몇 억을 한다고 하는데 사실 짝퉁입니다. 그런데 어려운 선교사님이 주신 것이라 보관은 했지만, 시계가 필요한 경우들이 있을 때 그 시계를 차고 가기가 좀 그랬습니다. 비싼 시계를 선물 받은 적도 있지만 누구를 주었습니다. 그런데 얼마 전 외국에 갔다가 돌아오는 길에 15만원짜리 비싼 시계를 처음으로 하나 샀습니다. 좀 비싸지만 디자인이 너무 마음에 들어 하나 샀습니다. 평소 설교할 때 시계를 차지 않지만 오늘은 자랑하려고 차고 나왔습니다. 억대가 넘는 시계를 차고 다니면 좀 불안하지 않습니까? '누가 풀러 가면 어떻게 하나?' 해서 차에서 잠도 잘 오지 않을 것입니다. 남이 보라고 하는 것은 외식입니다. 이 외식을 버리라는 것입니다. 우리는 무엇보다 신앙생활에 있어서 외식을 버려야 합니다. 남을 의식하는 기도, 남을 의식하는 봉사, 남을 의식하는 언어들을 버려야 하는 것입니다.

그 다음 '시기'를 버리라고 했습니다. 시기는 헬라어로 '프로노스'란 단어인데 단순한 부러움이 아니라 악한 생각을 가지고 남을 부러워하는 것입니다. 그래서 그 열매가 악합니다. 가인은 아벨의 제사만 하나님께서 받으신 것을 시기하였습니다. 그 시기를 버리지 못하니 결국 살인에까지 이르게 된 것입니다. 시기가 이렇게 무서운 것입니다. 하나님께서 버리라 하신 것을 버리면 우리에게 축복이 있습니다. 내 마음에 평안이 찾아옵니다. 기쁨이 찾아옵니다. 내가 행복해지는 것입니다.

그리고 마지막으로 '모든 비방하는 말'을 버리라 했습니다. 비방이라는 헬라어 '카타라리아'는 악의적인 생각으로 남의 말을 하는 것입니다. 사람들은 남의 말을 하는 것을 좋아합니다. 사람은 누구나 마찬가지입니다. 그러나 이것을 버려야 하는 것입니다. 비방하는 말은 십계명에도 나오는 아주 중대한 죄입니다. "네 이웃에게 거짓 증거 하지 말지니라"고 하셨습니다. 그만큼 우리가 이 죄를 잘 짓게 된다는 말입니다. 교회에서 서로에게 상처를 주는 가장 많은 죄가 남을 비방하는 것입니다. 우리는 남의 말을 하지 맙시다. 사실일지라도 남의 말을 피하면 나에게 손해가 없습니다. 다른 사람 칭찬만 하고 남을 위해 기도만 하고 부정적인 이야기는 버립시다. 성경이 말씀하는 버려야 할 것들은 모두 쓰레기 같은 것입니다. 집안에 냄새나는 쓰레기를 쌓아두면 집안에 온통 썩은 냄새가 배게 됩니다.

성경이 말씀하는 위의 다섯 가지는 우리 인생의 거룩함을 방해하는 쓰레기 같은 것입니다. 여러분 안에 쓰레기가 있습니까? 교회는 여러분의 옷을 깨끗하게 하는 세탁소와 같은 곳입니다. 하나님의 집에 그저 왔다가 공기만 진동하고 돌아가지 마십시오. 말씀으로 정결하게 되어 돌아가는 성도들이 되시기를 바랍니다.

둘째, 사모해야 할 것을 말씀합니다. 2절에 "갓난아기들같이 순전하고 신령한 젖을 사모하라"고 말씀하십니다. 갓난아이들이 젖을 얼마나 사모합니까? 갓난아기들은 늘 젖을 달라고 웁니다. 갓난아기가 젖을 달라고 울기 시작하면 딸랑이를 흔들어도 소용없고 아무리 좋은 것을 주어도 소용없습니다. 오직 젖만을 달라고 합니다. 갓난아기들은 젖을 줄 때까지 웁니다. 신령한 젖이란 말씀을 말합니다. 저는 우리 교회 성도들이 말씀을 달라고 갓난아기들처럼 울었으면 좋겠어요. 아기는 먹을 때가 되면 때를 놓치지 않고 웁니다. 울면 젖을 줍니다. 그렇습니다. 우리도 순전하고 신령한 젖을 달라고 울어야 하는 것입니다. 요즘 교인들은 신령한 젖이 아니라 다른 것을 달라고 웁니다. 세상 사람들이 가진 것을 시기하고 사모하며 나도 그런 것을 달라고 합니다. 하늘의 신령한 것보다 땅의 것을 더 사모합니다. 여러분은 교회에 나와 땅의 없어질 것보다 영원한 상속인 신령한 젖을 사모해야 하는 것입니다. 순전하고 신령한 젖이 무엇입니까? 진정한 복음입니다.

오늘의 시대는 설교가 넘쳐나고 있습니다. 굳이 교회에 나가지 않아도 방송을 통해, 유튜브를 통해 얼마든지 설교를 들을 수 있습니다. 그런 의미에서 현대 한국교회 교인들은 행복한 교인들입니다. 그런데 문제가 있습니다. 인기가 있다는 설교들을 보면 그것이 진정한 순전하고 신령한 젖인가 하는 의문이 들 때가 있습니다. 사람들의 입맛에 맞추는 설교는 순전하고 신령한 것이 아닙니다. 젖을 먹어본 적이 있습니까? 아기들이 너무 맛있게 먹어서 우유통의 모유를 아기가 남긴 것이 있어 먹어본 적이 있습니다. 맛이 없어요. 분유를 물에 타서 먹으면 단맛을 추가하여 맛이 있는데 모유는 맛이 없습니다. 비릿한 맛입니다. 그런데 갓난아기는 젖을 얼마나 맛있게 먹습니까? 자꾸 먹으니 맛이 있는 것입니다. 그리고 그 젖을 먹으며 건강하게 자라납니다. 젖이 모든 병균과 싸워 이길 수 있는 힘을 줍니다. 말씀이 그런 것입니다. 처음에는 맛이 없어도 자꾸 먹다 보면 젖을 먹지 않으면 견딜 수가 없습니다. 그리고 점점 강하게 자라나는 것입니다.

 오늘날 인터넷에 설교가 아무리 넘쳐나도 자극적인 것은 좋지 않습니다. 복음은 순전하고 신령해야 합니다. 재밌다, 신기하다 하는 것이 아니라 말씀을 자꾸 들을 때 여러분을 바꾸는 능력이 되어야 합니다. 인공조미료가 가미된 음식에 맛을 들이게 되면 무공해 음식은 밋밋하니 맛이 없습니다. 자극이 강한 음식을 자꾸 찾게 됩니다. 그것은 결국 자기 몸을 망치는 것입니다. 이단의 사상은 자극성이 강합니다. 이단은 항상 문제가 결국 일어나, 거기에 빠진 사람들이 참 안타깝습니다. 그러면 자기가 빠진 이단이 문제가 있어 자신이 속았다는 것을 깨닫고 정신을 차리고 은혜로운 교회에 나가면 되는데 그렇지를 못합니다. 우리 주변에 이단성이 문제가 된 교회들이 많습니다. 그 교회에 문제가 크게 생겼습니다. 그러면 주변의 교회로 가면 좋은데 거의 대부분 그렇지 못합니다. 또 자극적인 곳을 찾게 됩니다. 그래서 또 다른, 더 나쁜 이단으로 빠지게 되는 것입니다.

여러분은 순전하고 신령한 젖을 사모하시기 바랍니다. 갓난아기처럼 말씀을 듣고 시간 시간마다 또 말씀을 사모하시기 바랍니다. 주일예배만으로 안되어 수요에도 나오고 금요일에도 나오고 새벽에도 나오고 성경공부에도 나오고 날마다 말씀을 읽고 큐티하는 것입니다. 그럴 때 오늘 주신 말씀처럼 구원에 이르도록 자라는 것입니다.

저는 매 주일과 수요일에 여러분에게 영의 양식을 공급하기 위하여 말씀을 준비합니다. 좀 더 많은 성도들이 수요예배의 강해에도 참여했으면 좋겠어요. 수요예배는 좀 더 높은 수준의 성도들에게 전하는 메시지입니다. 여러분의 신앙이 자라기를 원한다면 갓난아기 같이 말씀을 사모해야 하는 것입니다. 그러면 구원에 이르도록 자라야 하는 것입니다. 이미 구원받았지만 그 구원을 마귀로부터 지키는 강한 능력을 갖게 되는 것입니다. 그래서 더 이상 갓난아기에 머무르지 않고 장성하여 전도도 하고 봉사도 하고 이웃을 살리는 능력의 성도들이 되는 것입니다. 우리의 믿음은 날마다 자라야 정상입니다. 갓난아기는 처음에는 젖병을 물려주어야 합니다. 그런데 얼마 후 보면 자기 손으로 젖병을 움켜잡고 먹습니다. 그것을 보며 부모는 얼마나 신기해하고 기뻐합니까? 하나님께서 그러신 것입니다. 여러분의 신앙이 자라는 것을 보며 너무나 기뻐하십니다. 겨우겨우 예배에 나오는 신앙이었다면 이제는 순전하고 신령한 젖을 사모하며 나오는 신앙으로 변화됩시다.

말씀이 맛이 없으면 병든 것입니다. 육체에 병든 사람은 무엇을 먹어도 맛이 없습니다. 그리고 점점 더 약해져 갑니다. 그러나 먹기 시작하면 다시 힘을 냅니다. 육적으로 건강한 사람이 일을 잘하듯이 영적으로 건강한 사람이 하나님의 일을 크게 하는 것입니다. 영적으로 약해지면 온갖 마귀가 다 들어옵니다. 이리저리 흔듭니다.

온갖 시험이 그 사람을 통해 들어오는 것입니다. 그러나 순전하고 신령한 젖을 사모하는 사람에게는 마귀가 꼼짝하지 못합니다. 순전하고 신령한 젖을 사모하는 사람은 세상을 두려워하지 않습니다. 죽음도 두려워하지 않습니다. 장차 다가올 하늘을 바라보기 때문입니다. 순전하고 신령한 젖을 늘 사모하고 더 큰 믿음의 사람이 되기 위하여 힘을 씁시다. 하나님은 하나님을 사모하는 사람들을 통하여 역사를 바꾸어 나가십니다. 큰 믿음의 사람이 가정도 복되게 바꾸고, 교회도 은혜롭게 바꾸고, 나라도 건강하고 부강한 나라로 바꾸는 인물들이 되는 것입니다. 사랑하는 성도 여러분! 더 이상 갓난아기에 머무르지 말고 순전하고 신령한 젖을 늘 사모하여 받은 구원을 지키고, 장성한 믿음의 분량에 이르는 성도들이 되시길 바랍니다.

📝 적용

ⓐ 오늘 말씀의 주제 파악하기:

ⓑ 오늘 말씀 중 은혜 받은 부분 나누기:

ⓒ 삶에 구체적으로 적용하기:

🙌 함께 드리는 기도제목

1. 나의 믿음이 날마다 자라나게 하시고, 더 큰 믿음의 사람이 되게 하소서.
2. 순전하고 신령한 말씀의 젖을 사모하게 하소서.
3. 세상의 유혹과 시험을 이기고 면류관의 상급을 받는 삶을 살게 하소서.

30

세상을 이기는 믿음

- ❊ **본 문:** 요한일서 5:1-4 (신 393쪽)
- ❊ **찬 송:** 543장 (어려운 일 당할 때, 통 342장)
- ❊ **요 절:** "예수께서 그리스도이심을 믿는 자마다 하나님께로부터 난 자니 또한 낳으신 이를 사랑하는 자마다 그에게서 난 자를 사랑하느니라" (요일 5:1)

우리가 사는 세상이 힘이 듭니까? 예, 힘이 듭니다. 힘들지 않게 살아가는 사람은 아무도 없습니다. 부자도 힘이 들고 가난한 사람도 힘이 들고 많이 배운 사람도 힘이 들고 적게 배운 사람도 힘이 듭니다. 결혼 한 사람도 힘이 들고 결혼 안 한 사람도 이 세상을 사는 것이 힘이 듭니다. 얼마 전 '헬조선'(지옥 조선)이란 단어가 유행한 적이 있습니다. 수백 대 일의 경쟁에 힘겨워하며 젊은이들이 헬조선이라 했습니다. 아무리 노력해도 희망이 없다는 이야기입니다. 그런데 이 힘든 것은 상대적입니다. 많은 사람들이 더 힘든 나라에서 우리나라로 이민을 옵니다. 일하기 위하여 밀입국까지 합니다. 우리나라가 그 나라보다 살기 좋기 때문입니다.

영등포에 중국계 신입생 비율이 100%인 학교가 나와서 화제가 되었습니다. 80%가 넘는 학교도 영등포에 있습니다. 이들은 더 좋은 나라를 찾아 우리나라로 온 것입니다. 우리는 우리대로 상대적 박탈감을 가지고 자식을 낳아도 내 자녀가 사회적 위치 속에서 힘들게 살아야 하는 현실이 될 것이라 생각하며 차라리 혼자 살겠다고 합니다. 유튜브에서도 행복한 가정이나 미래의 꿈이 아니라 먹방이나 여행에 대한 프로그램들이 많이 나옵니다. 정말 희망이 없습니까? 역사적으로 모두가 넉넉하고 행복한 날들을 누린 그런 시대는 없었습니다. 고대의 노예들도 우리는 꿈이 없다고 다 포기한 것이 아닙니다. 목숨을 걸고 싸우기도 했습니다. 유럽의 시민혁명도 그저 온 것이 아닙니다. 포기하지 않았습니다.

우리나라도 불과 100여 년 전 조선시대를 보면 얼마나 힘이 들었습니까? 관료들의 수탈에 백성들은 굶주림 속에 살았습니다. 선교사들이 기록한 글들을 보면 한양 거리는 인분으로 가득하고 개들이 아니면 치울 수가 없었다고 했습니다. 희망이 없는 나라라고 했습니다. 일제 강점기에도 힘들었습니다. 6.25 전쟁의 시기에도 힘들었습니다. 서로 죽고 죽이는 슬픈 날들이었습니다. 지금보다 쉬웠던 적은 단 한 번도 없었습니다. 지금까지 이 어려운 날들을 우리는 이겨 나왔습니다. 우리가 어떤 생각을 하고 어떤 마음으로 살아야 하는지가 중요합니다. 안 된다고 하는 사람들은 늘 안되는 것만 봅니다.

우리는 미래가 지금보다 더 나아질 것이라는 믿음을 가지고 살아야 하고 그 미래를 우리 후손들에게 물려주어야 하는 것입니다. 많은 신학자들이 한국교회의 미래가 어둡다고 이야기합니다. 교회학교가 문을 닫을 것이라고 말합니다. 미래가 그렇다면 그렇게 생각하고 함께 불평하며 앉아 있어야 합니까? 우리는 하나님께서 우리에게 밝은 미래를 주실 것을 믿기에 어려운 중에도 비전센터를 건축하였습니다. 성경학교와 수련회를 위하여 힘쓰며 우리 자녀들이 미래의 주인이 될 것을 기도하고 있습니다. 여름성경학교를 하는 네 개 부서를 돌아보았습니다. 물놀이를 하는 유년부를 방문했다가 어린이들로부터 물총 세례를 받기도 했습니다. 그런데 한 어린이가 저에게 다가와서 와서 "목사님, 기도해주셔서 감사해요" 하는 것입니다. 기도의 감사함을 아는 우리 자녀들을 하나님께서 그냥 내버려두지 않을 것입니다. 초등부에 갔더니 아이들이 막 달려듭니다. 늙어가는 목사님이 좋다고 달려와서 안기는 아이들을 보며 행복했습니다. 이들이 이렇게 밝게 자라고 비전을 가지고 자란다면 대한민국의 미래가 될 것입니다.

미래는 꿈을 가진 자들의 것입니다. 꿈이 없는 부모가 키우는 자녀들이 잘되겠습니까? 꿈을 가지고 자녀들을 양육하며 "너희들은 하나님의 사랑받는 자녀들이니 잘될 것"이라고 하는 자녀들이 잘되겠습니까? 유대인의 교육이 성공한 것이 바로 이것입니다. 꿈입니다. 어두운 미래를 밝게 만들 꿈을 꾸며 사는 것이 기독교인입니다. 기독교인은 절대로 현실을 어둡게 보지 않습니다. 불평하지 않습니다. 소망의 눈으로 바라봅니다. 그래서 오늘 성경도 우리는 믿음으로 세상을 이긴다고 외치고 있습니다. 여러분은 세상에 굴복하며 불평하며 사는 사람들이 아닙니다. 세상을 이기는 하나님의 자녀들입니다.

오늘 말씀은 첫째, 우리는 하나님께로부터 난 자입니다. 1절입니다.

"예수께서 그리스도이심을 믿는 자마다 하나님께로부터 난 자니 또한 낳으신 이를 사랑하는 자마다 그에게서 난 자를 사랑하느니라."

우리 모두를 어머니가 낳았습니다. 그런데 왜 '하나님께로부터 난 자'라고 말씀합니까? 니고데모라는 청년이 밤중에 예수님을 찾아왔을 때 예수님은 "네가 거듭나지 아니하면 하나님 나라를 볼 수 없느니라"고 하셨습니다. 이때 니고데모는 "사람이 늙으면 어떻게 날 수 있습니까? 어머니 배 속에 다시 들어갔다 나옵니까?" 하고 묻습니다. 예수님은 "사람이 물과 성령으로 나지 아니하면 하나님의 나라에 들어갈 수 없느니라 육으로 난 것은 육이요 영으로 난 것은 영이니 내가 네게 거듭나야 하겠다 하는 말을 놀랍게 여기지 말라"(요 3:5-7)고 하십니다. 어머니 배 속에서 나온 것을 몰라서 하시는 말씀이 아닙니다. '육으로 난 것은 육이다. 그런데 다시 나야 한다. 그것은 영으로 나는 것이다' 하는 말씀입니다.

우리는 매 주일 사도신경으로 고백하듯이 "나는 전능하신 하나님을 믿습니다. 예수 그리스도를 믿고 예수님께서 나를 위해 십자가에 달리셨음을 믿습니다. 그리고 성령을 믿습니다"라고 고백합니다. 이것을 믿게 하시는 이는 바로 하나님이십니다. 내가 믿고 싶어서 되는 일이 아닙니다. 노력해서 되는 일이 아닙니다. 믿을 때에 저절로 되어지는 일이 성령님이 내 안에 들어와 나와 함께하시고 우리를 인도해 주십니다. 이것이 거듭난 삶입니다. 성령은 열매로 안다고 주님은 말씀하셨습니다. 성령님이 내 안에 거하시면 내 삶이 변합니다. 내 생각이 변하고 입에서 나오는 말이 변하고 내가 하는 행동이 변합니다. 그러니 열매가 저절로 달라지는 것입니다. 성령의 아홉 가지 열매가 맺히는 것입니다. 여러분은 삼위일체의 하나님을 믿고 성령님이 여러분을 인도하시는 하나님으로부터 난 자인 줄로 믿습니다. 하나님으로부터 난 자는 하나님을 사랑하고 하나님께로부터 난 자들을 사랑한다고 했습니다. 하나님의 자녀들은 위로 하나님을 사랑합니다. 그리고 옆으로 이웃을 사랑하는 것입니다. 어떤 이웃입니까? "그에게서 난 자", 즉 하나님께로부터 난 이웃입니다. 성도들은 서로 사랑해야 합니다. 서로를 염려하며 서로를 위해 기도해야 합니다. 자본주의 사회는 개인주의를 심화시켰습니다. 이익에 따라 움직입니다. 오늘의 적이 내일의 동지가 되기도 합니다. 그런데 성경은 믿음의 공동체를 말씀합니다. 성도들끼리 서로 사랑할 것을 말씀하십니다. 하나님의 말씀을 따라 살며 성도의 공동체인 교회를 사랑하는 우리 교회 성도들이 되시길 바랍니다. 교회의 미래인 다음 세대를 사랑하시기 바랍니다. 주일날 정신없이 와서 예배만 드리고 썰물처럼 빠져나가지 말고 교회에서 성도의 교제도 나누고, 아이들과 카페에서 팥빙수도 드시고, 자녀들과 탁구도 치면서 교회로 자꾸 나아오셔야 합니다.

우리가 읽은 말씀 앞에 있는 요한일서 3장에 보면 "이러므로 하나님의 자녀들과 마귀의 자녀들이 드러나나니 무릇 의를 행하지 아니하는 자나 또는 그 형제를 사랑하지 아니하는 자는 하나님께 속하지 아니하니라"(요일 3:10)고 했습니다. 하나님의 자녀에 속하지 않은 사람들을 두 가지로 말씀하고 있습니다. 첫째는 의를 행하지 않는 자, 즉 성령의 열매가 없는 인생입니다. 둘째는 형제를 사랑하지 아니하는 자입니다. 성도 여러분, 여러분은 하나님께로부터 난 자입니다. 이 사실을 늘 기억하고 살며 '나는 하나님께로부터 난 자이니 하나님의 자녀답게 살겠다'라고 다짐하며 살아가는 성도들이 되시기를 바랍니다.

둘째, 우리는 계명을 지키는 자입니다. 2-3절입니다.

"우리가 하나님을 사랑하고 그의 계명들을 지킬 때에 이로써 우리가 하나님의 자녀를 사랑하는 줄을 아느니라 하나님을 사랑하는 것은 이것이니 우리가 그의 계명들을 지키는 것이라 그의 계명들은 무거운 것이 아니로다."

오늘 말씀은 하나님을 사랑하면 그의 계명들을 지킨다고 했습니다. 계명은 하나님의 말씀을 의미합니다. 하나님을 사랑하면 당연히 하나님의 말씀을 사랑하고 존중하고 지킵니다. 효자와 불효자의 차이가 무엇입니까? 출세하고 잘살고 하는 것이 아닙니다. 부모님의 말씀을 사랑하고 존중하고 지키는 자가 효자요 효녀입니다. 부모님 말씀을 지키고 사랑하고 존중하면 세상에서도 잘될 수밖에 없습니다. 하물며 하나님의 말씀을 지키는 자에게는 수많은 축복의 약속을 주셨습니다. 하나님의 말씀을 지켜 축복을 받은 수많은 인물들이 있습니다.

〈미워도 다시 한 번〉의 영화배우 신영균 장로님은 어머니 기도로 산 사람입니다. 어릴 때 교회에서 연극을 하다가 영화에 빠져들었습니다. 그래서 치과의사가 된 이후 다시 탤런트가 되었습니다. 연예인들의 인생이 평탄치 않은데 신영균 장로님은 모범적인 연예인 생활을 한 사람입니다. 지금까지 수백억의 재산을 사회에 환원했고 몇 년 전에는 자신의 전 재산을 사회에 환원하겠다고 했습니다. 그는 늘 하나님의 말씀을 지키며 살기를 힘썼다고 했습니다. 그리고 행복한 인생을 살았습니다. 올해 96세인 그는 간증하기를 내가 죽으면 내 낡은 성경책을 관 속에 넣어달라고 했습니다. 평생을 함께 살아온 하나님의 말씀과 함께 하나님 앞으로 가겠다고 했습니다. 하나님의 말씀과 함께 살면 두렵지 않습니다. 하나님의 말씀을 따라 살면 말씀이 우리 인생을 인도해주십니다. 누가 미래를 알고 누가 나를 인도할 것입니까. 하나님의 말씀을 따라가면 되는 것입니다. 사탄은 우리로 하여금 하나님의 말씀에 불순종하게 합니다. 그래서 하나님의 품을 떠나게 만들고 복 받지 못하는 인생이 되게 합니다. 아담과 하와의 불행은 하나님의 말씀을 지키지 않은 데서 출발합니다. 모든 인류의 불행은 하나님의 말씀을 떠난 데서 시작하는 것입니다.

"계명들은 무거운 것이 아니로다"라고 했습니다. 우리가 십자가를 지고 가는 것 같지만 아닙니다. 십자가가 우리의 짐을 대신 져주십니다. 하나님의 말씀을 지키면 내 마음대로 사는 것보다 어려운 것 같지만 아닙니다. 내 힘으로 살려고 하면 우리를 마귀가 넘어뜨리려 유혹합니다. 괴로운 일이 생길 때 내 힘으로 이기지 못합니다. 자꾸만 진흙 속으로 빠져들어 가는 것과 같습니다. 그래서 인생의 짐이 점점 무거워집니다. 그러나 하나님의 말씀은 우리의 행복한 길로 인도해주시고 기쁨을 주십니다. "주와 같이 길 가는 것 즐거운 일 아닌가"라는 찬송처럼 즐거운 인생이 되는 것입니다. 그 말씀대로 사는 것이 복이 되는 것입니다. 예배를 드리는 것이 부담이 되면, 주의 일을 하는 것이 부담이 되면 이것은 자원하는 심령이 아닙니다. 무거우면 안 됩니다. 예배가 즐거워지고 감사해야 합니다. 그러면 주의 일도 감사함으로 하게 됩니다. 여러분은 하나님의 말씀을 적극적으로 지킴으로 복의 가정들이 되시길 바랍니다.

셋째, 세상을 이기는 승리는 우리의 믿음입니다. 4절입니다.

"무릇 하나님께로부터 난 자마다 세상을 이기느니라 세상을 이기는 승리는 이것이니 우리의 믿음이니라."

이긴다는 것은 내가 운동선수가 되어 이기고, 시험에 이기고, 주식에 이기는 것을 말하는 것이 아닙니다. 여기서 말하는 세상은 세상 정욕과 죄악을 말합니다. 믿음의 사람들은 인생을 살며 죄의 요구에 굴복하지 않습니다. 믿음의 사람들은 죽음의 순간에 두려워하지 않습니다. 믿음의 사람들은 마지막 순간에 자녀들을 불러놓고 마지막으로 축복기도를 합니다. 이것이 믿음입니다. 나는 믿음으로 살았으니 너희도 믿음으로 살라는 뜻입니다. 이것이 세상을 이기는 것입니다. 예수님은 십자가로 처형되었지만 패한 것이 아닙니다. 죄와 싸워 승리하시고 우리에게 생명을 주셨습니다. 우리도 각양 모양으로 살아가지만, 최후에는 반드시 믿음으로 승리할 것입니다. 하나님의 나라는 계속해서 전파될 것입니다. 예수님의 말씀대로 땅끝까지 전해질 것입니다. 세상에 대하여 승리할 것입니다.

유럽은 일찍이 복음이 전하여졌지만 지금 쇠하고 있습니다. 공산주의 러시아 같은 나라도 원래 기독교 국가였습니다. 지금 아프리카와 남미에는 교회의 새로운 부흥이 일어나고 있습니다. 중동에도 핍박 가운데서도 기독교 신자들이 늘어가고 있습니다. 성경 말씀대로 복음은 땅끝까지 전파될 것입니다. 그러므로 우리는 담대히 나아가 말씀을 전해야 합니다. 기회가 허락하는 한 계속해서 우리는 복음을 전해야 합니다. 이 세상에 수많은 사람들이 살다가 죽지만 다 같은 것이 아닙니다. 영원히 죽을 사람과 영원히 살 사람이 있습니다. 성도 여러분, 믿음으로 살아가시기 바랍니다. 그리고 믿음으로 세상을 이기는 성도들이 되시길 바랍니다.

📝 적 용

ⓐ 오늘 말씀의 주제 파악하기:
_____
_____

ⓑ 오늘 말씀 중 은혜 받은 부분 나누기:
_____
_____

ⓒ 삶에 구체적으로 적용하기:
_____
_____

🙌 함께 드리는 기도제목

1. 성도들이 서로 사랑하며 함께 모여 성도의 교제에 힘쓰는 우리 교회 되게 하소서.
2. 하나님의 말씀을 듣고 잘 지켜 행복한 교회와 가정을 이루게 하소서.
3. 믿음으로 죄의 유혹과 싸워 늘 승리하는 성도가 되게 하소서.

31

형통한 날과 곤고한 날

- 🍀 **본 문:** 전도서 7:14 (구 954쪽)
- 🍀 **찬 송:** 368장 (주 예수여 은혜를 내려주사, 통 486장)
- 🍀 **요 절:** "형통한 날에는 기뻐하고 곤고한 날에는 되돌아 보아라 이 두 가지를 하나님이 병행하게 하사 사람이 그의 장래 일을 능히 헤아려 알지 못하게 하셨느니라"(전 7:14)

우리 인생은 형통한 날이 있고 곤고한 날이 있습니다. '형통하다'는 것은 막힘이 없이 사방이 잘되는 것을 말합니다. 반면에 '곤고하다'는 말은 일이 내 마음대로 되지 않아 괴롭고 불행하고 고통스런 상태를 뜻하는 말입니다. 하나님께서는 밤과 낮을 주신 것처럼 우리 인생에 형통한 날과 곤고한 날을 주셨습니다. 낮이 계속된다면 지구는 불바다가 될 것입니다. 밤이 계속된다면 얼어붙고 말 것입니다. 낮과 밤이 필요한 것처럼 우리 인생도 형통과 고난이 필요합니다. 그런데도 우리는 고난을 싫어하고 늘 형통하기만을 꿈꿉니다. 그런 인생은 없습니다. 아무리 평안한 가정에서 태어났어도 학교에 들어가서 시험을 치르고 경쟁을 견뎌내야 합니다. 사람 만나는 것도 힘든 일입니다. 아무리 좋은 직장이라도 어려움은 찾아옵니다. 결혼 생활도 그렇습니다. 늘 곤고함이 우리 가운데 있습니다. 가시가 없는 생선은 없습니다. 어떤 사람들은 물질적으로도 부족함이 없고, 좋은 집안에, 자녀들도 다 잘되고, 주변에 좋은 사람들도 많고 도대체 부족함이 없어 보이는 사람들이 있습니다. 정말 그럴까요? 이 세상은 100% 만족함이 없습니다. 비단금침에도 걱정이 있다는 옛말이 있습니다.

옛날 섬기던 교회의 어떤 교인이 얼굴도 늘 환하고 부티가 흐르는데 실제 물질적으로도 어려움이 없습니다. 사회적으로 부족함이 없는 집안입니다. 교회 봉사도 열심히 하여 사람들에게 칭찬을 받습니다. 도무지 부족함이 없는 것같이 보였습니다. 사람들이 부러워합니다. 그런데 한번은 기도를 해 주었는데 하염없이 우는 것입니다. 그러면서 하는 말이 남들은 모르지만 폭군 남편과 함께 살면서 매일이 지옥이라며 통곡을 하는 것입니다. 이야기를 들어보니 아내의 인격을 인정하지 않고 돈이면 다 된다는 남편 때문에 매일이 고통스러운 삶을 살고 있었습니다.

우리 인생은 남모르는 아픔들을 가지고 살아갑니다. 그런데 늘 곤고한 날들만 계속된다면 무슨 소망이 있겠습니까? 남편은 날마다 술에 취해 고함을 치고 폭력을 행사하고 아이들은 걸핏하면 가출을 하고 하루하루가 소망이 없는 가정이 있었습니다. 매일 눈물로 기도하며 살았습니다. 그런데 남편이 교회를 따라 나오더니 어느 날 갑자기 은혜를 받았습니다. 변화가 되었습니다. 예수 믿고 변화가 되어 남편이 전혀 다른 사람이 되었습니다. 내가 그동안 아내를 너무 힘들게 했는데 나 같은 사람을 포기하지 않고 살아주었으니 남은 평생은 아내를 위하여 속죄하는 심정으로 살겠다고 청소부터 빨래, 식사 준비까지 다 합니다. 아버지의 변한 모습에 아이들도 변화되기 시작했습니다. 책은 쳐다보지도 않고 형제끼리 치고 박고 싸우던 아이들이 어느 날 보니 책상에 엎드려 밤늦게까지 함께 공부를 합니다. 이 놀라운 변화에 이 권사님은 기뻐서 어쩔 줄 모릅니다. 매일매일이 행복하다는 것입니다. 이 형통함이 쉬지 않고 계속되면 좋겠는데 우리 인생은 어느 날 또 다른 곤고가 찾아옵니다.

오늘 성경은 창조주 하나님께서 우리에게 주신 지혜의 말씀입니다. 우리 인생은 형통한 날이 있고 곤고한 날이 있으니 그날들을 잘 살아야 한다는 말씀입니다.

첫째, 형통한 날에는 기뻐하라고 했습니다. 하나님께서는 하나님의 자녀들이 형통하게 살기를 원하십니다. 성경에는 우리가 형통하게 사는 비결이 수없이 기록되어 있습니다. 신명기 28장 3절에서 10절을 보면 우리 인생의 형통한 복에 대한 말씀이 나옵니다.

"성읍에서도 복을 받고 들에서도 복을 받을 것이며 네 몸의 자녀와 네 토지의 소산과 네 짐승의 새끼와 소와 양의 새끼가 복을 받을 것이며 네 광주리와 떡 반죽 그릇이 복을 받을 것이며 네가 들어와도 복을 받고 나가도 복을 받을 것이니라 여호와께서 너를 대적하기 위해 일어난 적군들을 네 앞에서 패하게 하시리라 그들이 한 길로 너를 치러 들어왔으나 네 앞에서 일곱 길로 도망하리라 여호와께서 명령하사 네 창고와 네 손으로 하는 모든 일에 복을 내리시고 네 하나님 여호와께서 네게 주시는 땅에서 네게 복을 주실 것이며 여호와께서 네게 맹세하신 대로 너를 세워 자기의 성민이 되게 하시리니 이는 네가 네 하나님 여호와의 명령을 지켜 그 길로 행할 것임이니라 땅의 모든 백성이 여호와의 이름이 너를 위하여 불리는 것을 보고 너를 두려워하리라."

10절 이하에도 계속해서 우리가 받을 복에 대한 말씀이 나옵니다. 이 형통한 복을 받기 위해서 먼저 전제가 있습니다. 1-2절에 "네가 네 하나님 여호와의 말씀을 삼가 듣고 내가 오늘 네게 명령하는 그의 모든 명령을 지켜 행하면", "네가 네 하나님 여호와의 말씀을 청종하면"이라고 했습니다. 신명기 28장에는 우리가 형통한 복을 받는 비결과 저주를 받는 이유에 대해 많은 말씀을 주셨습니다. 이외에도 성경에는 형통에 대한 말씀이 많이 나옵니다. 그만큼 하나님께서는 우리가 형통하기를 원하신다는 말씀입니다. 여호와를 경외하며 그의 길을 걷는 자는 형통하겠다(시 128편), 여호와의 율법을 주야로 묵상하는 자는 형통하겠다(시 1편), 그의 선지자들을 신뢰하라 그리하면 형통하리라(대하 20:20), 예루살렘을 사랑하는 자는 형통하리라(시 122:6). 즉 하나님의 전을 사랑하는 자는 형통하리라는 말입니다. 모든 형통의 약속이 성경 말씀 속에 있습니다. 우리 교회 성도들은 우리를 강하게 만드시고 믿음의 사람으로 만드시는 연단을 안 받을 수는 없지만 불필요한 시험으로 곤고한 인생이 되어서는 안 됩니다. 우리 모두 이 세상에 사는 동안 형통함의 복을 받는 성도들이 되시길 바랍니다.

형통함의 복을 받으면 기뻐하라고 했습니다. 기뻐하라는 히브리어는 즐거워하라, 좋은 것을 하라는 의미로 해석이 됩니다. 건강의 복을 받았으면 내 것인 양 착각하지 말고 기쁘게 사십시오. 예수님의 비유 가운데 부자는 추수를 마친 후 자기 배를 두드리며 혼자 즐거워했습니다. 그런데 하나님은 "오늘밤 네 생명을 거두어 가리니 네 모은 것이 누구 것이 되겠느냐"라고 하셨습니다. 네 것이 아니라는 말씀입니다. 내 것 인 양 착각할 때 우리 인간은 교만해집니다.

저는 많은 크리스천들이 형통한 이후에 교만하게 되는 것을 많이 보았습니다. 그래서 많은 사람을 아프게 합니다. 교회도 아프게 합니다. 그러려면 차라리 형통한 복을 받지 않는 것이 더 나을 뻔했습니다. 세상의 욕심은 끝이 없습니다. 권력을 가지면 만족함이 있

31. 형통한 날과 곤고한 날 **283**

습니까? 더 강한 권력을 가지려고 합니다. 물질을 많이 가지면 만족함이 있습니까? 더 많은 물질을 가지려고 합니다. 가장 많은 유산을 상속받은 재벌들이 늘 재산을 가지고 싸우고 형제간에 갈라집니다. 우리는 형통한 복을 받으면 이웃을 위해 봉사도 하면서, 약한 자들을 도와 구제도 하면서, 주님을 위해 봉사도 하면서 기쁘게 사시기를 바랍니다. 그러면 함께 기쁩니다. 하나님께서 영광을 받으시니 하늘에서 기뻐하십니다. 성도 여러분, 여러분에게는 어떤 형통함의 복이 있습니까? 그것을 찾아보고 하나님께 감사하고 주신 그것을 가지고 기뻐하며 살아가는 성도들이 되시길 바랍니다.

둘째, "곤고한 날에는 되돌아 보아라"고 하셨습니다. 우리 인생은 원치 않게 곤고한 날들을 만나게 됩니다. 욥이 대표적인 인물입니다. 욥의 곤고함이 얼마나 심했던지 친구들이 와서 칠 일 동안 그 옆에 앉아있으면서도 입을 열 수조차 없었다고 했습니다. 우리 주변에도 말할 수 없는 곤고함을 겪는 분들이 있습니다. 질병의 곤고함은 겪는 사람만이 압니다. 잠 한 번 편히 자지 못하고 통증에 시달리는 사람도 있습니다. 걸음 걷는 것이 고통스러운 사람도 있습니다. 물질의 곤고함도 우리를 너무나 힘들게 합니다. 월세 내는 날은 왜 그렇게 빨리 찾아옵니까? 이자 내는 날은 왜 그렇게 빨리 찾아옵니까? 사람은 누구에게나 다 곤고함이 있습니다. 형통함과 곤고함, 이 두 가지를 하나님께서 병행하게 하셨다고 했기 때문입니다.

저는 설교하고 돌아서면 또 설교하는 날이 찾아오는데 왜 그렇게 빨리 찾아오는지 모르겠어요. 우리 성도들이 세상에서 곤고하게 살다가 교회에 와서 위로를 얻고, 은혜를 받고, 새 힘을 얻기 위해 그렇게 힘들게 찾아오는데, 비가 와도 눈이 와도 오고, 무더위에도 오고 추위에도 오는데 은혜 못 받으면 어떻게 합니까? 그래서 제가 말씀을 준비할 때마다 얼마나 곤고한지 아십니까? 말씀이 감동이 안 될 때는 "주여 주여" 하다가 답답해서 내 머리를 쥐어박으면서 힘들어할 때도 있습니다. 하나님께서 형통함만 주시면 좋을 텐데 왜 곤고함을 주십니까? 우리를 순결하게 만드시기 위해서입니다. 우리를 하나님의 자녀로 강하게 만드시기 위해서입니다. 우리가 하나님을 떠나지 않도록 붙들어주시기 위해서입니다. 그래서 곤고할 때에도 우리는 하나님의 약속을 바라보며 기도해야 하는 것입니다. 되돌아 보라는 말씀이 그것입니다. 내가 판단하고 내가 찾아내라는 말이 아닙니다. "하나님, 왜 이 고난이 왔습니까? 이 고난이 언제 끝이 납니까? 이 고난을 거두어 가주시옵소서"라고 기도하며 나의 인생을 되돌아 보라는 말씀입니다.

하나님께서 곤고함을 허락하시는 이유는 몇 가지가 있습니다.

첫째는 마귀의 시험, 즉 템테이션(Temptation)입니다. 헬라어 동사로 '페이라죠'에 해당하는 의미입니다. 마귀의 시험은 우리를 넘어뜨리고 망하게 하려는 것입니다. 하나님께서 마귀의 시험도 허락하시는 이유는 우리로 그 시험을 이기고 상급을 받고 형통한 인생이 되기를 원하시기 때문입니다.

둘째는 책망입니다. 헬라어로 '파이데이아'에 해당하는 단어입니다. 성경에 훈계로 많이 번역되어 있는데 우리의 죄에 대한 징벌을 말합니다. 우리는 곤고할 때 이 곤고함이 어디에서 왔는지를 돌아보아야 합니다. 내가 마귀의 시험에 넘어갔는지, 믿음으로 살지 못했는지, 책망받을 일이 있는지를 살펴보고 회개해야 합니다. 돌아보지 않으면 회개할 수가 없습니다. 다윗은 곤고한 날에 자신의 죄를 돌아보았고 회개했습니다. 그래서 하나님의 은총을 회복했습니다. 내가 죄를 지어 어려움을 겪으면서 하나님의 시험이다. 시련을 이겨내야 되겠다고 생각한다면 출발이 잘못된 것입니다.

셋째는 시험 즉 테스트(Test)입니다. 아브라함에게 하신 시험입니다. 이스라엘 백성들에게 주신 시험입니다. 이들은 이 시험이 없었더라면 절대로 믿음이 강해지지도 못하였을 것이고 순결해지지도 못하였을 것입니다. 하나님께서 주시는 시험은 우리를 연단시키시는 것입니다. 헬라어로 '도키마죠'에 해당하는 의미입니다. '도키마죠'는 하나님만이 하시는 것입니다. 그런데 이 시험이 만만한 것이 아닙니다. 죽을 만큼 힘든 것도 있습니다. 그러므로 곤고할 때에 돌아보고 하나님의 연단일 때에는 하나님께 부르짖어야 합니다. 우리가 부르짖으면 하나님께서 응답하시겠다고 약속하셨습니다. 질병으로 고통당할 때에 부르짖어야 합니다. 물질의 문이 막혀도 부르짖어야 합니다. 심령이 고통을 받을 때 부르짖어야 합니다. 〈괴로울 때 주님의 얼굴 보라〉는 찬양이 있습니다. 우리 인생의 괴로움은 누구에게나 찾아옵니다. 그때에 우리는 부르짖어야 하는 것입니다.

하나님께서 이 두 가지를 병행하게 하신 이유를 "사람이 그의 장래 일을 능히 헤아려 알지 못하게 하셨느니라"고 하셨습니다. 사람은 아무리 똑똑한 사람도, 굉장한 과학자나 철학자도 미래를 알지 못합니다. 오늘 여러분에게 무슨 일이 일어날지 누가 압니까? 아무도 모릅니다. 내가 언제 죽을지 안다면 사람들은 마음대로 살다가 그때 가서 하나님을 찾겠다고 꾀를 부릴 것입니다. 경제가 어떻게 될지 알아도 다 대비할 것입니다. 코로나가 올 것을 누가 예상할 수 있었습니까? 또 어떤 것이 우리에게 찾아올지 모릅니다. 예수님께서 언제 재림하실지 우리는 아무도 모릅니다. 그래서 하나님께서 미래를 알지 못하게 하신 것은 우리로 하나님을 찾게 하신 뜻입니다. 성도 여러분, 미래를 인도하시는 하나님을 의지하고 사는 성도들이 되시기 바랍니다. 그리고 하루하루 여러분의 인생을 살아가며 형통한 것이 있으면 감사하시기 바랍니다. 형통함을 주신 하나님께 영광을 돌리고 그 형통함을 기쁘게 사용하며 사시기 바랍니다. 곤고함이 있으면 그 이유를 되돌아보고 회개할 것이 있으면 회개하시고 믿음으로 이길 것이 있으면 하나님께 부르짖어 응답받는 형통한 인생들이 되시기를 바랍니다.

📝 적 용

ⓐ 오늘 말씀의 주제 파악하기:

ⓑ 오늘 말씀 중 은혜 받은 부분 나누기:

ⓒ 삶에 구체적으로 적용하기:

👏 함께 드리는 기도제목

1. 미래를 인도하시는 하나님을 의지하며 살아가는 성도가 되게 하소서.
2. 형통한 것이 있으면 감사하고, 그것을 기쁘게 사용하는 삶을 살게 하소서.
3. 곤고한 것이 있으면 그 이유를 되돌아보고, 하나님께 기도하여 승리하는 삶을 살게 하소서.

32

장성한 성도가 되십시오

❀ **본 문:** 히브리서 5:12-14 (신 357쪽)
❀ **찬 송:** 420장 (너 성결키 위해, 통 212장)
❀ **요 절:** "단단한 음식은 장성한 자의 것이니 그들은 지각을 사용함으로 연단을 받아 선악을 분별하는 자들이니라"(히 5:14)

사람들은 누구나 장성한 자가 되기를 원합니다. 키도 크고 마음도 크고 일에 대하여 정상에 오르고 싶어 합니다. 이 꿈을 갖는 것이 지극히 정상입니다. 그런데 믿음의 사람은 믿음에 있어서 장성한 자가 되기를 꿈꿔야 합니다. 오늘 한국교회가 일할 사람이 부족하니 '장로로 세워놓으면 헌금도 많이 하고 봉사도 많이 하고 일을 좀 하겠구나'라고 생각하여 장로를 세웁니다. 교회의 일을 영적 원리로 이해해야 하는데 물질 중심으로 생각한 것입니다. 그러다 보니 장로가 안 되면 시험 드는 일도 생깁니다. '내가 저 사람보다 못한 것이 무엇이 있는가?' 하고 불편한 생각이 들기도 합니다. 이는 교회론의 이해가 부족해서 그런 것입니다. 즉 예수님께서 왜 교회를 세우셨는지를 깨닫지 못해서 그런 것입니다. 교회는 예수 그리스도께서 친히 세우신 곳입니다. 그리고 주님은 교회의 몸이 되시고 머리가 되십니다. 몸에는 여러 지체가 있습니다. 지체를 보면 약한 지체도 있고, 병든 지체도 있고, 제 역할을 못하는 지체도 있습니다. 이 모든 지체 속에서 약한 자는 붙들어 세워주고 병든 자들을 치유하며 슬퍼하는 자들을 위로하여 주님의 몸을 바르게 세우라고 장로를 세운 것입니다. 그래서 우리 교회는 장로로 피택이 되면 2년 가까이 매 주일 오후에 저와 훈련을 합니다. 법적으로는 4개월만 하면 되지만 우리 교회는 그렇게 하지 않습니다. 그것은 장로가 너무나 중요한 자리이기 때문입니다.

한국교회의 이야기를 들어보면 세상에서 살다가 지치고 아파하는 교인들이 교회를 찾아옵니다. 마음과 영혼의 위로를 얻고 싶어 찾아옵니다. 교인들은 갈급한데, 예수님 만나고 싶어 찾아오는데 교회는 허구한 날 싸움박질입니다. 누가 싸웁니까? 한국교회는 사실 교인들이 싸워 이렇게 된 것이 아닙니다. 미안한 이야기지만 목사와 장로들이 싸워 이렇게 된 것입니다. 우리 교회는 훌륭한 장로님들을 세워주셔서 오늘까지 평안하게 지내왔습니다. 교회는 평안하기만 해도 저절로 부흥합니다. 교회는 성경의 말씀을 따라 이웃을 섬기고 그 말씀대로 살려고 조금만 노력해도 저절로 부흥합니다. 세상이 교회를 인정합니다. 그런데 그렇게 하지를 못했습니다.

어느 교회는 선배 장로가 후배 장로들에게 "목사에게 힘을 실어주지 마라, 잘해주지 마라, 재정적으로 힘들게 만들어야 고개 숙인다"라고 가르친다고 합니다. 실제로 많이 들은 이야기입니다. 이게 무슨 이야기입니까? 사탄의 속삭임입니다. "교회를 네가 앞장서서 망가뜨려라, 말씀 전하는 데 힘 빼라" 하는 이야기입니다. 목사와 장로와 교인 모두 예수님께서 목숨까지 주시며 행하신 영혼을 구원하는 일에 힘을 합쳐 헌신해야 합니다. 그것이 교회에 주신 사명입니다. 마귀가 복음 전하는 일, 영혼 구원하는 일을 방해하니 모두가 힘을 합쳐 힘써야 하는 일입니다. 장로님 이야기만 해서 미안한데 목사도 마찬가지입니다. 오직 복음을 위하여 헌신하라고 세워주신 자리인데 엉뚱한 것 한다고 뛰어다니니 한국교회가 이렇게 되는 것입니다.

장로는 교회의 아버지입니다. 아버지는 가정을 위해 자녀를 위해 희생하며 삽니다. 어떻게 보면 아버지의 인생이 없습니다. 아파도, 병들어도 쉬지 못하고 가정을 위해 일합니다. 당뇨로, 고혈압으로 언제 쓰러질지 모르는데도 자녀들 때문에 쉬지를 못합니다. 그래서 깊은 병이 들어갑니다. 어른이 그런 것입니다. 교회에서 장로는 교인들보다 더 많이 기도하면서 헌신하면서 교회를 그렇게 어른으로 섬기는 것입니다. 교인들은 장로님들 때문에 위로를 받고, 힘을 얻는 것입니다. 우리 교회는 그런 교회가 되기를 원합니다. 40세에 장로가 되고 50대 초반에 장로가 되고 그런 교회들이 있는데 일꾼이 없어 할 수 없이 그런 것이지만 나이 40에 어른이 되는 것은 정말 어렵습니다. 물론 그런 분도 있습니다만 젊어서 장로가 되다 보니 세상 높은 줄 모르고 예수님 자리까지 차지하려 합니다. 오늘 일어나는 한국교회의 제도적인 문제입니다. 장로란 세상적인 지식이 많은 사람이 되는 것이 아닙니다. 물질이 많다거나 세상의 높은 자리에 있다고 해서 되는 것이 아닙니다.

장로란 한자로 어른 장(長)자를 씁니다. 어른이란 마을이나 공동체에서 존경과 신뢰를 받는 분을 말합니다. 언젠가 우리 장로님들을 피택할 때 어느 분은 "돈이 너무 없어서 힘들지 않겠습니까?"라고 했습니다. 그래서 제가 그랬습니다. "교회의 어른은 물질이나 지식으로 되는 것이 아닙니다. 초등학교 못 나와도 괜찮고 월세를 살아도 괜찮습니다. 영적으로 어른이면 됩니다"라고 했습니다.

금산교회의 조덕삼 씨는 큰 재력가였습니다. 이 집안에 이자익이라는 마부가 있었습니다. 말을 모는 마부를 둘 정도이니 얼마나 큰 집안입니까? 이 마부를 교회로 인도했습니다. 그래서 주인과 마부가 함께 교회를 다녔는데, 집사도 함께 되고, 영수도 함께 되었습니다. 얼마 후에 장로 선거가 있었는데 주인인 조덕삼 씨보다 집안의 말을 끄는, 그것도 나이가 열 살이 어린 이자익 씨가 장로 표가 더 많이 나왔습니다. 모두 깜짝 놀랐습니다. '시험이 들겠구나'라고 생각했지만 조덕삼 씨는 하나님께 감사하고 영광을 돌린다고 하면서 자신의 마부를 장로로 모시고 공손히 섬겼습니다. 이자익 씨의 믿음이 훌륭하다고 생각해서 돈을 내서 신학교까지 보내 주었습니다. 나중에 이자익 씨가 목사가 되었을 때 조덕삼 장로는 자기가 섬기는 금산교회 담임으로 청빙을 했습니다. 이자익 목사는 한국의 여러 교회를 섬기고 큰 인물이 되었고, 대전 신학대학교를 세웠고, 우리 한국교회 역사상 처음 있는 총회장을 세 번씩이나 하는 큰 인물이 되었습니다. 이렇게 섬긴 조덕삼 장로를 보면, 그 아들이 독립운동가로 민족학교인 유광학교를 설립하고 독립 운동을 위해 싸웠고, 그 손자는 4선 국회의원인 조세형 씨입니다. 얼마나 아름다운 이야기입니까?

교회가 세상의 연장선이 되어서는 안 됩니다. 그리고 장로는 내가 이 직분을 잘 감당할 수 있도록 영적으로 성령 충만하게 하시고, 육적인 건강도 주시고, 이왕이면 물질적으로도 복을 달라고 부르짖어 기도해야 하는 것입니다. 목회자와는 늘 은혜 속에서 살아야 합니다. 장로가 된 이후에 은혜가 더 깊어져야 합니다. 목사가 누구를 통해 힘을 얻습니까? 사실 모든 기도하는 성도들이 힘을 주시지만 가장 강한 힘은 장로님들을 통해 얻는 것입니다. 장로님들이 목회자를 사랑하는 그 모습을 통해 힘을 얻습니다. 우리 장로님들 가운데 저와 대화를 나누며 눈물이 글썽글썽하시는 분도 있고, "목사님, 제가 더 힘이 되어야 하는데 미안합니다. 앞으로 더 힘이 되겠습니다" 하시는 분도 있습니다. "목사님, 사랑합니다" 하고 문자를 보내오시는 분도 있습니다. 이 사랑을 느끼며 힘을 얻는 것입니다.

세상적인 이야기일지 모르지만 제 차가 좀 오래되었습니다. 그런데 관리를 잘해서 너무 깨끗하고 아무 문제가 없습니다. 장로님 한 분이 차를 바꾸면서 "이 차를 목사님이 타시다가 교회에서 바꾸게 되면 그때 제가 가져가면 안 되겠습니까?" 하는 이야기를 들었습니다. 어떤 분은 가장 좋은 차로 바꾸라고 많은 돈을 들고 왔습니다. 이 장로님이 좋은 차를 타시는 분이 아닙니다. 그러니 제가 마음이 아파 어떻게 새 차를 사겠습니까? 차를 안 사도 저는 벤츠를 타는 것보다 더 편안하고 행복합니다. 장로님을 생각하면 눈물이 나는 것입니다. 어떤 교회는 목사님을 믿지 못하고, 목사님을 미워합니다. 그런데 우리는 이렇게 하니 늘 미안한 마음으로 목회하게 되는 것입니다. 우리 교회가 이러니까 부흥하는 것입니다.

오늘 성경은 교회 공동체에서 신앙생활을 오래 했지만 신앙이 자라지 않은 자들에 대하여 하신 말씀입니다. 그동안 예수 믿은 날들을 보면 선생이 되었어야 하는데 너희가 말씀의 초보가 되었다, 처음 믿을 때보다 못하게 되었다는 말입니다. 그래서 누구에게 가르침을 받아야 할 처지가 되었다고 말씀하십니다. 문제는 이런 사람은 가르침을 받지 않습니다. 오히려 내가 가르치려 합니다. 교회의 문제는 이천 년 전이나 지금이나 똑같습니다. 인간의 문제요, 영적인 문제이기 때문입니다. 인간의 문제나 영적인 문제는 영원히 변하지 않습니다. 그래서 이런 사람들을 향하여 뭐라고 하십니까?

"너희가 다시 하나님의 말씀의 초보에 대하여 누구에게서 가르침을 받아야 할 처지이니 단단한 음식은 못 먹고 젖이나 먹어야 할 자가 되었도다."

초등학교를 졸업하고 중·고등학교를 졸업하고 대학에 들어가고 계속해서 배워서 주는 대로 받아서 익히면 얼마나 훌륭한 재목이 되겠습니까? 그런데 고등학교에 들어가긴 했는데 다시 초보가 되어 초등학교에서 배워야 할 것을 배우는 처지가 되었으니 답답하여 이런 말씀을 하신 것입니다. 왜 이렇게 되었습니까? 우리는 성경을 통하여 원리를 깨달아야 합니다.

"이는 젖을 먹는 자마다 어린아이니 의의 말씀을 경험하지 못한 자요" (13절).

젖을 먹는 어린아이 신세가 된 이유가 의의 말씀을 경험하지 못한 자이기 때문이라 하십니다. 예수님이 구주이신 것을 알아서 예수를 믿지만 그 다음에 말씀을 경험하지 못한 것입니다. 성경에는 수많은 하나님의 사랑의 말씀들이 있습니다. 예수님의 놀라운 가르침이 있습니다. 사도들을 통해 주신 말씀들이 있습니다. 그러나 그 말씀들을 체험하지 못했다는 말입니다. 성도 여러분, 말씀을 들을 때 '아멘' 하고 그 말씀을 여러분의 것으로 받아 심령에 감동이 되고 체험의 역사가 일어나는 우리가 되기를 원합니다. 하나님의 뜻이 여러분의 것이 되고 예수님의 구령의 열정이 여러분의 것이 되고 성령님의 감동이 여러분의 것이 되기를 바랍니다.

13절에 대조되는 말씀이 14절입니다.

"단단한 음식은 장성한 자의 것이니 그들은 지각을 사용함으로 연단을 받아 선악을 분별하는 자들이니라."

13절에 "젖을 먹는 자마다 어린아이니"라고 했는데 14절에는 "단단한 음식은 장성한 자의 것이니"라고 했습니다. 장성한 자는 무엇을 먹어도 소화를 시킵니다. 건강하기 때문입니다. 위가 약한 사람이나 병자들은 음식을 조금밖에 못 먹고 가려서 먹습니다. 그러나 건강한 사람은 무엇이든 먹습니다. 그리고 소화를 하고 영양이 되게 합니다. 그래서 일을 힘 있게 합니다. 이 말씀은 건강을 이야기하는 것이 아니라 영적인 상태를 말씀하는 것입니다. 젖을 먹는 자는 내 비위에 맞지 않으면 토합니다. 속이 상하여 시험에 든다는 말입니다. 영적으로 젖을 먹는 자는 내 입맛에 맞는 것만 달라고 합니다. 대개 입맛에 좋은 것은 건강에 좋지 않습니다. 쓴맛도 먹을 줄 알아야 하고 고기나 전복같이 딱딱한 것도 씹어 먹어야 합니다. 그래야 더욱 건강해집니다.

성경이 말씀하는 장성한 자는 키가 크거나 칼을 잘 쓰거나 학식이 많거나 하는 것을 말한 것이 아닙니다. 먼저 "연단을 받아"라고 했습니다. 신앙생활에는 연단을 받아야 합니다. 명성교회의 어떤 안수집사님은 주차 봉사를 하다가 뺨을 맞았대요. 갑자기 철썩하고 뺨을 올려 부치는데 순간적으로 욱하는 마음이 올라왔답니다. '내가 그래도 세상에서는 잘 나가는 회사의 중견직인데 이런 수모를 받아야 하나…' 하는 마음이 들었답니다. 씩씩대며 올라가 이제 그만두겠다고 생각했는데 예배드리며 기도하다가 눈물이 나오더랍니다. '죄 없으신 예수님은 나를 위해 온갖 모욕을 다 받으시고 십자가까지 지셨는데 나는 예수님을 위해 해드린 것이 별로 없구나. 그런데 드디어 예수님을 위해 내가 뺨을 맞았구나'라고 생각하니 그렇게 기쁘더래요. 이 집사님이 나중에 장로님이 되었답니다.

신앙생활하며 내 생각대로 하겠다고 하면 어리석은 사람입니다. 신앙생활 하는 데는 마귀의 시험이 있습니다. 그래서 연단이 찾아옵니다. 문제가 찾아오면 기도합니다. 그 기도가 한 번에 응답되면 좋은데 그러지를 않습니다. 문제가 해결되는 것이 아니라 악화가 됩니다. 교회에서 봉사를 하면 기쁨과 감사가 넘쳐야 하는데 자꾸 시험거리가 생깁니다. 이것이 연단입니다. 이 연단을 잘 이겨내야 장성한 성도가 되는 것입니다. 여러분에게는 크고 작은 연단이 분명히 있습니다. 우리 도림의 성도들은 모두가 사탄의 시험을 이겨내고 장성한 성도들이 되시기를 바랍니다.

연단을 받은 그 다음은 "선악을 분별하는 자들"이 되는 것입니다. 선과 악이란 하나님의 영역과 마귀의 영역입니다. 말씀에 은혜를 받고 그 말씀대로 살기 위해 힘쓰다 보면 연단을 받게 되고, 하나님이 기뻐하시는 일과 마귀가 시험하는 일을 아는 영적인 분별력을 갖게 되는 것입니다. 예수를 오래 믿었다고 영적 분별력을 갖게 되는 것이 아닙니다. 말씀을 따라 살기 위해 애를 쓰며 시험을 이길 때 연단을 받고 영적으로 강한 자가 되는 것입니다. 성도 여러분, 모두가 장성한 일꾼들이 되시기를 바랍니다.

📝 적용

ⓐ 오늘 말씀의 주제 파악하기:

ⓑ 오늘 말씀 중 은혜 받은 부분 나누기:

ⓒ 삶에 구체적으로 적용하기:

🙌 함께 드리는 기도제목

1. 나의 믿음이 장성하여 훌륭한 주님의 일꾼으로 쓰임 받게 하소서.
2. 주시는 말씀마다 아멘으로 응답하여 감동과 체험의 역사를 경험하게 하소서.
3. 크고 작은 연단 가운데 영적 분별력을 갖추게 하시고 하나님께서 기뻐하시는 일에 힘쓰게 하소서.

33

인생의 광풍

- 🍀 **본 문:** 사도행전 27:13-26 (신 234쪽)
- 🍀 **찬 송:** 371장 (구주여 광풍이 불어, 통 419장)
- 🍀 **요 절:** "그러므로 여러분이여 안심하라 나는 내게 말씀하신 그대로 되리라고 하나님을 믿노라"(행 27:25)

몇 년 전에 태풍 카눈(KHANUN)이 한반도를 통과하여 많은 피해를 입었습니다. 1만 명 정도가 집을 떠나 대피를 했고, 6천 명 정도가 마을회관 등에 머물며 생활했습니다. 농사 피해를 입은 분들은 이제 추수를 기다리고 있는데 순식간에 모든 것이 다 사라져 버리고 망연자실했습니다. 축산업을 하시는 분들, 과수원 하시는 분들 등 피해가 많았습니다. 태풍은 봐주고 지나가는 법이 없습니다. 무엇이든 앞에 있는 것을 다 쓸고 지나갑니다. 태풍이 불어오면 사람의 힘으로 감당할 수 없습니다. 우리 인생에도 광풍을 만난 사람들이 있습니다. 나는 원하지 않았는데 예기치 않은 광풍이 불어 나의 계획을 망가뜨리고 꿈을 빼앗아 가버립니다.

오늘 성경에도 광풍을 만난 사람들의 이야기가 나옵니다. 바울을 죽이기 위해 유대인들은 바울을 법정에 세우기도 하고 암살단을 보내기도 하였습니다. 이때 바울은 나는 로마 시민권자이므로 너희들이 재판할 수 없다고 주장합니다. 맞는 말입니다. 식민지 국가에서는 로마 시민권자를 재판할 수 없었습니다. 그래서 바울은 로마 황제 가이사에게 재판을 받기 위하여 백부장의 책임 아래 바닷길을 통해 로마로 가게 되었습니다. 바울의 인생을 보면 하나님께서 바울을 사용하시기 위한 놀라운 섭리들이 들어있음을 발견할 수 있습니다.

첫째, 바울이 로마의 시민권을 가진 것은 로마의 복음화를 위한 그리고 로마를 통하여 온 유럽과 전 세계로 복음을 전하시기 위한 하나님의 놀라운 섭리였습니다. 바울의 집이 어떤 경로를 통해 로마 시민권자가 되었는지는 정확히 밝혀진 바가 없습니다. 학자들의 주장은 바울의 부모가 천막을 만드는 직업을 가졌다고 말합니다. 당시 로마는 전쟁터에 군인들뿐 아니라 막사를 위하여 천막을 만들고 수선하는 기술자들을 함께 데리고 다녔습니다. 그러니까 바울의 부친은 로마가 전쟁에 승리하는 데 굉장한 공을 세운 것입니다. 그래서 전쟁이 끝난 후 로마 시민권을 받았을 것이라고 추측합니다. 로마 시민권은 굉장한 특혜를 가지고 있었습니다.

당시 바울을 심문한 천부장도 돈을 많이 들여 시민권을 샀는데 당신은 어떻게 로마 시민권을 얻었느냐고 물었습니다. 바울은 "나는 나면서부터 로마 시민권자"라고 대답합니다. 이 말을 듣고 천부장도 두려워했습니다. 이후에 바울이 어려움을 당할 때 병사들을 보내어 바울을 보호해 주기도 합니다. 이 로마 시민권이 바울이 로마에 가는 데 결정적인 역할을 한 것입니다. 그러니 로마의 시민권이 그냥 된 것이 아니라는 이야기입니다. 바울은 일찍이 로마에 가서 복음을 전하려는 꿈을 가졌습니다. 그런데 하나님의 영이 번번이 허락하시지 않았습니다. 바울이 하나님의 뜻에 순종하며 복음을 전할 때 핍박을 받고 감옥에 들어가게 되지만 그것이 바울의 기도를 응답하시는 하나님의 섭리였다는 것입니다. 바울이 자기의 힘으로 로마에 가려고 했다면 힘들었을 것이고 복음을 전할 통로도 쉽지 않았을 것입니다. 그런데 하나님은 바울의 기도에 응답하시고 바울을 통하여 세계 선교에 놀라운 길을 개척하시려는 더 좋은 계획을 가지고 계셨던 것입니다.

둘째, 바울은 유대의 최고의 석학 가말리엘에게서 공부를 했습니다. 가말리엘은 유대의 가장 존경 받는 양대 석학 중에 한 명이었습니다. 가말리엘이 죽었을 때 이스라엘 백성들은 거리로 나와 재를 뒤집어쓰고 자기 옷을 찢으며 이스라엘의 태양이 떨어졌다고 통곡을 했습니다. 이런 위대한 학자의 제자가 사도 바울이었습니다. 우리로 말하면 최고의 대학에서 최고의 교수님에게 공부를 한 것입니다. 바울은 철학과 변증학, 히브리어와 헬라어 등 많은 공부를 했습니다. 유대인들에게 존경받는 랍비였습니다. 하나님께서 바울에게 왜 이렇게 많은 공부를 시키셨을까요? 훗날 하나님의 일꾼으로 쓰시기 위한 섭리였습니다. 바울은 그가 배운 학문을 통해 모든 것을 기록으로 남겼습니다. 신약성경의 대부분이 사도바울에 의해 기록된 것입니다. 우리는 이 성경을 통하여 하나님의 뜻을 깨달을 수가 있는 것입니다. 그 많은 공부를 했으니 얼마나 잘 기록했겠습니까? 그런데 놀랍게도 그 많은 기록 가운데 자기 자신의 이야기는 없습니다. 고향 이야기, 부모 이야기, 어릴 적 이야기 등이 전혀 없습니다. 석학 가말리엘 아래에서 공부한 이야기는 하나도 없습니다. 그것은 성경은 하나님의 감동으로 기록된 것임을 말씀해 주는 것입니다.

하나님께서 사람을 쓰실 때 그냥 쓰시는 것이 아닙니다. 미리 준비시키십니다. 여러분들도 하나님께서 준비시키시는 것을 아셔야 합니다. 이것이 은사입니다. 어떤 사람에게는 가르치는 은사로, 어떤 사람에게는 섬기는 은사로, 어떤 사람에게는 물질의 은사로, 어떤 사람에게는 예술의 은사, 운동의 은사로 각기 다르게 준비시켜 주십니다. 우리 교회에 식당을 담당하시는 권사님이 계십니다. 영등포교구협의회로 구청 직원들과 지역 정치인들 그리고 지역교회가 함께하는 기도회가 우리 교회에서 열렸습니다. 일 년에 두 번 나라를 위한 기도회를 가졌는데, 모처럼 우리 교회에서 구국기도회를 갖게 되었습니다. 우리는 기도회 후에 아침 식사로 갈비탕을 대접했습니다. 아침을 드신 분들이 너무 맛있다고, 식당보다 맛있다고 칭찬을 합니다. '당연하지. 식당 하시던 권사님이 주방을 맡았으니까.' 그러다 저는 '아, 이 권사님이 식당을 하셨던 것이 바로 이때를 위함이 아니겠는가' 하는 생각을 했습니다. 이것이 은사입니다. 우리는 내가 받은 은사를 잘 깨달아야 합니다. 그리고 이 은사를 넘어설 때 항상 시끄러운 일이 일어납니다.

예전에 노래도 잘하고 춤도 잘 추는 아주 인기 있는 어떤 유명한 연예인을 교회 한 번 초청했으면 좋겠다 싶어서 연락을 했습니다. 이 자매는 교회에서 찬양단을 하면서 한 걸음, 한 걸음 그의 재능이 발전해서 연예계까지 가게 된 것입니다. 그런데 이 자매가 어마어마한 금액을 요구하는 것입니다. 연예계에 많은 스타들이 있지만 나의 나 된 것이 하나님의 은혜로 된 것이라고 생각해서 다른 곳에 갈 때는 1억씩 받더라도 교회에 와서 할 때는 그냥 와서 하든지 그저 차비 정도로 받는 연예인들도 많이 있습니다. 그런데 이제 연예계에 발을 들여놓은 지 얼마 되었다고 수많은 돈을 요구하는 것을 보고 '이 사람은 틀렸구나, 우리가 간증을 들어도 은혜가 되지 않겠다' 싶어서 그만두시라고 했습니다. 그러나 이 은사를 기쁨으로 감당할 때 교회는 말할 수 없이 은혜로워지고 부흥하며 모두가 행복하게 되는 것입니다. 우리 도림교회 성도들은 하나님께서 주신 은사들을 잘 사용하여 하나님께서 준비시키신 대로 쓰임 받는 일꾼들이 되고 축복의 사람들이 되시기를 바랍니다.

셋째, 하나님께서는 바울을 다메섹 도상에서 거꾸러뜨리십니다. 철저하게 무너뜨리십니다. 좋은 신분, 많은 학식, 재물 등 부러울 것이 없는 그가 머나먼 길을 여행하며 굶고, 감옥에 갇히고, 매를 맞고, 곤욕을 치르면서 일하게 된 것이 그저 된 것이 아닙니다. 하나님께서는 바울을 철저히 무너뜨리셨습니다. 그의 눈을 멀게 하셨습니다. '너, 바울아. 네가 대단한 줄 아느냐? 네 힘으로 한번 살아볼래?' 하고 그의 미래를 한 번에 어둠으로 몰아넣으셨습니다. 이때 바울은 깨닫습니다. 선지자의 기도로 눈을 뜨게 되면서 철저하게 주님의 종으로 복음을 전하며 살기로 다짐합니다. 우리가 세상을 살다가 거꾸러질 때가 있습니다. 하나님께서 우리를 거꾸러뜨리실 때 깨닫는 사람이 은혜의 사람입니다. 이런 사람을 하나님은 바울처럼 더욱 귀하게 사용하시는 것입니다.

오늘 말씀은 이제 바울을 마지막 선교지인 로마로 보내시는 장면입니다. 바울은 죄수의 신분으로 로마로 호송됩니다. 죄명은 사회적인 물의를 일으켰다는 것입니다. 로마의 백부장과 함께 배편을 통해 로마로 가는데 도중에 미항이라는 곳에 이르렀습니다. 이때 바울이 "말하되 여러분이여 내가 보니 이번 항해가 하물과 배만 아니라 우리 생명에도 타격과 많은 손해를 끼치리라"(27:10)고 했습니다. 여기 머물러야 한다는 말입니다. 더 이상 가면 안 된다는 말입니다. 바울은 기도하는 사람입니다. 바울이 그저 이야기한 것이 아닙니다. 하나님께서 바울의 마음을 감동시키신 것입니다. 그런데 백부장은 바울의 말보다 선주의 말을 더 믿었습니다. 그래서 '뵈닉스'라는 곳으로 가자는 선주의 말을 따라 항해하는 중에 유라굴로라는 광풍을 만나게 됩니다. 선주는 바닷길에 익숙한 사람이었고 이 바다를 너무나 잘 알고 있는 사람입니다. 그래서 백부장을 비롯한 사람들은 선주의 말을 따라갑니다.

성도 여러분, 우리는 인생길을 살면서 세상의 말보다 하나님의 말씀을 더 귀하게 여겨야 합니다. 주일을 하나님께 드리라 했는데 세상에서는 그러면 살기 힘들다고 말합니다. 하루에 적자가 얼마가 난다고 정확한 통계를 제시합니다. 정직하게 살라고 성경은 말씀하시는데 세상은 말합니다. 모두가 다 그렇게 하는데 정직하게 살다가는 망한다고 합니다. 그런데 우리는 누구의 말을 따라야 합니까? 하나님의 말씀을 따라야 길이 열리는 것입니다. 주일날 일을 안 하고 먹고 살기 힘들면 주일을 지키며 '하나님, 나에게 새 길을 주세요' 하고 기도하는 믿음이 있어야 하는 것입니다. 그러면 하나님께서 새 길을 열어주십니다. 마지막에 보면 믿음의 길을 따라 산 사람이 승리하게 되는 것입니다. 지금 내 판단이나 지식이 옳은 것 같지만 우리는 인생의 광풍을 만날 때 내 힘으로 어떻게 해볼 수가 없는 것입니다.

신앙도 잃어버리고 물질도 잃어버리고 가정도 잃어버리게 되는 것을 알아야 합니다. 이 배의 선주를 믿고 따랐던 사람들은 광풍이 심해지자 배의 무게를 줄이기 위해 짐을 바다에 내던지기 시작합니다. 나중에 목숨까지 위태롭게 되자 배에 있던 모든 것을 내던집니다. 이 배는 거대한 선박으로 곡물을 운반하는 배였다고 알려지고 있습니다. 배에 가득 실은 곡식 자루를 다 바다에 던져버립니다. 장사하는 사람들이 가지고 온 물건을 다 버립니다. 군인들은 마차라든지 무거운 물건들을 다 버립니다. 마지막에 선원들은 필요한 배의 기구들까지 버렸습니다. 일단 살아야 되기 때문입니다. 그런데 여러 날 동안 해도 별도 보이지 않았다고 했습니다. 먹구름이 하늘을 가리고 있는 것입니다. 살 꿈도 없이 광풍에 휩쓸리며 그저 배가 흘러가고 있는 것입니다. 그들은 지금까지 이 배에 희망을 싣고 가고 있다고 생각했습니다. 이 배가 도착하기만 하면 내가 가지고 간 물건들을 팔아 한몫 단단히 챙길 것이라 생각했습니다. 집도 사고 결혼도 하고 여러 가지 꿈을 가졌을 것입니다. 그런데 그 꿈들을 지금 바다에 다 버리고 있습니다.

예전에 그리스라는 나라를 처음으로 가 보았습니다. 고린도와 빌립보에도 가 보았습니다. 바울이 갇혔던 빌립보 감옥도 보았습니다. 튀르키예에서 그리스로 가는 바다가 정말 아름답습니다. '이곳에 사는 사람들은 참 좋겠다' 하는 생각이 드는 아름다운 바다와 해변입니다. 광풍을 만난 '그레데'도 보입니다. 이 아름다운 곳에 광풍이 일어난 것입니다. 우리 인생이 그렇습니다. 광풍이란 예고 없이 찾아옵니다. 아름답고 행복한 일들만 계속되면 좋겠지만 내 인생에 허락 없이 끼어드는 일들이 있습니다. 저 사람만 없었으면 좋겠는데 하는 사람이 꼭 있습니다. 그런데 그 사람이 앞을 가로막습니다.

코로나 팬데믹도 내가 원한 것이 아닙니다. 그런데 내 앞에 갑자기 나타나 나의 앞길을 가로막습니다. 그래서 나의 삶을 송두리째 흔들어 놓습니다. 내가 가진 것을 다 던져버리게 만듭니다. 이러한 인생의 광풍을 만날 때 우리는 어떻게 해야 합니까? 바울은 기도했습니다. 그리고 하나님의 사자의 음성을 들었습니다. "너는 가이사 앞에 서게 될 것이다. 배는 손상될 것이나 너와 함께 항해하는 자를 다 네게 주셨다." 이 말씀이 그대로 이루어집니다. 배는 난파하고 사람들은 난파한 뱃조각을 잡고 섬으로 모두가 도착을 하게 됩니다. 이 섬이 멜리데, 즉 오늘날 유명한 관광지인 '몰타'입니다. 이 사자의 말씀을 듣고 바울은 담대히 사람들 앞에서 외치며 내가 믿는 하나님께서 이렇게 말씀하셨다고 전했습니다.

"그러므로 여러분이여 안심하라 나는 내게 말씀하신 그대로 되리라고 하나님을 믿노라"(27:25).

지금 배는 사정없이 요동치고 있습니다. 구원의 여망이 없어졌다고 했습니다. 캄캄하여 앞도 보이지 않는 바다입니다. 그런데도 바울은 "나는 하나님을 믿노라"고 담대히 외쳤습니다. 나는 하나님을 믿노라. 이 고백이 풍랑이는 바다 같은 세상을 살아가는 우리에게 있기를 원합니다.

우리 교회 출신인 김석균 목사님이 〈나는 믿노라〉는 찬양을 만들었습니다. 이 찬양의 후렴에 "나는 믿노라 하나님이 살아 계심을 나는 믿노라 하나님이 살아 계심을 나는 믿노라 하나님이 살아 역사하심을 나는 믿노라"고 찬양합니다. 우리가 하려고 하면 실패합니다. 그러나 하나님을 믿으면 하나님께서 우리의 길을 내어주십니다. 이 유라굴로라는 광풍 이후에 멜리데 섬에서 많은 사람들이 기적을 맛보고 하나님을 믿게 됩니다. 이 사건 이후에 바울은 칙사 대접을 받으며 로마까지 갑니다. 이젠 더 이상 죄수로 호송되는 것이 아닙니다. 모든 사람들이 바울을 존중합니다. 여러분, 우리 인생에는 유라굴로같은 광풍이 갑자기 몰아쳐 옵니다. 풍랑이 없는 바다가 없듯이 문제가 없는 인생은 없습니다. 고난이 찾아올 때에, 깊은 인생의 수렁 속에서 방황할 때에 하나님을 믿어야 하는 것입니다. 유라굴로 같은 어떤 어려움이 있어도 '나는 믿습니다' 하는 믿음으로 우리는 나아가야 하는 것입니다.

우리가 하나님을 믿기만 하면 하나님은 절대 절망에서 우리 인생을 절대 희망으로 바꾸어 주십니다. 암흑 속에서 빛의 길을 보여주십니다. 성도 여러분, 오늘 여러분의 인생에 어떤 문제가 있습니까?

흔들리지 마십시오. 바울같이 담대히 기도하고 나는 하나님을 믿노라고 담대히 선포하시기 바랍니다. 그러면 우리 주님은 우리의 인생을 바꾸어 주십니다. 그래서 존중받게 해주십니다. 복음을 전하는 자로 우뚝 서게 해주십니다. 가정에 어려움이 찾아오는 것도 하나님을 믿으라는 메시지입니다. 직장에 찾아오는 어려움도 하나님을 믿으라는 메시지입니다. 교회에도 어려움이 있습니다. 하나님을 온전히 믿으라는 메시지로 들어야 하는 것입니다. 우리는 연약합니다. 부족합니다. 그래서 오늘도 전능하신 하나님 앞에 나왔습니다. "내 인생을 도와주세요"라고 간구하며 우리 인생에 찾아오는 어려움을 이기는 성도들이 되시기를 바랍니다.

📝 적용

ⓐ 오늘 말씀의 주제 파악하기:

_____

_____

ⓑ 오늘 말씀 중 은혜 받은 부분 나누기:

_____

_____

ⓒ 삶에 구체적으로 적용하기:

_____

_____

🙏 함께 드리는 기도제목

1. 하나님께서 주신 은사들을 잘 사용하며, 하나님께서 준비시키신 대로 쓰임받는 일꾼이 되게 하소서.
2. 세상의 그 어떤 말보다 하나님의 말씀을 귀하게 여기고 신뢰하게 하소서.
3. 인생의 광풍이 찾아와도, 바울처럼 기도하며 담대히 믿음을 고백하는 삶을 살게 하소서.

34

영원한 언약

* **본 문:** 출애굽기 31:12-17 (구 130쪽)
* **찬 송:** 44장 (지난 이레 동안에, 통 56장)
* **요 절:** "너는 이스라엘 자손에게 말하여 이르기를 너희는 나의 안식일을 지키라 이는 나와 너희 사이에 너희 대대의 표징이니 나는 너희를 거룩하게 하는 여호와인 줄 너희가 알게 함이라"(출 31:13)

하나님께서는 안식일을 거룩히 지킬 것을 성경 곳곳에서 말씀하셨습니다. 십계명 제4계명에도 "안식일을 기억하여 거룩하게 지키라" (출 20:8) 하셨습니다. 하나님께서는 천지 만물을 창조하신 후 일곱째 날에 안식하셨습니다. 그리고 "이날을 거룩하다" 하셨습니다. 이날에 복을 주셨습니다. 천지창조가 완전하게 이루어졌고 하나님의 마음이 심히 기쁘셨기에 이날을 기억하여 하나님의 날로 지키라는 뜻입니다. 그러므로 안식일은 하나님을 기억하며 특별히 지키는 날입니다. 세상에서 정신없이 살다 보면 하나님을 잊을 때가 많습니다. 주일도 잊어버리고 계속해서 살다 보면 하나님과 점점 멀어질 것입니다. 그래서 하나님께서는 안식일을 잊지 말라는 것입니다. 이날은 쉼의 날입니다. 신명기 5장을 보면 하나님께서 이스라엘 백성들을 애굽에서 해방시키신 후에 네가 애굽의 종 되었을 때에 내가 강한 손과 뻗은 팔로 너를 거기서 데리고 나왔음을 기억하며 안식일을 지키라 하셨습니다. 노예는 쉬는 날이 없습니다. 일 년 365일 계속해서 일해야 합니다. 모든 날들이 애굽의 왕의 날이었고 노예 주인들의 날이었습니다. 하나님을 예배하고 싶어도 예배할 시간이 없었습니다. 왜 그렇게 되었습니까? 죄 때문입니다. 하나님을 떠난 죄 때문에 이들은 하나님을 예배할 시간조차도 빼앗겨 버렸던 것입니다. 그런데 하나님께서 다시 해방시켜 주셨으니 이제부터는 죄를 짓지 말고, 하나님의 은혜를 잊지 말고 안식일을 지키라 하신 것입니다.

이스라엘 백성들이 광야에서 생활할 때 하나님께서는 6일 동안은 만나를 내려 주셨습니다. 그러나 안식일에는 만나가 내리지 않았습니다. 안식일 전날은 두 배의 만나를 주워야 했는데 하나님의 명령을 무시하고 매일 같이 만나가 또 내려올 것이라 믿는 사람들은 안식일에 얻을 것이 없었습니다. 광야의 만나를 통해서도 하나님께서는 안식일을 지켜야 한다는 교훈을 주신 것입니다. 이들이 애굽에서 노예생활 할 때에는 일주일 내내 쉼 없이 채찍을 맞으며 일해도 먹을 것이 부족했습니다. 일한 것을 다 빼앗겼습니다. 그러나 안식일을 지킬 때에 오히려 이들은 매일의 일용할 양식을 얻게 되었습니다. 안식일을 지키며 하나님을 예배할 때에 쉼뿐만이 아니라 풍성한 양식을 책임져 주셨습니다. 여러분, 안식일을 지키는 것은 우리가 내 실력이나 세상의 상황을 믿는 것이 아니라 하나님을 전적으로 신뢰한다는 우리의 고백입니다. 하나님을 찬미하며 쉼을 가질 때에 애굽보다 더 좋은 것으로 주시겠다는 하나님의 약속을 믿어야 하는 것입니다.

현대인들은 과거보다 편합니다. 과거에는 밥을 지으려면 쌀을 씻었는데, 옛날 쌀에는 돌이 얼마나 많았습니까? 그래서 먼저 키로 쌀을 고릅니다. 그리고 쌀을 씻은 후 조리로 원을 그리며 흔들면 돌은 가라앉고 쌀은 조리 안으로 들어옵니다. 남은 쌀을 다시 바가지로 흔들어 쌀을 골라냅니다. 요즘 젊은 사람들은 바가지로 돌을 골라내는 것을 보지도 못했을 것입니다. 옛날 바가지는 결이 있습니다. 그전에는 박으로 만든 바가지를 사용했는데 결이 있는 플라스틱 바가지가 나온 뒤 얼마나 편해졌는지 몰라요. 물을 넣고 이렇게 흔들며 쌀을 조금씩 내려보냅니다. 이렇게 해야 쌀에 있는 돌을 골라낼 수 있습니다. 그다음에 그 쌀을 솥에 넣고 불을 땝니다. 불을 막 땔 때면 밥이 다 탑니다. 불을 때다가 밥이 끓기 시작하면 불을 빼기 시작하며 화력을 맞춥니다. 그래서 천천히 뜸을 들게 합니다. 그런데 요즘은 전기밥솥에 쌀을 넣고 스위치를 누르기만 하면 됩니다. 돌도 없습니다. 마음이 더 급해져서 압력밥솥에 하면 몇 분 걸리지도 않습니다. 그런데 요즘은 또 그것도 하기 싫어 햇반을 사서 전자레인지로 돌립니다. 2분이면 됩니다. 김치도 사서 먹습니다. 얼마나 편해졌습니까? 빨래도 그렇고 청소도 그렇고 움직이는 것도 그렇습니다. 주 5일 근무하는 데도 많습니다.

그런데도 주일을 하나님께 드리는 일에는 인색합니다. 다른 일에 바쁜 것입니다. 텔레비전을 보고, 휴대폰 보는 데 너무 바쁩니다. 그래서 진정한 영혼의 쉼이 없습니다. 우리가 죄의 노예가 되면 쉼이 없습니다. 매일 죄에게 끌려다닙니다. 그런데 우리 예수님께서 십자가를 지심으로 우리를 죄에서 해방시켜 주셨습니다. 그러므로 우리는 매 주일 다시 오실 예수님을 기억하며 주일을 지켜야 하는 것입니다.

하나님께서는 안식일을 지킬 것을 명령하시며 나와 너희 사이에 대대의 표징이라고 하셨습니다. 안식일을 지킬 때 나는 너희의 하나님이 된다는 말씀입니다. 너희가 거룩하게 지키지 않으면 관계가 없다는 말입니다. "그날을 더럽히는 자는 모두 죽일지며 그날에 일하는 자는 모두 그 백성 중에서 그 생명이 끊어지리라"고까지 하셨습니다. 두 번씩이라 죽이라 하십니다. 왜 이렇게 무서운 말씀을 하십니까? 안식일을 지키지 않는 자는 영혼의 생명이 이미 끊어진 것이기 때문입니다. 오늘날 크리스천들의 마음속에 주일을 성수하는 마음이 희미해져 가고 있습니다. 특히 코로나 팬데믹을 지내며 아주 무서운 문화가 우리 가운데 순식간에 들어왔습니다. 이전에는 무슨 일이 있어도 안식일을 지키려고 했는데 코로나 이후에는 상황이 여의치 않으면 적당히 인터넷으로 예배드리려고 합니다. 주일을 지킬 수 없는 환경에서 인터넷으로라도 예배를 드려야겠다는 것이 아닙니다.

자꾸 차선책을 택하는 마음이 들어온 것입니다. 그러다 보면 인간은 하나님을 점점 떠나게 되어 있습니다. 이것이 성경이 말씀하는 인간의 역사입니다. 나를 믿지 않아야 합니다. 하나님의 말씀을 믿어야 합니다. 그 말씀을 붙들고 살아야 합니다. 나는 떠나지 않는다고 생각하지만 벌써 저만치 떨어져 있는 것이 인간의 본성입니다. 성도 여러분, 주일은 하나님의 날입니다. 이날은 반드시 하나님의 날로 구별해야 하는 것입니다. 이날은 하나님의 말씀을 읽고 묵상하며 내가 얼마나 하나님의 말씀을 잘 지켰는지 나 자신을 돌아보고 영혼의 안식을 얻는 귀하고 복된 날입니다. 찬송가 43장에 "즐겁게 안식할 날 반갑고 좋은 날 내 맘을 편케 하니 즐겁고 기쁜 날" 하고 우리의 마음을 고백합니다. 이 찬송의 고백처럼 주일은 반갑고 좋은 날입니다. 왜 반갑고 즐겁고 기쁘고 좋은 날입니까?

첫째로, 찬송가 43장 2절에 나오듯 "이날에 하늘에서 새 양식 내리네"처럼 주일은 우리에게 생명의 양식을 내려 주시는 날이기 때문입니다. 사람은 매일 밥을 먹어야 건강합니다. 하루만 굶어도 비실비실합니다. 밥을 제대로 먹지 않으면 나이 들어 다 표시가 납니다. 옛날 사람들은 60살이 되면 완전히 할아버지, 할머니였습니다. 허리가 꼬부라지기도 했습니다. 왜 그렇습니까? 잘 먹지 못해서 그런 것입니다. 지금도 동남아의 못사는 나라나 아프리카 같은 곳에 가서 내 나이가 얼마쯤 되어 보이느냐 하면 40살쯤 보인다고 합니다. 동남아의 못사는 동네에 가 보면 40살이면 팍삭 늙었습니다. 못 먹어서 그런 것입니다. 북한 사람들, 탈북자를 기준으로 보면 남성의 평균키가 165cm, 여성이 154cm예요. 같은 씨인데도 못 먹어서 그런 것입니다. 이 원리는 영적으로도 똑같습니다. 내가 영의 양식을 제대로 아멘 하고 먹지 못한다면 내 영혼의 모습이 얼마나 흉한지 볼 수 있어야 하는 것입니다.

주일은 잔치가 열리는 날입니다. 내게 필요한 것들을 마음껏 즐길 수 있는 날입니다. 어떤 사람에게입니까? 마음이 가난한 자입니다. "나는 마음이 비어 있으니 하나님의 말씀으로 가득 채워주십시오" 하고 나오는 사람들입니다. 영의 양식을 매일 먹는 사람은 영적으로 건강합니다. 구약과 신약은 영적인 보약입니다.

영의 양식을 매일 먹다 보면 내 속에 악한 것들이 물러나가는 것을 느끼게 됩니다. 하나님께서 내 심령을 주장하시는 것을 느끼게 됩니다. 이전에는 하나님의 말씀을 따라 사는 것이 피곤했는데 이제는 기쁘게 느껴집니다. 선택받은 하나님의 백성이 된 것이 너무나 감사하게 느껴집니다. 주일날 하나님께 나오는 것이 기다려집니다. '오늘은 무슨 양식을 주실까? 무슨 은혜와 축복이 내게 임할까?' 하고 기대가 되는 것입니다. 성도 여러분, 매 주일 하나님께서 여러분을 위해 준비하신 양식을 먹고 늘 풍성한 삶을 사는 성도들이 되시기를 바랍니다.

둘째, 주일은 죄 사함의 은총을 주시는 날이기 때문입니다. 우리는 세상에 살면 늘 죄가 묻습니다. 외출했다가 돌아와 세제로 옷을 빨면 시꺼먼 물이 나오는 것처럼 우리 눈에 보이지 않지만 늘 죄가 묻어오는 것을 우리는 알아야 합니다. 우리는 나도 모르게 화려함을 좇아갑니다. 교만함이 내 속에 쌓여갑니다. 시기심이 어느 순간 들어와 자리를 잡고 있습니다. 마귀가 자꾸 비집고 들어오는 것입니다. 말씀을 듣고 모두가 다 변화된다면 교회마다 천국이 되었을 것입니다. 그런데 그렇지를 않아요. 한국교회가 얼마나 시끄럽습니까? 얼마나 아픕니까? 이것은 죄가 소리치는 것입니다. 죄가 나는 의라고 서로 소리치니 이렇게 시끄러운 것입니다. 여러분은 하나님 앞에 겸손한 마음으로 나와야 합니다.

　예수님은 비유로 성전에서 두 사람이 기도하는 모습을 말씀하셨습니다. 바리새인은 "나는 토색, 불의, 간음을 하는 다른 사람들과 같지 않음을 감사합니다. 저 세리와도 같지 않음을 감사합니다. 나는 일주일에 두 번씩 금식하고 십일조를 드리나이다" 하고 기도를 했습니다. 그런데 세리는 감히 하늘을 바라보지도 못하고 멀리 서서 가슴을 치며 "하나님이여, 나를 불쌍히 여기소서. 나는 죄인이로소이다"라고 기도했습니다. 예수님께서는 세리가 의롭다 하심을 받고 돌아갔다고 하셨습니다. 이 둘의 차이가 무엇입니까? 죄를 바라보는 관점입니다. 바리새인은 나는 죄가 없다고 하였으나 세리는 나는 죄인이라고 했습니다. 오늘도 여러분이 성전에 와서 예배할 때 이 사실은 변함이 없습니다. "나는 죄인입니다. 감히 십자가를 바라볼 수도 없습니다" 하며 안타까워하는 사람이 죄 사함을 얻고 돌아갈 수 있는 것입니다. 예배는 죄 사함의 은총을 주시는 시간입니다. 모두 세리와 같은 마음으로 내 속에 죄가 자라는 것을 고백하고 매 주일 죄 사함의 은총을 입어 새롭게 되는 심령들이 되시기 바랍니다.

셋째, 은혜와 축복을 주시는 날이기 때문입니다. 주일에 하나님께 나아오는 자를 하나님은 절대로 빈손으로 돌려보내시지 않습니다. 구하는 자마다 반드시 넘치게 부어주십니다. 은혜를 구하는 자에게 은혜를 주시고 복을 구하는 자에게 복을 주십니다. 저는 어릴 때부터 주일을 반드시 지켜야 한다는 훈련을 받았습니다. 초등학교 때부터 주일에 학교에 오라고 해도 가지 않았습니다. 군에서 주일에 훈련을 하라고 할 때에 교회에 가겠다고 했습니다. 그래서 매도 맞았습니다. 당시 군에서 맞는 매는 무시무시했습니다. 매가 아니었습니다. 우리 부대에 신학생 출신들이 여러 명 있었지만 다 훈련받았는데 저는 "교회 갈 사람 손들어!" 하면 마음속으로 '오늘 또 맞겠구나' 하면서 두려웠지만 늘 손을 들고 나갔습니다. 제가 속한 부서는 주일에 쉴 수 있는 부서가 아니었기에 교회에 갈 수가 없었습니다. 그런데도 그렇게 할 때에 저는 군인교회에 가서 전도사로 일할 수 있게 되었습니다. 마음껏 예배할 수 있었습니다. 군대 막사에서 자는 것이 아니라 교회에서 자며 마음껏 심방하고 설교하며 목회의 훈련을 받을 수 있었습니다. 부대의 제일 높은 사람에게도 존댓말을 받았습니다. 군인 가족과 구역예배 드리며 심방하면서 부대 밖에도 마음껏 드나들 수 있었습니다.

제가 생각해도 저는 참 모자란 사람입니다. 주변의 목사님들과 비교해 보면 사교성도 부족하고 언변도 부족합니다. 여러분은 제가 말을 잘한다고 생각할지 모르지만, 저는 사람들 앞에 나가 나를 소개하는 것도 두려워합니다. 그런데 하나님은 그런 것을 보신 것이 아니라 제가 주일을 지키기 위해 매를 맞는 것을 귀하게 보셨습니다. 하나님께서 다윗을 보신 것처럼 하나님께서 "내가 너를 키워 주겠다" 하셨습니다. 군대 이후에 제 인생의 여정을 보면 하나님께서 다 예비하시고 훈련시켜 주신 코스였습니다. 내가 실수해도 나중에 보면 하나님께서 더 좋은 길로 인도해 주셨습니다. 언제나 하나님은 내 편이 되어주셨습니다. 저는 이 축복을 지키기 위해서 지금도 조심합니다.

저는 나 같은 모자란 사람에게 주신 축복이 주일을 지키기 위해 모진 구타를 당하더라도 피하지 않았던 주일성수로부터 시작된 것임을 믿습니다. 하나님께서는 주일을 거룩히 지키면 복을 주시겠다고 수없이 약속하셨습니다. 그 약속을 믿으시기 바랍니다. 자녀들에게도 주일성수를 가르쳐야 합니다. 더 나아가 교회에서 봉사하도록 가르쳐야 합니다. 그러면 나의 노년이 복된 것입니다. 나이 들어 자녀들을 분가시켜도 온 가족이 교회에 나와 이곳저곳에서 봉사하며 교회의 기둥이 되면 얼마나 귀한 것입니까? 손자, 손녀들과 매 주일 만나는 것이 얼마나 큰 축복입니까? 손자, 손녀들까지 교회에서 봉사하는 것이 얼마나 은혜로운 모습입니까? 성경에 말씀하신 그대로 대대로 예루살렘의 축복이 임하는 것입니다. 이를 위하여 기도하셔야 합니다. 계속해서 포기하지 않고 기도하셔야 합니다. 성도 여러분, 주일은 하나님께서 여러분에게 주신 최고의 선물입니다. 온 가족이 함께 받을 축복입니다. 우리 인생에 주신 영원한 언약입니다. 온 가족이 함께 모여 주일을 지키고 늘 하나님을 함께 찬양하고 영광 돌리는 우리 교회 복된 성도들이 되시기를 바랍니다.

📝 적용

ⓐ 오늘 말씀의 주제 파악하기:

_____

_____

ⓑ 오늘 말씀 중 은혜 받은 부분 나누기:

_____

_____

ⓒ 삶에 구체적으로 적용하기:

_____

_____

🙌 함께 드리는 기도제목

1. 주일을 하나님의 날로 거룩히 구별하여 평생 동안 지키는 삶을 살게 하소서.
2. 주일을 지킬 때마다 영혼의 안식과 죄 사함의 은총을 누리게 하소서.
3. 자녀들에게 주일성수와 교회 봉사를 가르쳐 지키게 하는 부모가 되게 하소서.

돌아옴의 법칙 I

- **본 문**: 누가복음 6:37-38 (신 98쪽)
- **찬 송**: 289장 (주 예수 내 맘에 들어와, 통 208장)
- **요 절**: "비판하지 말라 그리하면 너희가 비판을 받지 않을 것이요 정죄하지 말라 그리하면 너희가 정죄를 받지 않을 것이요"(눅 6:37上)

오스트레일리아 원주민들이 사용하는 사냥 무기 중의 하나가 부메랑입니다. 기역(ㄱ)자로 다듬어진 나무를 목표물을 향해 던지면 회전을 하면서 날아가는데 목표물에 맞지 않으면 다시 돌아옵니다. 우리는 흔히 부메랑이 되어 돌아왔다는 말을 합니다. 내가 저지른 일이 결국 나에게 화로 돌아옴을 뜻하는 말입니다. 메아리도 마찬가지입니다. 메아리는 내가 한 그대로 돌아옵니다. 산을 향하여 "사랑해" 하고 외치면 "사랑해" 하고 돌아옵니다. 그러나 "미워" 하고 외치면 산도 "미워" 하고 되돌려줍니다. 이것은 인생의 법칙입니다. 내가 다른 사람을 비난하면 언젠가 그 일이 나에게 돌아옵니다. 반대로 내가 다른 사람을 도와주면 그 일이 내게 복으로 돌아옵니다. 사랑도, 미움도 그렇습니다. 내가 다른 사람을 사랑하면 그 사랑이 나에게 돌아옵니다. 내가 다른 사람을 미워하면 그 미움이 나에게 돌아옵니다. 이것이 돌아옴의 법칙입니다. 우리에게 어떤 것이 돌아오기를 바라십니까?

 오늘 말씀의 배경은 6장 1절을 보면 예수님과 제자들이 안식일에 밀밭 사이를 지나가다 배가 고픈 제자들이 이삭을 잘라 손으로 비벼 먹게 되었습니다. 밀은 껍질에 껄끄러운 가시가 있습니다. 그냥 먹을 수가 없습니다.

 저는 어릴 적에 도시에 살다가 목회하는 아버지를 따라 시골로 전학을 가게 되었는데, 아이들이 도시에서 온 저를 놀리느라 밀을 한 움큼 잘라서 저에게 먹으라고 했습니다. 자기들은 먹는 시늉을 했습니다. 사실 보리인지 밀인지 잘 기억은 안 나지만 그곳에 밀밭이 있었습니다. 도시에서 자란 제가 밀이 어떤 것인지를 모르고 입에 넣어 삼켰다가 거의 죽는 고통을 맛보았습니다. 말도 못 하고 숨도 못 쉬고 집으로 달려갔더니 부모님은 전도하러 나가시고 옆집 아주머니가 김치를 한 움큼 밥과 함께 싸서 주며 삼키라 했습니다. 지금은 그러면 큰일 나지요. 가시가 더 깊이 박히기도 하고 부러지기도 하고 목에 염증이 생깁니다. 병원에 가야 합니다. 그런데 어쨌든 그렇게 해서 위기를 넘기게 되었습니다.

 오늘 이 본문만 보면 그때 일이 생각납니다. 제자들이 이삭을 잘라 손으로 비비어 먹었다는 말은 그 날카로운 가시와 같은 것들을 다 제거하고 껍질을 벗겨내고 먹었다는 말입니다. 그런데 바리새인들이 이것을 보고 비판을 합니다. 요즘 같으면 도적질을 하였다고 하겠지만 당시에 그 정도는 나그네나 길을 가는 사람들에게 용인되는 것이었습니다. 이들이 비판한 것은 안식일에 노동하였다는 것입니다. 손으로 비비는 것, 그래서 알곡을 추출하는 것은 율법에 노동으로 간주되는 것이었습니다. 사실 하나님께서 안식일에 노동하지 말라고 하셨지, 밀을 비비어 먹는 행위도 노동이라 하신 적은 없습니다. 하나님의 뜻은 안식일에 하나님을 생각하고 하나님을 위하여 지내라는 뜻입니다. 그런데 일하지 말라는 구절을 율법 학자들이 해석을 합니다. 어디까지가 노동이냐 하는 것입니다. 이들이 해석한 것을 보면 밀의 알곡을 얻기 위해 하는 행위를 노동이라 해석한 것입니다. 사람들은 법 정신을 중요하게 생각해야 하는데 법 자체 때문에 선한 사람이 고통을 당하는 경우들이 있습니다.

이 사건 직후에 예수님께서 안식일에 손 마른 사람을 고쳐주셨습니다. 손이 말랐다는 말은 중풍에 걸려 한쪽 손을 쓰지 못하는 상태를 말합니다. 바리새인들은 주변에 몰려들어 예수를 고발할 증거를 찾으려고 과연 예수께서 이 사람을 안식일에 고치시는가 엿보고 있었습니다. 예수님께서는 너희가 "안식일에 선을 행하는 것과 악을 행하는 것, 생명을 구하는 것과 죽이는 것, 어느 것이 옳으냐"(6:9)라고 물으시고 이 손 마른 사람에게 네 손을 내밀라 하시고 고쳐주셨습니다. 예수님께서는 안식일에 병을 고치는 행위 즉 의술 행위를 한 것입니다. 이 일 이후 예수님은 산에 들어가 밤이 새도록 하나님께 기도하셨다고 했습니다. "이 비판하는 사람들을 어떻게 할 것입니까?" 하고 기도하셨을 것입니다. 하나님의 뜻을 물은 것입니다. 우리는 비판을 받고, 모함을 당하고 억울한 일을 만났을 때 분을 참지 못하고 행동하는 경우들이 있습니다. 우리는 이때 예수님이 어떻게 하셨는가를 기억해야 합니다. 예수님은 산에 올라가셔서 밤이 새도록 기도하셨습니다. 그리고 다음 날 산상수훈의 말씀을 주신 내용 중의 하나가 오늘 읽은 말씀입니다.

산상수훈은 두 가지가 있습니다. 우리가 잘 아는 마태복음에 나오는 산상수훈과 누가복음에 나오는 평지설교입니다. 오늘 말씀에서 예수님은 "비판하지 말라, 정죄하지 말라, 용서하라, 주라" 하는 네 가지 명령을 주셨습니다. 이 명령을 지키는 것이 쉬운 것이 아닙니다. 때로는 손해를 보아야 하고 참아야 합니다. 세상의 성인들도 도덕적인 많은 이야기를 합니다. 옳은 이야기들입니다. 이것을 잘 지켜도 인생에 유익합니다. 그런데 성경에 나오는 말씀은 하나님의 자녀들이 반드시 따라야 할 하나님의 명령입니다. 하나님을 위하여 이 명령대로 살아갈 때 하나님은 우리를 기뻐하시고, 우리를 사랑하실 것이요, 우리에게 손해되지 않도록 지켜주실 것입니다.

첫째는 비판하지 말라 하셨습니다. 비판은 원래 재판에서 사용되는 용어인데 여기서는 남을 판단하고 함부로 말하지 말라는 뜻입니다. 바른 비판은 우리에게 필요합니다. 바른 비판이 건전한 사회를 발전시킵니다. 모든 것을 비판하지 않는다면 우리는 불의에 대해서도 침묵해야 하고 남이 어려움을 당해도 눈을 감고 있어야 한다는 뜻이 됩니다. 그러므로 오늘 말씀의 의미는 비난하지 말라는 의미에 가깝습니다. 예수님의 제자들이 안식일에 밀을 손으로 비비어 먹은 일이나 예수님께서 안식일에 손 마른 사람을 고쳐주신 일은 비난받을 일이 아니었습니다. 사람들은 눈에 보이는 일, 귀에 들리는 일, 남이 전해준 말을 듣고 판단하기 쉽습니다. 그런데 사실을 다 알지 못합니다.

어떤 사람이 운전을 하다가 갑자기 가슴에 통증이 오고 심정지 위기가 와서 도로에 차를 세울 수밖에 없었습니다. 누가 빨리 구해주어야 합니다. 그런데 지나가는 차들이 사실을 모른 채 **빵빵거리**고 비난을 합니다. 상황을 모르면서 우리는 잘못 판단할 때가 많습니다. 우리가 서로를 볼 때에 어떻게 보느냐에 따라 정반대의 상황이 옵니다. 같은 행위를 해도 장점으로 보아줄 수도 있고 단점으로 볼 수도 있습니다. 우리는 늘 긍정으로 바라보는 훈련을 해야 합니다. 자녀들을 볼 때도 긍정의 마음으로 보면 장점을 살려줄 수 있습니다. 그러나 비판하는 마음으로 보면 늘 야단치게 되고 비판적인 이야기가 나옵니다. 그러면 자녀도 잘될 리가 없고 가족관계도 잘못될 수밖에 없는 것입니다.

가정에서 부부간에 잘못하는 것을 찾아 비판해 보십시오. 온통 비판할 것들만 결혼 생활에 가득 차게 됩니다. '반찬은 왜 이리 못해. 옷은 왜 저렇게 입어. 옆집 남자는 돈도 잘 벌어오는데 왜 이렇게 능력이 없어.' 비판하기 시작하면 걷는 것도 미워 보입니다. 그러니 서로 밖으로 돌게 되는 것입니다. 그러나 긍정으로 생각하면 '나 같은 사람 만나서 고생이 많지. 밥도 참 잘 먹지. 걷는 것만 봐도 귀여워.' 이렇게 좋게 보는 것입니다. 그래서 가정이 천국이 되는 것입니다. 교회 생활도 그렇습니다. 내 마음속에 비판의 생각이 들기 전에 먼저 긍정의 마음으로 바라보는 훈련을 해야 하는 것입니다. 그러면 함께 행복해집니다. 안 되는 것도 되게 합니다. 교회는 날마다 은혜로워지고 부흥합니다. 내 주변에 행복한 사람들이 모여옵니다. 예수님께서 비판하지 말라고 하신 의미를 아시겠습니까? 바로 여러분을 위한 것입니다.

비판은 부메랑처럼 우리에게 다시 돌아옵니다. 내가 조금만 실수해도 상대방이 용납해주지 않습니다. 교인들 중에도 다른 사람에게 상처 주는 말을 함부로 하는 사람들이 있습니다. 그래서 상처 입은 사람들이 저에게 와서 상담하며 고통스러워합니다. "목사님, 어떻게 참아야 합니까?" 하고 웁니다. 내 입에서 나가는 말이 가시가 되면 안 됩니다. 그러면 내 주변 사람들이 아파하며 떨어져 나갑니다. 내 앞에서 겉으로만 웃습니다. 얼마나 불행한 인생입니까? 우리는 말씀대로 살면 행복합니다. 말씀대로 살면 그 말씀이 우리 인생을 인도해 주십니다. 그래서 복된 인생이 되는 것입니다.

둘째, 정죄하지 말라 하셨습니다. 정죄한다는 말은 내가 누군가에게 죄가 있다고 정하는 것을 말합니다. 내가 판사도 아니고 그런 적이 없다고 생각하겠지만 아닙니다. '너 틀렸어. 잘못됐어' 하는 것이 정죄입니다. 우리는 살면서 너무나 많은 정죄를 합니다. 정죄의 이면에는 내가 옳다는 것입니다. 여기에는 교만이 숨어 있습니다. 내가 의인이라는 것입니다. 간음하다 현장에서 걸린 여인이 끌려왔습니다. 율법에 의하면 이 여인은 돌에 맞아 죽어야 합니다. 유대 율법의 집대성인 미슈나에 의하면 간음한 남자는 분뇨통에 빠트려 죽이라 했습니다. 그런데 남자는 어디 가고 여인만 끌려 나왔습니다. 바리새인들과 율법학자들이 이 여인을 끌어다가 예수님을 시험하려 세웠습니다. 나는 의인이라 생각한 사람들이 "이 여인은 간음한 죄를 범했으니 이제 죽여야 한다"라고 흥분하면서 돌을 들고 다가옵니다. 사람들의 마음이 돌과 같이 굳었습니다. 이 사람들에게는 '저 여인은 죄인이고 나는 아니다'라는 마음이 있습니다. 내가 다른 사람을 죄 있다 정죄하여 사형하는 것이 얼마나 무서운 범죄입니까?

이때 예수님은 너희 중에 죄 없는 자가 먼저 돌을 들어 치라 하십니다. 세상에 죄 없는 자가 어디 있습니까? 사람들은 양심에 가책을 느끼고 하나 둘씩 돌을 놓고 물러나기 시작합니다. 예수님은 이 여인에게 "너를 정죄했던 사람들이 다 어디 갔느냐? 나도 너를 정죄하지 아니하노니 가서 다시는 죄를 범하지 말라"(요 8:11)고 말씀하십니다.

예수님은 다른 말씀을 하신 것이 아닙니다. 아주 간결합니다. "나도 너를 정죄하지 않는다. 다시는 그 죄를 짓지 말라" 하시는 것입니다. 사마리아 여인이 한낮에 물을 길러 우물가로 나왔을 때에도 예수님은 이 여인의 죄를 지적하신 것이 아닙니다. "너, 남편을 다섯씩이나 두었고 그렇게 살지 않았느냐? 그래서 행복하냐?" 하신 뜻입니다. 이 여인의 인생을 고쳐주려고 하신 말씀입니다. 왜 정죄하지 말라고 하십니까? 정죄를 통해서는 사람들이 변하지 않습니다. 더 악해집니다. 정죄를 통해서는 회복되지 않습니다.

미국 로드아일랜드주에 프랭크 카프리오라는 판사가 있습니다. 세계적으로 유명합니다. 한 남성이 신호위반을 했습니다. 아이가 같이 법정에 나왔는데 이 판사가 묻습니다. "너 몇 살이니?" "네 살이에요." "네 아빠가 신호위반을 했는데 guilty냐 not guilty냐?" 유죄냐 무죄냐 하고 묻습니다. 아이는 수줍어하며 "유죄요" 하고 대답하면서 "오늘도 또 신호 위반했어요"라고 말합니다. 그러자 "그래, 그것도 조사하자" 하면서 당신은 참 정직하고 훌륭한 아들을 두었다고 하면서 "벌금 35불" 판결을 합니다. 그런가 하면 힘든 상황에서 어쩔 수 없이 범죄한 이들에게 자비를 베풀기도 합니다. 그냥 가라고 합니다. 알콜과 마약중독자였던 베트남 참전용사에게는 앞으로 지켜보겠다고 하면서 거수경례를 하기도 합니다. 세계적으로 인기 있는 판사입니다. 사람의 드러낸 죄에 따라 판결하는 것이 아니라 왜 그렇게 되었나를 보면서 판결합니다. 사람들이 그를 존중합니다. 죄가 있다고 판결하는 것이 능사가 아닙니다. 내가 다른 사람의 잘못을 늘 지적하고 용납하지 않으면 나에게도 그런 날이 반드시 돌아온다는 것이 예수님의 가르침입니다. 사람은 누구나 다 잘못합니다. 실수할 수도 있습니다. 사도 바울은 우리 모두 하나님의 심판대 앞에 서야 한다고 하십니다. 예수님도 우리가 행한 대로 갚으시겠다고 하셨습니다.

요즘 인터넷을 보면 댓글이 너무 심각합니다. 상상 이상입니다. 마구 정죄합니다. 함부로 악플을 다는 사람들을 보면서 '이들의 정신세계가 참으로 심각하구나' 하고 느낄 때가 많습니다. 내가 함부로 지적한 대로 사람들이 나의 삶을 향해 지적하면 책으로 써도 일

년에 몇 권씩 나올 것입니다. 하나님께서 보시기에는 어떠하겠습니까? 우리가 하나님의 심판대 앞에 섰을 때에 내가 행한 것을 내가 직고하게 될 것이라 했습니다. 사람들이 사고로 인하여 죽음이 순간에 이르렀을 때 지나간 날들이 순식간에 머리를 스쳐 지나가더라는 이야기를 여러 번 들었습니다. 물론 살아나서 한 말입니다. 아마 심판대 앞에서도 우리가 하나님 앞에서 그럴 것입니다. 모든 것이 다 드러날 것입니다. 세상은 잘못을 봐주지 않습니다. 실수해도 용납하지 않습니다. 그러나 우리 크리스천들은 하나님의 명령에 따라 감싸주는 마음을 가져야 합니다. 그리고 함께하면 얼마나 더 좋겠습니까? 하나님께서도 우리의 연약함을 감싸 주실 것입니다.

다음 주에 본문 말씀을 가지고 한 번 더 말씀을 전하려고 합니다. 다음 주에는 용서하라, 주라는 말씀을 전할 것입니다. 주신 말씀 붙들고 기도하며 매 주일 하나씩 하나씩 지켜나가기 위해 힘쓸 때 우리는 성화되는 성도들이 될 것입니다. 이번 주간에도 하나님의 은총이 우리 성도들과 함께하시길 바랍니다.

📝 적 용

ⓐ 오늘 말씀의 주제 파악하기:

_____

ⓑ 오늘 말씀 중 은혜 받은 부분 나누기:

_____

ⓒ 삶에 구체적으로 적용하기:

_____
_____

🙌 함께 드리는 기도제목

1. 하나님의 말씀이 나를 위하여 주신 명령임을 깨닫고, 그 말씀대로 살아가게 하소서.
2. 비판의 생각이 들기 전에 먼저 긍정의 마음으로 바라보게 하소서.
3. 남을 정죄하기보다 도리어 감싸주는 마음을 갖게 하소서.

36

돌아옴의 법칙 II

- 🍀 **본 문**: 누가복음 6:37-38 (신 98쪽)
- 🍀 **찬 송**: 299장 (하나님 사랑은, 통 418장)
- 🍀 **요 절**: "용서하라 그리하면 너희가 용서를 받을 것이요 주라 그리하면 너희에게 줄 것이니 곧 후히 되어 누르고 흔들어 넘치도록 하여 너희에게 안겨 주리라 너희가 헤아리는 그 헤아림으로 너희도 헤아림을 도로 받을 것이니라" (눅 6:37 下-38)

    로마의 역사가 타키투스는 "국가가 부패할수록 법이 많아진다"는 유명한 말을 했습니다. 타키투스는 유대인들에 대한 기록도 남겼고 예수의 죽음과 부활에 대한 기록도 남긴 로마의 유명한 역사가입니다. 중국 춘추시대의 역사를 30권의 책으로 기록한 《좌전》에도 규제가 많아지면 나라가 망한다는 의미의 '국장망 필다제'(國將亡 必多制)라는 글이 있습니다. 현대사회는 옛날보다 점점 더 법이 많아집니다. 법이 많으면 좋은 점도 있지만 그만큼 지켜야 할 것들이 많습니다. 옛날 시골 마을에 무슨 법이 있었습니까? 그런데도 함께 사는데 아무 문제가 없었습니다. 성경에 하나님께서 주신 십계명만 가지고 살아갈 수 있다면 얼마나 좋겠습니까? 그런데 십계명을 중심으로 율법이 나오고 새끼율법이 나오고 해석서가 나오고 그러면 복잡해집니다. 법 없이 살 수 있다면 그것이 좋은 사회입니다. 에덴동산에 법이 있었습니까? 동산 중앙에 있는 선악을 알게 하는 나무의 과일과 생명나무의 과일을 먹지 말라는 법밖에는 없었습니다. 그리고 생육하고 번성하라 땅에 충만하라 땅을 다스리라 하는 법이 있었습니다. 다른 법이 없습니다. 오늘의 교회도 법이 한 페이지 밖에 없는 교회가 좋은 교회입니다. 교회의 법이 육법전서처럼 두꺼운 교회도 있습니다. 법이 많으면 은혜로 쉽게 할 수 있는 일도 못합니다. 상황이 달라도 정한 법 안에서 해야 하니 일은 느려지고 억울한 사람도 생겨나게 됩니다. 때로는 해야 할 일도 못하게 됩니다. 법이 하나님의 일을 방해합니다.

법은 강자가 만드는 것입니다. 민주주의가 잘될수록 약자를 위한 법들이 만들어집니다. 후진국들의 법은 강자를 위한 법입니다. 그러면 약자들은 어떻게 합니까? 그러니까 힘을 모아서 법을 개정하자고 하는 것입니다. 그런데 힘으로 누르기도 하고 법망을 피해 빠져나가는 미꾸라지 같은 일들이 자꾸 생기고 법은 점점 더 많아져 갑니다. 여러분 가정에 법을 만들면 어떻겠습니까? 무엇을 어떻게 잘못하면 재판을 하고 '벌금 3만 원, 아니면 청소 한 달', 이런 판결을 내리면 어떻습니까? 아침에 여섯 시에 일어나야 하는 법을 만들었는데 몸이 아파 못 일어났습니다. 법은 봐주지 않습니다. '빨래 한 달', 이렇게 판결이 내려질 것입니다. 그런데 은혜로 하면 어떻습니까? "딸아, 많이 아프지? 공부하느라 너무 무리해서 그랬구나. 천천히 해." 그리고 아빠가 닭죽을 만들어 침대에 가져다줍니다. 이것은 법이 아니라 사랑입니다. 어때요? 법이 많은 것이 좋겠습니까?

예수님께서도 율법에 매여 살며 다른 사람들을 비판하는 바리새인들을 미워하시며 "사랑이 율법의 완성이다"라고 하셨습니다. 사랑이 율법의 완성이라는 말씀은 굉장한 말씀입니다. 사랑하면 모든 것이 다 된다는 것입니다. 하나님을 사랑하면 되고 이웃을 사랑하면 복잡한 법이 필요 없다는 말입니다. 그런데 산상수훈에 보면 예수님은 많은 법을 공포하십니다. 이 법을 살펴보면 세상의 법과는 좀 다릅니다. 대부분이 마음의 법들입니다. 너희 마음을 이렇게 하라는 법입니다. 세상의 많은 사람들이 산상수훈을 읽고 감동을 받았다고 말합니다. 산상수훈을 추천하기도 합니다. 그런데 여러분이 정확히 아셔야 하는 것은 우리가 성인군자가 되라고 산상수훈을 말씀하신 것이 아닙니다. 세상 사람들보다 조금은 더 도덕적인 사람들이 되라고 이 말씀을 주신 것이 아닙니다. 예수님의 말씀은 구원받은 사람들의 모습을 말하는 것입니다. 장차 다가올 하나님의 나라를 차지할 사람들의 모습을 말씀하는 것입니다. 그러므로 예수님의 법은 세상의 법이 아니라 구원의 법입니다. 지난 시간에는 비판하지 말라, 정죄하지 말라는 말씀을 전했습니다. 오늘은 용서하라, 주라는 말씀을 전하려고 합니다.

첫째, "용서하라. 그리하면 너희가 용서를 받을 것이요"라고 말씀하십니다. 인간의 감정 중에 정말 힘든 것 중의 하나가 용서하는 것입니다. 억울하고 분한 일들은 잘 잊혀지지 않습니다. 나에게 중상모략을 하고, 없는 일들을 사실인 양 떠들고 다니고, 금전적 손해를 주고 그래서 내가 상처를 입었는데 이런 사람들을 어떻게 용서할 수 있습니까? 복수해야지요. 그런데 예수님은 용서하라고 하십니다. 베드로가 예수님께 "내가 몇 번이나 용서하면 되겠습니까? 일곱 번쯤 하면 되겠습니까?"라고 질문할 때 예수님은 일흔 번씩 일곱 번이라도 용서하라고 하셨습니다. 무한정 용서하라는 말입니다. 상대방은 나에게 사과도 하지 않는데 어떻게 용서가 됩니까? 그래도 주님은 용서하라고 하십니다. 어떻게 용서할 수 있습니까? 용서한다는 것이 힘이 듭니다. 저도 힘이 듭니다. 잘 안 됩니다. 그래서 기도해야 하는 것입니다. 용서는 하나님께서 주시는 능력입니다. 사람의 마음속에 잊은 것은 또 올라옵니다. 잊었다고 생각했는데 어느 날 또 올라오는 것입니다. 그러나 용서는 지워버리는 것입니다. 하나님의 능력으로 지워버리는 것입니다. 여러분, 용서가 잘 안 되지요? 하나님께 도움을 요청하시기 바랍니다. 그러면 하나님께서 평안으로 도와주십니다. 나의 평안을 네게 준다고 약속하셨습니다. 평안으로 우리의 마음을 주장해 주십니다.

왜 용서하라고 하십니까? 용서는 상대방을 위한 것이 아니라 나를 위한 것이기 때문입니다. 내가 용서하지 않으면 내 마음속에는 늘 분이 있습니다. 마귀가 내 속에 똬리를 틀고 산다는 말입니다. 그래서 어느 날 찬스가 왔을 때 우리를 속에서 크게 흔듭니다. 원망과 분노는 나를 망치는 것입니다. 잘 생각해 보세요. 죄는 상대방이 지었는데 내가 괴로워하고 산다면, 이 얼마나 어리석고 손해 보는 일입니까? 예수님은 우리 인생의 본질을 너무나 잘 아시기 때문에 "너가 분노하고 고통스러워해 봐야 너만 손해야. 그러나 용서하면 너의 마음속에 평화가 있어. 원수 갚는 일은 내가 하는 일이야" 하고 말씀해 주십니다. 하나님께 맡기라는 것입니다.

> "내 사랑하는 자들아 너희가 친히 원수를 갚지 말고 하나님의 진노하심에 맡기라 기록되었으되 원수 갚는 것이 내게 있으니 내가 갚으리라고 주께서 말씀하시니라"(롬 12:19).

원수를 갚는 일은 하나님께 있다고 분명히 말씀하셨습니다. 그 대신 "네 원수가 주리거든 먹이고 목마르거든 마시게 하라 그리함으로 네가 숯불을 그 머리에 쌓아놓으리라" 하십니다. 숯불을 머리에 쌓아놓는다는 말씀은 '고문한다, 괴롭게 한다'는 뜻이 아닙니다. 성냥이 없던 시절에 불씨가 귀했던 것처럼 이스라엘에서도 불씨는 굉장히 귀했습니다. 그러니까 숯불을 그 머리에 쌓아놓으라고 하는 말은 상대방에게 선행을 베풀라는 뜻입니다. 용서하라는 명령은 우리를 위한 것입니다. 용서하지 않으면 365일 동안 늘 내가 괴롭습니다. 그러나 진정으로 용서하면 하루만 힘들면 되는 것입니다. 하나님의 영이 우리 가운데 임하시면 그날로 해결이 되는 것입니다.

로드 하버트는 "용서할 줄 모르는 사람은 자신이 건너야 할 다리를 없애버리는 어리석은 사람과 같다"라고 했습니다. 내가 손해라는 것입니다. 그러면 나를 위해 용서한다 치더라도 그냥 끝나는 것입니까? 아닙니다. 하나님은 하나님의 자녀들이 억울한 일을 당한 것을 절대로 그냥 두시지 않습니다. 성경 곳곳에서 하나님께서 대신 갚아주시는 것을 볼 수 있습니다. 왜 그렇게 하십니까? "네가 분을 품고 있으면 마귀가 틈탄다. 네가 행복하지 않다. 그러니 나를 믿고 용서하고 너는 평안을 누리라"는 약속의 말씀인 것입니다. 성도 여러분, 인생을 살다 보면 분한 일이 있습니다. 억울한 일이 있습니다. 도저히 용서할 수 없는 인간이 있지요? 용서하십시오. 이것은 하나님의 명령입니다. 이 명령을 따르면 여러분이 행복해지는 것을 믿으시기 바랍니다.

용서에는 어떤 약속이 있습니까? 주님께서는 이렇게 기도하라 하시며 "우리가 우리에게 죄지은 자를 사하여 준 것같이 우리 죄를 사하여 주옵시고"라고 하셨습니다. 용서하면 원수갚는 것이 하나님께 있는 것뿐만 아니라 우리 죄까지도 사해주시는 약속이 있습니다. 우리 죄보다 하나님의 자비가 훨씬 더 큰 것입니다. 이 죄의 용서의 약속은 현재도 중요하지만, 미래에 더욱 중요합니다. 우리가 하나님의 심판대 앞에 섰을 때 우리 죄를 용서해 주시는 놀라운 은총이 있는 것입니다. 여러분은 용서가 필요하지 않나요? 용서받을 것이 없나요? 내가 한 것보다 내가 받을 것이 훨씬 더 큰 것입니다. 우리는 다 죄인이지만 이 죄를 용서해 주신다는 약속이 얼마나 크고 놀라운 것입니까? 그리고 내가 죄지은 자를 용서하여 그 사람이 회복되면 이 땅에서도 좋습니다. 원수로 살고 계속해서 나를 험담하고 못살게 굴며 사는 것이 아니라 나를 칭찬하며 살게 되니 얼마나 놀라운 축복입니까? 이것이 용서하라는 명령 속에 담긴 하나님의 놀라운 뜻인 것입니다.

둘째, "주라. 그리하면 너희에게 줄 것이니 곧 후히 되어 누르고 흔들어 넘치도록 하여 너희에게 안겨 주리라"고 말씀하십니다. 사람들은 주는 것보다는 받는 것에 관심이 많습니다. 물건을 하나 사도 따라오는 혜택이 무엇인가에 관심이 많습니다. 우리 교회에서 무슨 모임을 한다고 하면 사람들이 평소보다 많이 온다고 합니다. 우리 교회는 주는 교회이기 때문입니다. 십자가도 주고, 커피도 주고 늘 주려고 합니다. 바자회를 하는데 우리 교회는 대한민국에 하나뿐인 '손해 보는 바자회'로 알려져 있습니다. 손해 본다는 말은 주겠다는 말입니다. 그러니 점점 더 좋은 소문이 납니다. 우리 교회가 많아서 주는 것이 아닙니다. 예수님께서 주는 삶을 사셨고 너희도 거저 주라 말씀하셨기 때문입니다. 예수님은 이 땅에 오셔서 사랑을 주셨습니다. 은혜를 주셨습니다. 치유를 주셨습니다. 긍휼을 주시고 능력을 주셨습니다. 그리고 마지막에는 십자가에 목숨까지 우리를 위해 주셨습니다. 우리는 예수님을 따라 사는 사람들이기에 예수님을 닮아가려고 힘써야 합니다. 주는 사람이 복됩니다. 받는 사람이 되는 것보다 주는 사람이 되는 것이 복되고, 받는 교회가 되는 것보다 주는 교회가 복된 것입니다. 그래서 주기를 힘쓰고 주기를 위해서 기도해야 되는 것입니다. 슈바이처 같은 사람, 테레사 수녀 같은 사람, 장기려 박사 같은 사람을 미워하는 사람은 없습니다. 다 존경합니다. 그것은 아낌없이 주는 사람들이었기 때문입니다. 우리가 교회창립 일백 주년을 맞이하여 장기기증도 하려고 하는데 하나님께서 주신 몸도 잘 사용하다가 불행한 이웃들에게 주고 가는 것을 기뻐하시지 않겠습니까?

우리는 늘 주는 삶을 삽니다. 우리가 드리는 헌금도 다 이웃을 위해 하나님의 이름으로 주는 것입니다. 복음 전하는 데 사용되고, 선교지에 보내고, 구제하는 일에 사용되고, 어려운 교회가 힘들어하는 데 보내는 것입니다. 우리가 직접 전해주어도 되지만 그러면 영광을 우리가 받습니다. 이 땅에서 상급을 받으면 하늘에서 받을 것이 없다고 했습니다. 그래서 하나님의 이름으로 보내는 것이고 하나님께서 영광을 받으시는 것입니다. 장학 헌금을 드리는 일도 하나님의 영광을 위하여 교회의 이름으로 지급합니다. 헌금뿐만이 아닙니다. 교회에서 봉사하는 모든 일들이 주는 것입니다. 우리 성도들이 카페에서, 행복을 파는 가게에서 땀 흘려 봉사를 하는데 이 수익금도 전액 어려운 이웃을 위해 사용됩니다. 한글학교나 사랑의 집수리, 노인학교 등 모든 것이 다 하나님의 영광을 위하여 우리가 몸으로 시간으로 주는 것입니다. 선교도 주는 것입니다. 중보기도도 주는 것입니다. 그런데 여기에도 놀라운 약속이 있습니다. 주님을 위해 이웃에게 주면 더 놀라운 것으로 갚아주시겠다는 것입니다. 오늘 말씀에 "곧 후히 되어 누르고 흔들어 넘치도록 하여 너희에게 안겨 주리라 너희가 헤아리는 그 헤아림으로 너희도 헤아림을 도로 받을 것이니라"고 약속하셨습니다. "후히 되어 누르고 흔들어 넘치도록 안겨 주시겠다"라고 하십니다.

옛날에 쌀을 사러 가면 되나 말에 쌀을 계속 손으로 들어붓습니다. 흘러내리는데도 계속 살살 붓습니다. 최고로 가득 차게 하겠다는 것입니다. 그리고 한 주먹을 더 줍니다. 그래서 단골이 되지 않습니까? '누르고 흔들어'라는 말은 밑에 빈틈이 없도록 꼭꼭 눌러 주겠다는 말입니다. 꾹꾹 누르면 무지하게 많이 들어갑니다. 복을 받아도 이렇게 받아야 하지 않겠습니까? 내가 헤아리는 대로 더 많이 하나님의 헤아림으로 더 풍성하게 우리에게 주시겠다는 약속입니다. 세상에 약한 사람이 있는 것은 그들에게 우리의 강한 힘을 나누어 주라는 뜻입니다. 세상에 가난한 자들이 있는 것은 우리의 물질을 나누어 주라는 뜻입니다. 세상에 병든 자들이 있는 것은 우리의 건강을 가지고 도우라는 뜻입니다. 세상에 상처 입은 사람들이 있는 것은 우리의 평안을 나누어 주라는 뜻입니다. 세상에 하나님을 알지 못하고 죄악 속에 살아가는 사람들이 있는 것은 우리에게 주신 영생의 복음을 나누어 주라는 뜻입니다. 그러면 우리가 헤아린 것보다 더 놀랍고 크신 하나님의 헤아림으로 우리에게 도로 갚아주실 것입니다. 이번 주간도 하나님의 명령을 따라 순종하며 살아가는 성도들이 되시기를 바랍니다.

📝 적용

ⓐ 오늘 말씀의 주제 파악하기:

ⓑ 오늘 말씀 중 은혜 받은 부분 나누기:

ⓒ 삶에 구체적으로 적용하기:

 함께 드리는 기도제목

1. 예수님께서 주신 사랑의 법을 지키고 따르는 삶을 살게 하소서.
2. 하나님께 모든 것을 맡기고 용서하는 삶을 살게 하소서.
3. 나의 것을 베풀고 나누어줄 수 있는 복된 삶을 살게 하소서.

37

성령의 세례

❀ **본 문**: 사도행전 19:1-7 (신 219쪽)
❀ **찬 송**: 191장 (내가 매일 기쁘게, 통 427장)
❀ **요 절**: "바울이 이르되 요한이 회개의 세례를 베풀며 백성에게 말하되 내 뒤에 오시는 이를 믿으라 하였으니 이는 곧 예수라 하거늘 그들이 듣고 주 예수의 이름으로 세례를 받으니"(행 19:4-5)

우리는 복음전도를 통하여 수많은 사람들이 구원으로 열매 맺는 것을 보며 하나님께서 우리를 기뻐하시고 복을 주시리라 믿습니다. 오늘 성경에 바울은 에베소 지역으로 가서 사람들을 만나게 되는데 갑자기 "너희가 믿을 때에 성령을 받았느냐?"라고 질문합니다. 그런데 이들은 성령이 무엇인지 알지도 못한다고, 들어본 적이 없다고 대답합니다. 그러자 바울은 성령에 대한 설명을 하는 것이 아니라 "그러면 너희가 무슨 세례를 받았느냐?" 하고 묻습니다. 그러자 요한의 세례를 받았다고 합니다.

요한은 당대에 굉장한 사람이었습니다. 그는 광야에 머물며 약대 털옷을 입고 석청과 메뚜기를 먹었다고 했습니다. 광야는 사람이 살지 않는 척박한 곳입니다. 독사와 전갈이 있는 곳입니다. 이런 곳에 살면서 옷은 약대 털옷을 입었습니다. 약대 털옷을 입었으니 가죽

옷 무스탕을 입은 것이 아니냐 물을 수 있는데 그런 것이 아닙니다. 광야에서 죽은 낙타의 껍질을 벗겨 아무렇게나 잘라 걸쳤다는 말입니다. 먹는 것도 보통 사람들과는 달랐습니다. 빵과 야채를 먹은 것이 아닙니다. 광야에 그런 것이 있을 리가 없습니다. 메뚜기와 석청을 먹었다고 했는데, 석청은 헬라어로 '멜리'(μελι)라는 단어로 이것은 야생 벌꿀을 의미합니다. 학자들에 의하면 야생 벌꿀이 그렇게 많았을 리가 없다고 합니다. 그래서 야생의 대추야자가 땅에 떨어져 발효된 것을 먹었을 것이라 주장하는 학자도 있습니다. 메뚜기도 그렇습니다. 요즘으로 말하면 고단백 식품을 먹었다고 할 수 있는데 그런 것을 일부러 구해 먹은 것이 아닙니다. 광야에서 메뚜기가 보이면 잡아먹었습니다. 일부 학자들은 건기에 광야에는 메뚜기가 살 수 없으므로 메뚜기와 발음이 비슷한 쥐엄나무 열매를 먹었다고 주장하기도 합니다. 학자들은 이런 것을 조사하고 주장하는 것을 굉장히 좋아합니다.

세례 요한이 어떤 것을 먹었든 우리에게 그것은 중요하지 않습니다. 세례 요한은 먹을 것에 구애받지 않고 광야에서 오시는 예수님의 길을 예비하며 회개를 외친 선지자입니다. 세례 요한은 어떤 기적을 행한 선지자도 아닙니다. 오직 우직하게 내 뒤에 오실 예수 그리스도를 전파하며 회개를 외쳤습니다. 그런데도 많은 제자들이 따랐습니다. 바리새인들도 와서 회개하고 세례를 받았습니다.

사람들은 화려한 것을 좋아합니다. 힘 있는 자와 높은 학식을 따라갑니다. 예배를 드려도 화려한 성전에서 굉장한 찬양대의 찬양을 들으며 은혜를 받습니다. 그런데 여러분! 굉장한 찬양대의 찬양을 들으면서도 이것이 하나님을 찬양하는 것임을 잊어서는 안 됩니다. 그래서 박수칠 때에도 인간에게 박수치지 않기 위해서 조심하라는 것입니다. 하나님께 영광 돌리는 것입니다. 어떤 분들이 모여 이야기를 하는데, 목사님은 소리를 지르지도 않고 조용히 말씀을 전하는데 은혜가 있다고 이야기를 합니다. 그런데 저의 설교가 조용하여도 여러분은 성령께서 외치는 그 소리를 들으셔야 합니다. 세례 요한은 자신의 정체성을 분명히 말합니다. "나는 외치는 자의 소리다. 예수님의 오시는 길을 예비하러 왔다"라고 했습니다. 세례 요한은 단지 길을 예비하는 자입니다. 예수님을 전하는 소리입니다. 세례 요한은 예수님에 대한 이야기를 듣자 "그는 흥하여야 하겠고 나는 쇠하여야 하리라"고 말했습니다. 실제로 세례 요한의 제자들이 예수님께로 가지 않았습니까? 그래서 열두 제자들이 되지 않았습니까? 저는 세례 요한을 닮기를 원합니다. 그러나 사실 목이 잘려 죽고 싶지는 않습니다만 주님이 순교하라면 해야지요. 저는 세례 요한과 같이 여러분에게 오직 천국으로 가는 길, 예수님께로 가는 길을 외치는 소리일 뿐입니다. 그래서 예수님이 여러분의 주인이 되고, 우리 교회의 주인이 되셔야 합니다.

바울은 세례 요한의 제자들에게 예수님에 대하여 전합니다. 4절에 "바울이 이르되 요한이 회개의 세례를 베풀며 백성에게 말하되 내 뒤에 오시는 이를 믿으라 하였으니 이는 곧 예수라 하거늘"이라고 기록되어 있습니다. 세례 요한은 내 뒤에 어떤 분이 오실 터인데 나는 그분의 신발끈을 풀기에도 감당하지 못할 자라고, 내 뒤에 오시는 메시아를 소개했습니다. 바울은 세례 요한이 말하는 그분이 바로 예수라 이야기합니다. 세례 요한을 믿는 것도 아니고 나를 믿어야 하는 것도 아니다, 세례 요한이 전한대로 예수를 믿어야 함을 에베소 교인들에게 전합니다. 이들은 예수님을 잘 알지 못했습니다. 예수님이 수많은 사람들을 끌고 다니시고, 병자를 치유하고, 귀신을 내어 쫓고 행하신 기적들을 소문을 통해 알고 있었을 것입니다.

유대인들은 예수님이 로마를 물리치고 이스라엘을 해방시킬 메시아로 따랐는데 예수님은 그럴 맘이 전혀 없으셨습니다. 예수님은 로마를 정복한 것이 아니라, 로마 병정에 의해 십자가에 힘없이 돌아가셨습니다. 그런데 예수님은 부활하셔서 제자들 앞에서 승천하십니다. 승천하시면서 마지막으로 마태복음 28장의 말씀을 주시는데 땅끝까지 가서 복음을 전하고 세례를 주고, 그들을 제자로 삼아 가르쳐 지키게 하라고 마지막 지상 대명령을 주시고 승천하십니다. 죽음을 두려워했던 제자들은 예수님의 부활과 승천을 본 이후에는 죽음을 각오하고 복음을 전하기 시작하였습니다.

요즘 같으면 예수님이 승천하시는 모습을 유튜브로 중계하지 않았겠습니까? 그러면 사람들이 보고 믿을 것입니다. 그때에는 텔레비전도 없었고, 뉴스도 없었습니다. 기차도, 자동차도 없었기 때문에 소식을 듣는 것도 제한되어 있었습니다. 그래서 이들은 예수님의 소문을 들었을지 모르지만, 예수님을 알 수가 없었고 성령님도 몰랐습니다. 그런데 이들이 바울의 이 설명을 듣고 오늘 성경을 보면 믿었다고 했습니다. 믿음이라는 것이 참 신비한 거예요. 믿으려고 해도 안 믿어지는 것이 믿음이요, 불신자에게 가서 예수 믿어야 산다고 그렇게 말해도 안 믿는 것이 바로 믿음입니다. 그런데 말씀을 듣는 순간 나도 모르게 내 마음속에 들어와 믿어지는 것이 믿음의 신비입니다. 그래서 믿음은 능력입니다. 하나님의 신비입니다.

이들이 지금 바울의 말씀을 듣고 믿음이 들어간 것입니다. 그래서 주 예수의 이름으로 세례를 받았습니다. 바울이 안수할 때에 이들에게 불 같은 성령이 임했습니다. 그리고 이들에게 방언과 예언의 은사가 임했습니다. 오늘도 예수의 이름으로 세례를 베풉니다. '예수의 이름으로'라는 말은 사람이 베푸는 것이 아니란 뜻입니다. 세례를 베푸는 자는 단지 예수님의 이름으로 명하신 세례를 베푸는 것입니다. 세례받는 이들은 예수의 이름으로 세례를 받습니다. 세례는 교회 나온다고 받을 수 있는 것이 아닙니다. 아무리 많은 학식이 있다 해도 그것으로 세례를 받을 수 없습니다. 대통령이 와서 세례를 받겠다 해서 세례를 받을 수 있는 것이 아닙니다. 굉장한 재벌이 와서 세례를 받겠다 해서 줄 수 있는 것이 아닙니다. 세례를 받는 사람들은 반드시 문답을 합니다. 이 문답에서 가장 중요한 것은 예수를 믿느냐 하는 것입니다. 그리고 나아가서 부활을 믿느냐 하는 것입니다. 임종에 가까운 사람들은 병상에서 세례를 주는 경우도 종종 있습니다. 무의식의 상태에서는 세례를 베풀지 않습니다. 예수를 믿느냐 확인하고 세례를 베푸는 것입니다.

예수님께서는 "예수께서 이르시되 나는 부활이요 생명이니 나를 믿는 자는 죽어도 살겠고 무릇 살아서 나를 믿는 자는 영원히 죽지 아니하리니 이것을 네가 믿느냐"(요 11:25-26)라고 말씀하셨습니다. 예수를 믿는다는 것은 이미 성령세례를 받은 것입니다. 성령으로 말미암지 않고는 누구든지 예수를 주시라 할 수 없다고 하셨습니다. 성령을 받은 사람은 오늘 성경에 나온 것처럼 방언과 예언의 은사를 받을 수도 있습니다. 그러나 성령의 은사는 많습니다. 예수님의 성품이 나타나는 것입니다. 신앙생활은 믿음으로 그치는 것이 아니라 계속해서 성화의 과정으로 나아가야 합니다. 성화란 성령 충만하여 예수님의 성품을 닮아가는 것입니다. 이것은 오직 말씀과 기도로 이루어집니다. 그러므로 세례받은 이들은 말씀을 늘 듣고 기도하며 성령 충만한 삶을 살아가시기를 바랍니다.

요한복음 6장 54절에 예수님은 "내 살을 먹고 내 피를 마시는 자는 영생을 가졌고 마지막 날에 내가 그를 다시 살리리니"라고 말씀하셨습니다. 로마가 크리스천들을 핍박할 때에 예수를 따르는 자들은 사람의 살을 먹고 사람의 피를 먹는다고 모함을 했습니다. 예수님께서는 제자들과 이 세상에서의 최후의 만찬을 가지시며 빵과 포도주를 주셨습니다. 떡을 주시며 "이것은 너희를 위하여 찢긴 내 살이다. 받으라. 먹으라" 하셨고 잔을 주시며 "이것은 너희를 위하여 흘린 나의 피다. 받으라. 마시라" 하셨습니다. 우리가 성찬의 예식에 참여하는 것은 오직 예수 그리스도의 부활을 믿는 자들이 우리도 부활할 것을 믿음으로 고백하는 행위입니다. 이것은 성령님의 인도하심에 따라서 하는 것입니다. 우리는 성찬의 예식을 행하며 주님이 우리를 마지막 날에 다시 살리실 것을 믿습니다. 이것을 믿기에 크리스천들은 환난에도 절망하지 않습니다. 문제가 있어도 다시 일어나고 질병 가운데서도 원망하지 않습니다.

오늘날 군대에서 많은 사람에게 세례를 줍니다. 군인들이 빵을 먹기 위해, 초코파이를 먹기 위해 세례를 받습니다. 그다음 주일에는 성당에 가서 영세도 받습니다. 그 다음 주에는 절에 가서 수계를 받습니다. 이렇게 받는 세례는 성령의 인도하심에 따라 받는 세례가 아닙니다. 여기에는 성령님의 은사가 없습니다. 세례를 받는 모든 이들에게 초대교회 사도 바울이 안수할 때에 성령님의 역사하심이 있었던 것처럼 오늘 여러분에게 불 같은 성령이 임하시기를 간절히 원합니다. 물로 받는 세례뿐만 아니라 불로 받는 세례가 여러분의 심령에 임하시기 바랍니다. 또한 이미 세례를 받으신 이들도 '내 안에 임하셨던 성령이 지금도 식지 않고 타오르고 있는가? 성령님께서 나를 강하게 주장하고 계시는가?' 생각하면서 나의 삶과 신앙을 돌아보시기 바랍니다. 우리 안에 성령님의 역사하심이 또다시 임하시기를 기도하시기 바랍니다. 그리하여 성령님을 모신 살아 있는 성도들의 공동체가 되시기를 바랍니다.

📝 적용

ⓐ 오늘 말씀의 주제 파악하기:

_____

_____

ⓑ 오늘 말씀 중 은혜 받은 부분 나누기:

_____

_____

ⓒ 삶에 구체적으로 적용하기:

_____

_____

👏 함께 드리는 기도제목

1. 성령 충만하여 예수님의 성품을 닮아가는 성도가 되게 하소서.
2. 내 마음속에 항상 성령의 불길이 타오르게 하시고, 나의 삶과 신앙을 주장하게 하소서.
3. 우리 가정과 교회가 성령님을 모신 살아 있는 능력의 공동체가 되게 하소서.

38

너희는 믿음 안에 있는가?

* **본 문:** 고린도후서 13:5-7 (신 300쪽)
* **찬 송:** 336장 (환난과 핍박 중에도, 통 383장)
* **요 절:** "너희는 믿음 안에 있는가 너희 자신을 시험하고 너희 자신을 확증하라 예수 그리스도께서 너희 안에 계신 줄을 너희가 스스로 알지 못하느냐 그렇지 않으면 너희는 버림 받은 자니라"(고후 13:5)

　이 세상에는 진짜가 있고 가짜가 있습니다. 진짜 지폐가 있고 위조 지폐가 있습니다. 명품이 있고 모조품이 있습니다. 값비싼 보석이나 시계도 모조품이 많습니다. 참기름도 진짜 참기름이 있고 가짜 참기름이 있습니다. 고속도로 휴게소에 가끔 차에 물건을 싣고 나타나 파는 사람들이 있습니다. 홍삼을 가지고 왔는데 거래처가 망해서 처분하고 이민 가야 한다고 싸게 줄 테니 가져가라고 합니다. 그런데 사실은 유통기한이 한참이나 지난 홍삼을 재포장해서 파는 것입니다. 수백만 원 하는 골프채를 백만 원에 줄 테니 가져가라고도 합니다. 그런데 모양만 그럴듯하게 만든 가짜입니다. 한번은 인터넷에 슬리퍼를 싸게 파는 곳이 있어 샀는데 신다 보니 발에 까맣게 물이 들고 피부에 염증이 생겼습니다. 가짜이기 때문입니다. 예수님께서도 양과 염소가 있다고 하셨습니다. 가짜 신자가 있다는 말입니다. 선지자도 가짜가 있다고 하셨습니다. 삯꾼 목자에 대한 비유는 목사도 가짜가 있다는 말입니다. 모든 것은 진짜가 있기 때문에 가짜가 있는 것입니다.

오늘 말씀이 기록된 배경을 보면 고린도교회에 가짜 선생들이 있었습니다. 이들은 오히려 뒤에서 바울을 모략하고 가짜라고 비방했습니다. 사도 바울은 "내가 세 번째로 너희에게로 간다. 가서 그냥 두지 않겠다"라고 말합니다. 바울은 몸도 약하고 정이 많은 사람이었지만 교회가 타락하는 것에 대해서, 특별히 이단의 사상을 가르치는 거짓 교사들과의 싸움에서는 아주 강한 사람이었습니다. 바울의 서신을 보면 교회의 순결을 위해 얼마나 안타깝게 생각했는지를 알 수가 있습니다. 고린도교회 성도들은 거짓 선생들의 영향을 받아 믿음이 흔들렸습니다. 믿음이 흔들렸다는 것은 믿음의 기초가 약했다는 말입니다. 바울이 고린도에서 고난 속에서 복음을 전할 때에 성령의 역사와 기적이 많이 임했습니다. 바울은 이들의 믿음이 흔들릴까 염려하여 물질적인 도움도 받지 않았습니다. 그렇게 섬겼던 고린도교회가 지금 흔들리고 있는 것입니다.

이런 배경에서 사도 바울은 안타까운 마음으로 고린도교회 성도들에게 너희 믿음이 진짜인가 시험하고 확증하라 편지하고 있습니다. 이 말씀은 오늘 우리에게도 같은 의미입니다. '우리가 믿음 안에 있는가?' 시험하고 확증해야 합니다. 여기서 시험은 유혹에 빠지는 것의 의미가 아니라 테스트하고 점검한다는 뜻입니다. 사도 바울은 에베소서 5장 10절에 "주를 기쁘시게 할 것이 무엇인가 시험하여 보라"고 하였습니다. 내 믿음 생활을 점검하라는 뜻입니다.

코로나 팬데믹으로 인해 한국교회 성도들의 예배 출석수가 20%

가량 줄었다고 보고하고 있습니다. 코로나가 한창일 때에 코로나가 끝나면 다시 현장 예배에 출석할 것이라고 설문에 응답한 기독교인들이 대다수였습니다. 코로나가 장기화되면서 영상예배도 드릴 수 있다고 답변한 사람들의 수가 늘어났습니다. 저는 예전에 어쩔 수 없는 상황에서 영상예배라도 드리겠다는 것은 좋지만 한국교회가 큰 시험에 들 것이라고 설교했습니다. 영상예배에 대해서도 정장을 갖추고 성도들이 일어설 때에는 함께 일어서고 찬송을 부를 때에도 힘껏 찬송을 부르라고 했습니다. 우리 몸의 습관이 무서운 것처럼 영적 습관도 무섭기 때문입니다. 예배를 사모하며 드리는 자가 문제가 해결되었을 때에 감사와 기쁨으로 다시 예배에 참석할 수 있는 것입니다. 우리 교회는 교인 수가 많아서도 그렇겠지만 아직 영상예배를 드리는 성도들이 꽤 있습니다.

지금 코로나 팬데믹이 거의 끝나가고 있는 상황에서 그동안 예배를 드리지 않던 기독교인들이 점차 성전 예배로 나오고 있습니다. 이제는 나올 수 있는데 아직 영상예배를 드리고 있다면 빨리 결단하고 성전으로 나오시기 바랍니다. 비가 온다고 안 오고, 날씨가 더워서 안 오고, 추워서 안 오고, 부부싸움해서 안 오고, 텔레비전 보다가 안 옵니다. 자꾸 안 오다 보면 분명히 하나님으로부터 멀어지게 됩니다.

우리는 하나님의 집을 늘 가까이해야 합니다. 예수님께서 말씀하신 탕자의 비유는 아버지 집을 떠난 인생의 불행한 최후를 말씀해 주신 것입니다. 탕자는 아버지 집을 떠나 즐기며 살았습니다. 친구들도 많았습니다. 자기 마음에 편한 대로 살았습니다. 그런데 그런 날이 오래가지 않았습니다. 사람들도 떠나가고 물질도 떨어졌습니다. 마침내 거지가 되었습니다. 세상이 주는 것은 언젠가 떨어질 날이 있다는 것을 기억하며 살아야 하는 것입니다. 그러나 아버지의 집은 언제나 풍요합니다. 아버지 집에는 영원한 생명이 있습니다. 은혜가 있습니다. 여러분의 인생을 지켜줄 도우심이 있습니다. 문제가 생길 때 인생의 길을 인도해 줄 말씀이 있습니다. 아버지 집을 떠나는 것은 한 발자국씩 떠나는 것입니다. 그러다 보면 어느새 멀리 떠나 방황하고 있는 나 자신을 발견하게 됩니다.

우리는 사도 바울의 말씀처럼 우리 자신이 '믿음 안에 있는가?' 하고 나 자신을 시험해 보아야 합니다. 나의 예배 생활이 몇 점쯤 되는지, 나의 봉사 생활은 어떤지, 나의 물질관은 어떤지, 천국에 들어갈 준비를 하고 사는지, 나의 마음에 예수 그리스도로 인한 평안과 기쁨이 넘치는지, 죄가 미워지는지, 나의 언행은 그리스도인으로 몇 점 정도 되는지 시험해 보시기 바랍니다. 수능 고사를 준비하는 학생들은 늘 시험을 치릅니다. 그래서 나의 성적을 확인합니다. 원하는 대학의 커트라인에 미달되면 갈 수가 없습니다. 성도들도 눈에 보이지는 않지만 각자에게 영적 점수가 있습니다.

우리 교회 한 권사님은 아파트에 청약한 것이 당첨이 되었는데 저에게 와서 이사 가지 않겠다고 합니다. 왜 그러냐고 했더니 "도림교회에서 은혜받고 신앙생활하는 것이 너무 감사해요. 이렇게 은혜로 살고 있는 것이 꿈만 같아요. 멀리 가면 수요예배도 참석할 수 없고 교회도 자주 나올 수 없어서 이사 안 가려고 합니다. 제게는 은혜가 더 중요합니다" 하는 것입니다. 또 한 권사님은 방화동의 서민 아파트에 당첨이 되었습니다. 이분은 어렵게 사시던 분입니다. 그런데 이분도 이사를 안 가시겠다는 거예요. 멀리 가서 받은 은혜를 잃어버릴까 봐 안 가겠다는 것입니다. 예배 참석하기를 사모했던 어느 성도님은 오랫동안 질병으로 교회에 나오지 못했는데 휠체어를 타고 교회를 온 것입니다. 나의 신앙을 확증한 것입니다. 그러니 예배드리면서 그 은혜가 얼마나 크겠습니까? 하나님께로 점점 더 가까이 있기를 원하는 성도들은 이미 복을 받은 것입니다.

오늘 사도 바울은 "예수 그리스도께서 너희 안에 계신 줄을 너희가 스스로 알지 못하느냐 그렇지 않으면 너희는 버림 받은 자니라"(5절)고 말씀합니다. 이 말씀 바로 앞에는 너희 믿음을 시험하고 확증하라고 했습니다. 오늘은 주일이니 하나님께 예배드려야지 하고 결단하고 우리는 예배의 자리로 나옵니다. 찬송을 부릅니다. 나의 죄를 고백하고 사죄의 은총을 구합니다. 하나님께 우리 인생에 아끼는 물질을 드립니다. 주님을 위하여 각양 모양으로 봉사합니다. 세상에 나가서도 그리스도인으로 살려고 노력합니다. 이것이 바로 우리의 믿음을 시험하고 확증하는 것입니다. 그런데 여러분에게 중요한 질문을 합니다. 왜 그렇게 합니까? 그것은 예수 그리스도께서 우리 안에 계시기 때문입니다. 마귀는 우리를 세상으로 끌고 가려고 쉬지 않고 유혹합니다. 그런데 우리는 주님을 따라왔습니다. 이것이 내 노력으로 되는 것이 아니라는 말씀입니다. 내 힘으로 한다면 우리는 수없이 신앙생활을 떠났을 것입니다. 믿음의 차이는 있지만 우리 주님이 여러분 안에 계신 것만은 분명한 것입니다.

사도 바울은 고린도교회의 미혹하는 자들로 인하여 흔들리는 성도들을 향하여 "왜 너희 안에 예수님이 계신 것을 깨닫지 못하느냐?" 하면서 "너희 안에 예수님이 없다면 버림받은 자라"고 안타깝게 말씀하고 있습니다. 고린도교회에 사도 바울이 사도로 부족하다고 소문을 퍼트린 시험이 있었던 것처럼 어느 교회에나 시험거리는 늘 있습니다. 시험이 없을 수 없습니다. 성경이 그렇게 말씀하고 있기 때문입니다. 우리는 우리에게 다가오는 시험을 분별하고 시험에 빠지는 자가 되지 않기를 바랍니다. 시험에 빠지지 않기 위해서 우리는 나의 믿음을 늘 시험하고 확증해야 순결한 믿음으로 승리할 수 있는 것입니다.

　오늘 말씀 7절에서 사도 바울은 우리로 선을 행하고 악을 행하지 않기를 말씀하고 있습니다. 여기서 말씀하는 선은 착한 행위를 의미하는 것이 아닙니다. 이 땅에는 선함이 없다고 했습니다. 오직 선하신 이는 하나님뿐이시라 했습니다. 즉 선을 행하고 악을 행하지 말라는 말씀은 예수 그리스도가 너희 안에 계시니 그 음성을 듣고 순종하며 사탄의 열매인 죄를 멀리하라는 뜻입니다. 성경에는 하나님의 뜻이 수없이 기록되어 있습니다. 그 뜻을 따라 살며 마귀의 유혹을 떠나라는 고린도교회를 향한 간절한 편지입니다. 오늘 이 말씀이 우리에게도 같은 말씀으로 들려지기를 바랍니다. 여러분 안에 예수 그리스도께서 계십니다. 우리는 버림받은 자가 아닙니다. 그러므로 버림받은 자의 인생을 살면 안 됩니다. 하나님께서 우리를 부르시고, 우리를 지키시고, 보호하시고, 복 주시기 위해 우리 안에 주님이 계심을 믿고 담대히 살아가시기 바랍니다.

　전 이화여자대학교 간호대 학장을 지내고 서울사이버대학교 총장을 지낸 김수지 박사는 미국 보스턴 대학에서 한국인 최초로 간호학 박사학위를 받았습니다. 그는 장관으로 입각 제의도 받았지만 거절하고 연세대에 한국에서는 최초로 간호학 박사과정을 만들었고 호스피스 제도를 도입하고 정착을 위해 힘쓴 큰 족적을 남긴 분입니다. 왜 간호사가 되었느냐는 기자의 질문에 하나님께서 나를 간호사로 부르셨기 때문이라고 한마디로 대답했습니다. "내가 만난 하나님, 그분은 돌보시는 분이시다. 나를 돌보셨고, 나를 통해서 다른 사람들을 돌보시기를 소망하시는 분이다. 그래서 내게 성공은 예수님처럼 돌보는 삶을 사는 것이다. 죽는 날까지 그 삶을 살아갈 것이다"라고 고백했습니다. 그래서 은퇴 후에도 아프리카에 가서 간호대에서 무보수 학장으로 봉사하고 장애인들을 위해 봉사하며 살았습니다. 이 정도 분이라면 자기 자랑을 좀 해도 될 만합니다. 그러나 그는 하나님께서 나를 간호사로 부르셨음을 믿고 간호사로서 하나님 영광을 위해 평생을 헌신했습니다. 그는 삶을 통해 예수 그리스도 안에 있음을 늘 확증하며 살아간 사람입니다. 오늘 우리는 '하나님께서 나를 교회학교를 섬기라고 부르셨다. 하나님께서 나를 식당 봉사하라고 부르셨다. 하나님께서 나를 찬양하라고 부르셨다. 하나님께서 나를 전도하라고 부르셨다. 하나님의 자녀로 복되게 살라고 부르셨다. 하나님께서 나를 이 직장에서 하나님의 영광을 위하여 일하라고 부르셨다' 하는 부르심에 대한 믿음의 정체성을 가지고 살아가기를 원합니다.

우리의 영혼에 도적이 들지 않도록 믿음을 늘 시험하고 확증해 나가야 하는 것입니다. 이것이 여러분의 인생에 얼마나 유익한 것인지를 깨달아야 합니다. 믿음을 늘 점검하고 확인하는 성도는 시험이 와도 흔들리지 않습니다. 말씀 듣는 것을 인생 최고의 시간으로 압니다. 찬양과 기도가 늘 끊이지 않습니다. 나쁜 길로 가지 않습니다. 악한 자들과 함께하지도 않습니다. 늘 성령 충만하여 소망 가운데 삽니다. 성도 여러분, 나의 믿음을 점검하고 확증하는 삶을 날마다 살아가는 성도들이 되시기를 바랍니다.

📝 적용

ⓐ 오늘 말씀의 주제 파악하기:

_____

_____

ⓑ 오늘 말씀 중 은혜 받은 부분 나누기:

_____

_____

ⓒ 삶에 구체적으로 적용하기:

_____

_____

_____

👏 함께 드리는 기도제목

> 1. 나의 믿음을 늘 점검하고 확증하여 순결한 신앙으로 살아가게 하소서.
> 2. 나와 함께 계시는 예수님의 말씀을 듣고 순종하며 죄를 멀리하는 삶을 살게 하소서.
> 3. 하나님께서 나를 부르셨다는 믿음의 정체성을 가지고 살아가게 하소서.

39

그 아홉은 어디 있느냐?

- **본 문:** 누가복음 17:11-19 (신 124쪽)
- **찬 송:** 589장 (넓은 들에 익은 곡식, 통 308장)
- **요 절:** "그중의 한 사람이 자기가 나은 것을 보고 큰 소리로 하나님께 영광을 돌리며 돌아와 예수의 발 아래에 엎드리어 감사하니 그는 사마리아 사람이라"(눅 17:15-16)

하나님께서 우리에게 명하신 구약의 절기는 세 가지입니다. 유월절, 맥추절, 수장절입니다. 이 세 가지 절기를 반드시 지키라 하시고 내 앞에 보이라 하셨습니다. 이 세 가지 절기의 공통점은 감사하는 절기입니다. 그만큼 하나님은 감사를 중요하게 말씀하십니다. 감사는 하나님의 뜻입니다. 감사는 우리 인생을 바꾸는 중요한 영적 습관입니다. 가정에서 감사하면 그 가정이 행복하게 됩니다. 아내는 남편을 보며 '나를 위해 이렇게 일하는구나' 하면서 쉬지도 못하는 남편을 보며 감사합니다. 남편은 아내를 보며 '내가 잘해준 것도 없는데 나를 믿고 이렇게 살아 주었구나'라고 생각할 때 감사하게 됩니다. 자녀도 부모님의 은혜를 깨달을 때 감사하게 됩니다. '세상의 모든 사람들이 나를 부려 먹고 나를 통해 이익을 얻으려고 하는데 부모님은 나를 위해 희생하시는구나'라는 사실을 깨달을 때 비로소 철이 든 것입니다. 그러면 부모님을 기쁘시게 하기 위해 비전을 가지고 공부를 하고 일합니다. 온 가족이 이렇게 서로를 보며 감사하면 그 가정은 행복할 수밖에 없습니다.

직장에서도 감사하는 사람은 일하는 모습이 다릅니다. '이 직장을 통해 우리 가족이 먹고 살 수 있었구나, 내 자녀를 키울 수 있었구나'라고 생각하면 감사하게 됩니다. 그러나 '내가 일한 대가를 내가 받는건데, 무엇이 감사하냐'라고 생각하면 직장에 충성하지 않고 성실하지도 않습니다. 일하면서도 기쁨이 없습니다. 신앙생활도 그렇습니다. '하나님께서 나 같은 사람을 구원하시려고 예수님을 보내주셨구나. 나를 위하여 도림교회의 이렇게 많은 사람들이 헌신하는구나'라고 생각하면 교회만 보아도 감사하게 됩니다. 누구보다 일찍 나와서 차량 안내를 하며 헌신하는 사람들, 새벽 일찍 일어나 찬양을 준비하여 성도들을 섬기는 사람들, 새벽마다 목이 터져라 은혜받으라고, 그래야 산다고 외치는 목사님, 어제 새벽에도 커피와 대추차로 섬기는 분들을 보며 감사할 줄 알아야 합니다.

감사로 바라보는 사람과 불평으로 바라보는 사람은 신앙생활이 다릅니다. 감사하는 사람이 행복합니다. 감사하는 사람이 성공합니다. 감사의 시선으로 세상을 바라보면 어디든지 감사할 것이 넘쳐납니다. 그러므로 우리는 감사의 생각을 해야 합니다. 감사의 기도를 해야 합니다. 감사의 찬송을 불러야 합니다. 감사의 제사를 드려야 합니다. 감사하는 인생을 살아야 합니다. "나는 감사할 것이 없는데…"라고 말하는 사람이 있습니다. 왜 없습니까? 감사를 찾아보지 않으니 없는 것입니다.

어떤 집사님이, 목사님이 범사에 감사하라고 하시며 감사를 찾아보라고 한 것을 들었습니다. 머리에서 발끝까지 감사를 찾아보고, 가까운 곳에서 먼 곳까지 감사를 찾아보라고 했답니다. 지나온 날도 감사하고 현재도 감사하고 미래도 감사하라고 했습니다. 그 집사님이 머리부터 감사할 것을 찾는데 이 집사님이 대머리입니다. 대머리를 생각하니 불평할 것 밖에 없습니다. 그런데 감사로 생각을 바꾸니 감사할 것이 나오더랍니다. '머리 감을 때마다 샴푸가 필요 없으니 감사하지. 남들은 머리 감느라 시간이 걸리고 드라이 하느라 시간이 걸리는데 나는 머리도 자주 안 감아도 되고 그럴 필요가 없으니 감사하지. 남들은 이발 비용이 많이 드는데 나는 그저 가끔 뒷머리만 다듬으면 되니 돈이 안 들어 감사하지, 하나님께서 나를 얼마나 사랑하셨으면 날마다 쓰다듬어 주셔서 내 머리가 앞뒤로 하나도 없으니 감사하지. 하나님께서 우리의 머리카락까지도 다 세신 바 되신다고 하셨는데 하나님께서 내 머리카락 세는 데 수고를 덜어드렸으니 감사하지. 내 얼굴이 잘생겼으니 가발 모델해서 돈벌 수 있으니 감사하지. 고대 바빌로니아에서는 대머리가 되면 저주를 받았다고 했는데 지금 이 시대에 태어난 것을 감사하지. 위대한 엘리사도 대머리였는데 나도 대머리이니 감사하지…'

감사는 생각의 문제입니다. 오늘 성경에도 똑같은 상황에서 감사하는 사람이 있고 감사하지 못한 사람들이 나옵니다. 예수님께서는 지금 예루살렘으로 가시는 길에 사마리아와 갈릴리 사이를 지나가시다가 한 마을에 들어가셨습니다. 예수님은 마지막 십자가의 길로 가시기 위하여 예루살렘으로 가시는 길입니다. 다시는 이곳으로 돌아올 수 없습니다. 이때 나병환자 열 명이 예수님을 보고 멀리 서서 외치기를 "예수 선생님이여, 우리를 불쌍히 여기소서"라고 했습니다. 당시의 나병은 고칠 수 없는 병이었고 저주받은 병이었습니다. 성전에도 들어갈 수 없는 사람들이었습니다. '멀리 서서'라는 말은 사람들 앞에 나올 수 없기에 멀리서 외친 것입니다. 당시의 율법에 나병환자가 사람들 있는 곳에 다가오면 돌에 맞습니다. 부정하다는 것입니다. 이들은 예수님을 만날 수 있는 마지막 기회를 붙잡았습니다. 아니, 예수님께서 이들을 긍휼히 여기시고 마지막 가시는 그 길에 나병환자들을 찾아가신 것입니다. 우리가 예수 믿은 것도 내가 도림교회에 나온 것이 아닙니다. 주님께서 우리를 불러주신 것입니다. 이 사실을 깨달아야 신앙생활에 감사가 나옵니다. 교회를 보아도 감사가 나오는 것입니다.

새벽기도를 마치고 돌아가는데 한 집사님이 옆에 계시길래 축복한다고 악수를 청했습니다. 평소 제가 주일에는 손을 흔들어 인사를 하지 악수를 잘 하지 않는데 이 순간은 악수를 나도 모르게 청했습니다. 그랬더니 이 집사님이 제 손을 꼭 잡더니 눈물을 주르르 흘리는 것입니다. 악수 한 번 하는데 왜 눈물을 그렇게 흘립니까? 감사하기 때문입니다. 이 교회에 나와 생명의 말씀을 듣고 구원받은 백성으로 살아가는 것이 감사하기 때문입니다. 감사할 때에 신앙이 행복합니다. 교회에서 감사하면 은혜의 문이 크게 열립니다. 그러나 감사하지 못하고 불평이 자꾸 나오면 은혜의 문이 닫혀버리는 것입니다. 은혜가 닫히면 축복도 닫힙니다. 그러므로 교회에 나오면 감사부터 배워야 합니다. 하나님은 감사하는 사람을 쓰시지, 불평하는 사람을 절대 쓰시지 않습니다. 신앙생활을 하면서 감사하는 사람이 이 세상을 떠날 때도 감사할 수가 있는 것입니다. 주님 앞에 설 때에 우리 주님이 "어서 오라" 하시면 우리가 무슨 말을 하겠습니까? "주님, 감사합니다" 하는 말이 우리의 입술에 있기를 원합니다.

예수님은 부르짖는 나병환자들에게 "가서 제사장들에게 너희 몸을 보이라"고 하셨습니다. 율법에 보면 나병환자들은 병이 나으면 제사장에게 가서 검사를 받아야 합니다. 종기 같은 것이 생겨도 일단 공동체에서 분리가 되고 다 나으면 제사장에게 가서 보여야 합니다. 그래서 합격하면 다시 돌아올 수가 있습니다. 예수님께서는 이들의 나병을 고쳐 주시는데 다른 것을 요구하신 것이 아니라 믿음을 요구하셨습니다. 이 나병환자들의 믿음이 대단합니다. 이들이 예수님의 말을 듣고 제사장을 향하여 목숨을 걸고 나아갑니다. 이들은 사람들이 있는 곳에 가까이 가면 돌에 맞습니다. 더구나 제사장은 불결한 것을 가까이하지 못합니다. 그런데도 이들은 나아갔습니다. 아마 '이왕 이렇게 사나 돌에 맞아 죽으나 마찬가지니 한번 믿어보자' 하는 마음이 있었을지 모릅니다.

성경을 보면 가는 도중에 이들이 깨끗함을 얻었다고 했습니다. 이 광경을 한번 상상해 보십시오. 발가락이 떨어지고 온전치 못한 이들이 가는 도중에 몸이 갑자기 치유가 되었습니다. 얼마나 놀랐겠습니까? 자기 몸을 보고, 서로의 몸을 보면서 이들은 뛰면서 환호성을 질렀을 것입니다. 이제는 그렇게 그리던 가족들도 만날 수 있습니다. 고향 집에 돌아가 함께 평안히 살 수도 있습니다. 새로운 인생이 이들에게 열린 것입니다. 그래서 이들은 제사장을 향하여 달려갔을 것입니다. 빨리 제사장에게 보이고 싶어서 쉬지도 않고 달렸을 것입니다. 그런데 단 한 사람, 사마리아 사람은 다시 예수님께로 돌아옵니다. 15-16절을 보면 "그중의 한 사람이 자기가 나은 것을 보고 큰 소리로 하나님께 영광을 돌리며 돌아와 예수의 발 아래에 엎드리어 감사하니 그는 사마리아 사람이라" 했습니다. 아홉은 제사장에게 달려갔지만, 이 한 사람은 예수님께 다시 달려왔습니다. 예수님이 첫 번째였기 때문입니다.

여러분, 예수님이 첫 번째여야 예수님께 먼저 감사할 수 있습니다. 다른 나병환자들도 병이 나은 후 집에도 다녀오고 예수님께 다시 달려오려고 생각했을지 모릅니다. 그런데 예수님이 첫 번째는 아니었습니다. 아침에 일어나면 제일 첫 번째가 예수님이길 원합니다. "주님, 오늘도 하루를 주셔서 감사합니다." 일을 하면서도 감사하고 잠자리에 들 때에도 "주님, 하루를 지켜주셔서 감사합니다" 하는 고백이 있기를 원합니다. 감사는 훈련입니다. 저는 주일 예배를 마치고 집으로 가기 위해 운전하는 차 안에서 "하나님, 감사합니다. 감사합니다. 감사합니다"라고 늘 여러 번을 습관적으로 고백합니다. 하나님께서 지켜주셔서 하루도 말씀을 전할 수 있었음을 고백하는 것입니다.

17-18절을 보면 "예수께서 대답하여 이르시되 열 사람이 다 깨끗함을 받지 아니하였느냐 그 아홉은 어디 있느냐 이 이방인 외에는 하나님께 영광을 돌리러 돌아온 자가 없느냐 하시고"라고 기록되어 있습니다. 예수님은 열 명이 다 나음을 입은 것을 이미 알고 계셨습니다. 그런데 사마리아 사람인 한 사람만이 다시 돌아와 감사를 드렸습니다. 예수님께서 그 아홉은 어디 있느냐 하신 것은 어디 있는지 몰라서 물으시는 말씀이 아닙니다. 그들은 왜 감사하지 않느냐 하는 것입니다. 예수님은 대가를 바라시고 병자를 고쳐주신 적이 없습니다. 긍휼 때문에 고쳐주셨습니다. 그러면 하나님께 영광 돌리며 감사하는 인생이 되어야 한다는 것을 말씀하시는 것입니다. 예수님은 꿇어 엎드려 감사하는 사마리아 사람에게 "일어나 가라 네 믿음이 너를 구원하였느니라"(19절)고 하십니다. 구원의 은혜까지 주셨습니다. 아홉은 육체의 치유만 받았지만 감사하는 한 사람은 영혼의 구원까지 받았습니다. 이 이야기를 보면서 '열 명의 나병환자가 함께 돌아와 먼저 예수님께 감사하였더라면 얼마나 좋았을까? 성경의 기록이 바뀌지 않았을까?' 하는 아쉬운 생각을 해봅니다.

이 나병환자들의 이야기가 사실은 우리의 이야기입니다. 인간은 고통스럽고 힘든 상황일 때에 "예수 선생님이여, 나를 불쌍히 여기소서" 하고 외칩니다. 그런데 형통하고 문제가 없으면 주님을 잊어버립니다. 우리가 돌아온 사마리아인이 아니라 아홉으로 살아갑니다. 믿음은 어려울 때에도 확인이 되지만 진짜 믿음은 잘되고 형통할 때 확인되는 것입니다. 잘되고 형통할 때 하나님의 은혜인 줄 알고 더 감사하고 더 겸손하고 더 영광 돌리는 사람이 진짜 믿음의 사람입니다.

한 아들이 집에 돌아와 흥분한 상태로 아버지께 이야기합니다. "아버지, 오늘 집으로 오다가 차가 일곱 바퀴나 굴렀어요. 그런데 이렇게 상처 하나 없이 말짱해요. 하나님의 은혜에 정말 감사해요." 이 말을 들은 아버지는 "나도 너보다 훨씬 더 감사하다"라고 했습니다. 아들은 깜짝 놀라 눈을 크게 뜨고 "그러면 아버지는 여덟 바퀴 굴렀나요?" 그러자 아버지는 "아니다. 나는 한 바퀴도 안 굴렀다" 했습니다.

매일 같이 건강하게 식사를 잘하고 걸어 다니는 것도 감사하고 안전한 것도 감사하고 이렇게 주일 예배를 지킬 수 있는 것도 더욱 감사해야 하는 것입니다. 아파서 감사하는 것보다 건강해서 감사하는 것이 더 큰 감사요 더 좋은 것입니다. 미리미리 감사하고 평소에 감사하는 신앙이 복된 신앙입니다. 하나님은 감사하는 자에게 점점 더 큰 감사를 주십니다. 그러나 불평하는 자에게는 불평할 수밖에 없는 일을 주십니다. 불평할 일이 더 크게 생기길 원하면 불평하시고, 감사하는 일이 더 크게 생기길 원하면 감사하시기 바랍니다. 하나님은 분명히 감사하는 자들을 크게 사용하십니다. 성경에 나오는 위대한 인물들은 모두가 감사하는 사람들이었습니다. 다니엘은 죽음의 위기 앞에서도 창문을 열고 감사기도를 드렸습니다. 욥이나 다윗은 고난 가운데서도 감사기도를 드렸습니다. 사도 바울 같은 이는 감옥에 갇혀서도 감사로 살았습니다. 감사하는 사람이 하나님을 영화롭게 합니다.

오늘 우리는 감사를 잊어버린 아홉 사람과 같이 되어서는 안 되겠습니다. 코로나를 지날 때는 두려워 떨며 "불쌍히 여기소서" 하고 기도하다가 다 지나가고 나니 아홉 사람과 같이 자기의 길로 가는 사람들이 되어서는 안 되겠습니다. 하나님께서는 감사하라고 하셨습니다. 성도 여러분, 영혼 구원받은 것을 감사하고 가정에서나 일터에서나 더구나 주의 집에 와서 늘 감사하는 여러분이 되시기를 바랍니다.

📝 적용

ⓐ 오늘 말씀의 주제 파악하기:

ⓑ 오늘 말씀 중 은혜 받은 부분 나누기:

ⓒ 삶에 구체적으로 적용하기:

🙌 함께 드리는 기도제목

1. 무엇을 하든 예수님을 첫 번째로 여기고, 항상 예수님께 감사하는 삶을 살게 하소서.
2. 감사의 시선으로 모든 것을 바라보고 감사의 제목을 풍성하게 하는 삶을 살게 하소서.
3. 잘되고 형통할 때, 주님의 은혜를 잊지 않고 더욱 감사하는 삶을 살게 하소서.

40

마음의 병을 고치라

- 🍀 **본 문**: 잠언 4:23 (구 914쪽)
- 🍀 **찬 송**: 540장 (주의 음성을 내가 들으니, 통 219장)
- 🍀 **요 절**: "모든 지킬 만한 것 중에 더욱 네 마음을 지키라 생명의 근원이 이에서 남이니라"(잠 4:23)

현대인들은 많은 질병을 안고 살아갑니다. 우리 부목사님들이 성도들을 심방한 내용들을 보면 거의 모두가 질병에 대한 문제 아니면 주일 결석 문제입니다. 사실 주일 결석도 피치 못할 사정이 있는 것 외에는 모두 영적 질병입니다. 영적으로 아프니까, 아니면 약하니까, 아니면 시험에 빠져서 주님을 만나야 하는 시간에 주님을 만나지 못하는 것입니다. 고령화 시대에 접어들면서 아픈 사람들이 더욱 많아집니다. 함께 마음의 질병을 앓고 있는 사람들도 많아집니다. 부부간의 이별, 가족의 죽음, 어릴 적 마음의 상처, 부부간의 갈등, 부모와 자녀 간의 갈등, 시부모와의 갈등, 회사에서의 갈등이 우리를 힘들게 하는데 마음의 병은 치료가 어렵습니다. 문제 해결이 잘 안되기 때문입니다. 요즘은 사랑하는 강아지가 죽어 삶이 힘들어 심방해 달라는 사람도 보았습니다. 다리가 부러지든지, 몸에 문제가 있으면 병원에 입원도 하고 치료도 받는데 마음의 상처는 쉽게 치료받지 못한다는 데 문제가 있습니다. 육체의 상처도 빨리 치료해야 되듯이 마음의 상처도 치료의 시기를 놓치면 병이 커집니다.

국민보험공단에 따르면 우울증으로 병원을 찾은 환자가 한 해 동안 100만 명을 넘어섰다고 보고했습니다. 대한민국 성인 인구가 3천만 명을 조금 넘으니 서른 명 중에 한 명이 병원을 찾았다는 말입니다. 우울증이라 하면 과거에는 갱년기 여성들에게 찾아오는 질병으로 생각했는데 지난해 20대 여성들이 60대보다 더 많은 우울증으로 병원을 찾았습니다. 마음의 병이 있지만 병원을 찾지 않은 환자들도 많습니다. 공황장애, 수면장애, 스트레스, 조울증, 불안, 알코올중독으로 많은 사람들이 고생합니다. '나는 아니다'라고 생각하는데 그렇지 않아요.

스마트폰 중독도 심각한 마음의 질병으로 보고 있습니다. 하루에 몇 시간씩 스마트폰을 붙잡고 사는데 그것이 질병인 줄도 모르고 사는 사람도 있을 것입니다. 과학기술정보통신부의 작년 보고에 따르면 청소년의 40%가 스마트폰 위험군이라 보고했습니다. 스마트폰 중독은 많은 질병을 가지고 옵니다. 거북목, 목디스크, 수면장애, 안구 건조 등 육체적인 것뿐 아니라 마음에도 장애를 가지고 옵니다. 스마트폰이 나의 삶의 질을 망가뜨리는데 왜 바보같이 붙잡고 삽니까? 그 중독에서 벗어나시기 바랍니다.

오늘 성경은 솔로몬의 잠언입니다. 솔로몬은 아버지 다윗 왕으로 인해 하나님의 은혜를 입은 사람이었습니다. 그리고 아버지로부터 배운 믿음으로 하나님을 섬겨 형제들 가운데 특별히 왕이 되었습니다. 이 과정이 쉬운 일이 아니었습니다. 누구보다 많이 하나님의 은혜를 입은 사람이었지만 솔로몬은 중간에 마음을 지키지 못했습니다. 나라가 강성해졌을 때 이스라엘의 영토는 남으로 이집트까지 북으로 유프라테스강까지 확장되었고 각국의 조공을 받았습니다. 곡식이 풍성하고 백성들은 평안했습니다. 이때에 그는 칠백 명의 후궁과 삼백 명의 첩을 두었습니다. 사람은 잘되고 형통할 때 교만해지는 것을 조심해야 합니다. 그런데 솔로몬은 잘될 때에 마음이 하나님을 떠났습니다. 부귀와 영화에 빠져들었습니다. 우상을 숭배했습니다. 그때에 하나님은 솔로몬의 마음이 떠난 것을 한탄하시며 에돔 사람 하닷을 통하여, 엘리아다의 아들 르손을 통해서 솔로몬을 대적케 하셨습니다. 이들이 나라를 세우고 이스라엘을 괴롭혔지만 솔로몬은 깨닫지 못했습니다. 마침내 아히야 선지자는 여로보암을 아무도 없는 들판에서 만나 자신의 새 옷을 찢어 열두 조각으로 나눕니다. 그리고 열 조각을 여로보암에게 주며 하나님의 말씀을 전합니다. "솔로몬의 마음이 내게서 떠났으니 그 나라를 빼앗겠다. 열 지파를 너에게 주겠다"라고 하며 열 조각을 주었습니다. 그리고 "한 지파는 내 종 다윗을 위해서, 나머지 한 지파는 내가 택한 예루살렘을 위하여 솔로몬에게 남겨주겠다. 단 솔로몬이 살아 있는 동안에는 아버지 다윗을 생각하여 그 나라를 빼앗지 않겠다" 하는 예언의 말씀을 전합니다. 솔로몬이 이를 알고 여로보암을 죽이려 하자 여로보암은 이집트로 도망을 칩니다. 솔로몬이 회개를 해야 하는데 오히려 하나님께서 택하신 사람을 죽이려 했습니다. 죽인다고 해결되는 것이 아닙니다. 하나님의 말씀은 반드시 이루어지는 것입니다. 우리는 하나님의 말씀이 반드시 이루어질 것을 믿고 장차 우리가 하나님 앞에 서는 날이 올 것을 미리 준비해야 합니다. 이 예언대로 솔로몬 사후 이스라엘은 열 지파가 반역을 일으키고 분열이 됩니다. 다른 것이 아니라 마음이 하나님을 떠난 솔로몬의 죄 때문입니다.

오늘 읽은 "모든 지킬 만한 것 중에 더욱 네 마음을 지키라 생명의 근원이 이에서 남이니라"는 말씀은 솔로몬이 초기에 기록한 말씀입니다. 그는 마음이 중요한 것을 알고 있었습니다. 하나님을 향한 마음이 생명의 근원임도 알고 있었습니다. 그런데도 잘되고 형통할 때 그의 마음이 그만 하나님을 떠났습니다. 이것이 인간입니다. 인간은 자신을 믿어서는 안 된다는 것이 성서적인 인간론입니다. 하나님을 믿어야 하는 것입니다. 하나님께 맡겨야 하는 것입니다. 오늘 한국교회의 문제는 지도자들의 문제입니다. 누구보다 오래 믿고 더 잘 믿는다 했던 사람들이 하나님의 영광을 가리울 때 나타난 문제입니다. 처음 예수 믿고 구원받고 감격했던 그 마음을 지키지 못했기 때문입니다. 솔로몬이 그랬습니다. 솔로몬은 노년에 다시 하나님께로 돌아왔지만, 그에게 내린 징벌은 피할 수 없었습니다. 아버지 다윗을 통하여 받은 은혜와 축복을 자신의 죄로 말미암아 다 빼앗기고 민족은 분열되게 되었고 외적으로부터 시달림을 받기 시작합니다.

우리 또한 솔로몬을 통해 인생의 깨달음을 얻기를 바랍니다. 무엇보다 마음을 지켜야 하는 것입니다. 솔로몬 같은 사람도 마음을 지키지 못하면 불행한 인생이 된다는 것을 기억해야 합니다. 하나님께서 솔로몬을 통해 주신 말씀은 네 건강을 지키라, 네 물질을 지키라, 네 기업을 지키라 하신 것이 아니라 마음을 지키라고 하셨습니다. 이것들을 지키지 말라는 말이 아닙니다. '모든 지킬 만한 것 중에'라는 말씀은 다른 것보다 최우선으로 마음을 지키라는 뜻입니다. 현대인들은 건강을 지키기 위해 애를 씁니다. 건강을 지키기 위해 판매되는 약품의 수를 셀 수 없고 액수는 천문학적입니다. 우리 크리스천들도 육체의 건강을 지키기 위해 애를 씁니다. 여러분이 건강 때문에 먹는 약을 모두 가져와 교회에 쌓아놓는다면 굉장할 것입니다. 그런데 생명의 근원인 마음을 지키기 위해서는 얼마나 많은 노력을 하고 사느냐 하는 것입니다. 마음의 건강을 지키기 위해서는 세상에 아무리 좋은 것을 많이 먹어도 소용이 없습니다. 오직 하나님의 말씀을 먹어야 만이 영적으로 건강해집니다. 사람이 떡으로만 살 것이 아니라고 했습니다. 하나님의 입으로 나오는 말씀이 우리를 살리는 것입니다. 그 말씀을 날마다 먹어야 영적으로 건강하고 천국을 차지할 수 있는 것입니다.

성경은 우리에게 가장 중요한 것이 마음의 건강이라고 말씀합니다. 마음의 건강은 영혼의 평안입니다. 세상적으로 평안한 것이 아니라 하나님의 능력 안에서 평안한 것입니다. 오늘 현대인들은 마음에 병이 들어 방황하고 있습니다. 정치는 정치대로, 기업은 기업대로 서로를 죽이려고 사나워집니다. 가정에서도 서로 이기려고 싸우다 보니 평안이 말라 버렸습니다. 이야기를 들어보면 서로 주도권을 갖기 위해 싸우는 교회도 있습니다. 늘 싸운답니다. 저는 우리 장로님들에게 "우리 당회는 무조건 하나가 됩시다"라고 부탁을 드렸습니다. 그동안 당회를 하면서 한 번도 서로 의견이 달라 투표를 한 적이 없습니다. 우리 교회는 영원히 의견이 달라서 투표하는 일이 없었으면 좋겠어요. 어제도 장로님들을 엘리베이터에서 만났는데 전도하고 오시는 길이라고 했습니다. 장로님들이 모여 전도하러 나가는 교회…여러분, 이런 교회가 얼마나 감사한지 아셔야 합니다.

현대인들은 좀 더 평안하고, 좀 더 잘 먹고, 좀 더 누리고, 좀 더 높은 자리에 오르기 위해 무한정 달려가고 있습니다. 과거보다 좋은 옷을 입고 화장을 하고 겉은 더 아름다워지는데 우리의 속은 과거보다 더 더러워지고 있습니다. 여러분은 예수 믿고 마음이 점점 더 아름다워지고 있습니까? 더러운 것들이 점점 더 사라지고 있습니까? 천국을 차지할 마음을 준비하고 있습니까? 마태복음 5장 3절에

"심령이 가난한 자는 복이 있나니 천국이 그들의 것임이요"라고 하셨습니다. 5장 8절에는 "마음이 청결한 자는 복이 있나니 그들이 하나님을 볼 것임이요"라고 하셨습니다. 천국은 마음이 건강한 자만이 갈 수 있다는 말입니다.

마음을 지키려면 어떻게 해야 합니까? 육체의 건강을 지키려면 좋은 음식을 잘 먹고 운동을 해야 합니다. 영적인 원리도 똑같습니다. 좋은 음식을 잘 먹어야 합니다. 영적인 음식은 하나님의 말씀입니다. 여기저기 가서 이상한 음식을 먹으면 안 됩니다. 이단들은 여러분의 영적인 건강을 고장 나게 만드는 위험한 음식을 먹으라고 합니다. 하나님께서 우리 교회를 통하여 주시는 영의 양식을 먹는 일에 힘을 써야 하는 것입니다. 주일에 한 번 먹는 것 가지고는 안 되니 수요일에도 먹고, 금요일에도 먹고, 새벽에도 먹고, 성경 강좌에도 나와 먹고 유튜브를 통해 한 번 더 먹고 그러면 영적으로 건강해지는 것입니다. 그리고 무엇을 하라고 했지요? 운동, 영적인 운동은 실천을 말합니다. 먹기만 하면 안 됩니다. 봉사하는 일에도 나오고 전도하는 일에, 이웃을 구제하는 일에, 기도하는 일에 힘써야 하는 것입니다. 그러면 영적으로 건강해집니다. 영적으로 건강해야 마귀가 틈타지 않습니다.

예수님의 비유 중에 씨 뿌리는 비유가 있습니다. 어떤 씨는 길가에 떨어졌다고 했습니다. 옥토에 떨어져야 하는데 길가에 떨어졌다는 것은 그의 마음의 상태를 의미하는 것입니다. 누가복음 8장 12절에 예수님의 설명을 보면 "길가에 있다는 것은 말씀을 들은 자니 이에 마귀가 가서 그들이 믿어 구원을 얻지 못하게 하려고 말씀을 그 마음에서 빼앗는 것이요"라고 했습니다. 말씀은 들었지만 그의 마음이 딱딱하여 길가와 같으니 공중의 새들이 와서 먹어버렸다고 했습니다. 마귀가 와서 구원을 얻지 못하게 하려고 그 마음에서 말씀을 빼앗는 것이라 하셨습니다. 성도 여러분, 여러분의 마음에서 들은 말씀을 빼앗기지 마시기 바랍니다. 아멘 하고 그 말씀을 받아 말씀대로 살아가시기 바랍니다. 이것이 여러분이 받은 구원을 지키는 것입니다. 말씀을 듣고 힘써 실천하여 마귀에게 틈을 보이지 않아야 합니다. 마귀는 우리의 틈을 너무나 잘 압니다. 공부 잘해도 소용없고, 건강해도 소용없습니다. 마귀는 틈을 찾는 데 선수입니다.

성도 여러분, 우리가 하나님의 자녀가 되었고 말씀은 받았는데 그 동안 마귀에게 틈을 준 것이 있는지 우리의 모습을 돌아보는 시간이 되기를 원합니다. 그래서 우리 마음이 건강하지 못한 것이 있는지 돌아보기를 원합니다. 우리는 질병을 고치기 위해 약을 먹고 병원에 갑니다. 위장병, 관절염, 당뇨, 불면증 등 많은 질병들이 있습니다. 치매나 암같이 무서운 질병에 걸린 사람들도 있습니다. 이러한 것을 내버려 두는 사람은 없습니다. 내버려 두면 아프고 점점 더 악화되기 때문입니다. 우리는 그것을 두려워합니다. 그런데 우리가 고쳐야 할 마음의 병은 없습니까? 그것을 내버려 두지는 않습니까? 마음의 병이 깊어져서 고통스럽지는 않습니까? 우리 주님께 고쳐 달라고 요청하십시오.

얼마 전 십자가를 만드는 작가를 만나 인상 깊은 십자가를 보고 하나 샀습니다. 혈루병 걸린 여인이 예수님의 옷자락을 잡아끄는 모습의 십자가입니다. 우리가 저 여인처럼 말씀을 듣고 이 시간 믿음으로 예수님의 옷자락을 붙들어야 하는 것입니다. 마음의 병이 있으면 그 병이 세월이 지난다고 해서 저절로 낫지 않습니다. 사람의 힘으로 어떻게 할 수 없는 마음의 병을 고쳐 주실 분이 누구십니까? 우리 주님이십니다. "주님, 내 마음속에 찾아와 주십시오. 내 마음의 주인이 되어 주십시오"라고 기도하시기 바랍니다. 그러면 우리 주님은 여러분의 심령의 방을 깨끗이 청소해주십니다. 악한 것들을 성령의 불로 태워버리십니다. 더럽고 추한 것들은 다 버리고 성령의 열매로, 하나님의 은혜로 채워주십니다. 그리하여 우리로 하여금 새로운 심령으로 거듭나게 하십니다. 그리고 우리는 옛것을 떠나야 하는 것입니다. 성도 여러분, 여러분의 마음의 병들을 다 주님께 고하고 치유함을 받고 자유와 평안을 누리는 성도들이 되시기를 바랍니다.

📝 적용

ⓐ 오늘 말씀의 주제 파악하기:

⎯⎯⎯

ⓑ 오늘 말씀 중 은혜 받은 부분 나누기:

⎯⎯⎯

ⓒ 삶에 구체적으로 적용하기:

⎯⎯⎯

⎯⎯⎯

👏 함께 드리는 기도제목

1. 나의 마음에 관심을 가지고, 마음의 건강을 지키기 위하여 노력하는 삶을 살게 하소서.
2. 교회를 통하여 주시는 말씀을 귀히 여기고, 영의 양식을 먹는 일에 힘쓰는 삶을 살게 하소서.
3. 내게 주신 말씀을 삶 속에서 실천하여 영적으로 건강한 삶을 살게 하소서.

41

모이기를 힘쓰는 영적 습관

- 🍀 **본 문**: 히브리서 10:23-25 (신 363쪽)
- 🍀 **찬 송**: 220장 (사랑하는 주님 앞에, 통 278장)
- 🍀 **요 절**: "서로 돌아보아 사랑과 선행을 격려하며 모이기를 폐하는 어떤 사람들의 습관과 같이 하지 말고 오직 권하여 그날이 가까움을 볼수록 더욱 그리하자"(히 10:24-25)

    히브리서는 기독교 대박해의 시기에 히브리인들에게 주신 말씀입니다. 당시 히브리인들 중에 예수를 믿은 사람들이 많이 있었습니다. 우리가 그러하듯 이들도 부모나 이웃의 권유로 신앙생활을 시작한 사람도 있을 것이고, 초대교회의 신비한 기적을 체험하며 신앙생활을 시작한 이들도 있었을 것입니다. 그런데 네로 황제의 박해 등 극심한 핍박이 기독교인들에게 가해졌습니다. 믿음이 약한 이들 중에는 이 박해의 시기에 믿음이 흔들리고 다시 유대교로 돌아간 사람들도 있었습니다. 히브리서 기자는 이들을 격려하며 "믿음에 흔들리지 말라, 우리의 믿음의 주는 예수 그리스도이시다"라는 것을 전했습니다. 히브리서는 특히 믿음을 강조합니다. 그래서 우리가 잘 아는 대로 히브리서 11장을 '믿음장'이라 부릅니다. 오늘 말씀도 흔들리지 말고 믿음을 지키라는 권면의 말씀입니다. 오늘 성경은 "모이기를 폐하는 어떤 사람들의 습관과 같이 하지 말고"라고 말씀합니다. 당시에도 모이기를 폐하자는 어떤 사람들이 있었습니다. 무슨 모임입니까? 우리가 사는 세상에는 옛날이나 지금이나 많은 모임들이 있습니다. 취미를 위하여 모이는 모임, 이익을 위하여 모이는 모임, 자녀를 위하여 모이는 학부모회 같은 모임, 나라를 지키기 위하여 모이는 모임 등 많은 모임들이 있습니다. 정치인들도 모였다 흩어졌다를 반복합니다. 저도 지칠 정도로 많은 모임에 참여합니다.

오늘 성경이 말씀하는 모임은 예배입니다. 예배는 하나님께서 명하신 모임입니다. 바쁘다고 모이지 않고, 아프다고 모이지 않고, 다른 중요한 일이 있어서 모이지 않는 그런 모임이 아닙니다. 교회는 전통적으로 주일성수를 지켜왔습니다. 성수(聖守)라는 말은 '거룩하게 지킨다'는 뜻입니다. 주일을 지키는 것은 하나님께 예배드리기 위하여 지키는 것입니다. '내 인생의 첫 번째가 하나님이십니다' 하는 것을 고백하는 행위입니다. 예배를 통하여 우리는 하나님의 말씀을 듣습니다. 예배의 모든 순서가 하나님의 말씀을 듣고 우리가 올려드리는 것이 반복된 것입니다. 예배의 부름, 교독문, 사죄의 선포, 성경 봉독과 오늘의 말씀을 통해 하나님의 말씀을 듣습니다. 축도도 지금은 "축원하옵나이다"라고 기도의 형식으로 되어 있는데 원래는 말씀의 선언입니다. 성부와 성자와 성령의 이름으로 약속을 받고 세상으로 나아가는 것이 축도입니다.

주보를 보면 제일 앞에 전주라고 되어 있는데 이 전주는 하나님께 찬양 드리는 순서입니다. 오르간 반주가 시작되면 하나님을 향한 찬양이 시작된 것입니다. 찬송, 송영, 기원, 찬송, 참회의 기도, 대표기도, 봉헌 등 계속되는 순서들이 하나님께 올려드리는 순서들입니다. 이렇게 예배는 하나님께 올려드리고 하나님께서 주시는 말씀과 은혜와 축복을 받는 순서입니다. '예배의 순서를 좀 간단하게 하지', 혹은 '무엇 무엇도 하지'라고 생각할 수 있는데 그것은 예배를 잘 몰라서 하는 생각입니다. 예배는 하나님께 올려드리고 하나님은 우리의 찬양을, 기도를, 예물을 받으시고 우리에게 말씀을, 은혜를, 축복을 주시는 순서가 반복되어 있습니다.

예배는 대화 같은 것입니다. 하나님께서는 "안식일을 기억하여 거룩하게 지키라"고 제4계명으로 명하셨는데 이 말씀이 주일성수입니다. 어떤 사람들은 성경에 주일성수라는 말은 없다고 하는데 안식일을 기억하여 거룩하게 지키라는 말씀을 한자로 표현한 것이 주일성수(主日聖守)입니다. 초대교회는 동굴을 파고 숨어 살면서도 주일을 성수했습니다. 네로 황제의 박해 속에서도 주일을 성수했습니다. 목숨을 걸고 지켰습니다. 하나님께서는 성경에 약속하신 대로 주일을 성수하는 이들에게 복 주시고 마침내 승리하게 하셨습니다. 이스라엘 백성들이 우상을 숭배하고 안식일을 온전히 지키지 않을 때에 하나님께서는 "너희들이 형식적으로 드리는 제사가 역겹다. 동물의 제사가 냄새난다"라고 하셨습니다. "그러면 너희들이 원하는 대로 주일을 지키지 않도록 해주겠다" 하셨습니다. 어떻게 되었습니까? 이들은 적국에 포로로 끌려가 안식일도 없이 노예로 일하면서 고통의 날들을 보냈습니다.

성도 여러분, 주일을 지킬 수 있는 것이 너무나 큰 축복임을 깨달아야 합니다. 병이 들어 몸이 아파 주일을 지키고 싶어도 지킬 수 없을 때 우리는 주일이 얼마나 소중한지를 깨닫게 됩니다. 먹고 살기 너무 바빠 주일을 지킬 수 없을 때 주일을 지키며 사는 것이 얼마나 축복인지를 깨닫게 됩니다. 주일이 되면 왜 그때 그 시간을 소중하게 보내지 못했는지를 후회하게 됩니다. 주일은 흩어졌던 온 가족이 만나 하나님께 함께 경배하고 은혜와 축복을 받고 행복해하는 날입니다. 손자와 손녀를 만나 즐거워하는 날입니다. 이 축복이 여러분 가정마다 있기를 바랍니다.

주일에 쉬지 않고 일하면 잘될 것 같습니까? 역사상 러시아 혁명 이후에, 프랑스 혁명 이후에 노동자들이 일주일에 하루 쉬는 시간이 아까워 일주일 단위가 아니라 열흘 단위로 바꿔보기도 했습니다. 그런데 이상하게 노동 생산성이 떨어지는 것입니다. 그래서 할 수 없이 다시 일주일 단위로 바꾸었습니다. OECD에 가입된 나라는 잘사는 나라들이라고 보면 됩니다. 그런데 지난해 통계청의 보고를 보면 우리나라가 지난해 OECD중에 노동시간이 제일 많습니다. 자살률이 1등이었습니다. 9살 이하 자살도 두 명이나 있었다는 보고서를 보고 깜짝 놀랐습니다. 우울증 발병률도 1위였습니다. 아동, 청소년들이 공부하는 시간도 1위입니다. 아이들도 쉬지 못하고 공부합니다. 출산율도 꼴찌입니다. 평균의 절반에도 못 미칩니다. 이것은 젊은이들이 미래에 대해 부정적인 생각을 가지고 있다는 이야기입니다. 삶의 만족도는 OECD 38개 국가 중 튀르키예와 콜롬비아를 제외하고 꼴찌입니다. 참 속상합니다.

사람은 쉬어야 합니다. 하나님께서 사람은 일주일에 하루는 쉬도록 창조하셨기 때문입니다. 우주 만물을 보면 시계 바퀴보다 더욱 정밀하게 돌아갑니다. 수많은 하늘의 별들이 공중에서 조금도 빈틈없이 돌아갑니다. 작은 식물도 생존하는데 놀라운 신비들이 들어 있습니다. 작은 곤충도 다 생존의 신비가 있습니다. 거미가 누가 가르쳐주지 않았는데도 공중에 집을 짓고 알을 낳습니다. 그 알이 부화가 되어 작은 새끼가 되면 솜털처럼 가볍습니다. 새끼들이 그저 밖으로 나오지 않습니다. 바람이 불기를 기다립니다. 그리고 바람이 세게 불 때 바람에 몸을 맡겨 이리저리 날려 흩어집니다. 누가 가르쳐준 것이 아닙니다. 저절로 그렇게 될 수가 없습니다. 하나님께서 하신 일입니다. 하물며 하나님께서 인간을 창조하시고 주일을 지키라 하신 데에는 다 뜻이 있는 것입니다. 주일은 우리를 복 주시려고 주신 날입니다. 그래서 주일을 지킨 나라는 다 복을 받았습니다. 주일을 지킨 사람들도 다 복을 받았습니다. 주일을 지킨다는 것은 단순히 날짜의 개념이 아니라 하님 중심으로 사는 삶을 말합니다. 주일을 지키는 사람은 행복합니다. 육체의 쉼이 있고 영혼의 안식이 있습니다.

랍비가 한 청년이 열심히 달려가는 것을 보았습니다. "왜 그렇게 바쁘게 뛰나?" "행운을 잡으려고 뛰어가고 있습니다." 그러자 랍비가 하는 말이 "어리석은 사람아, 행운이 너를 쫓아오고 있는데 네가 너무 빨리 뛰고 있어." 안식일을 지키지 않는 사람들을 향한 랍비의 이야기입니다.

우리 인생은 주일에 하나님을 만나야 합니다. 그리고 말씀을 기억하며 살고 기도하며 일주일을 사는 것입니다. "내 말을 청종하고 좌로나 우로나 치우치지 아니하면 이 모든 복을 네게 주겠다" 하셨는데, 청종이란 말씀을 듣고 기억하며 따르는 것을 말합니다. 주일은 하나님을 만나는 날이요 축복의 날입니다. 우리 인생의 죄를 용서받고 새로운 약속을 받는 날입니다. 주일은 축복의 씨앗을 받는 날입니다. 그 씨앗을 받아 가지고 소중히 키우면 믿음대로 거목도 되고 아름다운 열매를 맺는 인생이 되는 것입니다. 청교도들은 주일을 '영적인 장날'이라 불렀습니다. 지금도 시골에 장날이 되면 모든 사람들이 모여듭니다. 얼마 전에 시찰교회들과 함께 강화에 갔는데 마침 장날이었습니다. 수많은 수산물과 농산물, 묘목과 씨앗이 거리에 가득 찼습니다. 어떤 이는 계란과 오리알을 옛날 방식으로 지푸라기에 싸서 가지고 나왔습니다. 이날은 내가 필요한 모든 것을 얻는 날입니다. 주일이 그렇습니다. 우리가 성전에 와서 하나님을 만나고 문제를 해결 받고 은혜와 축복을 가득 가지고 돌아가는 날입니다. 주일이 없는 사람은 불쌍한 사람입니다.

초대교회에 큰 박해가 일어나고, 이단 사상이 들어와 주일성수를 흔들 때에 히브리서 기자는 모이기를 폐하는 어떤 사람들의 습관과 같이 하지 말라고 하십니다. 지금 코로나 팬데믹은 교회를 흔들었습니다. 현대의 모이기를 폐하는 어떤 사람들이 바로 코로나 팬데믹입니다. 코로나 팬데믹 시기에 교회는 모임을 금지당했습니다. 거의 모든 교회가 방역 수칙을 철저하게 지키는데 그렇지 않은 이단, 사이비 같은 집단들도 있었습니다. 교회는 코로나를 전염시키는 집단으로 낙인이 찍히기도 했습니다. 매일이 속상하고 울고 싶은 날들이었습니다. 아니, 텅 빈 예배당에서 예배드릴 때마다 마음속에 눈물이 가득 찼습니다. 그러고 나서 염려한 대로 많은 성도들이 모이기를 폐하는 습관이 들어버렸습니다. 잘 기억하셔야 합니다. 모이기를 폐하면 뜨거운 기도, 함께 하는 찬송이 없습니다. 모이기를 폐하면 성령님의 역사가 없습니다. 축복의 기적도 없습니다. 모이기를 폐하면 신앙생활이 나도 모르게 점점 더 메말라갑니다. 장작불이 활활 타오를 때에 하나하나 떼어놓으면 불이 꺼져버리는 것과 같은 이치입니다. 그러나 꺼져 가는 불도 다시 뭉쳐놓으면 활활 타오릅니다.

여러분, 자꾸 모여야 합니다. 이상한 데 가서 모이지 말고, 기도하는 일에 모이고, 찬양하는 일에 모이고, 봉사하는 일에 모여야 합니다. 습관을 다시 바꿔야 할 때입니다. 새해의 정책을 준비하면서 과거에 교회가 했던 모든 활동들이 이제 완전히 회복되는 해로 정했습니다. 모든 행사들이 다 회복될 것입니다. 우리는 다시 모이기에 힘써야 합니다. 예배의 생명줄이 끊어지면 안 됩니다. 히브리서 기자는 환난의 시기에 "오직 권하여 그날이 가까움을 볼수록 더욱 그리하자"라고 외쳤습니다. 주의 종은 성도들에게 하나님의 말씀을 전하고 여러분은 나가서 성도들에게 권해야 합니다. 그날이 가까움을 볼수록 더욱 그리하자고 했습니다. 어려울 때에 더욱 힘을 내야 합니다. '더욱'이라는 말은 한 번 모일 것 두 번 모이고 세 번 모이고 그래야 한다는 뜻입니다. 그래야 모이는 습관이 회복될 수 있습니다.

우리는 주님을 만날 날이 날마다 더 가까워 옴을 기억하며 살아야 합니다. 초대교회 공동체가 죽음을 각오하고 모이기에 힘썼던 것은 예수님의 재림이 가까웠다고 믿었기 때문입니다. 그런데 예수님은 2천 년이 지난 지금까지도 오시지 않았습니다. 2천 년 동안 예수님을 고대했던 사람들은 다 예수님을 만났습니다. 오시지 않은 것이 아닙니다. 기다리시고 계신 것입니다. 주님의 때가 되면 오실 것입니다. 그리고 우리는 우리의 때가 되면 주님을 만날 것입니다. 그때를 모르기 때문에 우리는 하루를 자고 나면 '주님이 날마다 더 가까이 오셨구나' 하는 것을 깨닫고 기억하고 준비하는 삶을 살아야 하는 것입니다.

23-24절에 우리가 믿는 소망을 움직이지 말고 굳게 잡자고 하십니다. 우리의 소망은 하늘의 소망이요, 영원한 소망입니다. 우리가 하나님 나라에서 받을 영원한 상급입니다. 이것이 흔들리면 모든 것이 흔들린 것입니다. 내가 가야 할 곳을 분명히 알아야 합니다. 우리가 하루의 길을 걸으면서도 갈 곳을 알고 걷는데, 우리 인생이 가는 그 길을 모르고 향방 없이 걸으면 안 되는 것입니다. 우리는 천국으로 가는 배를 타고 있습니다. 흔들리지 않아야 합니다. "서로 돌아보아 사랑과 선행을 격려하자"라고 했습니다. 이제 서로에게 다시 힘을 냅

시다. 이길 수 있습니다. 사랑합니다. 축복합니다. 행복한 인생이 됩시다. 이렇게 격려하며 교회에 모이기를 힘쓰는 성도들이 되시기를 바랍니다.

📝 적용

ⓐ 오늘 말씀의 주제 파악하기:

_____

_____

ⓑ 오늘 말씀 중 은혜 받은 부분 나누기:

_____

_____

ⓒ 삶에 구체적으로 적용하기:

_____

_____

🙌 함께 드리는 기도제목

1. 주일을 지키는 이에게 약속된 축복을 받아 누리는 성도가 되게 하소서.
2. 서로 격려하며 교회에 모이기를 힘쓰는 성도가 되게 하소서.
3. 온 가족이 주일에 함께 모여 예배하는 축복을 주옵소서.

42

거룩한 것을 지키라

❧ **본 문:** 마태복음 7:6 (신 9쪽)
❧ **찬 송:** 313장 (내 임금 예수 내 주여, 통 352장)
❧ **요 절:** "거룩한 것을 개에게 주지 말며 너희 진주를 돼지 앞에 던지지 말라 그들이 그것을 발로 밟고 돌이켜 너희를 찢어 상하게 할까 염려하라"(마 7:6)

    오늘 말씀은 아주 난해한 구절입니다. 거룩한 것과 개, 진주와 돼지를 비교하며 말씀을 하십니다. 거룩한 것은 하나님께 바쳐진 제물을 말합니다. 이것은 제사장들이 가져가게 되어 있습니다. 물론 화목제물 같은 것은 제물을 드린 자가 일부를 가져가 함께 나누어 먹습니다. 거룩한 것은 오늘로 말하면 복음입니다. 진주 역시 귀한 것을 의미합니다. 요즘은 진주가 흔하지만, 당시는 아주 귀한 것이었습니다. 그 당시에는 양식 진주가 없었습니다. 예수님의 비유에도 진주 장사가 아주 귀한 진주를 발견하였는데 모든 재산을 다 팔아 이 진주를 샀다고 말씀하셨습니다. 모든 재산을 다 팔 만큼 값진 것이었기 때문입니다. 그러면 개는 무엇을 의미합니까?
    성경에는 개의 종류가 몇 가지가 나옵니다. 첫째는 애완견입니다. 수로보니게 여인이 예수님께 나아와 귀신 들린 딸을 고쳐 달라고 할 때 예수님은 "자녀의 떡을 취하여 개들에게 던짐이 마땅치 아니하다"라고 말씀하셨습니다. 이에 이 여인은 "주여, 옳소이다마는 개들도 제 주인의 상에서 떨어지는 부스러기를 먹나이다"라고 대답합니다. 여기에 나오는 개는 집에서 키우는 개입니다. 애완견입니다. 두 번째는 양을 치는 개가 있습니다. 그 당시에는 양을 치는 사람들이 많이 있었고, 양을 치기 위해서 양을 지키고 모는 개가 필요했습니다. 셰퍼드입니다. 그리고 셋째는 들개입니다. 성경에서 개를 말할 때 주로 부정적인 의미로 사용됩니다. 개는 자기의 토한 것을 다시 먹는다고 했습니다. 회개하고도 다시 그 죄를 밥 먹듯이 반복하는 사람들을 의미하는 말입니다. 마귀의 자식들을 이야기할 때 개라고 했습니다.

오늘 본문에 나오는 '개' 역시 부정적인 의미에서의 개를 말합니다. 돼지 역시 부정적인 동물입니다. 더러움의 상징입니다. 유대인들은 돼지고기를 부정하다 하여 먹지 않습니다. 그런데 예수님께서는 거룩한 것을 개에게 주지 말며 너희 진주를 돼지 앞에 던지지 말라 말씀하십니다. 이 본문이 난해한 것은 그러면 악한 자들에게, 복음을 멸시하는 자들에게 복음을 전하지 말라는 뜻으로 해석할 수 있기 때문입니다. 이것은 땅끝까지 만민에게 복음을 전파하라는 주님의 뜻과는 대치가 됩니다. 구원받는 것을 우리가 판단할 수 없기에 예정의 섭리와도 맞지 않습니다.

예수님의 말씀은 당시 복음을 받아도 복음의 가치를 모르고 오히려 백성들을 미혹하고 넘어지게 하는 바리새인들, 제사장, 서기관들을 향한 것이었습니다. 이들은 말씀을 받아도 깨닫지 않았습니다. 알면서, 마음에 찔리면서도 돌이키지 않았습니다. 오히려 예수님을 죽이려 했습니다. 초대교회에서도 베드로의 설교를 들은 백성들은 하루에 삼천 명씩 회개하고 세례를 받았는데, 스데반의 설교를 들은 이들은 이를 갈며 돌을 들어 스데반을 상하게 했습니다. 이 말씀은 오늘도 우리에게 같은 의미로 들려져야 합니다. 과거나 오늘이나 항상 역사 속에는 두 무리가 있습니다. 모든 것을 이분법적으로 설명하는 것은 좋지 않지만, 성경에는 분명히 양과 염소, 천국과 지옥, 알곡과 가라지로 분명 다르게 말씀합니다. 복음을 듣고 하나님 앞에 나와 나의 죄를 자복하며 예배드리는 자들이 있고, 거룩한 것을 개에게 주고 진주를 돼지 앞에 던진 모습이 있습니다. 말씀을 들으면서도 거룩한 복음을 값싼 복음이 되게 만들었습니다. 교회로 먹고 사는 교회 장사꾼이 있고, 이름만 신자이지 오히려 복음을 방해하는 자들이 있습니다. 세상 사람들에게 이리저리 찢기고 밟혀 그 고귀하신 주님의 보혈을 헛되게 하는 것들이 교회에도 있습니다.

오늘의 청소년들이 교회에 나오지 않을 뿐만 아니라, 기독교에 대한 반감이 왜 그렇게 많습니까? 사실은 불신자들이 그런 것이 아니라 거룩한 것을, 진주를 받은 자들이 이렇게 만든 것입니다. 더 나아가 우리가 그러하지는 않습니까? 주님께서 십자가에 피 흘려 구원해 주신 그 거룩함을 우리에게 주셨는데 우리는 값싸게 세상에 팔아버리지는 않는가 하는 것입니다. 하나님께서는 우리를 하나님의 자녀로 삼아 주셨습니다. 우리가 하나님의 자녀가 되는 것은 그 무엇을 주어도 살 수가 없는 귀한 것입니다. 하나님의 자녀가 되는 순간 하나님은 우리를 끝까지 돌보아 주십니다. 우리는 하나님을 잊고 살아도 하나님은 우리를 잊으시는 법이 없습니다. 우리가 하나님의 자녀가 되면 마귀 사탄이 우리를 건드리지 못합니다. 이것이 얼마나 값진 진주와 같은 보물이요, 거룩한 능력인지를 잊지 않고 살아야 합니다. 내가 하나님 앞에 나와 말씀을 들을 수 있는 것이 얼마나 귀한 것인지를 깨달아야 합니다.

이것은 내가 잘나서 되는 일도 아니고 내가 노력한다고 되는 일이 아닙니다. 우리는 모두가 값없이 은혜를 입은 것입니다. 그런데도 많은 사람들이 값싼 것에 이 복음을 팔아버립니다. 세상에서 알아주는 것을 위해 정신없이 뛰어갑니다. 세상에서 알아주는 것은 다 지나가는 것들임을 잊지 않아야 합니다. 정치하는 사람들을 보면 우리나라 정치판을 뒤흔들고 인기가 하늘까지 닿은 사람들이 있습니다. 이름을 굳이 말하지 않더라도 많이 있지 않습니까? 그런데 몇 년 지난 후 지금 보면 어떻습니까? 이름도 없이 사라져 버렸습니다. 어떻게든 다시 이름을 내보려고 아등바등하는 사람들도 있지만 사실 다 지나간 것입니다. 연예계 스타들 가운데도 지금 일용직으로 일하고 있는 사람들이 방송에 나온 것을 여러 번 보았습니다. 과거에는 인기가 대단했었는데 지금은 병이 들고 하루 벌어 하루 사는 것입니다. 사람이 높인 것은 사람이 지켜주지 못합니다. 그러나 하나님께서 높이신 것은 하나님께서 지켜 주시는 것입니다.

요즘 제가 여러 자리를 맡았습니다. 참석하지도 않는데 단체에서 이사장이 되기도 하고 회장이 되기도 합니다. "당신이 안 하면 나쁜 사람들이 자리를 차지하고 돈이 왔다 갔다 하고 하나님 영광을 가리게 되니 해야 된다"라고 해서 억지로 맡는 자리들도 있습니다. 높은 자리는 일을 잘 하라고 주는 자리입니다. 특별히 우리 기독교인들은 하나님의 영광을 위하여 사명을 가지고 맡아야 하는 자리입니다. 저는 하나님께서 '도림교회 담임목사' 하라고 보내주셨다고 믿기에 이것이 나에게 제일 높은 자리이고 가장 큰 사명이라고 믿습니다. 목사의 사명이 얼마나 큰 사명입니까? 영혼을 살리는 사명입니다. 성도들을 복 받게 하는 사명입니다. 사실 이 일도 제대로 못 합니다. 그래서 늘 부족합니다. 용서받아야 할 죄인입니다. 그래서 저는 일부러 어떤 다른 일을 하겠다고 나선 적이 없습니다. 여러분의 영혼을 천국으로 인도하고 여러분을 복음으로 잘 양육하여 복된 인생이 되게 하는 것이 가장 중요한 사명이요, 이 사명을 위해 부름을 받았고 이것도 잘 감당하지 못하고 있기 때문입니다. 그래서 많은 사람들이 하고자 하는 그 흔한 자리조차 한 번도 도전하지 않았습니다.

남미에 유럽 사람들이 가보니 원주민 아이들이 반짝거리는 돌을 가지고 놀이를 하고 있었습니다. 아마 우리식으로 말하면 공기놀이를 했던 모양입니다. 가만히 보니 그것이 모두 에메랄드나 사파이어, 루비 같은 보석들이었습니다. 아이들이 일반 돌과 다르니 그것을 가지고 놀이를 한 것입니다. 그래서 유럽 장사꾼들이 유리구슬을 가지고 가서 그것과 바꾸었습니다. 유리구슬이 얼마나 아름답게 보입니까? 구슬 속에 여러 가지 색색의 무늬도 넣고 아주 동그란 것이 참 예쁩니다. 아이들은 유리구슬을 얻기 위해 반짝이는 돌을 구해다가 바꾸었습니다. 그들은 그 보석의 가치를 몰랐기 때문입니다. 진정한 가치를 모르면 내가 가진 소중한 것을 빼앗깁니다.

러시아는 알래스카를 1867년에 단돈 720만 달러에 미국에 판매했습니다. 우리나라 국토의 15배가 넘는 땅입니다. 1㎢를 5달러에 팔았으니 환산해 보면 영등포구만 한 땅을 15만 원 정도에 판 것입니다. 당시 미국 국무장관 윌리엄 수어드는 쓸모없는 땅을 샀다고 언론의 집중포화를 맞았습니다. 그런데 지금 알래스카는 금, 석유, 천연가스, 목재, 어장 등의 경제적 가치뿐 아니라 어마어마한 군사적, 정치적으로도 엄청난 가치를 지닌 땅이 되었습니다. 러시아는 미래의 가치를 몰랐기 때문입니다.

얼마 전 우리 교회가 어린이집 옆의 땅을 구입한 것도 그곳이 미래에 주요 도로가 되고 미래의 우리 교회가 대한민국의 중심이 될 줄로 믿고 결정한 일입니다. 우리는 가치를 잘 알아야 합니다. 하나님께서는 이 세상에 단 하나밖에 없는 거룩한 진주를 우리를 위해 이 세상에 주셨습니다. 우리는 하나님께서 주신 이 천국을 잘 간직해야 합니다. 그렇지 않으면 "그들이 그것을 발로 밟고 돌이켜 너희를 찢어 상하게 할까 염려하라"고 하신 말씀처럼 교회가 핍박을 당하고 성도들이 환난을 당하는 상황을 만날 수 있기 때문입니다.

예수님께서는 우리를 세상의 빛, 세상의 소금이라 하셨습니다. 그렇게 살라는 말씀입니다. 우리가 세상에서 빛이 되고 소금이 될 때 세상 사람들은 어려움의 때에 교회를 바라보게 될 것입니다. 예수 믿는 것은 어려운 것이 아닙니다. 하나님을 사랑하고 천국을 믿으면 그 다음은 저절로 되는 것입니다. 하나님을 사랑하는 사람의 신앙생활은 하나님을 기쁘시게 할 수밖에 없습니다. 천국을 믿는 사람은 작은 행동도 조심할 수밖에 없습니다.

우리나라 초대교회 시절에 경상북도의 한 시골교회에 조사가 성경을 읽었습니다. 당시에는 목사님도 전도사님도 부족했으니 조사가 성경을 읽고 간증을 했습니다. 나이 많은 조사가 돋보기를 쓰고 성경을 겨우겨우 읽어나갑니다. 시편 23편을 읽는데 "여호와는 나의 목자이시니 내게 부족함이 없으리로다" 하는 말씀을 떠듬떠듬 읽다 보니 "에, 여호와는, 나-의 목자르시니 내게 부족함이 없으리-로다"라고 읽었습니다. "여호와는 나의 목자르시니" 하는데 교인들은 "내두요, 내두요" 하면서 은혜를 받았다는 것입니다. 여호와께서 내 목을 자르시더라도 나는 부족함이 없다는데 나도 그 은혜를 달라고 외친 것입니다. 이 순수한 믿음이 오늘의 한국교회를 세운 것입니다.

교회는 신학자들이 세우는 것이 아닙니다. 위대한 설교가가 세우는 것이 아닙니다. 교회는 똑똑한 사람들이 세우는 것이 아닙니다. 하나님을 위해 내 목을 자르더라도 기꺼이 그 자리로 나아가겠다는 성도들의 순결함이 교회를 세우는 것입니다. 교회는 사람이 세우는 것이 아니라 하나님께서 친히 세우시는 것이기 때문입니다. 하나님께서는 거룩한 보배를 우리에게 주셨습니다. 성령님께서 우리와 함께 계십니다. 여러분이 가진 것 중에 가장 귀한 것이 무엇입니까? 예수님이 나의 죄를 위해 십자가를 지셨고 이 사실을 믿는 자에게 성령님으로 오셔서 나와 함께 계시는 것입니다. 이것이 가장 귀합니다.

사람들은 가장 귀한 것을 소유하면서도 그것이 귀한 줄을 모릅니다. 날마다 숨을 쉬면서도 공기가 소중한 것을 모릅니다. 건강하여 걸어 다닐 때는 건강한 것이 귀한 것인 줄 모르고 몸을 함부로 쓰며 삽니다. 그러다가 중병이 들면 그때는 이미 늦은 것입니다. 병원에 입원하여 도우미들이 옷을 갈아입히고 이리저리 돌려 눕힙니다. 마음은 일어나고 싶은데 안 됩니다. 오른쪽으로 누우면 오른쪽이 아프고 왼쪽으로 눕혀놓으면 왼쪽이 아픕니다. 그때 가서 건강에 유의할 걸 하면 늦는 것입니다. 아내가 건강할 때 감사할 줄 모릅니다. 남편이 건강할 때 그것이 귀한 줄 모릅니다. 아내가 아프면 온 집안이 아픕니다. 걸어 다니기만 해도 감사하고 귀한 것입니다. 자녀들도 부모가 살아 계신 것이 얼마나 귀한지 모릅니다. 부모가 희생해서 자녀들을 양육하였는데 그것이 귀한 줄 잘 모릅니다. 그래서 부모가 세상을 떠나면 청개구리처럼 우는 사람들도 많습니다. 그러나 때는 늦은 것입니다. 다시는 하나님께서 약속하신 부모 공경의 축복을 받을 수가 없는 것입니다.

교회가 평안한 것이 귀한 줄 모르는 사람도 있습니다. 말씀이 저절로 내리는 줄 압니다. 다 때가 있습니다. 은혜받는 것도 때가 있고 축복받는 것도 때가 있습니다. 늘 기다리고 있는 것이 아닙니다. 하나님께서 주신 때를 놓치고 나면 그 다음에는 칠 년 환난이 온다는 것을 알아야 합니다. 우리는 하나님께서 거룩한 보물을 주시고 진주를 주신 것을 바라보며 귀한 줄 알고 살아야 하는 것입니다. 성도 여러분, 하나님께서 여러분에게 주신 것이 무엇입니까? 얼마나 귀한 것들입니까? 그 귀한 것들을 마귀에게 빼앗기지 않기를 바랍니다. 우리 도림교회 성도들 모두 주신 거룩한 것, 귀한 진주를 잘 간직하고 축복의 인생들이 되시길 바랍니다.

📝 **적용**

ⓐ 오늘 말씀의 주제 파악하기:
_____
_____

ⓑ 오늘 말씀 중 은혜 받은 부분 나누기:
_____
_____

ⓒ 삶에 구체적으로 적용하기:
_____
_____
_____

🙌 **함께 드리는 기도제목**

1. 하나님께서 주신 믿음의 보배가 얼마나 귀한 것인지 깨닫게 하시고 잘 간직하게 하소서.
2. 순전한 믿음으로 가정과 교회를 세우는 성도가 되게 하소서.
3. 세상의 빛과 소금으로 살며 하나님을 기쁘시게 하는 성도가 되게 하소서.

43

순종은 희생입니다

- **본 문:** 누가복음 1:34-38 (신 86쪽)
- **찬 송:** 451장 (예수 영광 버리사, 통 504장)
- **요 절:** "마리아가 이르되 주의 여종이오니 말씀대로 내게 이루어지이다 하매 천사가 떠나가니라"(눅 1:38)

    대림절은 주님의 다시 오심을 준비하며 기다리는 절기입니다. 대림절을 영어로는 어드벤트(Advent)라 하는데 오고 있다는 뜻입니다. 한국어로는 대림절이라 번역했는데 이 말은 기다릴 대(待) 자에 임할 임(臨) 자를 써서 오시기를 기다린다는 뜻입니다. 큰 대(大) 자를 써서 큰 분이 오신다고 해석한 글도 보았는데 원래는 주님이 임하시기를 기다리는 절기가 대림절입니다. 역사적으로 기독교인들은 이 기간에 예수님의 오실 때 기쁨으로 맞이하기 위하여 성경을 묵상하며 기도하며 지냈습니다. 어떤 사람들이 기쁨으로 오시는 주님을 맞이할 수 있습니까? 예수님의 오심을 기다리고 준비한 사람만이 기쁨으로 맞이할 수 있습니다. 준비되지 않은 사람들은 예수님이 오시면 당황할 것입니다. 기다리지 않았던 사람들은 예수님이 오셔도 맞이할 수가 없을 것입니다. 그날은 우리가 주님 앞에 서는 날입니다. 그러므로 우리는 예수님이 언제 오시든지 기다리며 준비하는 삶을 살아야 합니다.

　대림절에는 강단 앞에 기다림을 상징하는 양초를 켭니다. 대림절 양초는 원래 독일교회의 전통입니다. 양초는 빛으로 오시는 예수님을 상징합니다. 첫 주에는 진보라색 양초를 켭니다. 진보라는 '깨어 있으라'는 뜻입니다. 어떤 이들은 '평화를 상징한다' 말하기도 합니다. 사실 이 의미는 성경이 말씀하는 것이 아니고 후대에 의미를 붙인 것입니다. 그러나 이런 준비하는 마음 없이 오시는 주님을 기쁨으로 맞이할 수는 없습니다. 우리나라가 일제 치하에 있을 때에는 해방을 목 놓아 기다렸을 것입니다. 6.25 전쟁의 시기에는 평화의 날이 오기를 간절히 기다렸을 것입니다. 이스라엘 백성들도 고난의 시기를 지나며 메시아가 오기를 기다렸습니다. 우리가 코로나 팬데믹의 시기를 지나는 동안 코로나 치료제가 나오기를 기다렸습니다. 지금 전쟁 중에 있는 이스라엘과 하마스, 러시아와 우크라이나의 백성들은 전쟁이 끝나기만을 기다리고 있을 것입니다. 백성들 중에 전쟁이 계속되기를 원하는 사람은 없을 것입니다. 이러한 기다림이 있는 사람들은 이유가 있습니다. 지금의 시기가 어렵다는 이야기입니다. 지금이 너무나 행복하고 제발 이 시간이 지나가지 않았으면 하는 사람들은 기다림이 없습니다. 믿음의 사람들에게 지금이 어렵다는 것은 단순히 육체적으로 어렵고, 상황이 어렵고, 전쟁 때문에 어렵고 하는 이유가 아닙니다.

　지금 우리가 사는 세상이 영적으로 힘들기 때문에 주님이 오시는 그날을 기다리는 것입니다. 물질적으로 풍요하고 자녀들이 잘되고 사업이 번창해도 그래도 '주님이 빨리 오시면 좋겠어요' 하는 마음으로 기다리는 것입니다. 지금보다 주님과 함께 있는 것이 더 좋은 것임을 알고 있기 때문입니다. 주님을 기다리는 사람들은 지금이 어렵기 때문에 웅크리고 앉아 빨리 이 시기가 지나가라 하는 것이 아닙니다. 어둠이 있는 곳에 빛을 밝히며 상처가 있는 곳에 치유를 해주며 서로를 공격하는 곳에 평화를 주는 삶을 살아야 합니다. 이것이 주님을 기다리며 사는 사람들의 진정한 삶의 모습입니다. 오늘을 진실되게 살며, 오실 주님을 언제든지 만날 준비하며 살아가는 성도들이 되시기 바랍니다. 그럴 때 주님을 만나게 되면 주님은 "수고했다. 나와 함께 영원한 잔치에 참여하리라" 하실 것입니다.

오늘 말씀을 보면 천사 가브리엘이 마리아에게 나타나 "마리아여 무서워하지 말라 네가 하나님께 은혜를 입었느니라 보라 네가 잉태하여 아들을 낳으리니 그 이름을 예수라 하라 그가 큰 자가 되고 지극히 높으신 이의 아들이라 일컬어질 것이요 주 하나님께서 그 조상 다윗의 왕위를 그에게 주시리니 영원히 야곱의 집을 왕으로 다스리실 것이며 그 나라가 무궁하리라"(1:30-33)고 합니다. 천사가 나타난 것만 해도 놀라 넘어질 일인데 "네가 잉태하여 아들을 낳을 것이라" 합니다. 마리아는 아직 결혼도 하지 아니한 처녀입니다. 학자들에 의하면 마리아의 나이가 13세 전후일 것으로 추정합니다. 당시 15세가 결혼 적령기였고 마리아는 요셉과 정혼한 상태였으니 결혼 1-2년 전이었을 것이라고 추측하고 있습니다. 어쨌든 어린 나이입니다. 요즘으로 말하면 중학교 1, 2학년 정도의 나이인데 네가 잉태하여 아들을 낳을 것이라고 합니다. 이때 마리아는 나는 남자를 알지 못하니 이런 일이 있을 수 없다고 합니다. 나는 결혼도 하지 않았고 남자와 잠자리도 한 적이 없는데 있을 수 없는 일이라는 말입니다. 그런데 천사는 "성령이 네게 임하시고 지극히 높으신 이의 능력이 너를 덮으시리니 이러므로 나실 바 거룩한 이는 하나님의 아들이라 일컬어지리라"(35절)고 말합니다.

"성령이 네게 임하시고"라고 하셨습니다. 즉 예수님은 성령으로 잉태되실 것임을 말씀하신 것입니다. 성령은 하나님의 영입니다. 하나님께서 친히 인간의 몸을 입어 죄인 된 우리를 구원해 주시려 오시겠다는 예언의 말씀은 아담과 하와를 에덴동산에서 추방하시며 이미 주신 약속입니다. 언젠가 너희에게 다시 천국의 지위를 회복시켜 주시겠다는 약속입니다. 이 약속이 창세기 3장 15절입니다. 창세기 3장을 보면 아담과 하와가 범죄합니다. 아담과 하와가 영원한 생명의 나라에서 징벌을 받고 쫓겨날 때에 유혹한 사탄에게도 벌을 주셨습니다. 사탄은 여자의 후손의 발뒤꿈치를 상하게 하겠지만 여자의 후손이 네 머리를 상하게 할 것이라고 하셨습니다. 이 예언대로 사탄의 무리들은 예수님을 십자가에 못 박았습니다. 그런데 예수님은 사탄의 머리를 상하게 하셨습니다. 그것은 십자가로 인하여 에덴동산의 죄로부터 시작된 영원한 형벌을 단번에 꺾어버리신 것입니다.

오늘 천사는 마리아에게 "성령이 네게 임하시고"라고 말합니다. 예수님은 성령으로 잉태하게 된다는 말입니다. 인간의 상식으로는 이해가 되지 않습니다. 그런데 이 놀라운 사건을 통하여 메시아가 여자의 후손으로 오실 것이라는 수수께끼 같은 이야기를 풀어주십니다. 여자의 후손이라는 것이 도대체 무슨 의미일까요? 남자를 통하지 않고 아기를 낳을 수가 없습니다. 성경의 모든 족보를 보아도 남자의 이름으로 족보가 내려갑니다. 여자의 후손이라는 것은 말이 안 됩니다. 그런데 성령으로 잉태하시니 이 비밀이 풀려진 것입니다.

마리아는 성령으로 내게 잉태될 것이라는 말을 받아들일 수가 없었습니다. 더구나 그 아기가 거룩한 이요 하나님의 아들이라니 어떻게 감당할 수가 있겠습니까? 이 사실을 말한다면 그렇지 않아도 처녀가 잉태하면 돌에 맞아 죽게 되는데 하나님을 모욕한 죄까지 더해져 더 심한 죽음을 반드시 당할 것입니다. 내가 하나님을 낳았다니 말이 안 되는 것입니다. 그런데 천사는 "보라 네 친족 엘리사벳도 늙어서 아들을 배었느니라 본래 임신하지 못한다고 알려진 이가 이미 여섯 달이 되었나니 대저 하나님의 모든 말씀은 능하지 못하심이 없느니라"(36-37절)라고 합니다. 엘리사벳은 나이가 너무 많아 아이를 낳을 수가 없습니다. 그런데 천사가 와서 아이를 낳을 것이라고 합니다. 이 아이는 장차 예수님의 오심을 예언하는 역할을 맡은 세례 요한입니다. 엘리사벳의 남편인 제사장 사가랴는 이 사실을 의심하였고 이로 인해 엘리사벳이 아기를 낳을 때까지 말을 하지 못하게 됩니다. 그 할머니 엘리사벳이 임신한 것을 듣고 드디어 마리아는 이 사실을 받아들입니다.

성도 여러분, 하나님의 모든 말씀은 능치 못하심이 없습니다. 하나님은 불가능을 가능케 하시는 하나님이십니다. 하나님은 우리가 기도하면 이 세상이 못하는 것도 이루어 주시는 하나님이십니다. 하나님은 우리 힘으로 할 수 없어도 기도하면 응답해 주시는 하나님이십니다.

> "마리아가 이르되 주의 여종이오니 말씀대로 내게 이루어지이다 하매 천사가 떠나가니라"(38절).

마리아는 이 말씀을 믿었습니다. 그래서 "말씀대로 내게 이루어지이다"라고 고백합니다. 여기서 '내게 이루어지이다'라는 고백이 중요합니다. 내게 이루어진다는 라틴어가 '피앗 미히'(fiat mihi)입니다. 예수님께서 가르쳐주신 주기도문을 라틴어로 보면 '이루어진다'는 'fiat'을 사용하고 있습니다. 마리아는 어떻게 이 엄청난 일이 내게 이루어질 것을 고백할 수 있습니까? 그것은 바로 앞의 고백인 "마리아가 이르되 주의 여종이오니"라는 말씀에서 찾을 수 있습니다. 마리아는 주님을 향하여 주의 여종이라 했습니다. 우리는 종이 되어야 예수님을 주님이라 부를 수 있습니다. 여러분은 주님의 종이십니까? 종은 주인의 명령에 따라 사는 사람입니다. 주인의 뜻에 따라 움직이는 사람입니다. 주인을 기쁘시게 하기 위해 사는 사람입니다. 우리가 십자가를 지고 가는 것이 아니라 타고 가려 하면서 감히 나를 종이라 불러서는 안 됩니다. 내가 대접받고 나를 주장하면서 스스로를 주님의 종이라 할 수 없습니다. 가끔씩 시간 날 때 주님을 뵈면서 "내가 종입니다"라고 할 수는 없습니다.

마리아가 성령으로 내게 잉태될 것을 믿은 것처럼 우리도 매 주일 사도신경으로 고백합니다. "그는 성령으로 잉태되어 동정녀 마리아에게서 나시고"라고 우리도 고백합니다. 우리도 마리아처럼 이 고백을 할 수 있는 것이 큰 은혜입니다. 문제는 이러한 일이 내게서 일어난다고 할 때에 내게 그대로 이루어질 줄로 믿습니다. 마리아처럼 '피앗 미히'라고 할 수 있느냐는 것입니다. 마리아에게 '피앗 미히'는 목숨을 거는 고백이었습니다. 마리아가 모든 이에게 사랑을 받는 성모 마리아가 된 것은 그저 된 것이 아닙니다. 목숨을 건 순종이 있었습니다. '피앗 미히'는 순종하는 사람만이 할 수 있는 고백입니다. 순종은 희생 없이는 되지 않습니다. 순종과 희생은 늘 함께 갑니다. 하나님께서 아브라함을 부르셔서 고향 친척 아버지 집을 떠나라, 아들 이삭을 바치라 순종을 명하실 때에 이것은 희생을 함께 요구하신 것입니다.

모세에게 내 백성을 해방시키라고 순종을 명하실 때에도 희생을 함께 요구하신 것입니다. 우리에게 사명을 주실 때에는 어려운 이웃들을 섬기고, 교회의 상하고 지친 영혼들을 섬기라고 부르신 것입니다. 여기에는 우리의 희생도 함께 요구하십니다. 우리는 예수 그리스도의 십자가의 복음을 너무 값싼 복음으로 만들어서는 안 됩니다. 축복을 주는 도구로만 만들어서는 안 됩니다.

오늘의 한국교회가 세상 사람들에게 너무나 가볍고 이기적으로 보이게 된 것은, 마리아에게는 동정녀 탄생이 이루어진 것을 믿으면서 "나는 그런 희생을 원치 않습니다"라는 이기적 신앙 때문임을 대림절에 다시 한번 고백하고 회개해야 합니다. 주님은 성경을 통해 우리에게 많은 것을 말씀하십니다. 우리가 말씀을 대하며 '그 말씀이 내게도 이루어지이다'라는 의미로 '피앗 미히'라고 대답할 수 있기를 바랍니다. "나는 주의 종이오니 내게 이루어지이다." 이것이 예수님을 따라가는 사람들이요, 이것이 대림절을 지나는 성도들의 삶이요, 이것이 주님을 기다리는 주의 종들의 모습입니다. 우리 모두 대림절 첫 번째 주일을 맞으며 다시 오실 주님을 맞이하기 위해 주님의 말씀을 순종하며 기다리는 성도들이 되시기를 바랍니다.

📝 적용

ⓐ 오늘 말씀의 주제 파악하기:
_____
_____

ⓑ 오늘 말씀 중 은혜 받은 부분 나누기:
_____
_____

ⓒ 삶에 구체적으로 적용하기:
_____
_____

함께 드리는 기도제목

1. 주님이 언제 오시든지 기다리며 준비하는 삶을 살게 하소서.
2. 마리아처럼 주님의 종으로 사는 성도가 되게 하소서.
3. 순종에 따르는 희생을 믿음으로 감당하며 섬김의 삶을 살아가게 하소서.

44

끝까지 견디는 자

- 본 문: 마태복음 24:1-14 (신 40쪽)
- 찬 송: 341장 (십자가를 내가 지고, 통 367장)
- 요 절: "그러나 끝까지 견디는 자는 구원을 얻으리라"(마 24:13)

    대림절 두 번째 주일입니다. 대림절은 재림주로 오시는 주님을 기다리는 절기입니다. 기다린다는 것은 희망이 있다는 이야기입니다. 희망의 반대말인 절망은 기다릴 것이 없고, 기다려 봐야 소용이 없는 상태입니다. 이스라엘 백성들은 메시아로 오시는 예수 그리스도를 기다렸습니다. 예수님은 우리의 죄를 대신 지시고 십자가에 달리셨고, 부활하신 예수님은 다시 오실 것을 약속하시고 승천하셨습니다. 부활을 목격한 제자들은 예수님의 승천을 전하였고 부활하신 예수님 그리고 다시 오실 예수님을 기다리는 무리가 온 세상에 가득 찼습니다. 지구상의 1/3의 인구가 다시 오실 예수님을 기다리고 있습니다. 그런데 예수님은 언제 오십니까? 지금까지 예수님이 언제 오신다고 이야기한 가짜 뉴스들이 많이 있었습니다. 이것을 시한부 종말론이라 하는데 박태선, 나운몽, 이장림 등 시한부 종말론자들이 예수님의 재림을 이야기하며 교회를 어지럽혔습니다. 지금도 십사만 사천이 차면 종말이 온다는 시한부 종말론에 많은 사람들이 빠져 있습니다. 어머니 하나님이 한국에 있다고 이야기하기도 합니다.

사람들은 가짜 뉴스에 약합니다. 오늘날처럼 미디어가 발달한 시대에는 온갖 가짜 뉴스들이 인터넷을 통해 전파되고 있습니다. 프란치스코 교황이 흰색 패딩을 입고 있는 사진, 특정 상표의 텀블러를 들고 있는 사진 등이 진짜처럼 전 세계에 톱 뉴스거리가 되기도 했습니다. 가짜 뉴스를 통해 기업이 위기에 처하기도 하고 주식이 급락하기도 했습니다. 유튜브, SNS 등 해외 관련 정보 90% 정도는 가짜 뉴스라는 말도 있습니다. 정치권에 대한 이야기는 유독 가짜가 많은데 사람들은 자기 관심사에 따라 편향된 정보만을 듣고 믿습니다. 선진국이라 하는 미국에서도 지난 대통령 선거 시기에 페이스북에 상위 20개의 가짜 뉴스가 진짜 20개 뉴스보다 훨씬 더 많이 공유되었다는 보고가 있습니다. 가짜에 영향을 받은 것입니다. 통일연구원이 1,003명을 대상으로 설문조사를 했는데 8가지 가짜 뉴스 문항을 내어놓은 결과 20대가 4.7개를 진짜로 여겼고, 미안하게도 그중 20대 여성들은 5.6개를 진짜로 여겼다는 것입니다.

'만델라 효과'(Mandela effect)라는 것이 있습니다. 지속적인 거짓 정보를 제공받으면 그 다음에는 자기가 취하고 싶은 정보만 택하여 듣고 반대편의 정보는 의도적으로 외면하는 현상입니다. 이후에 진짜 정보를 주어도 가짜 정보에 대한 신뢰가 있기 때문에 영향을 주지 못하는 것을 말하는 학술적 용어입니다. 가짜 뉴스가 얼마나 영향력이 강한지 한·미·일 3개국 안보실장 회의에서 가짜 뉴스에 공동 대처하기로까지 결의까지 했고, 우리나라 문화체육관광부는 가짜 뉴스를 '악성 정보 전염병'이라 규정을 했습니다. 세상에서도 가짜 뉴스는 이렇게 영향력이 큽니다. 그런데 영적인 가짜 뉴스가 더 심각합니다. 로마 대박해 시기에 수많은 크리스천들이 순교한 것도 가짜 뉴스 때문이었습니다. 성찬식을 하는 것을 보면서 기독교인들은 사람의 피를 마신다고 했습니다. 형제요 자매라고 하는 것을 보며 혼음을 즐긴다고 헛소문을 퍼뜨렸습니다. 오늘날도 온라인상에 인기 있는 기독교 콘텐츠를 보면 가짜가 너무 많습니다. 여러분은 그런 것에 너무 많은 관심도 가지지 마시고 빠지지 않았으면 좋겠어요. 가짜는 '내가 가짜다' 하고 드러내는 것이 아닙니다. 진짜처럼 행동하기 때문입니다. 예수님의 재림에 대해서도 예수님은 2천 년 동안 오시지 않았으니, 쉽게 오시지 않는다고 우리를 나태하게 만드는 가짜 뉴스가 있습니다. 또 한편으로 예수님은 언제, 어느 때 오신다고 사람들의 마음을 미혹하는 가짜 뉴스도 있습니다. 그런 데에 속지 마십시오. 성경은 예수님께서 오실 날은 "아무도 모른다. 아버지만 아신다"라고 하면서 다만 징조를 말하고 있습니다.

오늘 성경을 보면 제자들이 예수님께 웅장한 성전 건물을 보여주고자 했습니다. 이 성전은 헤롯 대왕이 유대인의 환심을 얻기 위해 짓기 시작한 성전입니다. 무려 80년 동안 지어졌으니 아마 예수님 당시에 기초를 놓고 돌을 막 쌓아가는 시기였을 것입니다. 예수님께서는 제자들을 향하여 예언의 말씀을 주십니다. "너희가 이 모든 것을 보지 못하느냐? 돌 하나도 돌 위에 남지 않고 다 무너뜨려지리라." 제자들은 예수님께 "이 웅장한 건물들을 보십시오" 하는데 예수님은 이 성전이 곧 황폐화될 것임을 예언하셨습니다. 예수님의 말씀대로 성전이 완공된 후 겨우 7, 8년이 지나 AD 70년 로마의 디도 장군에 의하여 예루살렘은 완전히 멸망하게 됩니다. 그리고 이때부터 전 세계로 흩어져 살던 유대인들은 1948년이 되어서야 다시 이스라엘을 세우게 됩니다. '아무리 전쟁이 심각해도 돌 위에 돌 하나 놓이지 않을 수가 있습니까?'라고 의문을 가질 수 있는데, 당시 로마 군인들은 돌과 돌 사이에 금이 숨겨져 있다는 가짜 뉴스에 속아 돌을 하나하나 다 헤쳐버렸던 것입니다. 예수님의 말씀대로 이루어진 것입니다.

제자들은 이후 예수님께 "어느 때에 이런 일이 있겠사오며 또 주의 임하심과 세상 끝에는 무슨 징조가 있사오리이까"(3절)라고 질문합니다. 예수님은 예루살렘의 멸망에 대하여는 대답하지 않으시고 세상 끝날에 대하여 말씀하십니다. "너희가 사람의 미혹을 받지 않도록 주의하라"(4절) 하십니다. 어떤 미혹입니까? "많은 사람이 내 이름으로 와서 이르되 나는 그리스도라 하여 많은 사람을 미혹하리라"(5절)고 하셨습니다.

우리나라에는 유독 자칭 메시아가 많습니다. 계룡산 자락에 가면 '내가 예수다, 내가 메시아다' 하는 사람들이 50명쯤 된다는 이야기도 있습니다. 또 이단 교주는 얼마나 많습니까? 우리 주변에도 이단들이 많습니다. 이단의 교주들은 성경을 거짓되게 해석함으로 사람을 미혹합니다. 한때 베리칩 666이 요한계시록에 나오는 짐승의 표라고 하여 한국교회를 얼마나 시끄럽게 했습니까? 오늘 예수님은 "사람에게 미혹을 받지 않도록 주의하라"고 하셨는데, 미혹은 왜 받습니까? 헛된 욕심이 있을 때 미혹을 받는 것입니다. 이단에 빠지는 것도 헛된 욕심이 있기 때문입니다. 이단 사이비는 성경을 인용하지만 자기들 입맛에 맞는 것만 골라서 미혹합니다. 이런 시한부 종말론에 빠져 인생을 망치고 가정을 파탄시키는 일들도 안타깝지만, 정말 미혹은 예수님을 예수님으로 믿지 못하게 하는 많은 지도자들이 훨씬 더 큰 문제입니다.

"거짓 선지자가 많이 일어나 많은 사람을 미혹하겠으며"(11절)라는 말씀이 바로 그것입니다. 교회는 오직 복음을 위해 존재하는 것인데 지도자들이 다른 것에 관심이 너무 많습니다. 오늘날의 교회는 예수님이 오시지 않을 것처럼 나태하게 신앙생활을 하도록 미혹합니다.

어떤 이들을 보면 '이들이 정말 하나님을 믿을까? 종말을 믿을까?'라는 생각에 고개를 흔들도록 하는 이들이 있습니다. 교회를 교회 되게 하지 못하는 지도자들이 오늘날의 바리새인들입니다. 이들은 예수님의 말씀처럼 천국 문에 기대고 서서 자기도 천국에 못 들어가고 다른 사람들도 들어가지 못하도록 막는 자들입니다. 종말은 반드시 있습니다. 그 종말은 개인적인 종말과 우주적인 종말입니다. 개인의 종말은 누구에게나 찾아옵니다. 이 세상을 살다가 주님 앞에 서는 날이 우리에게 반드시 옵니다. 그날이 개인적 종말입니다. 그날에 우리는 세상에서 한 일을 주님 앞에서 계산하게 될 것입니다. 예수님의 비유처럼 그 공력을 불로써 시험하게 될 때 나무와 풀과 짚으로 집을 지은 사람은 불 앞에 모든 것이 다 타버리고 남은 것이 없게 될 것입니다. 그러나 금과 은과 보석으로 집을 지은 자들, 즉 믿음의 순결함을 가지고 이 세상을 산 사람들은 불로 공력을 시험받을 때에 그 집이 찬란하게 빛나게 될 것이고 주님과 함께 영원한 잔치에 참여하게 될 것입니다.

우리는 모두가 인생의 집을 짓는 자들입니다. 여러분은 눈앞에 사는 집만 바라보는 것이 아니라 영원히 살 집을 영의 눈으로 바라보시기 바랍니다. 우리는 어떻게 집을 지어야 합니까? 다른 것이 아닙니다. 성경의 말씀대로 살아가는 것입니다. 하나님을 사랑하고 이웃을 사랑하라는 것이 새 계명입니다. 하나님을 사랑하면 다른 신을 섬기지 않습니다. 하나님의 영광을 위하여 살아갑니다. 하나님과 교제하며 살아갑니다. 교회를 사랑합니다. 하나님의 말씀을 사모하며 살아가는 것입니다. 이것이 매일매일 집을 짓는 것입니다.

성도 여러분, 매일 말씀을 읽고 예배 말씀을 반복해서 듣는 일에 소홀히 하지 마십시오. 이것이 예수님 말씀대로 집을 짓는 것이기 때문입니다. 또한 이웃을 사랑하면 오늘 같은 전쟁이 일어날 수가 없습니다. 배고픈 이웃이 굶주림 속에 죽어 갈 일도 없습니다. 이웃과 다툴 일도 없고 재판이나 감옥이 필요 없습니다.

오늘 우리가 부조리한 세상에 사는 것은 예수님의 말씀인 이웃을 내 몸처럼 사랑하지 못하는 데서 비롯되는 것입니다. 우리는 하나님의 자녀이지만 부족한 존재입니다. 내 것을 우선하지 이웃을 내 몸처럼 사랑하지 못합니다. 죽어 가는 영혼들을 위하여 내 몸의 작은 상처보다 아파하지 못합니다. 이것이 우리의 모습입니다. 이렇게 부족하기 때문에 우리는 매 주일 하나님께 예배드리며 주님을 닮은 마음을 달라고 기도하는 것입니다. 조금이라도 더 나아지기 위하여, 변화되기 위하여 말씀을 듣고 기도하는 것입니다. 이렇게 인생의 집을 매일 짓다가 우리는 개인의 종말을 맞이하게 되는 것입니다.

그다음 우주적인 종말이 있습니다. 예수님께서 약속하신 대로 다시 오시는 그날입니다. 그날에 예수님은 어떻게 오신다고 했습니까? 큰 나팔 소리와 함께 공중에서 재림하신다고 했습니다. 그러므로 지금 자신이 "메시아다, 재림주다" 하는 것들은 다 가짜입니다. 주님이 재림할 때의 징조는 "민족이 민족을, 나라가 나라를 대적하여 일어나겠고 곳곳에 기근과 지진이 있으리니 이 모든 것은 재난의 시작이니라"고 했습니다. 전쟁이 곳곳에 일어나고 기근과 지진이 난다고 했습니다. 또 예수를 믿는다는 이유로 환난과 죽음이 있을 것이라 했습니다. 미움도 받게 될 것이라고 했습니다.

우리나라는 예수 믿는다고 해서 특별히 핍박받는 것이 없지만, 전 세계 기독교인 7명 중 1명이 핍박을 받는다는 보고서가 있습니다. 오늘 이슬람 지역에서는 가장 많은 박해가 이루어지고 있습니다. 하루에 평균 16명의 기독교 신자가 살해되고 있다는 '순교자의 소리'라는 단체의 발표도 있습니다. 공산권에서도 박해를 받고 있습니다.

그럼에도 세계 기독교 신자들은 점점 더 늘어가고 있습니다. 몇 년 지나지 않아 30억을 돌파할 것이라는 보고도 있습니다.

그러면 지금이 주님이 오실 때입니까? 그것은 모릅니다. 지구상에 전쟁이 없었던 적이 있습니까? 기근과 지진은 늘 있었던 일입니다. 전쟁과 기근과 지진을 이유로 지금이 바로 재림의 때다, 2024년 9월이 재림의 시기라고 하는 이단도 있습니다. 이런 말에 속아서는 안 됩니다. 마지막 날에는 거짓 선지자가 많이 일어난다고 했습니다. 가짜 목사가 많아진다는 말입니다. 많은 사람이 실족하게 된다고 했습니다. 서로 잡아 주고 서로 미워한다고 했습니다. 불법이 성하고 사랑이 식어진다고 했습니다. 그런데 예수님의 말씀 속에 종말에 대한 결정적인 내용이 있습니다. "이 천국 복음이 모든 민족에게 증언되기 위하여 온 세상에 전파되리니 그제야 끝이 오리라"(14절)고 했습니다. 모든 민족에게 복음이 전파되고 그제야 끝이 오게 된다는 것입니다. 변명할 것이 없게 하신다는 말입니다. 그러므로 우리는 예수님의 다시 오심을 기다리고 사모하며 땅끝까지 한 영혼이라도 더 구원하려 복음을 전하는 일에 힘써야 할 것입니다. 오늘 예수님의 다시 오심을 기다리는 대림절에 예수님이 다시 오시겠다는 약속의 말씀을 전했습니다.

예수님께서 마지막 때의 징조를 말씀하신 것이 어느 때인지 알아맞히라는 뜻이 아닙니다. 그날은 아버지만 아신다고 했습니다. 다만 그날이 언제인지 몰라도 개인적인 종말과 우주적인 종말 앞에서 끝까지 견뎌 구원을 받으라는 말씀을 우리에게 주시고 있습니다. "그러나 끝까지 견디는 자는 구원을 얻으리라"(13절)고 했습니다. 예수님께서 주신 말씀은 끝까지 견디는 자가 되라는 것입니다. 믿음을 지키라는 것입니다. 순결한 주의 백성으로 살라는 것입니다. 미혹되지 말라는 것입니다.

  사랑하는 성도 여러분, 주님이 다시 오시기를 기다리는 이 대림절에 말씀을 듣고 다시 한번 다짐하며 순결한 신부로 주님의 오심을 예비하는 성도들이 되시기를 바랍니다.

📝 적용

ⓐ 오늘 말씀의 주제 파악하기:

ⓑ 오늘 말씀 중 은혜 받은 부분 나누기:

ⓒ 삶에 구체적으로 적용하기:

🙌 함께 드리는 기도제목

1. 사탄의 악한 미혹에 빠지지 않게 하시고, 끝까지 순결한 믿음을 지키는 성도가 되게 하소서.
2. 주님의 다시 오심을 기다리며 땅끝까지 복음을 전하는 성도가 되게 하소서.
3. 주님께서 주신 말씀대로 하나님을 사랑하고 이웃을 사랑하는 성도가 되게 하소서.

45

성령이 그 위에 계시더라

❀ **본 문**: 누가복음 2:25-33 (신 89쪽)
❀ **찬 송**: 86장 (내가 늘 의지하는 예수, 통 86장)
❀ **요 절**: "예루살렘에 시므온이라 하는 사람이 있으니 이 사람은 의롭고 경건하여 이스라엘의 위로를 기다리는 자라 성령이 그 위에 계시더라" (눅 2:25)

대림절 세 번째 주일입니다. 우리 앞에는 이제 세 번째 양초가 빛나고 있습니다. 세 번째 양초는 예수님의 오심을 의미하는 다섯 번째인 흰색 양초가 켜지기를 기다리며 어둠을 밝히고 있습니다. 양초는 기다림을 의미합니다. 이 세상에는 많은 기다림이 있습니다. 감옥에 있는 죄수가 출소를 기다리는 기다림, 군에 입대한 청년이 전역할 날을 기다리는 기다림, 사랑하는 연인들이 결혼 날짜를 정해놓고 그날을 기다리는 기다림, 공부를 열심히 한 학생이 시험을 치르고 합격통지서를 기다리는 기다림 등 간절한 기다림이 있습니다. 이러한 기다림은 개인적인 기다림입니다.

우리에게 누구나 다 기다림이 있지만 오늘 성경에 나오는 시므온은 "이스라엘의 위로를 기다리는 자"라고 했습니다. 시므온은 학자들에 따르면 힐렐의 가문이요, '라반'이라는 칭호가 붙은 학자였다고 합니다. 그렇다면 힐렐 가문은 유대 최고의 명문 가문이요, 라반이라는 칭호는 최고 존경받는 몇몇 학자들에게만 붙여지는 이름이었기에 시므온은 굉장한 사람이었을 것입니다. 그런 사람이 왜 하루 종일 예루살렘 성전을 사모하며 누구를 기다린 것입니까?

시므온은 의롭고 경건하였다고 했습니다. 먼저 의롭다는 말은 도덕적인 선함을 말하는 것이 아닙니다. 여기서 의롭다는 것은 믿음으로 살았다는 말입니다. 사도 바울이 평생 외친 내용을 한마디로 하라면 '이신칭의'(以信稱義)입니다. 믿음으로 의롭게 된다는 뜻입니다. 우리는 다른 것으로 하나님 앞에 의롭게 될 수 없습니다. 행위로 의롭게 되려고 했던 자들이 바리새인들입니다. 행위는 늘 다른 사람들과 비교하는 특성이 있습니다. 그래서 다른 사람들을 비판합니다. 믿음으로 의롭게 된다는 말은 하나님을 믿음으로 하나님의 의로움이 우리에게 전가된다는 뜻입니다. 그리고 시므온은 경건하였다고 했습니다. 하나님께서 메시아를 보내주실 것을 믿었기 때문에 그의 삶은 경건했습니다. 언제든지 하나님께서 부르실 때 하나님을 맞을 준비를 하고 살았다는 말입니다. 경건한 사람의 특징은 늘 말씀 안에서 삽니다. 겸손합니다. 하나님의 일에 충성합니다. 영적인 훈련을 받습니다.

이제 시므온에 대한 퍼즐이 맞추어지는 것 같습니다. 시므온은 믿음이 있는 사람이었고 그 믿음을 간직하기 위한 경건의 훈련을 소홀히 하지 않았습니다. 그래서 성령이 그의 위에 있었고, 성령의 지시하심을 받는 사람이었습니다. 우리가 깨달아야 하는 것은 경건은 인간의 노력으로 되는 것이 아니라, 하나님께서 주시는 은사입니다. '경건한 자'라는 히브리어 원어의 뜻은 '하나님의 총애를 받는 자'라는 뜻입니다. 즉 하나님께서 나의 삶에 베풀어 주신 은혜를 감사하며 하나님께 충성하는 삶을 사는 자입니다. 그래서 성령님의 지시를 받을 정도로 은혜의 사람이었습니다.

성도 여러분, 성령님의 지시를 받고 살아야 합니다. 성령님은 우리 인생의 가야 할 길을 알려주십니다. 사람이 선택하는 길은 완전하지 않습니다. 아무리 훌륭하고 아무리 똑똑해도 성령님이 함께하시지 않으면 마귀의 꾀에 빠져버리고 맙니다. 성령님은 우리 인생을 승리의 길로, 행복한 길로 인도해 주십니다. 성령님이 함께하는 가정은 나중이 더 잘되는 가정이 됩니다. 교회의 부흥도 성령님께서 역사해 주셔야 되는 것입니다. 사람이 하는 것이라면 경제학자들이 재정 정책을 세우고, 정치학자들이 온갖 법을 만들고, 심리학자, 상담학자들이 새가족부를 맡고, 아나운서 출신의 목회자가 설교를 하면 최고의 교회가 되지 않겠습니까? 오히려 그런 교회들이 늘 시끄럽고 은혜가 안 됩니다. 교회는 성령님이 인도하셔야 복된 길로 가고 마지막에는 생명의 길로 가게 되는 것입니다. 성령님은 우리가 피곤할 때 새 힘을 주십니다. 우리가 미련할 때 간구하면 지혜를 주십니다. 길이 막힐 때 길을 열어주십니다. 내 힘이 부족할 때 대장 되시는 예수님께서 대신 싸워주십니다. 그러므로 원수 마귀가 당할 수가 없는 것입니다.

믿음의 사람에게 가장 큰 자랑거리가 무엇인가 하면 성령님께서 함께하시는 사람이라는 것입니다. "저분은 성령님이 함께하시는 사람이야"라는 말이 최고의 칭찬이 되는 것입니다. "저 교회는 성령님께서 역사하시는 교회야" 하는 것이 교회의 가장 큰 자랑입니다. 사람이 실패하는 것은 늘 내가 했다는 것을 자랑하고 싶은 교만이 우리 속에 있기 때문입니다. 이것은 아담 때부터 내려온 것입니다. 인류 최초의 범죄자인 가인도 내가 인정받으려 했기 때문에 살인까지 저지르게 되었습니다. 교회도 교만하지 않아야 합니다. 하나님께서 은혜 주셔서 큰 교회가 되었으면 사명이 더 큰 것을 잊지 않아야 합니다. 큰 사명을 감당하기 위해 몸부림쳐야 하는 것입니다.

가난한 교회는 선교하기도 어렵습니다. 구제하기도 어렵습니다. 큰 일을 감당하기 어렵습니다. 도움을 받아야 삽니다. 그러므로 우리에게 부흥을 주셨으면 성령님께서 하신 것입니다. 그러므로 더 겸손하여 섬기기를 힘써야 합니다. 성령님을 더 많이 기쁘시게 하는 교회가 되어야 합니다. 내가 똑똑한 것은 오래가지 않습니다. 하나님께서 지켜 주셔야 되는 것입니다. 그러므로 여러분은 성령님의 지시를 받는 시므온과 같은 사람이 되기를 사모하시기 바랍니다.

시므온은 이스라엘을 사랑하는 사람이었습니다. 내 동포들이 로마의 압제 아래 고통 받고, 부패한 종교집단에 의해 백성들이 영적으로 고통당하는 현실을 누구보다 안타까워하며 메시아가 오시기를 사모한 사람이 시므온입니다. 내 주식 값이 얼마나 오를까를 사모하며 사는 사람에게, 아파트 가격이 오르기를 사모하며 사는 사람에게 얼마나 경건이 있겠고, 얼마나 은혜가 있겠습니까? 하나님께서는 특별히 성령을 사모하는 시므온에게 약속을 주십니다. "주의 그리스도를 보기 전에는 죽지 아니하리라" 하는 성령의 지시를 받습니다. 당시 유대의 수많은 사람 중에 예수님을 보리라는 약속을 받고 기다린 두 사람이 있습니다. 시므온과 안나 여 선지자입니다. 성경을 자세히 보면 하나님께서는 여자 선지자들을 옛날부터 세우셨습니다. 남성과 여성을 주의 말씀을 전하는 데 똑같이 사용하셨습니다. 오늘 말씀에도 시므온과 안나 선지자에게 죽기 전에 예수님을 볼 것이라는 약속을 주셨습니다. 왜 많은 사람들 중에 이 두 사람만이 그런 택함을 받았을까요? 하나님께서 사용하시는 사람은 다 이유가 있습니다. 백성을 사랑하는 자에게 백성의 지도자가 되는 은혜를 주셔서 사용하십니다. 하나님을 이 세상의 물질이나 명예보다 더 사랑하는 자에게 물질도 주시고 명예도 주셔서 귀하게 사용하십니다. 하나님을 위해 목숨을 거는 자에게 가장 귀한 일을 맡겨 주십니다.

시므온은 의롭고 경건하여 이스라엘의 위로를 기다리는 자요, 성령님과 함께하는 자였기에 그리스도를 보게 될 것이라는 지시를 받은 것입니다. 27절 "성령의 감동으로 성전에 들어가매 마침 부모가 율법의 관례대로 행하고자 하여 그 아기 예수를 데리고 오는지라"에서 '성령의 감동으로'라는 말은 성령님께서 "너 성전으로 들어가라" 하는 감동을 받았다는 말입니다. 사람은 영적인 존재입니다. 그러므로 악령의 감동을 받든지, 아니면 성령님의 감동을 받습니다. 그 사람의 영혼을 주장한다는 말입니다.

우리는 아침에 일어나면 기도합니다. "하나님, 오늘도 성령님께서 인도해 주십시오" 하고 기도합니다. 사람을 만날 때에도 "오늘 성령님께서 인도해 주십시오"라고 기도합니다. 여러분, 이 기도가 우리를 살리는 것입니다. 우리는 단지 기도할 뿐이지만, 하나님은 그 기도를 절대로 소홀히 여기지 않으십니다. 기도를 드리면 우리를 긍휼히 여겨 주십니다. 그래서 우리의 마음과 생각을 주장해 주십니다. 가롯 유다는 자신의 생각을 주장할 때 마귀의 유혹을 받고 예수님을 팔아 넘겼습니다. 기도하지 않은 것입니다. 예수님도 늘 기도하셨고, 특별히 큰일이 있을 때에 결사적으로 기도하셨습니다. 기도는 성령님의 도우심을 받는 통로이기 때문입니다. 우리는 약하지만 우리가 기도할 때 성령님이 여러분을 도우십니다. 그래서 연약할 때 담대하게 해주십니다. 힘이 들어 넘어질 때 우리를 붙잡아 주십니다. 망하는 길을 피하게 해주십니다. 그러므로 늘 기도하는 성도들이 되시기 바랍니다.

기도가 여러분의 인생을 주장하는 것입니다. 내 능력이 내 인생을 만드는 것이 아닙니다. 믿음의 사람은 기도가 만드는 것입니다. 기도하면 성령님께서 우리를 도와주십니다. 시므온이 성령의 감동을 입어 성전에 들어갔을 때 요셉은 율법의 관례대로 아기 예수를 데리고 성전에 들어옵니다. 아기를 낳은 마리아는 당시에 부정하였기에 성전에 들어올 수 없었을 것입니다. 율법의 관례는 낳은 지 8일 만에 성전에 들어가 예물을 드리고 할례 예식을 행하는 것을 말합니다. 24절에 비둘기로 예물을 드리려 한 것을 보면 요셉과 마리아는 아주 가난한 신분이었음을 알 수 있습니다.

시므온은 아기 예수를 보자마자 성령님을 통하여 감동을 받습니다. '이분이 바로 메시아시구나.' 아기 예수를 품에 안고 하나님을 찬송합니다.

> "주재여 이제는 말씀하신 대로 종을 평안히 놓아 주시는도다 내 눈이 주의 구원을 보았사오니 이는 만민 앞에 예비하신 것이요 이방을 비추는 빛이요 주의 백성 이스라엘의 영광이니이다 하니"(29-32절).

내 눈이 주의 구원을 보았다는 말은 메시아를 보았다는 말입니다. 예수님은 만백성의 죄를 대신 지시기 위해 이 땅에 오셨습니다. 그래서 "만민 앞에 예비하신 것이요"라고 합니다. 예수님은 이스라엘뿐 아니라 모든 백성을 구원하시려고 오셨습니다. 그래서 "이방을 비추는 빛"이라고 합니다. 메시아 곧 하나님께서 육신의 몸을 입어 이스라엘에 오신 것은 큰 영광입니다. 그래서 주의 백성, 이스라엘의 영광이라고 합니다.

오늘 말씀 바로 뒤에 34절 이하를 보면 예수님께서 십자가에 달리실 것도 보았습니다. 시므온이 이 엄청난 사실을 어떻게 알았겠습니까? 당시 랍비들이나 바리새인들은 메시아는 오직 이스라엘을 위하여 오신다고 믿었습니다. 그런데 시므온은 성령님을 통해 이방을 비추는 빛으로, 만민을 위하여 찾아오시는 하나님이시라는 엄청난 고백을 하고 있는 것입니다. "주의 종을 평안히 놓아주신다"라는 말은 이제 죽어도 좋다는 말입니다. 기도의 응답을 받았고 내 시대에 예수님이 오시는 것을 목격했기 때문입니다. 시므온은 단지 사모하고 기다린 예수님을 본 것으로도 이렇게 굉장한 믿음의 고백을 합니다. 우리는 어떻습니까? 우리는 이 땅에 오신 예수님의 십자가 보혈의 은혜를 입었습니다. 예수님이 전하신 수많은 말씀을 성경을 통해 매일 듣고 있습니다.

그리고 약속하신 대로 성령님을 우리에게 보내주셨고, 우리는 성령님과 함께 살고 있습니다. 우리가 시므온보다 더 복을 많이 받은 사람들입니다. 시므온은 아기 예수를 보고 놀라운 고백을 했습니다. 그런데 우리는 매 주일 주님의 말씀을 우리의 귀로 듣습니다. 그러므로 우리에게는 더 큰 찬송과 더 큰 감사와 더 큰 감격이 있어야 할 것입니다. 그리고 예수님께서 친히 명하신 그 일을 이루기 위해 온 땅에 복음을 전하기 위해 힘쓰는 교회와 성도들이 되어야 할 것입니다. 이것이 다시 오실 예수 그리스도를 맞을 준비를 하는 성도들의 삶입니다. 성도 여러분, 우리가 시므온처럼 주의 위로를 기다리는 자가 됩시다. 매 주일 성전에 와서 시므온처럼 주님을 만나고 찬송하기를 바랍니다. 주님은 우리의 구원이십니다. 누구에게입니까? 주님이 오심을 사모하고 기다리는 자에게입니다. 우리 모두 "주님, 어서 오시옵소서"라고 고백하는 성도들이 되시기를 바랍니다.

📝 적용

ⓐ 오늘 말씀의 주제 파악하기:

_____

_____

ⓑ 오늘 말씀 중 은혜 받은 부분 나누기:

_____

_____

ⓒ 삶에 구체적으로 적용하기:

_____

_____

🙌 함께 드리는 기도제목

1. 시므온처럼 의롭고 경건한 삶을 살아, 성령님의 지시하심을 받는 삶을 살게 하소서.
2. 주님의 위로를 기다리며, 매 주일 성전에 나와 주님을 만나고 찬송하는 삶을 살게 하소서.
3. 우리 가정과 교회가 성령님께서 다스리시고 역사하시는 공동체 되게 하소서.

하나님께 영광, 땅에는 평화

* **본 문**: 누가복음 2:8-14 (신 89쪽)
* **찬 송**: 122장 (참 반가운 성도여, 통 122장)
* **요 절**: "천사가 이르되 무서워하지 말라 보라 내가 온 백성에게 미칠 큰 기쁨의 좋은 소식을 너희에게 전하노라 오늘 다윗의 동네에 너희를 위하여 구주가 나셨으니 곧 그리스도 주시니라"(눅 2:10-11)

대림절 마지막 주일입니다. 이제 곧 있으면 주님의 오심을 기념하는 성탄절입니다. 우리가 대림절을 지키는 이유는 준비된 사람만이 예수님이 오실 때 기쁨으로 맞이할 수 있기 때문입니다. 그러므로 대림절은 예수님의 오심을 기쁨으로 맞이하기 위해 준비하며 훈련하는 기간입니다. 훈련 없이 용맹한 병사는 만들어질 수 없습니다. 공수부대나 해병대, 특전사가 유명한 것은 이들이 혹독한 훈련을 이겨낸 병사들이기 때문입니다. 운동선수도 혹독한 훈련 없이 성공할 수 없습니다. 동네에서 탁구를 좀 치고 수영을 한다고 해도 선수 앞에 가면 안 됩니다. 그래서 동네 탁구라고 합니다. 유튜브에서 보니 지역에서 싸움을 제일 잘한다고 하는 사람들이 프로선수와 시합하는 프로그램이 있습니다. 도대체 어떻게 싸우나 궁금해서 들어가 보았더니 온몸에 문신을 한 조폭들이 지금까지 싸워서 한 번도 져본 적이 없다고 하면서 프로그램에 신청을 하는데 프로선수와 싸워서 이긴 사람을 한 명도 못 봤습니다. 경기를 마치고 한결같이 "앞으로 힘 있다고 나대지 않고 겸손하겠습니다" 하는 것을 보았습니다. 신앙생활도 마찬가지입니다. 훈련 없이 좋은 신자는 만들어지지 않습니다. 훈련은 힘들어도, 싫어도 따라가야만 합니다. 세상의 모든 이치가 그런데 신앙생활만은 다르게 생각해서는 안 됩니다. 준비된 사람만이 다시 오시는 주님을 맞이할 수 있는 것입니다.

기독교 단체에서 설문조사를 한 것을 보니 코로나 팬데믹 이후 교회 출석률은 떨어졌는데 큐티를 하는 신자의 비율이 많아졌고, 성도들의 평균 기도 시간이 많이 늘어났습니다. 코로나의 고난을 겪으면서 성도들이 신앙의 훈련을 받은 것입니다. 신앙을 잃어버린 사람들도 있지만 더 깊은 신앙으로 들어간 성도들이 많아졌습니다. 우리 성도들도 그러리라고 믿습니다. 대림절 기간에 특별히 말씀과 기도에 열심을 내어 믿음의 진보를 이루는 성도들이 되시길 바랍니다.

당시 메시아를 기다리고 있던 사람들은 유대인들이었습니다. 유대인 중에서도 바리새인들이 메시아를 간절하게 기다렸습니다. 사두개인들은 당시 상류층입니다. 이들은 제사장 그룹입니다. 산헤드린 공회에 의원직을 가지기도 했고 부자였습니다. 로마와도 친했고 부활도 믿지 않았습니다. 이들은 지금 살고 있는 세상이 너무 좋았습니다. 변화가 싫었습니다. 그러니 메시아를 기다리지도 않았습니다. 오늘날도 지금 사는 세상을 너무 좋아하면 안 됩니다. 지금보다 예수님이 오시는 그날이 더 좋아야 합니다. 더 좋은 날을 기다리는 사람이 진짜 신자입니다. 바리새인은 어떻습니까? 이들은 메시아를 기다렸습니다. 이들은 백성들의 지지를 받았고 로마를 미워했습니다. 부활도, 천국도, 지옥도, 천사도 다 믿었습니다. 종말을 믿었기 때문에 이들은 경건한 생활을 하려고 힘썼습니다. 이들은 사두개인들도 인정하지 않았습니다. 당시의 제사장들은 혈통으로 내려온 것이 아니라 로마에서 임명한 로마파였기 때문입니다. 그런데 바리새인들은 예수님의 말씀대로 대부분이 외식하는 자들이었습니다. 회칠한 무덤 같은 자들이었습니다. 회칠한 무덤처럼 안에는 냄새나는 시체가 있는데 겉은 화려하게 치장한 것처럼 사람들에게 보이려고 거룩한 행세를 하고 로마에 대하여 민족주의적인 색채를 주장하며 백성들의 대변인처럼 보이려고 했습니다. 부활도, 천국도 믿는 이들이 왜 외식하는 자들이 되었을까요? 교만했기 때문입니다. 우리만이 율법을 잘 지킨다고 생각하고 다른 사람들을 우습게 여겼습니다.

백성들이 예수님을 따르는 것을 보고 시기심이 발동하여 예수님을 극도로 미워하여 십자가에 못 박기까지 했습니다. 이들은 하나님을 믿고자 했지만, 결론적으로 하나님을 대적하는 사람들이 되었습니다. 그래서 예수님은 이들에게 '독사의 자식들'이라고까지 하신 것입니다. 겉으로는 경건한 체하지만, 그 속에는 냄새나는 시체가 있는 자들입니다. 오늘도 우리는 우리 안에 있는 바리새적인 모습을 조심해야 합니다.

오늘 말씀에 목자들이 밤에 밖에서 자기 양 떼를 지키고 있었다고 했습니다. 직접 자기 양을 치는 목자들은 당시 가난한 사람들이었습니다. 사회적으로 소외된 사람들이었고 법정의 증인으로도 채택되지 못하는 힘없는 사람들이었습니다. 바리새인이나 사두개인들과는 다른 하루하루가 힘든 사람들이었습니다. 하나님께서는 제사장 그룹인 사두개인들이나 경건하다고 하는 바리새인들에게 메시아의 소식을 알려준 것이 아닙니다. 성전에서 소외되어 있던 이들에게 주의 천사가 찾아와 메시아에 대한 소식을 전해주었습니다. 주의 사자가 나타나고 주의 영광이 그들을 비출 때에 이들은 두려워할 수밖에 없었습니다.

10절에 "천사가 이르되 무서워하지 말라 보라 내가 온 백성에게 미칠 큰 기쁨의 좋은 소식을 너희에게 전하노라"고 했습니다. 큰 기쁨의 좋은 소식이라 했습니다. 큰 기쁨이란 원어 성경을 찾아보니 '카란 메가렌'이라 나오는데 '카라'는 기쁨이나 은혜라는 뜻입니다. 그리고 '메가렌'은 '메가스' 즉 어마어마하게 큰 것을 뜻하는 단어입니다. 좋은 소식이란 '유앙겔리온'이라는 단어로 우리가 복음이라고 해석을 합니다. 마가복음이라고 하면 마가가 기록한 복음 즉 복된 소식, 좋은 소식이란 뜻입니다. 그러니까 천사가 한 말을 보면 '어마어마하게 큰 기쁨의 복된 소식을 전한다'라고 한 것입니다. 어마어마하게 큰 은혜의 좋은 소식이라 해석해도 좋을 것입니다. 왜 희망도 없고 미래도 없는 들판에서 추위에 떨며 잠을 자야만 겨우 먹고살 수 있는 목자들에게 큰 기쁨의 좋은 소식이라 했습니까? 그리스도께서 너희를 위하여 오셨다는 것을 말씀하기 때문입니다.

11절에 "오늘 다윗의 동네에 너희를 위하여 구주가 나셨으니 곧 그리스도 주시니라"고 했습니다. 다윗의 동네란 베들레헴을 말합니다. 다윗의 고향입니다. 요셉은 다윗 가문의 후손으로 로마 왕인 '가이사 아구스도' 즉 '카이사르 아우구스투스'의 명에 의하여 호적을 등록하기 위해 고향 베들레헴에 간 것입니다. 가이사는 우리가 역사책에서 배운 시이저, 혹은 케사르라고 하는 유명한 왕입니다. 로마가 가장 강력할 때입니다. 이후 '카이사르'라는 이름은 황제에 붙이는 호칭이 될 만큼 굉장한 사람입니다. 독일식으로 '카이저'라고 부르고 이슬람에서는 '까이사르'라고 부르고 슬라브족들은 '차르'라고 부릅니다. 사실 카이사르는 자신에게 황제의 호칭을 붙이지는 않았습니다. 그렇게 굉장한 로마 왕 가이사 아구스도는 그 무서운 권력으로 식민지에 이르기까지 세금 징수를 위해 호적을 명하였지만 사실 이것은 700년 전 미가 선지자를 통해 베들레헴에서 메시아가 태어날 것이라는 예언을 이루시기 위한 것입니다.

사람들은 눈앞에 나타난 현상만 보고 판단합니다. 지금 가장 강한 사람은 로마 왕입니다. 요셉은 힘없는 서민이요 목수입니다. 그래서 왕의 명이니 만삭인 마리아를 이끌고 그 먼 길을 간 것입니다. 지금 로마 왕이 세상을 주장하고 있는 것 같습니다. 세상 사람들 눈에는 그렇습니다. 그러나 믿음의 눈으로 보면 하나님께서 주신 말씀을 이루시기 위해 로마 왕을 사용하고 계신 것입니다. 그래서 예루살렘도 아니고 큰 도시도 아닌 베들레헴 시골에 구주가 나셨는데 너희를 위하여 나셨다는 놀라운 메시지를 전하고 있습니다. 구주는 '구원주'라는 뜻입니다. 인간을 구원하실 분은 하나님 밖에는 없습니다. 그리스도란 기름 부음을 받은 자라는 뜻으로 하나님께서 기름을 부어 온 백성을 위하여 구원주로 지금 오셨다는 놀라운 소식입니다. 여기서 "너희를 위하여"라는 단어가 중요합니다. 우리가 하나님의 말씀을 들을 때에 '아멘'이 있어야 합니다. 목사님을 위하여, 장로님을 위하여 예수님이 오신 것이 아닙니다. 나를 위하여 오셨습니다. 나의 문제를 해결해 주시기 위하여 친히 찾아오셨습니다. 예수님이 나와 상관이 있는 것을 믿을 때에 믿음이 생기는 것입니다.

어떤 경상도 할머니 셋이 노인정에 앉아 대화를 나누고 있었습니다.

한 할머니가 "우리 며느리가 그러는데 예수가 죽었단다"라고 하자 다른 할머니가 물었습니다. "와 죽었다 카드노?" "못에 찔려죽었다 안카나." "어이구, 내 머리 풀어헤치고 다닐 때 알아봤다."

이때 듣고 있던 할머니가 "어이, 예수가 누고?"라고 했습니다.

"몰라, 우리 며늘아가 아부지 아부지 해쌓는거 보면 사돈 어른인 갑지, 뭐."

그러자 다른 할머니가 "그래, 문상은 갔드나?" "아니, 안 갔다." "왜 안 갔노?" "갈라캤더니 사흘 만에 살아났다 카드라."

웃으라고 하는 이야기지만 아무리 예수님이 큰 기쁨의 좋은 소식이라 해도 나와 상관이 없으면 나에게 큰 기쁨도 될 수 없고 좋은 소식도 아닙니다.

오늘 천사는 "너희를 위하여"라고 분명히 전합니다. 그렇습니다. 예수님께서는 나를 위하여 이 땅에 찾아오셨습니다. 우리는 오늘도 나를 위하여 이 땅에 오신 예수님께 감사하기 위하여 그리고 다시 오신다고 분명히 약속하신 예수님을 기다리기 위하여 이렇게 성탄절을 기다리며 예배를 드리는 것입니다. 성도 여러분, 나와 상관없는 예배여서는 안 됩니다. 오늘도 분명히 예수님을 기다리는 예배여야 하는 것입니다. 그래서 목자들은 자신들에게 큰 기쁨의 좋은 소식을 만나기 위하여 천사의 알림을 따라 마구간에 가서 강보에 쌓인 예수님을 만납니다. 그런데 보세요. 마구간에 누워있는 아기가 어떻게 메시아가 되고 구원주가 될 수 있습니까? 사람의 눈으로 보면 믿을 수 없습니다. 그러나 이들의 마음속에는 하나님의 말씀을 듣고 이미 믿음이 들어갔습니다. 그래서 오늘 읽은 말씀 뒤에 보면 목자들은 하나님께 영광을 돌리고 찬송하며 돌아가게 되었던 것입니다. 크리스마스는 그리스도께 크게 영광 돌리며 찬송으로 예배하는 날입니다. 그래서 오늘 마지막 말씀에도 천군과 천사들이 하나님을 찬송합니다. 14절 "지극히 높은 곳에서는 하나님께 영광이요 땅에서는 하나님이 기뻐하신 사람들 중에 평화로다 하니라"고 기록되어 있습니다.

사실 이 말씀을 묵상할 때 아기 예수님이 마구간에 오신 사건이나 냄새나고 다 떨어진 옷을 입고 들판에서 추위에 떠는 목자들의 모습에서 '영광과 평화'가 보이지 않습니다. 이것이 기독교의 역설입니다. 눈에 보이는 것만 믿어서는 안 됩니다. 믿음은 하나님의 말씀이기에 보이지 않는 것을 믿는 것입니다. 예수님은 가장 낮은 곳에, 그것도 누우실 자리가 없어 마구간의 말구유에 오셨습니다. 여기에는 "하나님께 영광"이 없습니다. 그러나 예수님은 오신 그대로 힘들고 지친 사람들, 병들어 희망이 없는 사람들, 하나님의 나라를 애타게 사모하는 마음이 가난한 사람들에게 오셨습니다. 그리고 이들에게 천국 복음을 전하시고 이들을 고치시고 복음을 가르치셨습니다. 그리고 십자가에 달리셨습니다. 이 사건만 보면 망한 것입니다. 그러나 이 일을 통해 우리 인생을 바꾸어 주셨습니다. 죄와 사망에 짓눌린 우리에게 마귀를 이길 권세도 주셨습니다. 그래서 지금 온 지구상에 수많은 무리가 하나님께 영광을 돌립니다. 그래서 하나님께 영광입니다. 성도 여러분, 오늘도 우리가 낮아지고 세상의 상처를 치유하고 섬길 때 하나님께서 영광을 받으십니다. 우리는 영광스러운 진짜 성탄의 그날을 기다리며 오늘도 하나님께 영광 돌리도록 쓰임받는 크리스천이 되어야 하는 것입니다.

"하나님께서 기뻐하신 사람들 중에 평화로다"라고 했는데 평화는 세상이 만드는 것이 아닙니다. 세상이 만든 평화는 오래가지 않습니다. '팍스로마나 시대'에 평화가 있었다고 하는데 그것은 힘으로 강제된 평화입니다. 한편이 평화로우면 다른 편은 눈물을 흘립니다. 세상이 주는 평화가 그런 것입니다. 하나님이 기뻐하시는 성도들에게 주시는 평화는 위로부터 내리는 은혜입니다. 그래서 예수님께서는 "평안을 너희에게 끼치노니 곧 나의 평안을 너희에게 주노라 내가 너희에게 주는 것은 세상이 주는 것과 같지 아니하니라 너희는 마음에 근심하지도 말고 두려워하지도 말라"(요 14:27)고 말씀하셨습니다. 이 평화가 여러분 안에 가득하기 바랍니다. 예수 믿으며 불평이나 분노나 더러운 마음이 주장하게 두면 안 됩니다. 주의 평안이 여러분을 주장하도록 해야 합니다. 그것은 내가 노력하는 것이 아니라 주님이 주시는 것을 믿음으로 받으면 되는 것입니다. 이것을 마귀에게 **빼앗기지** 마시기 바랍니다. 주님 주신 평안으로 사는 자가 주님이 오실 때 영광의 찬송을 부르며 나아가게 될 줄로 믿습니다. 진짜 성탄인 주님의 재림을 기다리는 여러분에게 목자들처럼 큰 기쁨의 좋은 소식이 가득하기를 바랍니다.

📝 적용

ⓐ 오늘 말씀의 주제 파악하기:
....
....

ⓑ 오늘 말씀 중 은혜 받은 부분 나누기:
....
....

ⓒ 삶에 구체적으로 적용하기:
....
....

🙌 함께 드리는 기도제목

1. 말씀과 기도에 열심을 내어 믿음의 진보를 이루는 성도가 되게 하소서.
2. 예수님께서 나를 위하여 이 땅에 오셨음을 믿고 감사하는 성도가 되게 하소서.
3. 성탄의 영광을 기다리며 하나님께 영광 돌리도록 쓰임받는 성도가 되게 하소서.

47

응답과 도우심 그리고 언약

❀ **본 문**: 이사야 49:5-8 (구 1027쪽)
❀ **찬 송**: 490장 (주여 지난밤 내 꿈에, 통 542장)
❀ **요 절**: "그가 이르시되 네가 나의 종이 되어 야곱의 지파들을 일으키며 이스라엘 중에 보전된 자를 돌아오게 할 것은 매우 쉬운 일이라 내가 또 너를 이방의 빛으로 삼아 나의 구원을 베풀어서 땅끝까지 이르게 하리라"(사 49:6)

    지난 일 년 동안 수고하셨습니다. 우리는 매년 더 나은 삶을 꿈꾸며 살아왔습니다. 그래서 계획한 것들이 이루어진 것도 있지만 후회할 일도 많습니다. 여러분은 어떠셨습니까? 지난 해에도 많은 일들을 만나며 살아왔지만, 마지막 주일에 하나님을 예배하는 자로 서게 된 것이 큰 은혜입니다. 마지막이 항상 중요합니다. 높은 자리에 있고 호위호식하며 살았지만, 마지막이 비참한 사람은 실패한 인생입니다. 우리가 뉴스에서 많은 사람들의 이야기를 듣습니다. 사람들은 모두가 잘 되려고 애를 쓰는데 마지막이 불행한 사람들이 있습니다. 우리의 마지막이 은혜로워야 합니다.
    오늘 우리가 예배자로 서 있는 것만 해도 성공한 인생입니다. 하나님과 함께 걷는 인생이기 때문입니다. 성도들도 세상에서 여러 가지 일들을 만나고 세상 사람들과 함께 힘들어하고 함께 발버둥을 칩니다. 그런데도 성도들이 다른 것은, 믿음으로 산다는 것입니다. 성경에 나오는 믿음의 사람들, 아브라함이나 야곱이나 요셉, 모세나 많은 선지자들과 사도들이 무너지지 않은 것은 하나님과 함께하는 인생이었기 때문입니다. 성경의 인물들은 절망하지 않았습니다. 앞에 희망이 보여서 절망하지 않은 것이 아닙니다. 하나님을 믿으니 하나님의 눈으로 세상을 바라보게 되었기 때문입니다.

출애굽 당시 광야에서 불평한 백성들은 하나님의 눈이 아닌 자신들의 눈으로 미래를 바라보았습니다. 기골이 장대한 가나안 거민들을 보니 자신이 없었습니다. 그러니까 절망할 것밖에 없었고, 거짓말이 나오고 현실을 보니 불평밖에 나오지 않은 것입니다. 그러나 여호수아나 갈렙 같은 사람들은 하나님의 눈으로 세상을 바라보았습니다. 하나님의 말씀을 믿었다는 말입니다. 하나님의 말씀을 믿는 백성은 절망하지 않습니다. 불평하지 않습니다. 어떠한 상황에서도 비전을 가집니다. 사자굴 앞에서도 하나님의 약속을 믿었습니다. 초대교회 성도들도 마찬가지입니다. 이들의 상황은 어려웠습니다. 그럼에도 "누가 우리를 그리스도의 사랑에서 끊으리요 환난이나 곤고나 박해나 기근이나 적신이나 위험이나 칼이랴"(롬 8:35)라고 외쳤습니다. 이것은 믿음의 외침이요, 이미 승리한 것입니다.

오늘 우리 교회도 세상과 마찬가지로 코로나 팬데믹 이후 어려운 시대를 걸어왔습니다. 그러나 우리는 이러한 상황에서도 비전을 가지고 꿈을 꾸었습니다. 비전을 가지고 미리 준비한 교회는 그 열매를 후손들에게 줄 수 있는 것입니다. 부모가 어려운 살림을 살면서도 자녀들을 위해 허리띠를 졸라매고 희생할 때 그 자녀들은 복을 받은 것입니다. 지금 눈앞에 보이는 것이 없어도 부모는 자녀들의 미래를 보기 때문에 참는 것입니다.

이사야 49장은 강대국의 위협 속에 지쳐 있는 이스라엘 백성들에게 희망의 메시지를 선포하는 내용입니다. 당시 이스라엘은 앗시리아와 이집트 사이에서 위협을 당하고 있었고 우상을 숭배하며 멸망의 길로 가고 있었습니다. 이때 이사야 선지자는 죄악으로 말미암아 예루살렘이 멸망하고 바벨론에 포로로 끌려갈지라도 하나님께서 택한 백성들을 지켜주신다는 메시지를 전합니다. 누가 이스라엘 백성들을 지켜줄 것입니까? 메시아가 와서 지켜줄 것이라고 예언의 메시지를 전하고 있습니다. 그래서 이사야 49장은 예수 그리스도에 대한 예언이 들어 있는 장입니다.

오늘 성경 5-6절에 기록되어 있습니다.

"태에서부터 나를 그의 종으로 지으신 이시요 야곱을 그에게로 돌아오게 하시는 이시니 이스라엘이 그에게로 모이는도다 그러므로 내가 여호와 보시기에 영화롭게 되었으며 나의 하나님은 나의 힘이 되셨도다 그가 이르시되 네가 나의 종이 되어 야곱의 지파들을 일으키며 이스라엘 중에 보전된 자를 돌아오게 할 것은 매우 쉬운 일이라 내가 또 너를 이방의 빛으로 삼아 나의 구원을 베풀어서 땅끝까지 이르게 하리라."

이 말씀은 메시아가 올 것을 예언한 말씀입니다.

예수님께서 흩어진 이스라엘을 모으고 야곱의 지파 즉 하나님께서 택한 백성들을 일으키며 이스라엘 중에 보전된 자를 돌아오게 할 것은 매우 쉬운 일이라고 말씀합니다. 오늘 우리가 살아가는 세상은 당시 이스라엘 백성들의 때와 너무나 비슷합니다. 이스라엘 백성들은 친앗시리아파와 친이집트파로 갈라져 전쟁을 하고 신앙은 타락했습니다. 이사야 선지자는 강대국이 너희를 구원하는 것이 아니라고 말씀합니다. 하나님을 의지해야 한다는 것입니다. 우리나라도 지금 서로 갈라져 있습니다. 남북으로 갈라지고 우리 또한 정치적 이념으로 서로 적대시하고 있습니다. 한국교회가 코로나를 맞으며 많이 흔들렸습니다. 신앙을 잃어버린 사람들이 있습니다. 지도자들은 명예를 너무 좋아하고 이단들이 횡행하고 있습니다. 이사야 선지자가 주셨던 말씀이 우리에게 주시는 말씀으로 들려져야 합니다. 정치가 우리를 구하는 것이 아닙니다. 오직 하나님을 의지해야 살길이 열리는 것입니다. 그러면 하나님은 우리를 일으켜 주실 것입니다.

이사야 선지자를 통해 하나님은 이스라엘 백성들이 포로로 끌려가도 돌아오게 하는 것은 나에게는 매우 쉬운 일이라고 하셨습니다. 노예로 끌려간 자들을 돌아오게 하는 일이 어떻게 매우 쉬운 일일 수 있습니까? 세상의 눈으로 보면 아예 가능성이 없는 일입니다. 그러나 하나님은 이 일이 매우 쉽다고 하셨습니다. 실제로 주전 722년 북이스라엘이 앗시리아에 의해 멸망하고 주전 586년 남왕국 유다는 바빌로니아에 의해 멸망당하게 됩니다. 자기들이 믿었던 나라들에 의해 멸망당합니다. 그런데 페르시아 왕 고레스가 바빌로니아를 정복하고 유대인 노예들을 본국에 돌아가게 합니다. 불가능한 일이 이루어진 것입니다. 그래서 이스라엘 백성들은 노예에서 풀려나 고향에 돌아가면서 "우리가 꿈꾸는 것 같았도다"라고 고백하고 있습니다. 바빌로니아에 노예를 더 두는 것은 바빌로니아가 다시 일어설 기회를 주는 것일 수 있습니다. 그럴 바에는 차라리 이스라엘 백성들을 고향에 돌려보내 친 페르시아의 속국으로 만드는 것이 유리할 것이라는 고레스 왕의 정치적인 계산일 수 있습니다. 그런데 이것이 하나님의 작품입니다.

하나님께서는 이사야 선지자를 통해 이 모든 일을 미리 예언하셨습니다. 그래서 나에게는 매우 쉬운 일이라고 하신 것입니다. 이사야 선지자는 "너희가 노예로 끌려갈 것이나 여호와를 청종하고 기도

하면 회복의 은총을 경험하게 될 것이라"고 예언했습니다. 그렇습니다. 우리는 하나님께서 우리를 지켜주시면 이 세상의 일은 매우 쉬운 일이라는 것을 믿어야 하는 것입니다. 그런데 단서가 있습니다. 어떤 사람들에게입니까? 이스라엘 중에 보전된 자라고 했습니다. 믿음을 지킨 자들입니다. 우리는 혼돈의 시대를 살아가지만 믿음을 지킨 자들을 하나님께서 일으켜 주시고 세워주신다는 믿음으로 살아가야 하는 것입니다. 하나님께서는 이 세상의 모든 역사에 대한 계획을 가지고 계십니다. 그리고 택함받은 하나님의 백성들을 사용하기를 원하십니다.

세상의 뛰어난 사람들이 세상을 이끌어 나가는 것 같지만, 하나님께서 계획하신 대로 이끌어 나가시는 것입니다. 교회도 하나님을 진실로 사랑하는 순결한 백성들에 의해, 보존된 백성들에 의해 세워지게 하십니다. 그리고 이 땅에서도 승리하게 하십니다. 7절의 말씀처럼 사람에게 멸시당하는 자, 백성에게 미움을 받는 자, 관원들에게 종이 된 자에게 왕들이 보고 일어서며 고관들이 경배하게 될 것이라 하셨습니다. 그것은 하나님께서 택하셨기 때문이라 하십니다.

이 말씀은 메시아에 대한 말씀임과 동시에 하나님의 택한 백성들에 대한 약속의 말씀입니다. 성도 여러분, 지금 사람들에게 멸시당한다고 해서 비굴해지지 마십시오. 미움을 받는다고 해서 기죽지 마십시오. 지금 종 같은 자로 힘들게 살아도 절망하지 마십시오. 하나님께서 택한 여러분을 그날이 되어 세우시면 모두가 우리 앞에 일어서고 경배하게 될 것이기 때문입니다.

8절 말씀입니다.

"여호와께서 이같이 이르시되 은혜의 때에 내가 네게 응답하였고 구원의 날에 내가 너를 도왔도다 내가 장차 너를 보호하여 너를 백성의 언약으로 삼으며 나라를 일으켜 그들에게 그 황무하였던 땅을 기업으로 상속하게 하리라."

이 말씀은 미래에 대한 예언이지만 완료형으로 되어 있습니다. 응답하였고 도왔다고 하십니다. 성경에서 미래에 대한 일을 완료형의 시제로 사용하는 것은 아주 강한 강조의 의미가 있습니다. 분명히 이루어질 것이라는 말씀입니다. 이 말씀 역시 예수 그리스도에 대한 예언의 말씀임과 동시에 하나님의 백성들에게 주시는 약속입니다.

하나님께서는 "은혜의 때에 내가 네게 응답하였고"라고 하십니다. 여러분이 오늘 이 마지막 주일에 예배의 자리에 있는 것도 은혜의 때입니다. 우리는 은혜받는 자리에 있으니 은혜가 풍성해야 합니다. 하나님은 늘 은혜를 준비하고 계십니다. "이 은혜를 누구에게 줄꼬?" 하며 찾고 계십니다. 우리 인생을 실력이 바꾸는 것이 아니라 은혜가 바꾸는 것입니다. 힘이 있는 사람과 은혜가 있는 사람이 경쟁하면 당연히 은혜가 이기는 것입니다. 실력과 은혜라는 두 사람이 낚시를 하는데 실력이 있지만 은혜가 없으면 고기가 다 도망가고 한 마리도 없게 됩니다. 태평양 한가운데에서 고기를 잡아도 100리 근방에 한 마리도 없으면 실력이 뛰어나도 안 되는 것입니다. 그러나 은혜가 있으면 아무데나 던져도 물고기가 꼬리가 꿰어 나오기도 하고 배가 꿰어 나오기도 하고 두 마리가 한꺼번에 나오기도 하는 것입니다.

베드로가 예수님을 만날 때도 그랬습니다. 밤새 그물을 던졌으나 있어야 할 자리에 한 마리도 없었습니다. 하나님께서 은혜를 거두어 가신 것입니다. 그런데 예수님 말씀대로 오른편에 그물을 던졌더니 그물이 찢어지도록 많은 물고기가 잡혔습니다. 복음서를 보면 153마리의 물고기가 잡혔다고 했습니다. 하도 신기하니 세어보았던 모양입니다. 우리나라 볼펜의 대명사인 '모나미 153'도 이름을 그렇게 지은 것은 153의 은혜가 임하기를 바라며 정한 것입니다. 모나미의 창업주 송삼석 장로님은 할아버지 때부터 예수를 믿은 독실한 기독교 집안에서 태어났습니다. 할아버지, 할머니는 새벽종이 울리면 손자인 송삼석 장로님을 등에 업고 새벽기도회를 다녔습니다. 아버지도 군산에서 장로님이셨는데 예배 시간에 은혜가 되면 훌쩍거리며 울어 누군가 돌아보면 아버지 송기주 장로님이었다고 했습니다. 송삼석 장로님은 맨손으로 일본의 볼펜공장을 방문해 계약을 맺고 일본 기업의 지원 아래 볼펜공장을 만들고 서원한 대로 볼펜에 '153'을 새겨 출시하였습니다. 이분의 호가 '항소'인데 항상 웃는다고 하여 주변에서 붙여준 호입니다. 작년에 세상을 떠나 하나님 나라로 가셨지요. 이분의 간증이 참 은혜롭습니다. 이분은 늘 은혜를 이야기했습니다. 은혜가 있으면 된다는 것입니다.

문제는 우리가 큰 은혜의 그릇을 준비해야 하는 것입니다. 여러분, 은혜의 그릇을 크게 하시기 바랍니다. 그러면 하나님께서 주시는 은혜로 말미암아 여러분의 인생이 새로워지고 가정이, 기업이 행복하게 될 것입니다. 올 한 해도 우리는 하나님 은혜로 살았음을 고백해야 합니다. 내 힘으로 살았다고 하는 사람을 하나님은 기뻐하시지 않습니다. 은혜로 살았음을 고백하는 자에게 하나님은 더 큰 은혜의 그릇을 준비하시고 가득 차게 부어주실 것입니다. 그래서 세상 사람들로 하여금 우리 앞에 머리 숙이게 하실 것입니다. 오늘 마지막 말씀인 "그 황무하였던 땅을 기업으로 상속하게 하리라"(8절)는 말씀이 이루어지는 것입니다. "구원의 날에 내가 너를 도왔도다"라고 하십니다. 은혜의 마지막이 구원입니다.

우리가 인생을 은혜로 살다가 반드시 구원으로 끝이 나야 합니다. 구원도 내 힘으로, 실력으로 되는 것이 아닙니다. 하나님께서 도와주셔야 되는 일입니다. 은혜와 구원은 먼 미래의 일이 아니라 지금 우리의 삶의 현장에서 이루어지는 현재형입니다. 지금도 은혜로 살고 지금도 구원의 감격 속에 사는 자가 그날을 맞이할 수 있는 것입니다. 그래서 사도 바울은 "우리가 하나님과 함께 일하는 자로서 너희를 권하노니 하나님의 은혜를 헛되이 받지 말라 이르시되 내가 은혜 베풀 때에 너에게 듣고 구원의 날에 너를 도왔다 하셨으니 보라 지금은 은혜 받을 만한 때요 보라 지금은 구원의 날이로다"(고후 6:1-2)라고 외쳤습니다. 지금이 은혜의 때요, 지금이 구원의 시간입니다. 성도 여러분, 올 한 해도 수고 많으셨습니다. 오늘도 마지막까지 은혜로 살고 구원으로 살아 이 땅에서도 황무하였던 땅이 기업이 되는 축복을 받고 그날에도 은혜로 구원의 문에 들어가는 성도들이 되시기를 바랍니다.

📝 적용

ⓐ 오늘 말씀의 주제 파악하기:

_____

ⓑ 오늘 말씀 중 은혜 받은 부분 나누기:

_____

ⓒ 삶에 구체적으로 적용하기:

_____

_____

🙏 함께 드리는 기도제목

1. 한 해 동안 베풀어주신 하나님의 은혜에 감사하게 하소서.
2. 더 큰 은혜의 그릇을 준비하여 더욱 풍성한 은혜를 받는 삶을 살게 하소서.
3. 믿음의 삶을 살아 세상을 향한 하나님의 크신 계획에 쓰임받는 삶을 살게 하소서.

말씀과 기도가 있는 구역 만들기 16

하나님께서 택하신 사람들

1판 1쇄 인쇄 _ 2024년 12월 26일
1판 1쇄 발행 _ 2024년 12월 31일

지은이 _ 정명철
펴낸이 _ 이형규
펴낸곳 _ 쿰란출판사

주소 _ 서울특별시 종로구 이화장길 6
편집부 _ 745-1007, 745-1301-2, 743-1300
영업부 _ 747-1004, FAX 745-8490
본사평생전화번호 _ 0502-756-1004
홈페이지 _ http://www.qumran.co.kr
E-mail _ qrbooks@daum.net / qrbooks@gmail.com
한글인터넷주소 _ 쿰란, 쿰란출판사
페이스북 _ www.facebook.com/qumranpeople
인스타그램 _ www.instagram.com/qrbooks
등록 _ 제1-670호(1988.2.27)
책임교열 _ 최찬미 · 최진희

© 정명철 2024   ISBN 979-11-94464-19-8   93230

책값은 뒤표지에 있습니다.
이 출판물은 저작권법에 의해 보호를 받는 저작물이므로 무단 복제할 수 없습니다.
파본(破本)은 구입처에서 교환해 드립니다.